Harald Wixforth

Ostwestfalen

Streifzug durch die Wirtschaftsgeschichte

IHK

Industrie- und Handelskammer
Ostwestfalen zu Bielefeld

Impressum

ISBN 3-932831-06-3

Redaktion:
Dr. Christoph von der Heiden, Industrie- und Handelskammer Ostwestfalen zu Bielefeld

Gesamtherstellung:
Hofmann GmbH & Co. KG, Traunreut

Bindearbeiten:
Conzella Verlagsbuchbinderei Urban Meister GmbH & Co. KG, München

Inhalt

Seite

Seite

Vorwort

Nur wer die Geschichte kennt, kann daraus seine Lehren für die Zukunft ziehen. Diese Erkenntnis wird in Zeiten erheblichen Wertewandels, rasanter technologischer Erneuerungen und sich verändernder globaler Strukturen häufig von der Dominanz des Alltagsgeschäftes verdrängt. Jubiläen sind daher ein geradezu willkommener Anlaß, sich dessen zu besinnen, was tatkräftige Menschen vor unserer Zeit geleistet haben, und sich gravierender Fehlentwicklungen der Geschichte zu erinnern.

Die wissenschaftlich fundierte Grundlage dafür zu liefern, ist Aufgabe der Historiker. Wen wundert es, daß sich die Geschichtsforscher vornehmlich vom Reiz der nationalen und internationalen Dimensionen der Historie leiten lassen. Nicht zuletzt liegt das auch daran, daß für die regionale Geschichtsforschung die finanziellen Mittel fehlen.

Das 150jährige Jubiläum der Industrie- und Handelskammer Ostwestfalen zu Bielefeld war für uns der Anlaß, einen Anstoß dafür zu geben, dem Defizit in der Erforschung der regionalen Wirtschaftsgeschichte ein wenig abzuhelfen. Ein Buch wie dieses kann freilich die Historie einer solch komplexen Region wie Ostwestfalen mit ihren unterschiedlichen Entwicklungssträngen nicht umfassend beschreiben. Das war auch nicht unser Ziel. Das Buch beschreibt auch nicht die Geschichte der Industrie- und Handelskammer. Es schildert lediglich anhand einiger ausgewählter Beispiele, in welch' wandelnder Form die IHK die ökonomische Entwicklung der Region beeinflußt hat.

Das Buch soll dazu beitragen zu verstehen, wie Ostwestfalen, die Region „ganz oben" in Nordrhein-Westfalen, ihre heutige ökonomische Stärke gewonnen hat. Das Buch gibt Vorbild und es mahnt zugleich.

Zeiten gewaltigen Strukturwandels zu bewältigen, wie wir sie heute durch Globalisierung und technologischen Fortschritt erleben, ist den Menschen nie leicht gefallen. Ihre Bewältigung setzt den Mut zu Veränderungen voraus. Eine Bereitschaft, die zu wenig Freunde hat.

Nur wer die Geschichte kennt, kann daraus seine Lehren ziehen. Trotz aller Notwendigkeit stabilisierender, Sicherheit gebender Elemente, lehrt uns die Geschichte insbesondere eines: Altes muß weichen, damit das Neue seinen Platz hat. Will Ostwestfalen seine Wirtschaftsleistung behaupten, brauchen wir noch mehr Innovationen, die auf Ideenreichtum und Mut basieren. Diesen Prozeß mit dem Ziel einer prosperierenden Wirtschaft zu fördern, wird auch in Zukunft die Aufgabe der Industrie- und Handelskammer sein.

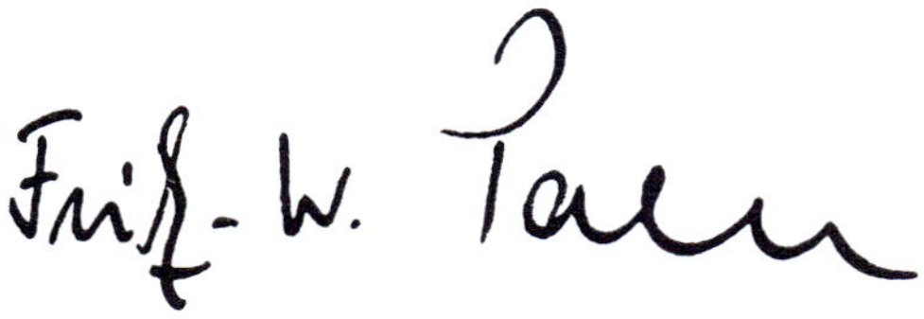

Präsident

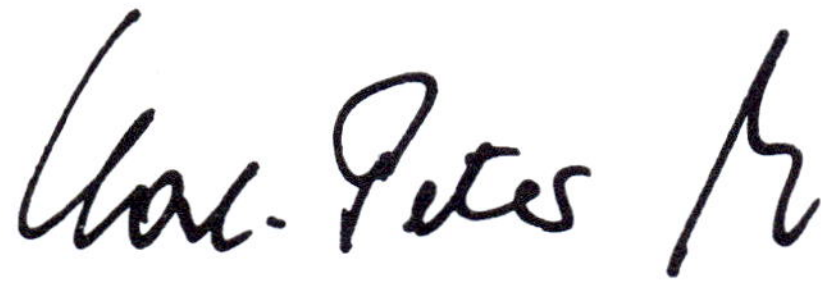

Hauptgeschäftsführer

Dieses Buchprojekt wäre ohne fremde Hilfe kaum möglich gewesen. Unser ganz besonderer Dank gilt einerseits dem Autor des Buches, Herrn Dr. Harald Wixforth, der viel Engagement in dieses Werk investiert hat. Und unser Dank gilt dem Verleger, Herrn Josef Bühn aus München, der die Finanzierung des Buches durch viel unternehmerisches Geschick realisiert hat.

Der Beginn der Industrialisierung im östlichen Westfalen 1849 bis 1873

I. Die Industrialisierung in Deutschland – Begriffsbestimmung, zeitliche Einordnung und Verlauf

Betrachtet man den Verlauf der letzten zwei Jahrhunderte, so zählt die Industrialisierung zu den Phänomenen, die unser Leben bis in die heutige Zeit hinein nachhaltig verändert und geprägt haben. Vor allem in West- und Mitteleuropa vollzogen sich im 19. Jahrhundert derart tiefgreifende und bis dahin nicht gekannte wirtschaftliche, technische, soziale, politische und kulturelle Umwälzungen, daß lange Zeit das Attribut „Revolution" verwandt wurde, um die epochale Bedeutung dieses Phänomens angemessen zu erfassen.[1]

Heute ist man mit einer solchen Einschätzung vorsichtiger geworden. Neuere Forschungen haben gezeigt, daß sich der Übergang von einer agrarisch dominierten zu einer durch die Industrie geprägten Gesellschaft keinesfalls so schnell und kurzfristig vollzog, wie der Begriff Revolution nahelegt. Diese Feststellung trifft sowohl für das „Pionierland" der Industrialisierung, England, als auch für die Staaten des Deutschen Bundes oder andere europäische Länder zu. Weitreichende, über einen längeren Zeitraum andauernde sozio-ökonomische und sozio-politische Strukturveränderungen waren notwendig, bis sich die Institutionen, Einrichtungen und Organe herausgebildet hatten, die heute als selbstverständlich für eine moderne Industriegesellschaft angesehen werden: das Fabriksystem, ein leistungsfähiger Kreditsektor, ein effizientes Transportwesen und andere Infrastruktureinrichtungen, wirtschaftliche und politische Interessenverbände sowie der moderne Anstaltsstaat samt seinen Organen.[2]

Noch ein anderes Argument spricht gegen die Verwendung des Begriffs „Industrielle Revolution". Die ökonomischen, technischen, sozialen und politischen Veränderungen und ihre Folgewirkungen vollzogen sich auf der Landkarte der europäischen Staaten keineswegs gleichförmig und im gleichen Tempo. Vielmehr blieben sie lange ein Phänomen, das sich nur in wenigen Regionen Europas finden ließ.[3] Erst nachdem die Industrialisierung hier Fuß gefaßt hatte, verästelten sich ihre Auswirkungen in weitere Teile des Kontinents. Angesichts dieser Konstellation und der vielfach nur schrittweisen Strukturveränderungen ist es angebracht, eher von Industrialisierung als von Industrieller Revolution zu sprechen.[4]

Dennoch stellt sich die Frage nach dem Beginn der Industrialisierung. Je nachdem, welche Kriterien zugrunde gelegt werden, lassen sich unterschiedliche Datierungen finden. Beispielsweise werden als Datum für den Anfang der Industrialisierung in Deutschland der Einsatz der ersten Werkzeugmaschine oder der Bau der ersten Fabrik ebenso genannt wie die Gründung des Deutschen Zollvereins 1834. Andere Autoren datieren dagegen den Beginn der deutschen Industrialisierung mit der Fertigstellung der ersten Eisenbahnstrecke von Nürnberg nach Fürth 1835 oder der Phase eines beschleunigten Wirtschaftswachstums nach 1850.[5] Um das Dilemma der Datierung zu lösen, hat sich neuerdings folgendes Verfahren durchgesetzt: Während die Periode vom Wiener Kongreß im Jahre 1816 bis zur ökonomischen und politischen Krise von 1848 als Vorbereitungs- bzw. „Inkubationszeit" der Industrialisierung bezeichnet wird, datiert man ihren eigentlichen Durchbruch in die Zeit von 1849 bis zum Ausbruch der sogenannten „Gründerkrise" 1873. Hier wurde der Keim für die ökonomischen, technischen, sozialen und politischen Umwälzungen gelegt, welche die Struktur der deutschen Gesellschaft nachhaltig veränderten. Die Zeitspanne von der Gründerkrise bis zum Ausbruch des Ersten Weltkrieges wird dagegen als zweite Phase der Industrialisierung bezeichnet, in der sich die Umgestaltung Deutschlands von einer Agrar- in eine Industriegesellschaft intensivierte, wenn auch unter konjunkturellen Schwankungen. Bis zum Ausbruch des Ersten Weltkrieges war das 1871 entstandene Deutsche Kaiserreich jedoch zu einem der wichtigsten Industrieländer der Welt herangereift.[6]

Werfen wir einen genaueren Blick auf die Ausgangsbedingungen und die Anfangsphase der Industrialisierung in Deutschland bis zur Gründung des Kaiserreiches. Nach dem Ende der Napoleonischen Kriege bildete die politische Zersplitterung lange Zeit ein wesentliches Merkmal der wirtschaftlichen Lage und ein Hindernis für einen industriellen Aufschwung. Auch nach dem Wiener Kongreß blieb das Gebiet, das 1871 das Deutsche Kaiserreich werden sollte, in eine Reihe von souveränen Staaten unterteilt, wodurch das Entstehen eines gemeinsamen deutschen Binnenmarktes erschwert wurde. Erst mit der Gründung des Zollvereins (1834) und dem Wegfall der Binnenzollschranken zwischen den meisten deutschen Staaten wurde der entscheidende Schritt zur wirtschaftlichen und politischen Einigung vollzogen.[7]

In fast allen deutschen Staaten war die Landwirtschaft in der ersten Hälfte des 19. Jahrhunderts der wichtigste Wirtschaftssektor. Um die Mitte des Jahrhunderts arbeiteten hier 55 % aller Erwerbspersonen, während zu diesem Zeitpunkt auf den sekundären Sektor von Gewerbe und Industrie 24 % und auf den tertiären Sektor von Handel und Dienstleistungen 21 % der insgesamt 15,8 Millionen Beschäftigten entfielen.[8] Durch Agrarreformen wie der „Bauernbefreiung“ und durch die Anwendung verbesserter Produktionsmethoden konnte die Landwirtschaft ihre Produktivität zunächst erhöhen. Sie sah sich jedoch seit den 1820ern einem Verfall der Agrarpreise ausgesetzt, zu dem in den 1840ern schwere Mißernten, Überschwemmungen und Tierseuchen traten. Hungersnöte, Massenarmut und schließlich die ökonomische und politische Krise des Jahres 1848 bildeten den Endpunkt dieser Entwicklung. Erst in den fünfziger und sechziger Jahren, als sich die Wirtschaftslage wieder stabilisiert hatte, stiegen auch die Agrarpreise bei zunehmender Produktion wieder an, da das Angebot an Getreide mit der infolge des Bevölkerungswachstums zunehmenden Nachfrage nicht mehr Schritt halten konnte. Die landwirtschaftlichen Betriebe konnten vor diesem Hintergrund ihre Ertragslage verbessern, so daß sich die Krise im Agrarsektor beseitigen ließ.[9]

Im Gewerbe dominierte bis in das erste Drittel des 19. Jahrhunderts noch immer die vorindustrielle, handwerkliche Produktionsweise. Nicht zu verkennen war jedoch, daß das Handwerk infolge starrer Reglementierungen von Ausbildung und Arbeitsgestaltung zusehends in eine Krisensituation geriet, während sich in anderen Bereichen des gewerblichen Sektors bereits Veränderungen hin zur industriellen Fertigungsweise anbahnten, die durch rechtliche Verordnungen wie die Einführung der Gewerbefreiheit oder durch den Fortfall des Zunftzwanges in Preußen 1807/10 noch verstärkt wurden. Ab Mitte der 1830er war es vor allem der Eisenbahnbau und der dadurch hervorgerufene Bedarf an Eisen- und Stahlerzeugnissen, der sowohl der Schwerindustrie als auch dem Maschinenbau zusätzliche Wachstumsimpulse vermittelte. Auch in der Textilindustrie konnte das Produktionsvolumen gesteigert werden. Diese Branchen entwickelten sich zu den Leitsektoren der deutschen Industrialisierung. Unternehmer wie Harkort, Krupp, Haniel oder Grillo gründeten nicht nur die ersten schwerindustriellen Fabrikanlagen (vor allem im Ruhrgebiet), sondern führten in ihren Betrieben technologische Innovationen durch und wandten neue Verfahren an, welche die Produktionsmöglichkeiten des gesamten Industriezweiges nachhaltig und langfristig verbesserten.

Friedrich Harkort, westfälischer Industrieller und Politiker

Durch die Krisen von 1848 und 1857 kam es zwar zu zeitweiligen Produktionseinbrüchen, doch konnten sich die Branchen schnell wieder erholen, so daß sie bis in die 1870er hinein relativ hohe Wachstumsraten vorwiesen.[10]

Einen entscheidenden Impuls als „Motor“ der Industrialisierung vermittelte der Eisenbahnbau. Anfang des 19. Jahrhunderts war das Verkehrswesen in Deutschland nur schwach ausgeprägt, so daß der Aufbau einer leistungsfähigen Infrastruktur für die wirtschaftliche Entwicklung von großer Bedeutung war. Nach der Fertigstellung der ersten Eisenbahnstrecke von Nürnberg nach Fürth (1835) wurden in rascher Folge weitere Linien gebaut, darunter auch die 1847 eröffnete Strecke der Köln-Mindener Eisenbahn, durch die auch Ostwestfalen mit dem Eisenbahnnetz verknüpft wurde. In den 1850ern ging man daran, die einzelnen Linien durch zusätzliche Teilstrecken miteinander zu verbinden, um ein zusammenhängendes Trassennetz zu schaffen. Im Ergebnis enstand durch den Eisenbahnbau in Deutschland nicht nur ein einheitliches und integriertes Verkehrsgebiet, sondern auch die Basis für einen überregionalen Markt.[11]

Von der Abschaffung der Binnenzölle, der Errichtung einer modernen Verkehrsinfrastruktur und der kostengünstigen Massenproduktion in den neu entstehenden Fabriken profitierte naturgemäß auch der Handel. Nicht nur der Binnenhandel im Rahmen des Zollvereins konnte ein steigendes Volumen vorweisen, auch der Außenhandel mit anderen Staaten, der über die Seehäfen an der Nord- und Ostseeküste abgewickelt wurde, nahm an Intensität zu. Eine wachsende internationale Handelsverflechtung mit einem steigenden Ex- und Import war das Resultat dieser Entwicklung.[12]

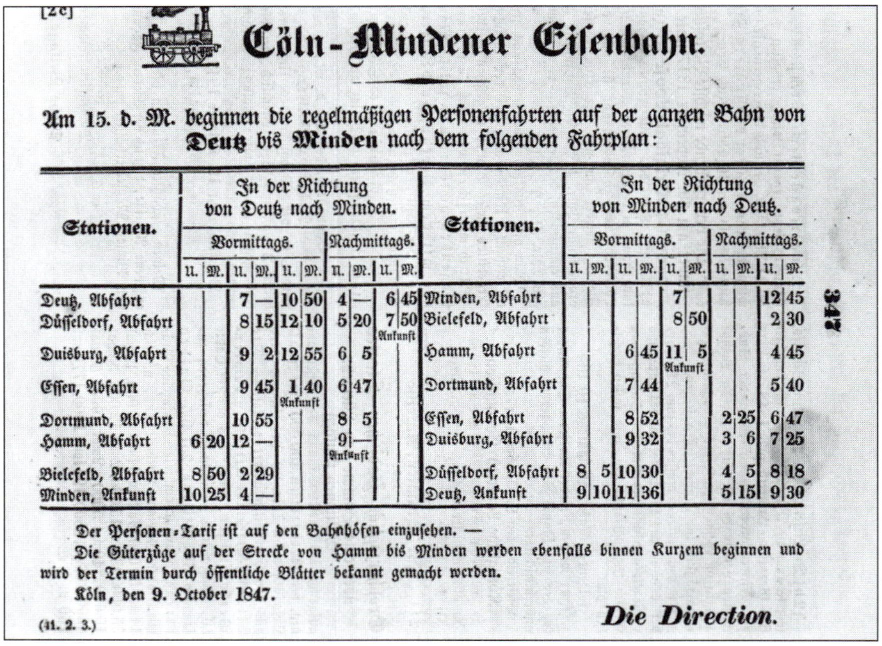

[2c]

Cöln-Mindener Eisenbahn.

Am 15. d. M. beginnen die regelmäßigen Personenfahrten auf der ganzen Bahn von **Deutz** bis **Minden** nach dem folgenden Fahrplan:

Stationen.	In der Richtung von Deutz nach Minden. Vormittags.						Nachmittags.		Stationen.	In der Richtung von Minden nach Deutz. Vormittags.						Nachmittags.	
	U.	M.	U.	M.	U.	M.	U.	M.	U.	M.		U.	M.	U.	M.	U.	M.	U.	M.

Stationen.	U.	M.	U.	M.	U.	M.	U.	M.	U.	M.	Stationen.	U.	M.	U.	M.	U.	M.	U.	M.	U.	M.
Deutz, Abfahrt			7	—	10	50	4	—	6	45	Minden, Abfahrt					7				12	45
Düsseldorf, Abfahrt			8	15	12	10	5	20	7	50 Ankunft	Bielefeld, Abfahrt					8	50			2	30
Duisburg, Abfahrt			9	2	12	55	6	5			Hamm, Abfahrt			6	45	11	5 Ankunft			4	45
Essen, Abfahrt			9	45	1	40 Ankunft	6	47			Dortmund, Abfahrt			7	44					5	40
Dortmund, Abfahrt			10	55			8	5			Essen, Abfahrt			8	52			2	25	6	47
Hamm, Abfahrt	6	20	12	—			9	— Ankunft			Duisburg, Abfahrt			9	32			3	6	7	25
Bielefeld, Abfahrt	8	50	2	29							Düsseldorf, Abfahrt	8	5	10	30			4	5	8	18
Minden, Ankunft	10	25	4	—							Deutz, Ankunft	9	10	11	36			5	15	9	30

(Columns: Deutz→Minden: Vormittags 3 trains, Nachmittags 2 trains; Minden→Deutz: Vormittags 3 trains, Nachmittags 2 trains.)

347

Der Personen-Tarif ist auf den Bahnhöfen einzusehen. —

Die Güterzüge auf der Strecke von Hamm bis Minden werden ebenfalls binnen Kurzem beginnen und wird der Termin durch öffentliche Blätter bekannt gemacht werden.

Köln, den 9. October 1847.

(H. 2. 3.) **Die Direction.**

Der erste Fahrplan der Köln-Mindener Eisenbahn

entstand. Dieses Institut besaß das exklusive Notenausgaberecht für Preußen, ein Privileg, das zur Vereinheitlichung des Geldwesens in diesem Staate führte und seine Bedeutung in den folgenden Jahren beträchtlich wachsen ließ. Auch in anderen deutschen Staaten wurden Notenbanken ins Leben gerufen, so daß die Emission von Banknoten und die Versorgung der Wirtschaft mit Zahlungsmitteln in geordnete Verhältnisse kam.[15]

Die genannten Faktoren und Strukturveränderungen waren dafür verantwortlich, daß das Nettosozialprodukt von 1825 bis 1850 um gut 30 % wuchs. Die landwirtschaftliche Produktion verdoppelte sich in der Zeit von 1800 bis 1850, die Produktion des Gewerbes konnte ähnlich hohe Wachstumsraten vorweisen. Wenn auch der Agrarsektor noch immer dominierte, so hatten in der deutschen Wirtschaft in der ersten Hälfte des 19. Jahrhunderts Strukturveränderungen vor dem Hintergrund eines moderaten Wachstumsprozesses stattgefunden. Vor allem die Innovationen im Verkehrswesen durch den Eisenbahnbau müssen als wesentliche Antriebsfaktoren für den folgenden Industrialisierungsschub genannt werden. Die Zeit von 1816–1848 kann daher als Vorbereitungs- oder Inkubationsphase der eigentlichen Industrialisierung gelten.[16]

Relativ rückständig und wenig innovationsfreudig blieb dagegen bis 1848 der Kreditsektor. Zwar herrschte in Deutschland kein Mangel an Kapital, das in die neu gegründeten Industrieunternehmen hätte investiert werden können. Die Privatbankiers, die bis in die zweite Hälfte des 19. Jahrhunderts hinein den Kreditsektor dominierten, zeigten jedoch wenig Neigung, sich in der Industriefinanzierung zu engagieren. Sowohl etablierte als auch neue Unternehmen aus Gewerbe und Handel waren daher häufig auf Kapital aus der Familie oder anderen Quellen angewiesen, wenn sie finanzielle Engpässe überbrücken mußten. Auf die Unterstützung eines leistungsfähigen Bankensystems mußten sie dagegen oft verzichten.[13]

Die Situation änderte sich erst nach dem Krisenjahr 1848, in dem einige neu gegründete Unternehmen und Privatbankhäuser in Konkurs gegangen waren. Daher wurde sowohl in Preußen als auch in anderen deutschen Staaten die Schaffung von Kreditinstituten in der Rechtsform von Aktiengesellschaften erlaubt. Kapitalstarke Aktienbanken wie die 1851 in Berlin enstandene Discontogesellschaft, die 1853 in Darmstadt gegründete Bank für Handel und Industrie oder die 1856 ins Leben gerufene Berliner Handelsgesellschaft erlangten nicht nur für die Industriefinanzierung große Bedeutung, sondern wurden zu einem wesentlichen Antriebsfaktor für die industrielle Entwicklung.[14]

Einen weiteren Fortschritt im Geld- und Kreditsektor bildete die ab den 1830ern forcierte Vereinheitlichung des Geld- und Münzwesens durch die Errichtung großer Notenbanken. Das wichtigste Institut dieser Art war die Preußische Bank, die 1846 als eine Neuorganisation der Königlichen Bank von Preußen

Diese positive Entwicklung wurde durch die politische und ökonomische Krise von 1848 zunächst unterbrochen. Bereits seit Mitte der vierziger Jahre war es zu Mißernten und Seuchen gekommen, welche zum einen die Agrarpreise explosionsartig in die Höhe schnellen ließen, zum anderen eine dramatische Verschlechterung der Versorgungslage hervorriefen. Große Teile der ländlichen Bevölkerung lebten am Existenzminimum. Zu diesen Symptomen trat eine Gewerbekrise, verursacht durch einen seit längerem schwelenden und nun zunehmenden Niedergang des Handwerks. Aber auch in den neuen Industrien stockten Absatz und Produktion. Schließlich geriet der Finanzsektor ebenso in Schwierigkeiten. Einige Privatbankhäuser standen vor dem Konkurs. Das sich ausbreitende Massenelend sowie die Unfähigkeit der politisch Verantwortlichen, mit den sich häufenden Problemen fertig zu werden und geeignete Maßnahmen zur Krisenbekämpfung zu ergreifen, verursachte in wachsendem Maße eine politische Instabilität, die in den revolutionären Unruhen vom März 1848 gipfelte.[17] Umfangreiche politische und ökonomische

Reformmaßnahmen, von Industriellen und Gewerbetreibenden sowie von neuen politischen Kräften gefordert, ließen sich jedoch nicht wie erhofft realisieren. Dennoch: Die wenigen erlassenen Reformgesetze im Agrar- und Finanzsektor sowie die – letztendlich unerfüllte – Hoffnung auf umfassende politische und ökonomische Reformen reichten aus, um die Lage im Verlauf des Jahres 1849 zu beruhigen und die Grundlage für einen neuen wirtschaftlichen Aufschwung zu schaffen.[18]

Zu Beginn der fünfziger Jahre des 19. Jahrhunderts begann in den meisten Staaten des Zollvereins eine neue Wachstumsphase, wenn auch mit regionalen Unterschieden. Von 1850 bis 1875 verdoppelte sich das Nettosozialprodukt und konnte damit Wachstumsraten vorweisen, die man bis dahin nicht gekannt hatte.[19] Technische Innovationen im Eisenbahnbau, im Maschinenbau, in der Textil- und in der Schwerindustrie trugen dazu bei, daß es in allen Industrienationen oder sich industrialisierenden Ländern – und damit auch in den deutschen Staaten – Anfang der fünfziger Jahre zu einem Boom kam. Zwar setzte 1857 eine zweijährige Rezession ein, doch wurde dieses Tief bald wieder überwunden. Bei der Krise von 1857-59 handelte es sich um die erste wirkliche Weltwirtschaftskrise, da infolge von Überspekulation an den Börsen und übertriebenen Gewinnerwartungen die Konjunktur in den USA, England und Frankreich zusammenbrach und von dort aus die negativen Auswirkungen auf Deutschland überschwappten.[20]

Durch Goldfunde in Kalifornien und Australien erhöhte sich in den USA, Frankreich und England das Geldvolumen und die Menge der durch Gold gedeckten Banknoten ab 1859 wieder, so daß sich generell ein Anstieg der Welthandelspreise und der Kaufkraft bemerkbar machten. Durch diesen Mechanismus ließ sich auch die weltweite Wirtschaftskrise beheben. Erneut setzte ein Aufschwung ein, der bis zum Ausbruch des Deutsch-Französischen Krieges 1870 anhielt, wenn auch ab Mitte der sechziger Jahre in leicht abgeschwächter Form. Nach Beendigung des Krieges und der Gründung des Deutschen Kaiserreichs kam es nicht zuletzt aufgrund von französischen Reparationsleistungen zu einem so nachhaltigen Anstieg der Investitionstätigkeit und der Gründung von neuen Industrieunternehmen, daß die Zeitgenossen die Jahre 1871–1873 mit dem Begriff „Gründerzeit" charakterisierten. Erst durch den abrupten Ausbruch einer neuen, alle industrialisierten Länder erfassenden Krise – der sogenannten Gründerkrise – im Jahre 1873 wurde die seit Anfang der sechziger Jahre dauernde konjunkturelle Aufwärtsbewegung jäh gestoppt. Die eigentliche Durchbruchsphase oder der „take-off" der deutschen Industrialisierung fand damit ebenfalls sein Ende. In den 25 Jahren von 1849 bis zum Ausbruch der Gründerkrise hatte sich in Deutschland die Industrialisierung mit all ihren Folgen durchsetzen können. Für die daraus resultierenden Strukturveränderungen in Wirtschaft und Gesellschaft sowie für den Aufstieg des Kaiserreiches zu einem wichtigen Industriestaat war die Grundlage geschaffen worden.[21]

II. Die Wirtschaft im östlichen Westfalen am Vorabend der Industrialisierung – eine Bestandsaufnahme

Wie verlief die Industrialisierung im östlichen Westfalen? Gab es hier, verglichen mit anderen deutschen Industrieregionen wie etwa dem Ruhrgebiet, Sachsen oder Oberschlesien, Sonderentwicklungen oder für die Region typische Erscheinungen? Wie gravierend waren die Veränderungen und Umwälzungen, die in Ostwestfalen durch die Industrialisierung hervorgerufen wurden? Welche gesellschaftlichen Gruppen und welche Institutionen trugen maßgeblich dazu bei, daß sich die Industrialisierung hier durchsetzen konnte? Eine kurze Bestandsaufnahme der wirtschaftlichen Verhältnisse in Ostwestfalen vor dem eigentlichen Durchbruch der Industrialisierung ist notwendig, um diese Fragen beantworten sowie die Ursachen und Folgen dieses Prozesses für die Region richtig einschätzen zu können.

1. Politische Neuordnung nach dem Wiener Kongreß – Ostwestfalen als Region

Nach dem Ende der Napoleonischen Kriege und nach dem Wiener Kongreß versuchten die meisten deutschen Könige, Fürsten oder andere Potentaten nicht nur, ihre ursprüngliche Machtposition wiederherzustellen, sondern auch die politische Landkarte neu zu ordnen. Fast überall in Deutschland kam es zu großen territorialen Veränderungen. Neue Grenzen wurden gezogen, neue politische Verwaltungseinheiten festgelegt. Das östliche Westfalen bildete in dieser Hinsicht keine Ausnahme.

Nach den Niederlagen gegen Napoleon 1806/07 und nach dem Frieden von Tilsit mußte Preußen seine Gebiete westlich der Elbe an Frankreich abtreten. Als Folge davon wurde Nordwestdeutschland territorial neu gegliedert und verwaltungsrechtlich nach französischem Modell umgestaltet. 1807 schuf Napoleon das Königreich Westfalen, das von Kassel aus von seinem Bruder Jérôme regiert wurde und von der Ems bis an die Elbe, von Marburg im Süden bis nach Minden im Norden reichte. 1810/11 mußte das Königreich Westfalen seine nördlich einer Linie von Wesel-Münster-Minden liegenden Gebiete an das Kaiserreich Frankreich abtreten. Diese Konstellation dauerte bis 1813, als im Zuge der Befreiungskriege preußische Truppen nach und nach Teile des Königreiches Westfalen eroberten und die Franzosen wieder über den Rhein zurückdrängten.

Eine umfassende Neuordnung und territoriale Umgestaltung der Region zwischen Rhein und Elbe erfolgte durch den Wiener Kongreß. Das Königreich Westfalen wurde aufgelöst und dabei der größte Teil seines Territoriums Preußen zugeschlagen, das somit erhebliche territoriale Zugewinne westlich der Elbe verbuchen konnte. Alte Besitzungen Preußens im Westen wie die Grafschaft Ravensberg, das Fürstbistum Minden oder die Grafschaft Mark wurden durch die neuen Zugewinne erweitert oder arrondiert. Bemerkenswert für das östliche Westfalen ist vor allem, daß Preußen endgültig das Gebiet des Hochstiftes Paderborn zugesprochen wurde.[22]

Die westlich der Elbe liegenden Territorien Preußens wurden 1815 zunächst in drei und 1822 in zwei Provinzen aufgeteilt: die Rheinprovinz und die Provinz Westfalen. Die Verwaltung der Provinzen wurde den Oberpräsidien übertragen, der Sitz des westfälischen Oberpräsidiums nach Münster verlegt. Darüber hinaus wurde jede Provinz in drei Regierungsbezirke eingeteilt. Die Provinz Westfalen gliederte sich in die Regierungsbezirke Münster, Minden – seit 1723 bereits Sitz der Kriegs- und Domänenkammer für Minden-Ravensberg – und Arnsberg.[23]

Unterhalb der Regierungsbezirke wurden als nächste Verwaltungsebene Kreise eingerichtet. Der Regierungsbezirk Minden, geschaffen aus den Gebieten Minden-Ravensberg, der Herrschaft Rheda, dem Amt Reckenberg, der Grafschaft Rietberg und dem Fürstbistum Paderborn, bestand seit 1816 aus den Kreisen Minden, Rahden, Herford, Bünde, Bielefeld, Halle, Wiedenbrück, Paderborn, Büren, Höxter, Warburg und Brakel. Das heutige Ostwestfalen nahm damit erste Konturen an. Ein Austausch von Gebieten bzw. Korrekturen an der Einteilung der Kreise fanden bereits 1832 statt. In diesem Jahr wurde der Kreis Bünde aufgehoben und dem Kreis Herford zugeschlagen. Der Kreis Rahden erhielt Lübbecke als neuen Sitz der Kreisverwaltung und wurde in Kreis Lübbecke umbenannt. Außerdem wurden die beiden Kreise Brakel und Höxter unter dem Namen Kreis Höxter vereinigt, mit Höxter als Kreisstadt. Darüber hinaus erfolgte ein Gebietsaustausch zwischen den einzelnen Kreisen.[24]

Historisch gesehen bildete der Regierungsbezirk Minden keineswegs eine homogene Region. Gebiete, die seit längerem ihre Eigenständigkeit aufgegeben hatten, zu Preußen gehörten und von Berlin aus zentralistisch verwaltet wurden, waren mit Staaten zusammengelegt worden, die erst vor kurzem ihre Selbständigkeit verloren hatten. Gravierender waren jedoch die religiösen Unterschiede: Gebieten mit seit langem fast durchweg evangelischer Bevölkerung wie Minden-Ravensberg standen solche mit ausschließlich streng katholischen Einwohnern wie im ehemaligen Hochstift Paderborn gegenüber. Vor diesem Hintergrund konnte sich naturgemäß kaum eine spezifische regionale, ostwestfälische Identität herausbilden. Ostwestfalen als einheitliche Region blieb in diesen Jahrzehnten noch eine Fiktion, die erst ab der Mitte des kommenden Jahrhunderts Realität zu werden begann.

2. Bevölkerungsentwicklung und Siedlungsstruktur

Nach den Napoleonischen Kriegen und nach der Neuordnung Europas auf dem Wiener Kongreß konnte Preußen nicht nur seine westlichen Territorien erweitern und zu einem einheitlichen Verwaltungsgebiet arrondieren, sondern dadurch auch das Fundament für den gewerblichen und industriellen Auf- und Ausbau Westfalens und der Rheinprovinz in der ersten Hälfte des 19. Jahrhunderts legen. 1816 lebten in der Provinz Westfalen knapp 1,1 Millionen Menschen, während die Rheinprovinz mit 1,87 Millionen Personen fast doppelt so viele Einwohner zählte. Insgesamt entfielen auf die beiden Westprovinzen knapp 30 % der Bevölkerung Preußens und ca. ein Achtel der Bevölkerung Deutschlands (Staaten des Deutschen Bundes ohne Österreich).[25]

Differenziert man die Bevölkerung Westfalens nach den einzelnen Regierungsbezirken, so lag der Regierungsbezirk Arnsberg 1816 mit 374 810 Einwohnern an erster und der Regierungsbezirk Münster mit 347 537 an zweiter Stelle. Auf den Regierungsbezirk Minden entfielen 335 609 Einwohner. Allerdings war Minden der am dichtesten besiedelte Regierungsbezirk in der Provinz Westfalen. In den Kreisen des Regierungsbezirks lebten im Kreis Minden mit 41 200 Personen die meisten Menschen. Ihm folgten der 1816 noch existierende Kreis Bünde mit 34 225 und der Kreis Wiedenbrück mit 31 403 Einwohnern. Stadt und Kreis Bielefeld zählten 1816 zusammen 30 092 Personen.[26]

Ein besonderes Kennzeichen der Siedlungsstruktur sowohl in der Provinz Westfalen als auch im Regierungsbezirk Minden bildete der hohe Prozentsatz der ländlichen Bevölkerung. Im Gegensatz zur Rheinprovinz, in der 1816 immerhin schon 10 % der Bevölkerung in Städten mit über 10 000 Einwohnern lebten, konnte die Provinz Westfalen damals nur eine Stadt mit mehr als 10 000 Einwohnern (Münster: 15 000) vorweisen. Die Einwohnerzahl in Städten mit über 10 000 Einwohnern betrug in Westfalen nur 1,5 % der Gesamtbevölkerung. Im Regierungsbezirk Minden waren 1816 nur Minden als Verwaltungszentrale und Sitz des Regierungspräsidenten mit 7 770 Einwohnern, Bielefeld als alte Handelsstadt mit 6 658, Herford als ehemalige Hansestadt mit 5 623 und Paderborn als Bischofssitz mit 5 700 Einwohnern Städte von nennenswerter Bedeutung.[27]

Von 1816 bis 1849 wuchs die Bevölkerung in fast allen Regionen Deutschlands nachhaltig – ein Phänomen, das vor allem durch höhere Geburtenzahlen, eine zurückgehende Kindersterblichkeit und durch ein langsam steigendes Lebensalter verursacht wurde. In der Provinz Westfalen nahm die Bevölkerung um 43 % auf 1,469 Millionen Personen zu, in der Rheinprovinz sogar um 51 % bis auf 2,831 Millionen. Speziell Wanderungsverluste in den 1840ern waren dafür verantwortlich, daß die Bevölkerung in Westfalen jedoch nicht so schnell wuchs wie im Rheinland.[28]

Die Entwicklung im Regierungsbezirk Minden verlief ähnlich. Bis 1843 – für 1849 liegen leider keine genauen Zahlen vor – erhöhte sich die Bevölkerung um 112 203 oder 33 % auf 447 812 Personen. Nur der Regierungsbezirk Arnsberg konnte mit 46 % einen größeren Anstieg verbuchen. In Ostwestfalen waren die bevölkerungsreichsten Kreise in jenem Jahr der Kreis Herford mit 65 715 Einwohnern, der Kreis Minden mit 60 696, der Kreis Höxter mit 50 462 und der Kreis Lübbecke mit 49 479. Knapp dahinter lagen die Stadt und der Kreis Bielefeld mit 47 909 Personen.[29]

Diese Zahlen täuschen jedoch etwas über die tatsächlichen Unterschiede in der Siedlungsstruktur Ostwestfalens hinweg. Während in Minden-Ravensberg die Bevölkerungsdichte vergleichsweise hoch war, lebten im Gebiet des ehemaligen Hochstiftes Paderborn wesentlich weniger Einwohner pro Quadratkilometer. Größere und bevölkerungsreiche Siedlungskerne bildeten sich daher – sieht man einmal von Städten wie Paderborn mit 9 600 sowie Höxter und Warburg mit jeweils ca. 3 700 Einwohnern ab – nicht heraus. In Minden-Ravensberg bot dagegen das sich seit der Mitte des 17. Jahrhunderts ausbreitende agrarisch-heimgewerbliche Spinnen und Weben von Leinen in den ersten drei Jahrzehnten des 19. Jahrhunderts immer mehr Menschen eine Subsistenzgrundlage. Familien wurden hier eher als in anderen Regionen gegründet, so daß die Geburtenzahl dementsprechend anstieg.[30]

Darüber hinaus zeigten sich in Minden-Ravensberg eher Ansätze eines Städtewachstums. Die Stadt mit den meisten Einwohnern in der Region blieb Minden, dessen Bevölkerung von 1816 bis 1849 um 68 % auf 13 060 Personen angestiegen war – neben dem zunehmenden Geburtenüberschuß auch eine Folge des Zuzugs von Beamten und Angestellten, die in den staatlichen Behörden und Institutionen arbeiteten. Auch Bielefeld konnte einen Bevölkerungszuwachs um 55 % auf 10 308 Einwohner verbuchen. Diese Entwicklung war auch hier die Folge eines Geburtenüberschusses und des Zuzuges von Arbeitskräften aus dem Umland in die Stadt Bielefeld, die bei den dort ansässigen und expandierenden Manufakturen und Verlagshäusern des Leinengewerbes beschäftigt wurden. Mit diesem Anstieg an Einwohnern lagen Minden und Bielefeld hinter Münster mit 24 664 Einwohnern zur Jahrhundertmitte immerhin auf dem zweiten und dritten Platz der westfälischen Städte. Auch Herford mit 8 800 Einwohnern hatte bis 1849 eine durchaus beachtliche Größenordnung erreicht.[31]

Der zweite markante Unterschied zwischen Minden-Ravensberg und dem ehemaligen Hochstift Paderborn war die Religionszugehörigkeit. Während zum Beispiel in den Kreisen Bielefeld, Herford oder Lübbecke 98 % der Bevölkerung sich der evangelischen Konfession zurechneten, war es in den Kreisen Paderborn, Büren oder Warburg genau umgekehrt: Hier dominierte mit 94-96 % eindeutig die römisch-katholische Bevölkerung.[32] Für Ostwestfalen läßt sich daher grob verallgemeinert zur Mitte des 19. Jahrhunderts eine Zweiteilung konstatieren: Dem durch das protoindustrielle Leinengewerbe geprägten Norden der Region mit einer fast durchweg evangelischen Bevölkerung stand der von der Landwirtschaft dominierte Süden mit einer katholischen Bevölkerung gegenüber. Diese Konstellation beeinflußte auch die wirtschaftliche Entwicklung der folgenden Jahrzehnte. Für staatliche Institutionen und für die Selbstverwaltungskorporationen bedeutete dies ebenfalls eine Handlungsvorgabe, an der man sich orientieren mußte.

3. Handel und Gewerbe in vorindustrieller Zeit

Wie in anderen Regionen Deutschlands gab es auch im östlichen Westfalen vorindustrielle Bereiche von

Handweben von Leinen auf dem Lande in der Mitte des 19. Jahrhunderts

Handel und Gewerbe, die gleichsam das Sprungbrett für den Durchbruch des „Maschinenzeitalters“ bildeten. Die Branche, die in Ostwestfalen dafür vor allem den Boden bereitete, war das Leinengewerbe.

3.1 Das Leinengewerbe im östlichen Westfalen bis zum Beginn des „Maschinenzeitalters“

Seit dem 18. Jahrhundert entwickelten sich weite Teile des östlichen Westfalens – vor allem Minden-Ravensberg – zu einer Gewerberegion, in der zunehmend feine Flachsleinwand sowohl für den lokalen als auch – weitaus wichtiger – für den überregionalen Markt erzeugt wurde. Flachsanbau betrieb man seit alters an den Abhängen des Teutoburger Waldes und im Ravensberger Land. Klima und Bodenverhältnisse waren hierfür besonders günstig. Die Verarbeitung des Flachses wurde daher rasch zu einem wichtigen Erwerbszweig. Dies galt insbesondere für die Landbevölkerung, die den Flachs als sogenannte Füllarbeit speziell in den Wintermonaten zu Leingarn verspann oder zu Leinwand verwebte. In dem Umfang, in dem aufgrund des steigenden Geburtenüberschusses auf den Höfen Heuerlinge und Kötter ansässig wurden, waren diese auch auf einen Nebenerwerb außerhalb ihrer Tätigkeit in der Landwirtschaft angewiesen. Kaufleute aus den Städten, vor allem aus Bielefeld, bemühten sich darum, das auf dem Lande gesponnene Garn aufzukaufen und an die wichtigsten Bleich- und Umschlagplätze weiterzuleiten.[33]

Unter den Städten Nordwestdeutschlands konnte Bielefeld aus zwei Gründen eine wichtige Stellung im Leinengewerbe einnehmen: Zum einen unterstützten die jeweiligen Landesherren die Bielefelder Kaufleute darin, ihr Netz an Handelsbeziehungen aufzubauen. Ein 1688 erlassenes Kommerzienedikt legte zum Beispiel fest, daß der Handel mit feiner Leinwand den Städten Bielefeld und Herford vorbehalten werden sollte. Zum anderen wurde den Bielefelder Kaufleuten der Aufbau ihres Handelsnetzes dadurch erleichtert, daß sie keine Konkurrenz aus den Nachbarstädten Münster, Paderborn oder Osnabrück befürchten mußten, da es sich hier im wesentlichen um Bischofs- und Verwaltungsstädte handelte, die seit langem in ein Geflecht politisch-religiöser und damit spezifischer Wirtschaftsbeziehungen integriert waren. Von der Bevölkerung dieser Städte gingen daher kaum Impulse aus, das Leinengewerbe und den Leinenhandel zu entwickeln.[34]

Bald verfestigte sich die Arbeitsteilung im Leinengewerbe: Das von Webern aufgekaufte Garn wurde zu verschiedenen Leinensorten verwebt, die unter den Namen Drell, Damast, Bielefelder klare oder feine Leinwand von den Leinenkaufleuten nach einer Qualitätsprüfung erworben wurden, um das Leinen dann zu exportieren. Nachdem die Leinwand zwei bis drei Monate auf einer Bleiche gelegen hatte, wurde

Stempel der Bielefelder Legge als Gütesiegel für Qualitätsleinen

sie in Kisten nach Holland, England, Skandinavien oder bis ins Baltikum versandt. Aufgrund des Exporterfolges des Bielefelder Leinens gelang es, Konkurrenten aus anderen Leinenregionen wie dem Osnabrücker oder dem Tecklenburger Land vom Markt zu verdrängen. Das Leinengewerbe wurde daher bald zur Haupterwerbsquelle in Minden-Ravensberg, die trotz des Bevölkerungsanstiegs auf dem Lande über längere Zeit hinweg einen gewissen Wohlstand garantierte. Vor allem die steigende Zahl der landlosen Heuerlingsfamilien konnte sich durch das Spinnen und Weben von Leinen für längere Zeit ihre Subsistenz sichern.[35]

Mit der wachsenden Bedeutung Bielefelds als Zentrum des Leinenhandels entstanden hier auch Institutionen und Einrichtungen, die für den möglichst reibungslosen An- und Verkauf von Leinen und Garnen sorgten. Ein Handels- und Bleichgericht sollte bei Meinungsverschiedenheiten über die Qualität des Leinens entscheiden. Dem Gericht fehlten jedoch exekutive Befugnisse, so daß es nach dem Urteil von Zeitgenossen nur kurz eine größere Wirksamkeit entfalten konnte. Weitaus wichtiger für den Leinenhandel war jedoch die Bielefelder Legge. Bereits seit dem Mittelalter existierten in einigen Städten, wie etwa in Osnabrück, Leggen, auf denen das produzierte Leinen öffentlich geprüft wurde. In Ravensberg gab es seit 1652 eine Leggeordnung, nach der das hier hergestellte Leinen in Bielefeld kontrolliert werden sollte. Offensichtlich fand diese Leggeordnung jedoch keine größere Beachtung, so daß der Große Kurfürst als Landesherr 1678 eine neue Leggeordnung erließ, derzufolge die grobe Leinwand – das Löwend – in Borgholzhausen, Vlotho und Oldendorf geprüft werden sollte, während die Bielefelder Legge für die ungleich größeren Mengen an feiner Leinwand zuständig war. Fraglos wurde durch die 1678 errichtete Bielefelder Legge die Konzentration im Leinenhandel noch verstärkt. Darüber hinaus war die strenge Qualitätskontrolle auf der Legge dafür verantwortlich, daß der gute Ruf des Bielefelder Leinens weiter gefördert und die Bedeutung Bielefelds als Leinenhandelszentrum weiter ausgebaut werden konnte. Die Bielefelder Legge bestand bis 1872, ehe sie aufgrund der zunehmenden Mechanisierung der Leinenherstellung und der immer größer werdenden Palette an Leinensorten an Bedeutung verlor.[36]

Nach dem Ende der Napoleonischen Kriege machten sich in dem lange prosperierenden Leinengewerbe jedoch erste Krisensymptome bemerkbar, die sich in den 1830ern zusehends verstärkten. Fragt man nach den Gründen der Krise, so sind vor allem zwei Punkte zu nennen. In dem Maße, in dem in Großbritannien als Folge der dort früher als auf dem Kontinent einsetzenden Industrialisierung die Textilproduktion mechanisiert wurde, verbilligten sich zum einen die erzeugten Waren, zum anderen ließen sich neue Produkte herstellen, deren Preise erheblich niedriger waren als die nach traditioneller Methode fabrizierte Leinwand. Gegen Ende des 18. Jahrhunderts waren in Großbritannien Spinnmaschinen und Webstühle technologisch so entwickelt, daß sie die Produktion von Garn und Textilerzeugnissen als Massenware erlaubten. Die fabrikmäßige Textilherstellung ermöglichte eine weitere Kosten- und Preisreduzierung. Der technologische Rückstand Deutschlands gegenüber Großbritannien um mehrere Jahrzehnte war sicherlich eine der wesentlichen Ursachen für den Niedergang der Leinen- und Garnproduktion und damit für die Krise des agrarisch-heimgewerblichen Webens und Spinnens. Der deutsche Markt wurde mehr und mehr von billigen englischen Industrieprodukten überschwemmt, während die teuren deutschen Erzeugnisse sich immer weniger absetzen ließen.[37]

Die Krise des Leinengewerbes allein auf die billige englische Konkurrenz zurückführen zu wollen wird dem wahren Sachverhalt jedoch nicht gerecht. In gleicher Weise waren hierfür der rasche Bevölkerungsanstieg auf dem Lande sowie die spezifischen Besitz- und Arbeitsverhältnisse verantwortlich, die sich angesichts des zunehmenden Bevölkerungsdruckes als nicht mehr zeitgemäß erwiesen. Der Bevölkerungszuwachs, der sich seit Ende des 18. und Beginn des 19. Jahrhunderts beschleunigte, speiste sich aus zwei Faktoren: Fortschritte in der Medizin führten zum Rückgang großer Seuchen und sorgten für eine längere Lebenserwartung. Darüber hinaus spielten die Wirtschaftsstruktur der Dörfer und die Verdienstmöglichkeiten, die gerade das Leinengewerbe bot, eine wichtige Rolle. In den Dörfern Minden-Ravensbergs und Lippes lebten relativ wenige Bauern; der größte Teil der Bevölkerung hatte als Heuerlinge, das heißt als Pächter, sein Auskommen. Gerade sie mußten ihren Lebensunterhalt durch Weben und Spinnen verdienen.[38]

Heuerlingshütte in der Senne in der Mitte des 19. Jahrhunderts

In der Blütezeit des Leinengewerbes sowie aufgrund der guten Absatz- und Verdienstmöglichkeiten im 18. Jahrhundert schienen sich für die Heuerlinge und Pächter die Lebensverhältnisse zu bessern. Die Leichtigkeit, mit der sich ein Webstuhl oder ein Spinnrad bedienen ließ, sowie die vermeintlich sichere Existenzgrundlage, die das Heimgewerbe zu bieten schien, veranlaßten gegen Ende des 18. Jahrhunderts immer mehr junge Leute, relativ frühzeitig eine Familie zu gründen. Die Folge waren einerseits ein massiver Anstieg der Geburten, andererseits ein zunehmender Konkurrenzkampf unter den jungen Familien, die alle im Heimgewerbe ihr Auskommen finden mußten. Nicht nur die Bevölkerung wuchs rasch, sondern auch die Zahl der Spinnräder und Webstühle. Immer größere Mengen an Garn oder Leinwand wurden hergestellt, während die Preise mangels stockender Nachfrage dafür sanken. Die Verdienstmöglichkeiten im Leinengewerbe wurden dadurch zusehends geschmälert. Das durch Spinnen und Weben erwirtschaftete Geld verteilte sich auf immer mehr Personen, die auf diesen Verdienst für ihren Lebensunterhalt angewiesen waren.[39]

Diese gefährliche Konstellation verschärfte sich in den 1840ern dramatisch durch Versorgungskrisen, da die landwirtschaftliche Produktion immer weniger mit der wachsenden Bevölkerung Schritt halten konnte. Bei schlechten Ernten, die in dieser Zeit häufig vorkamen, stiegen die Preise für Nahrungsmittel rapide an. Die in ihren Verdienstmöglichkeiten ohnehin geschwächte Landbevölkerung lebte angesichts dieser Entwicklung zum großen Teil am Rande und schließlich unterhalb des Existenzminimums. Die Massenarmut, der „Pauperismus", sowie Hungersnöte breiteten sich aus.[40]

Elendsbehausung von verarmten Spinnern in der Senne in der Mitte des 19. Jahrhunderts

Das Bevölkerungswachstum, die Krise auf dem Agrarsektor und die einseitige Wirtschaftsstruktur auf dem Lande waren ebenso entscheidende Ursachen für die gravierenden Probleme im Leinengewerbe wie die billige Konkurrenz aus England. Produktions- und Vertriebsmethoden, bis dahin Garant für ein relativ großes Maß an Prosperität in der ländlichen Bevölkerung Minden-Ravensbergs, waren angesichts eines zu langen Beharrens auf altbewährten wirtschaftlichen Strukturen einerseits sowie veränderter ökonomischer Rahmenbedingungen andererseits in eine tiefe Krise geraten und erwiesen sich als nicht mehr zeitgemäß. Die Zeit für etwas Neues und für gravierende Veränderungen in Wirtschaft und Gesellschaft war in Ostwestfalen in der Mitte des 19. Jahrhunderts herangereift. Das „Maschinenzeitalter" konnte auch im Textilgewerbe dieser Region beginnen.

3.2 Andere Gewerbezweige

Wenn auch an der herausragenden Bedeutung des Leinengewerbes für das östliche Westfalen kein Zweifel besteht, darf nicht vergessen werden, daß das Wirtschaftsleben in den Städten bis weit in das 19. Jahrhundert hinein von den Handwerkern geprägt wurde. Die meisten von ihnen arbeiteten vorwiegend für den städtischen Markt, indem sie ihre Produkte und Dienstleistungen den Bürgern der Stadt und den Bewohnern des Umlands anboten. Wie in anderen Städten des Spätmittelalters und der Frühen Neuzeit läßt sich auch in den Städten Ostwestfalens eine Vielfalt an Handwerksberufen nachweisen, von Bäckern, Knochenhauern, Schneidern und Schmieden bis zu Glasern, Steinmetzen, Barbieren und Chirurgen.[41]

Die Handwerker waren in Zünften organisiert, deren Aufgabe es war, die Berufsausbildung und die Zulassung zur Meisterprüfung zu regeln, die personelle Übersetzung eines Handwerks aus Konkurrenzgründen zu verhindern, die Qualität der Produkte sicherzustellen, den Mitgliedern und deren Hinterbliebenen sozialen Schutz zu gewähren und schließlich das gesellige Leben zu gestalten. Allerdings gehen die Meinungen auseinander, inwieweit es den Zünften tatsächlich gelang, ihren Aufgaben gerecht zu werden. Während einige Autoren die Selbsthilfe und die soziale Fürsorge positiv hervorheben, betonen andere Forscher die harten Restriktionen und die soziale Kontrolle, die den Handlungsspielraum des einzelnen Zunftmitglieds einengten, sowie den oftmals festzustellenden Hang zu übertriebenen Festlichkeiten und Genußsucht. Beide Ansichten sind nicht unbegründet, doch kann diese Debatte hier nicht entschieden werden.[42]

Dagegen steht fest, daß die Selbstverwaltung des Handwerks durch Zünfte zunehmend an Bedeutung verlor, als durch die veränderten Produktionsmethoden in Form der Manufaktur und Fabrik sowie durch die Mechanisierung des Produktionsprozesses sich die Struktur des zünftig verfaßten Handwerks als nicht mehr zeitgemäß erwies und eher als Hindernis für die freie Entfaltung der Wirtschaftskräfte angesehen wurde. Unter französischer Herrschaft wurde mit dem Patentsteuergesetz von 1808 jedem Bürger die Möglichkeit eingeräumt, einen Gewerbeschein zu erhalten und damit ein Gewerbe auszuüben. Die Verkündung der Gewerbefreiheit in Preußen intensivierte diesen Prozeß.[43]

Außer dem städtischen Handwerk gab es noch andere Gewerbezweige, die für die wirtschaftliche Entwicklung im vorindustriellen östlichen Westfalen eine wichtige Rolle spielten. Zu nennen wären hier die Fabrikation von Eisenwaren und die Produktion von Lederartikeln in Bielefeld und im Kreis Halle sowie die Zigarrenherstellung in den Kreisen Herford, Minden und Lübbecke. Abgesehen von der Firma Crüwell in

Bielefeld, die bereits 1705 mit der Verarbeitung von Tabak begonnen hatte und 1826 als Tabakmanufaktur 22 Arbeiter beschäftigte, erlangten vor allem die beiden Weserstädte Minden und Vlotho für die Zigarrenfabrikation in den ersten Jahrzehnten des 19. Jahrhunderts besondere Bedeutung. 1826 wurde in Minden eine Zigarrenfabrik gegründet, die 1832 elf Arbeiter beschäftigte. 1830 eröffneten ortsansässige Kaufleute in Vlotho eine Tabak- und Zigarrenmanufaktur, die 1843 bereits 55 Arbeitskräfte zählte. In den 1840ern wurden hier weitere Zigarrenfabriken ins Leben gerufen.[44]

Nach den beiden Städten an der Weser faßte die Zigarrenherstellung in den 1840ern vor allem im Kreis Herford Fuß, dessen Bevölkerung durch die Krise im protoindustriellen Leinengewerbe nach neuen Verdienstmöglichkeiten suchte. 1842 wurde die erste Zigarrenfabrik in Herford gegründet, ein Jahr später die Zigarrenfabrikation in Bünde begonnen, dem späteren Zentrum dieses Gewerbes im östlichen Westfalen. Wie rasch und durchgreifend sich der Aufstieg der Zigarrenindustrie in Bünde und seinem Umland vollzog, läßt sich daran erkennen, daß die Zahl der in dieser Branche beschäftigten Personen allein zwischen 1849 und 1852 um mehr als das Elffache stieg. In ganz Ostwestfalen verdoppelte sich die Zahl der Zigarrenarbeiter zwischen 1846 und 1852 von 707 auf 1385, was zeigt, wie sehr die Bedeutung dieser Branche für die Wirtschaft in der Region gewachsen war.[45]

Eine ähnlich wichtige Stellung unter den vor- und frühindustriellen Gewerbezweigen nahmen im Paderborner Land die Glashütten ein. Mit Hilfe böhmischer Fachleute entstanden hier bereits im 18. Jahrhundert Glashütten, die in der ersten Hälfte des 19. Jahrhunderts ihre Wettbewerbsposition festigen konnten und vornehmlich Hohlglas produzierten. In den holzreichen Gebieten der Kreise Büren, Paderborn und Höxter boten sie alternative Beschäftigungs- und Verdienstmöglichkeiten zu der sonst dominierenden Landwirtschaft. Ab der Mitte des Jahrhunderts sahen sich die Glashütten mit immer stärker werdenden Konkurrenten konfrontiert, die an günstigeren Standorten wie dem Ruhrgebiet oder entlang der Weser nicht nur aufgrund von geringeren Transportkosten, sondern auch infolge von Produktinnovationen wie der Herstellung von Tafelglas zunehmend Wettbewerbsvorteile verbuchen konnten. Die Paderborner Glashütten verloren dagegen Marktanteile und spielten für die wirtschaftliche Entwicklung keine Rolle mehr.[46]

Die für die vorindustrielle ostwestfälische Wirtschaft wichtigen Gewerbezweige werden durch das Brauereiwesen komplettiert. Während dessen Bedeutung in Bielefeld im 19. Jahrhundert abnahm, konnte diese in Städten wie Paderborn, Minden und Herford aufrechterhalten werden. Den hier ansässigen Brauereien gelang es, ihr Bier nicht nur auf dem eng begrenzten lokalen Markt abzusetzen, sondern auch in benachbarten Gebieten. Dadurch konnten sie ihre Wettbewerbsposition stärken und auch die Verdienst- und Arbeitsmöglichkeiten erweitern. Die Wirtschaftsstruktur im östlichen Westfalen wurde so um eine wichtige Facette bereichert.[47]

3.3 Die Bedeutung des Handels für die Region Ostwestfalen

In den Städten Ostwestfalens hatte sich seit dem Mittelalter und der Frühen Neuzeit eine relativ differenzierte Struktur des Handels entwickelt. Verschiedene Marktsegmente konnten dadurch bedient und spezifische Netzwerke von Handelsbeziehungen hergestellt werden. Dies gilt insbesondere für das als Handelsstadt gegründete Bielefeld, für das Hansemitglied Herford und für die als Handels- und Umschlagplatz günstig an der Weser gelegene Hansestadt Minden. Dank landesherrlicher Privilegien sowie der Risikobereitschaft und des Kalküls ihrer Kaufleute konnten sich diese Städte lange eine beachtenswerte Position in der Rangordnung der deutschen Handelszentren sichern. Darüber hinaus war es für die wirtschaftliche Entwicklung der Städte und der gesamten Region wichtig, daß vor allem durch den Handel eine Akkumulation des Kapitals erfolgte, das dann in späteren Jahren in die ersten industriellen Anlagen investiert wurde. Nicht verschwiegen werden darf, daß der Handel zwar für die Kaufleute aus Bielefeld, Herford oder Minden wie auch für die aus anderen Städten einträgliche Profite abwarf, aber auch große Kapitalien erforderte, da zum einen im Auslandsgeschäft die Zahlungsfristen relativ lang waren, zum anderen oftmals große Zeitspannen zwischen An- und Verkauf der Waren überbrückt werden mußten.[48]

In der Wirtschaftsstruktur Bielefelds dominierte ab der Frühen Neuzeit eindeutig der Leinenhandel, jedoch darf nicht vergessen werden, daß Bielefelder Kaufleute auch mit anderen Waren Handel trieben. Erwähnenswert ist hier vor allem der Handel über größere Distanzen hinweg mit Getreide, Bier, Gewürzen, Weinen, Likören und anderen Spirituosen. Den wichtigsten Einkaufsplatz für diese Waren bildeten die Messe in Frankfurt, aber auch die anderen herausragenden deutschen Messeplätze in der Frühen Neuzeit. Eine ähnliche Konstellation läßt sich für Herford feststellen, das allerdings durch den Dreißigjährigen Krieg arg in Mitleidenschaft gezogen wurde und seine frühere Bedeutung als Handelszentrum verlor.[49]

Seit dem Mittelalter war Minden nicht nur Mitglied der Hanse, es entwickelte sich auch zu einem wichtigen Stapel- und Umschlagplatz für Getreide und Holz.

Trotz wechselnder politischer Verhältnisse und trotz mancher im Weserhandel konkurrierender Städte – vor allem Bremen – konnte Minden auch in der Frühen Neuzeit seine Position im Handel auf der Weser verteidigen, wenn auch der Getreidehandel zurückging und durch den Handel mit Granit und Sandsteinen ersetzt wurde. Minden blieb über die Weserschiffahrt und den Handel in das sich verdichtende Netz an Wirtschaftsbeziehungen in Europa integriert. Allerdings: Mit der Zunahme des Fern- und Überseehandels im 18. Jahrhundert büßte der Weserhandel an Bedeutung ein. Auch Minden wurde hiervon betroffen, so daß die Stellung der Stadt als Handels- und Warenumschlagplatz weitgehend verlorenging.[50]

4. Zusammenfassung

Vom Ende der Napoleonischen Kriege bis zur Zäsur durch das Krisenjahr 1848 hatte sich im östlichen Westfalen, vor allem in Minden-Ravensberg, eine Wirtschaftsstruktur herausgebildet, in der neben der Landwirtschaft das Leinengewerbe dominierte. Angesichts wachsender Überbevölkerung auf dem Lande und sich verschlechternder Verdienstmöglichkeiten in der Landwirtschaft waren immer mehr landlose Heuerlinge darauf angewiesen, ihren Lebensunterhalt durch Spinnen und Weben von Leingarn und Leinwand zu bestreiten. Da das Leinen aus Minden-Ravensberg aufgrund von Qualitätsvorteilen sich auf dem Markt gut absetzen ließ, bildete das florierende agrarisch-protoindustrielle Leinengewerbe lange Zeit ein Ventil, um soziale Spannungen und Subsistenzkrisen auf dem Lande aufzufangen. Da ab den 1830ern, speziell in den 1840ern, die Zahl der Personen, die vom Leinengewerbe leben mußten, rapide wuchs, sich der Absatz für handgewebtes Leinen durch die zunehmende Konkurrenz aus Großbritannien aber immens verschlechterte, kam es ab 1845 zu einer dramatischen Versorgungskrise auf dem Lande, als deren Folge sich Massenarmut ausbreitete. Alternative Beschäftigungsmöglichkeiten mußten gefunden, neue Produktions- und Betriebsformen geschaffen werden. In einigen Teilen Ostwestfalens schien die aufblühende Zigarrenindustrie eine Lösung aufzuzeigen. Dennoch ließ sich nicht übersehen, daß grundlegende wirtschaftliche Strukturveränderungen notwendig waren, um die vor allem 1848 kulminierende Notsituation zu meistern. Die alten Formen von Handel und Gewerbe, lange Garant für eine positive Wirtschaftsentwicklung im östlichen Westfalen, entpuppten sich aufgrund veränderter ökonomischer und politischer Rahmenbedingungen als nicht mehr zeitgemäß. Auf der Basis von Kapital und Wissen, das in den traditionellen Gewerbezweigen gesammelt worden war, mußten die Veränderungen im Wirtschaftsleben der Region in Gang gesetzt werden, die zum Durchbruch des „Maschinenzeitalters“ und der Industrialisierung führten.

III. Durchbruch der Industrialisierung im östlichen Westfalen 1849–1873

1. Die Textilindustrie als Führungssektor der Industrialisierug im östlichen Westfalen

Nach den politischen und sozialen Unruhen von 1848, die auch am östlichen Westfalen nicht spurlos, wenn auch ohne wirkliche Zerreißproben, vorübergegangen waren, sowie angesichts der Krise im Leinengewerbe wurde ab der Jahrhundertmitte in aller Schärfe offenkundig, daß neue Wege beschritten werden mußten. Der Handlungsbedarf war derart gewachsen, daß die Zeit der langen Diskussionen über das Für und Wider von Mechanisierung und Fabrikwesen, die in den 1840ern vor allem von Bielefelder Leinenkaufleuten ergebnislos geführt worden waren, beendet werden mußte. Jetzt drängte die Ausnutzung neuer, inzwischen weiterentwickelter Technologien, jetzt mußten Pläne und Projekte, über die in den 1840ern nur debattiert worden war, schnell realisiert werden.[51] Auf Beispiele und Erfahrungen

Reste der Schönfeld'schen Spinnerei in Herford

konnte man zurückgreifen. Bereits 1810 hatte der Kaufmann Schrewe aus Herford die erste maschinell betriebene Baumwollspinnerei gegründet, die 1835 zu der Mechanischen Flachs- und Flachswergspinnerei Schoenfeld, Stallforth & Co. erweitert wurde. Als Kraftquelle diente hier allerdings noch nicht die Dampfmaschine, sondern Wasserkraft. Damit waren sowohl dem Ausbau als auch der Konkurrenzfähigkeit des Unternehmens Grenzen gesetzt. Gegenüber den später gegründeten, größeren und mit Dampfkraft betriebenen Maschinenspinnereien und -webereien in Bielefeld hatte Schoenfeld, Stallforth & Co. einen schweren Stand. Dennoch kann das Unternehmen für sich in Anspruch nehmen, die erste mechanische Spinnerei in Nordwestdeutschland gewesen zu sein.[52]

Die Frage stellt sich, ob es angesichts des langen Zögerns, die Mechanisierung des Leinengewerbes einzuführen, bezeichnend ist, daß die erste entscheidende Initiative, eine Maschinenspinnerei in großem

Carl Bozi (1809–1889), Bielefelder Unternehmer, Gründer der Spinnerei „Vorwärts"

Stil zu errichten, nicht von alteingesessenen Textilunternehmern oder Leinenkaufleuten, sondern von Personen ergriffen wurde, die erst vor kurzem in die Region gezogen waren und sich in Bielefeld niedergelassen hatten. Die Brüder Carl und Gustav Bozi, die Gründer der Spinnerei Vorwärts, entstammten einer Garn- und Kornhändlerfamilie. Ihr Vater Michael Bozi war aus Ungarn erst Ende des 18. Jahrhunderts nach Bielefeld eingewandert. Carl und Gustav Bozi hatten sowohl das Garngeschäft als auch die Möglichkeiten der Maschinenspinnerei bei einem längeren Aufenthalt in Irland kennengelernt. Nach Bielefeld zurückgekehrt, drängten sie darauf, die dort gesammelten Erfahrungen bei der Mechanisierung des Spinnens und Webens auch hier umzusetzen. Im August 1850 wurde von den Bozis und befreundeten Kapitalgebern der Vertrag zur Gründung einer Flachs- und Wergmaschinenspinnerei unterzeichnet. In dem neuen Unternehmen hatte Carl Bozi die kaufmännische und Gustav Bozi die technische Leitung übernommen, während ein dritter Bruder, Theodor Bozi, ebenfalls als Kapitalgeber beteiligt war. 1852 nahm die erste große Maschinenspinnerei der Region als „Spinnerei Vorwärts" ihren Betrieb auf.[53]

Das Unternehmen expandierte rasch. Schnell zeigte sich, daß die Kapitaldecke für eine notwendige Aufstockung der Spindelzahl von ursprünglich 5 000 auf 10 000 nicht ausreichte. Die Gebrüder Bozi entschlossen sich daher, das Familienunternehmen in eine Aktiengesellschaft umzuwandeln, welche sich am 4. November 1854 unter dem Namen Vorwärts-Aktiengesellschaft für Flachsspinnerei und Weberei konstituierte. Das Aktienkapital, zunächst 280 000 Taler, 1855 auf 500 000 Taler erhöht, wurde vorwiegend im Kreis der Familie und unter befreundeten Geschäftsleuten plaziert. Auch der Verwaltungsrat und die Geschäftsführung wurden mit Mitgliedern aus dem Familien- und Freundeskreis besetzt. Andere, alteingesessene Bielefelder Leinenkaufleute und Textilhändler waren nicht in der Liste der Aktionäre vertreten. Die Spinnerei Vorwärts, die 1855 300 und 1865 800 Arbeiter beschäftigte, florierte in den ersten zehn Jahren ihres Bestehens. 1865 waren bereits 10 000 Spindeln in Betrieb. Nicht ganz erreicht wurde jedoch die ursprünglich avisierte Zahl von mechanischen Webstühlen. Die mechanische Weberei wurde bei Vorwärts bis 1870 wegen zu hoher Installationskosten nur mit 30 Webstühlen anstatt der vorgesehenen 120 betrieben.[54]

Ab Mitte der sechziger Jahre brachten die Konkurrenz mit anderen Spinnereien sowie auch zu hohe Lohnkosten, eine zu große Fluktuation unter den Arbeitern und eine zu starre Organisation des Arbeitsablaufes der Direktion von Vorwärts immer größere Probleme. In dem generell für die Textilindustrie kritischen Jahr 1868 schüttete die Spinnerei noch eine Dividende

Die Spinnerei Vorwärts in Gadderbaum

von 3 % aus, obwohl sie finanziell dazu nicht mehr in der Lage war. Dieser Schritt führte auf der Generalversammlung von 1869 zu massiver Kritik an den Direktoren und dem Verwaltungsrat. Als Folge mußten die Gebrüder Bozi als Direktoren zurücktreten und der Verwaltungsrat demissionieren. Alle Direktoren- und Aufsichtsratsposten wurden mit neuen Personen besetzt. Gleichzeitig wurde die unverzügliche Reorganisation des Unternehmens eingeleitet. Trotz ihres plötzlichen Ausscheidens als Direktoren können die Gebrüder Bozi und kann die Spinnerei Vorwärts für sich in Anspruch nehmen, für die Bielefelder Textilwirtschaft eine entscheidende Pionierleistung vollbracht zu haben: Das Verdienst, als erste in Minden-Ravensberg die mechanische Spinnerei und Weberei in großem Stil betrieben zu haben, können auch die Ereignisse des Jahres 1869 nicht schmälern.[55]

Herausgefordert durch die Initiative der Bozis und durch die ersten Erfolge der Spinnerei Vorwärts entschlossen sich Anfang der fünfziger Jahre auch Teile der alteingesessenen Bielefelder Leinenkaufleute zur Gründung einer mechanischen Spinnerei. Einer der maßgeblichen Protagonisten für die Idee, in Bielefeld eine zweite, noch größer dimensionierte Maschinenspinnerei zu errichten, war Hermann Delius, von 1859 bis 1874 Präsident der Handelskammer zu Bielefeld. Als Sohn des Leinenkaufmanns Gustav Delius verfügte er nicht nur über intensive Kontakte und Beziehungen zu allen anderen alteingesessenen Kaufmannsfamilien, sondern auch über genügend ökonomisches Wissen und Kapital, um diesen Plan zu realisieren. Hinzu kam, daß Hermann Delius bereit war, seine ganze Energie und Arbeitskraft diesem Projekt zu widmen. Am 5. 11. 1854 wurde auf einer Gründungsversammlung die Errichtung einer Aktiengesellschaft zum Betrieb von Flachs- und Hanfspinnereien und Webereien unter dem Namen Ravensberger Spinnerei beschlossen. In der Spinnerei sollten 20 000 Spindeln in Betrieb gesetzt werden, wofür man eine Kapitalausstattung des Unternehmens mit einer Million Taler vorsah. Das notwendige Kapital konnte schnell aufgebracht werden. Darüber hinaus konstituierte sich ein Verwaltungsrat, der die weiteren Schritte zum Bau und zur Inbetriebnahme der Ravensberger Spinnerei in Angriff nahm. Zum Leiter des neuen Unternehmens wurde Ferdinand Kaselowsky bestellt, der vorher Spinnereien in Schlesien aufgebaut und Erfahrungen in der englischen Textilindustrie gesammelt hatte.[56]

Am 30. Mai 1857 wurde der erste Bauabschnitt des Hauptgebäudes mit 1 100 Spindeln in Betrieb genommen, im April 1858 der zweite Flügel der Fabrik fertiggestellt. Ab Sommer 1858 liefen 9 300 Spindeln. Da das Interesse an maschinengesponnenem Garn groß war, wurde die Spindelzahl 1860 auf 13 500 und 1862 auf 20 400 erhöht. In den folgenden Jahren wurden die ursprünglichen Planzahlen sogar noch übertroffen: 1865 produzierte man mit 1 500 Arbeitern an 24 000 Spindeln. 1870, dem Jahr, in dem die erste Aufbau- und Boomphase ihren Abschluß fand, konnte die Ravensberger Spinnerei 1 630 Beschäftigte und 29 000 Spindeln vorweisen. In der Zwischenzeit waren weitere Gebäude zum Brechen und Rösten des Flachses sowie ein Flachsmagazin errichtet worden. Eine Garnbleiche komplettierte die Produktionsanlagen der Ravensberger Spinnerei.[57]

Der hohe Ausstoß an Maschinengarn erforderte in Bielefeld noch eine große Weberei mit maschinell betriebenen Webstühlen, um das Garn der Ravensberger Spinnerei schnell und kostensparend vor Ort zu verweben. Anfang 1862 rief ein Gründungskomitee, das fast mit dem Verwaltungsrat der Ravensberger Spinnerei identisch war und ebenfalls von Hermann Delius geleitet wurde, zur Zeichnung von Aktien des neuen Unternehmens der Mechanischen Weberei AG auf. Im September 1862, bei Unterzeichnung des Gesellschaftsvertrages, war das gesamte Aktienkapital in Höhe von 600 000 Talern beschafft worden. Ähnlich wie bei der Ravensberger Spinnerei bildeten das Gros der Anteilseigner Bielefelder Kaufleute sowie Industrielle aus der näheren Umgebung. Zum ersten Direktor der Mechanischen Weberei wurde Heinrich Nagel bestellt, der vorher in Schlesien eine Weberei geleitet hatte, wäh-

Die Ravensberger Spinnerei um 1860

Die Mechanische Weberei in Bielefeld

rend Hermann Delius und Theodor Tiemann zu Vorsitzenden des Aufsichtsrates gewählt wurden. Die Fabrikanlagen der Weberei entstanden unweit der Ravensberger Spinnerei – auf einem Areal, das von diesem Unternehmen kurz zuvor erworben worden war. Im Frühjahr 1864 wurde der Betrieb der Weberei aufgenommen, Ende des Jahres liefen bereits 142 Maschinenwebstühle. Die Nachfrage nach maschinell gewebtem Leinen war so groß, daß die Produktionsanlagen rasch erweitert werden mußten. 1866 gab es bereits 300 Webstühle, während 1870 an 325 Stühlen 405 Arbeiter maschinell Leinen webten.[58]

Die positive Entwicklung der Spinnereien und Webereien führte zu wachsenden Marktanteilen der ostwestfälischen Textilindustrie in Deutschland. Die Bedeutung Bielefelds innerhalb der deutschen Textilwirtschaft am Ende der Durchbruchsphase der Industrialisierung dokumentieren folgende Zahlen: 1870 liefen allein in der Stadt Bielefeld 10,5 % aller Spindeln und 11 % aller in Deutschland betriebenen Webstühle. Dies zeigt nicht nur die dominierende Rolle der Textilbranche in Bielefeld und im östlichenWestfalen als „leading sector" der wirtschaftlichen Entwicklung, sondern auch, welche Bedeutung speziell die Bielefelder Leinenindustrie für ganz Deutschland besaß. Allerdings läßt sich nicht leugnen, daß um 1870 die erste Aufbau- und Boomphase beendet war. Bei den drei großen Bielefelder Textilunternehmen mußten Reorganisationsmaßnahmen eingeleitet werden, um Rentabilität und Ertragskraft zu sichern. Nach ernsten Differenzen mit dem Verwaltungsrat wurde Ferdinand Kaselowsky als Direktor der Ravensberger Spinnerei entlassen. Sein Nachfolger, Franz Sartorius, nahm eine gründliche Sanierung der Betriebsanlagen vor, wofür das Aktienkapital nochmals um 100 000 Taler aufgestockt wurde. Eine ähnlich grundlegende Reorganisation war bei der Mechanischen Weberei erforderlich, deren Leiter Heinrich Nagel durch den neuen Direktor Carl Viering ersetzt wurde. Nach diesen Maßnahmen haben alle drei Pionierunternehmen der Bielefelder Leinenindustrie in den nachfolgenden Jahrzehnten wieder gewinnbringend gearbeitet.[59]

Nicht nur in Bielefeld, auch in anderen Orten im östlichen Westfalen gewann die Textilindustrie in diesen Jahrzehnten für die wirtschaftliche Entwicklung an Bedeutung. So wurden in Versmold, Borgholzhausen und weiteren Ortschaften des Kreises Halle Segeltuchwebereien gegründet, während sich in Gütersloh Nessel- und Leinenwebereien niederließen. Seilereien, Färbereien, Bleichereien, Damast-, Drell- und Samtwebereien sowie die Fabrikation von Seidenwaren komplettierten die Palette textilindustrieller Erzeugnisse. Selbst eine Teppichfabrik (Korte & Co., gegründet 1833) siedelte sich in Herford an.[60]

Die Mechanisierung des Leinengewerbes schuf auch die Voraussetzung für die Weiterverarbeitung des Leinens am gleichen Ort und im großen Stil. So nahm die Wäsche- und Konfektionsherstellung mehr und mehr zu. Zahlreiche, zunächst meist kleinere Betriebe begannen mit der Fertigung von Hemden, Kragen und Manschetten. Für das Wachstum dieser Branche ab den 1860ern war die Erfindung der Nähmaschine und deren Einführung in die Wäscheindustrie maßgebend. Während die ersten Maschinen in anderen deutschen Städten und Gewerberegionen noch gekauft wurden, konnte 1860 die Handelskammer zu Bielefeld berichten, daß der größte Teil der in Bielefeld benutzten Nähmaschinen aus heimischer Produktion stamme.[61]

Die Entwicklungsdynamik und die Abfolge im Industrialisierungsprozeß im östlichen Westfalen, vor allem im ehemaligen „Leinenländchen" Ravensberg ist damit aufgezeigt: Ausgehend von der Maschinenspinnerei und -weberei wurde die Weiterverarbeitung der Stoffe, d.h. die Herstellung von Hemden und Wäsche aufgenommen. Das steigende Interesse an den dazu benötigten Maschinen ermunterte zur Gründung von Unternehmen in der metallverarbeitenden Industrie und im Maschinenbau, die sich zum zweiten wichtigen „Motor" der Industrialisierung in dieser Region entwickelten.

2. Die Metallindustrie und der Maschinenbau

Der Aufschwung der Textilindustrie in der zweiten Jahrhunderthälfte verursachte bei einer Vielzahl von Unternehmen einen steigenden Bedarf an Maschinen. Dies gilt sowohl für die Maschinenspinnereien und -webereien als auch für die Wäsche- und Konfektionsindustrie. Letztere brauchte vor allem Nähmaschinen – ein Sachverhalt, aus dem sich ein weiterer wichtiger Wirtschaftszweig in Ostwestfalen entwickelte: die Nähmaschinenproduktion. 1860 gründeten Carl Baer

Rudolf Rempel (1815–1868), Bielefelder Sozialpolitiker und Unternehmer

und Heinrich Koch, zwei Mechaniker aus Mecklenburg bzw. Brandenburg, in Bielefeld die erste einheimische Nähmaschinenfabrik. 1865 trennten sich die beiden Geschäftspartner, um mit anderen Teilhabern und Kapitalgebern neue Firmen ins Leben zu rufen. Während Baer mit seinem Schwiegervater, dem bekannten Kaufmann und Sozialpolitiker Rudolf Rempel, 1866 die Nähmaschinenfabrik Baer & Rempel gründete, errichteten Koch und seine Kapitalgeber 1865 die Koch's Adler Nähmaschinenfabrik.[62] In diesem Unternehmen waren zunächst auch Nikolaus Dürkopp und Carl Schmidt als Mechaniker angestellt. 1867 schieden beide aus und gründeten die Nähmaschinenfabrik Dürkopp und Schmidt, die jedoch nicht allzu lange existierte. 1876 fand Nikolaus Dürkopp in Richard Kaselowsky, dem Neffen des ehemaligen Direktors der Ravensberger Spinnerei, einen neuen Kapitalgeber und nannte sein Unternehmen fortan Dürkopp & Co., das zu einer der größten und angesehensten Bielefelder Firmen wurde. Schmidt dagegen errichtete mit seinem neuen Partner Hugo Hengstenberg wenige Jahre danach eine Fabrik, aus der sich die spätere Anker-Werke AG entwickelte.[63]

1871 wurden in allen Bielefelder Nähmaschinenfabriken von etwa 300 Arbeitern 8 600 Maschinen produziert, 1874 waren es bereits 15 000.

Die Verbindung eines Technikers mit einem vermögenden Kaufmann als Kapitalgeber – im Falle Baers Rudolf Rempel, bei Dürkopp Richard Kaselowsky – versetzte die eigentlichen Firmengründer in die Lage, ihre Betriebe zu großen, auch international konkurrenzfähigen Unternehmen auszubauen. Bielefelder Nähmaschinen – bald ein Markenzeichen der heimischen Wirtschaft – wurden nicht nur in ganz Deutschland, sondern auch auf dem Balkan, in Rußland, in Skandinavien und in Südeuropa verkauft.[64]

Kennzeichnend für den Aufschwung in der Metallindustrie seit den 1860ern war die Vielseitigkeit der Produktion. Zeitgleich mit den Anfängen der Nähmaschinenindustrie und durch den Bedarf der Textilunternehmen an Werkzeugen und Metallgeräten begünstigt, enstanden neue metallerzeugende und metallverarbeitende Firmen. 1857 wurde bereits die Firma Redecker & Nauß gegründet, die sich auf die Herstellung von Waagen und Geldschränken spezialisierte. Zu den ältesten Unternehmen der Metallverarbeitung zählt auch die Feilenhauerei Peter Wilhelm Dickertmann. 1858 errichtete Dickertmann in der Nähe des Bielefelder Bahnhofes seine Produktionsstätten, in denen die industrielle Fertigung von Metallerzeugnissen aufgenommen wurde. 1869 wurde mit der Herstellung von mechanischen Winden begonnen und damit die Basis für die weitere Entwicklung des Unternehmens zu einem der führenden Produzenten für Hebewerkzeuge und hydraulische

Geräte gelegt. 1862 entstand die Zinkgießerei und Armaturenfabrik H. Bitter, gleichfalls in der Nähe des Bahnhofes.[65]

Aus Pommern über die Zwischenstation Berlin, wo er als Mechaniker bei der renommierten Firma Schwartzkopff gearbeitet hatte, zog Theodor Calow nach Bielefeld. 1862 eröffnete er in der Bahnhofstraße zusammen mit seinem Teilhaber Johann Epping eine Eisengießerei und Maschinenfabrik. Diese partizipierte ebenfalls an der steigenden Nachfrage nach Metallerzeugnissen und konnte sich in den folgenden Jahrzehnten zu einem der führenden Hersteller von Werkzeugmaschinen, aber auch von Dampfmaschinen, -kesseln und -pumpen sowie Armaturen und Pressen entwickeln.[66] Ein Jahr später als Calow errichtete der ebenfalls aus Pommern stammende Friedrich Gildemeister einen Betrieb zur Reparatur von Landmaschinen, bevor er 1870 die Firma Gildemeister & Comp. gründete, die sich zunächst auf Werkzeugmaschinen für den Nähmaschinenbau spezialisierte, ehe sie um die Jahrhundertwende ihre Produktpalette erheblich ausweitete und zu einem der bis heute wichtigsten Hersteller von Werkzeugmaschinen und Anlagensystemen wurde.[67]

1864 begann auf dem Gelände des Kupferhammers zwischen Bielefeld und Brackwede die Firma K. & Th. Möller ihre Produktion. Dieses Unternehmen der Metallverarbeitung und des Maschinenbaus war von Karl und Theodor Möller gegründet worden, deren Vater Friedrich Wilhelm auf dem Kupferhammer eine seit Jahrzehnten der Familie Möller gehörende Gerberei und Kupferschmiede betrieben hatte. Mit der Fertigung von Eisengußwaren, Dampfkesseln, Armaturen, Förderwagen, Dampfmaschinen und Blechrohren vollzogen die Möllers nicht nur den Schritt hin zur industriellen Produktion von Maschinen und Metallerzeugnissen, sondern sie schufen auch die Grundlage für eine Diversifizierung und Expansion des Unternehmens, an dem sich der Strukturwandel und die Innovationsfreudigkeit vieler Firmen in der Region besonders gut ablesen läßt: Heute ist die Möller-Gruppe einer der wichtigsten Hersteller und Zulieferer von Kunststoffteilen, während der Maschinenbau eingestellt und die Lederverarbeitung erheblich eingeschränkt wurden.[68]

Da die metallverarbeitenden Unternehmen auf Halb- und Vorprodukte angewiesen waren, erlebten auch die Eisengießereien und Eisenhütten einen Aufschwung. Bereits 1841/42 entstand die Holter Hütte, die das in der Senne zahlreich vorhandene Raseneisenerz verhüttete. Dieses Unternehmen konnte längere Zeit eine gute Ertragslage vorweisen, da seine Roh- und Halbprodukte von der heimischen Metallindustrie kontinuierlich nachgefragt wurden. Als das Raseneisenerz in der Senne zur Neige ging, hatte sich die Hütte bereits andere Bezugsquellen für ihre Rohstoffe gesichert, so daß der Betrieb erfolgreich aufrechterhalten wurde.[69]

1856 gründete ein ehemaliger Gerichtssekretär die Bielefelder Eisenhütte, die als Zulieferer von Eisengußteilen für Firmen wie Redecker und Nauß, Dickertmann oder Calow fungierte. Wenige Zeit später entstanden Eisengießereien wie die Bielefelder Arminius-Hütte, die auch selbst Fertigprodukte wie Öfen oder Herde herstellte. Ein Unternehmen, das sich im Laufe der Jahrzehnte zu einer der bedeutendsten Eisenhütten und Maschinenbaubetriebe entwickelte, war das 1844 in Bad Oeynhausen gegründete Eisenwerk Weserhütte, das zunächst mit der Herstellung von Eisengußwaren begann, später seine Produktpalette auch auf andere Bereiche der Metallverarbeitung ausweitete.[70]

Viele kleinere Firmen der Metallindustrie und des Maschinenbaus, die ab den 1860ern errichtet wurden, können hier nicht im einzelnen genannt werden. Oft beschäftigten sie nur wenige Mitarbeiter und besaßen noch den Charakter eines Handwerksbetriebs. Für den geglückten Durchbruch der Industrialisierung im östlichen Westfalen spielten diese Firmen wie die gesamte Branche jedoch eine große Rolle: Zum einen entwickelte sich aus handwerklichen Wurzeln ein innovationsfreudiger Industriezweig, der vor allem die Textilindustrie mit den notwendigen Maschinen versorgen konnte. Zum anderen etablierte sich eine Branche, die sogleich mit dem Beginn der Industrialisierung für eine notwendige Diversifizierung der Wirtschaftsstruktur in der Region sorgte und eine zu große Dominanz eines einzelnen Industriezweigs wie der Textilindustrie verhinderte.

3. Die Zigarren- und Tabakindustrie

Während in den Städten, vor allem in Bielefeld, seit den 1850ern die Industrialisierung immer mehr zunahm und durch die Gründung von Fabriken neue Beschäftigungsmöglichkeiten geschaffen wurden, herrschten im ländlichen Umfeld weiterhin Landwirtschaft und protoindustrielle Gewerbezweige vor. Allerdings änderten sich die Gewichtsverteilung und Größenordnung im protoindustriellen Gewerbe: Während die Handspinnerei und -weberei an Bedeutung verlor, prosperierte die Zigarrenherstellung.[71]

Zwar scheiterten Versuche der Handelskammer zu Minden, unentgeltlich Tabakpflanzen und Informationsschriften über Methoden des Tabakanbaus zu verteilen, um den Aufschwung dieses Gewerbes zu fördern und die Zigarrenhersteller von den Preisschwankungen der Importtabake unabhängig zu machen. Auch die Bemühungen des preußischen Handelsministeriums, der Handelskammer zu Minden kostenlos paraguayischen Tabak zu überlassen und damit der tabakimportabhängigen Zigarrenfabrika-

Die Bünder Zigarrenfabrik Steinmeister & Wellensiek in der 2. Hälfte des 19. Jahrhunderts

tion neue Rohstoffquellen zu erschließen, waren nicht von Erfolg gekrönt, da die Qualität dieser Tabakblätter die Verarbeitung zu Zigarren nicht zuließ. Trotz dieser Fehlschläge und heftig schwankender Preise für Rohtabak – nicht zuletzt als Folge des amerikanischen Bürgerkriegs – sowie steigender Tabakimportzölle auf dem Gebiet des Zollvereins wuchs die Zigarrenindustrie bis zum Ausbruch der Gründerkrise kontinuierlich. Anfang der 1850er lernte Tönnies Wellensiek, der bereits 1843 in der Bauerschaft Ennigloh mit der Herstellung von Zigarren begonnen hatte, den aus Meschede stammenden Bünder Kaufmann August Steinmeister kennen, mit dem er 1856 zusammen die Firma Steinmeister & Wellensiek in Bünde gründete, die sich zu einem der größten Zigarrenproduzenten in Minden-Ravensberg entwickelte. Am Aufschwung dieser Industrie war darüber hinaus die Firma Gebr. André beteiligt, die 1817 in Osnabrück entstanden war, aber 1851 in Bünde eine Zweigniederlassung errichtete, die bald eine der wichtigsten Produktionsstätten für Zigarren in der Region wurde.[72]

Neben den größeren Betrieben, in denen die Verarbeitung des Rohmaterials Tabak bis zum Endprodukt unter Aufsicht des Unternehmers oder eines von ihm benannten Werkmeisters erfolgte und die durchaus als Zigarrenfabriken bezeichnet werden können, gewann die Zigarrenherstellung in der Hausindustrie immens an Bedeutung. Bei dieser Variante wurde das Rohmaterial im Haus oder in der Wohnung vom Zigarrenarbeiter und dessen Familienmitgliedern auf eigene oder fremde Rechung zum Endprodukt verarbeitet. Die Krise im Leinengewerbe und die dadurch bedingte Freisetzung billiger Arbeitskräfte bildete die Grundlage fürdiese Entwicklung, da sich viele arbeitslose Leinenspinner oder -weber nun ihren Lebensunterhalt mit der heimgewerblichen Zigarrenherstellung verdienen konnten. Das Aufblühen dieser neuen Hausindustrie verursachte eine weitere Dezentralisierung der Produktion. Nicht in großen Fabriken, sondern in den Wohnungen der Arbeiter auf dem Lande wurde das Gros der Zigarren in Minden-Ravensberg hergestellt.[73]

Diese strukturellen Veränderungen in Form der Dezentralisierung der Zigarrenfabrikation führten auch zu einer umfassenden räumlichen Verlagerung. In der ersten „Boomphase" bis Anfang der 1850er erfolgte die Tabak- und Zigarrenfabrikation vor allem in den Städten an der Weser wie Minden und Vlotho, aber auch in Bünde. Erst in einer zweiten Phase bei erneuter Hochkonjunktur Ende der 1850er/Anfang der 1860er verlagerte sich die Zigarrenherstellung zunehmend in die Landgemeinden. Auch wenn in dieser Zeit die Zahl der städtischen Zigarrenbetriebe und ihrer Beschäftigten wuchs, so nahm doch ihr prozentualer Anteil an der Zigarrenproduktion Minden-Ravensbergs zugunsten des ländlichen Raumes ab. Aufgrund des wechselhaften Konjunkturverlaufs in den 1860ern und der sich verschärfenden Konkurrenz um qualifizierte städtische Arbeitskräfte wurde für die Unternehmen das Kriterium Arbeiterschaft bei der Standortwahl immer wichtiger, so daß sie die Produktion zunehmend in den lohnkostengünstigen ländlichen Raum verlagerten. Gegen Ende der 1860er befanden sich mehr als 50 % der Betriebe und der Beschäftigten der Minden-Ravensberger Zigarrenindustrie auf dem Lande, womit in kurzer Zeit eine grundlegende Standortverlagerung vollzogen worden war.[74]

Heimarbeiter bei der Zigarrenherstellung in der 2. Hälfte des 19. Jahrhunderts

Als Folge dieses Prozesses änderten sich auch die Hauptzentren dieses Gewerbes in der Region. Lag der Schwerpunkt in der ersten Hälfte des 19. Jahrhunderts im Kreis Minden mit ca. 70 % aller Beschäftigten, so konnte der Kreis Herford 1855 erstmals den größten Anteil aller Arbeitnehmer in der Tabak- und Zigarrenindustrie vorweisen. Auch in den folgenden Jahrzehnten setzte sich im Kreis Herford ein permanenter Aufstieg fort, so daß am Ende der Durchbruchsphase der Industrialisierung im östlichen Westfalen dieser Kreis mit ca. zwei Dritteln aller tabakverarbeitenden Betriebe in Minden-Ravensberg die Spitzenstellung einnahm. Auch der Kreis Lübbecke konnte kontinuierlich wachsende Marktanteile verbuchen und Ende der 1860er den Kreis Minden überflügeln.[75]

Diese Umkehrung der geographischen Schwerpunkte in der Minden-Ravensberger Zigarrenindustrie vom Weserraum in die eher ländlichen Gebiete des Kreises Herford war mit noch weitergehenden Folgen verbunden: Außer dem Erstarken der sogenannten Hausindustrie setzten vor allem Bünder Zigarrenfabrikanten in ihrer Strategie verstärkt auf die Errichtung von Filialfabriken, in denen Arbeiter Zigarren unter Aufsicht zu fertigen begannen. Damit nutzten die Bünder Unternehmen ab Ende der 1860er konsequent industrielle Produktionsmethoden. Um ihren Lohnkostenvorteil, den sie dank ihres Standortes im sonst agrarischen Umfeld genossen, nicht zu verlieren, beschlossen sie, „sich gegenseitig keine Arbeiter abzunehmen".[76] Damit war ein möglicher, mit steigenden Lohnkosten verbundener Wettbewerb um Arbeitskräfte ausgeschaltet, was für eine weitere Erlangung von Marktanteilen gegenüber der Konkurrenz aus den Weserstädten nur von Vorteil sein konnte. Vor diesem Hintergrund entwickelte sich Bünde in den 1860ern zum eindeutigen Zentrum der Zigarrenindustrie in Minden-Ravensberg.[77]

Anfang der 1870er bestand an der großen Bedeutung der Zigarrenindustrie für die Wirtschaft im östlichen Westfalen kein Zweifel mehr. Die Zahl der Zigarrenfabriken erreichte im Regierungsbezirk Minden fast einen Anteil von 50 % aller gewerblichen Betriebe, in denen mehr als zehn Personen beschäftigt waren. Vor allem die Wirtschaftsstruktur der Kreise Herford, Lübbecke und Minden wurde durch die Zigarrenfabrikation geprägt: 1875 entfielen im Kreis Herford fast drei Viertel aller Betriebe mit mehr als zehn Beschäftigten auf diesen Gewerbezweig. Im besonders ländlichen Kreis Lübbecke arbeiteten sogar fast 90 % aller in Gewerbebetrieben beschäftigten Personen in der Zigarrenherstellung. Diese Zahlen zeigen deutlich, wie stark dieser Sektor die wirtschaftliche Entwicklung im nördlichen Teil des Regierungsbezirkes prägte, wobei sich eine Mischform von protoindustrieller Hausindustrie auf der einen und fabrikmäßiger Produktion auf der anderen Seite als besonderes Charakteristikum herausschälte. Zwei wesentliche Punkte dürfen jedoch nicht übersehen werden: Zwar bildete die Zigarrenfabrikation das Ventil, durch das der Druck der arbeitsuchenden Bevölkerung auf dem Lande kanalisiert werden konnte, doch läßt sich eine gewisse Monostruktur im Wirtschaftsleben der drei nördlichen Kreise des Regierungsbezirkes nicht verkennen. Es sei noch erwähnt, daß noch ein anderer Industriezweig, der sich in den 1860ern in Ostwestfalen etablierte, dem Aufschwung in der Zigarrenindustrie seine Existenz verdankt: die Holzverarbeitung zum Zweck der Zigarrenkistenherstellung.[78]

4. Die Entwicklung in anderen Branchen – Fehlgeschlagene Unternehmensgründungen

Die Industrialisierung, die sich im östlichen Westfalen unter Führung der Textilindustrie ab den 1850ern zunächst punktuell, später immer größere Gebiete erfassend, ausbreitete, verursachte nicht nur in den drei erwähnten Branchen einen Aufschwung, sondern auch in einer Reihe von Gewerbezweigen, die hier nur kurz gestreift werden können. Zunehmende industrielle Investitionen, die zur Errichtung neuer Fabrikhallen und Produktionsstätten führten, sowie der aufgrund einer steigenden Bevölkerungszahl ausgelöste Bauboom in den 1860ern verursachte eine rege Nachfrage nach Baumaterialien, von der die zahlreichen Zementfabriken, Ziegelbrennereien, Steinbrüche, Hersteller von Kalksteinen oder Tonwaren in der Region profitierten. Auch Firmen zur Fertigung von Dachpappen oder heute etwas absonderlich anmutende Betriebe zur Produktion von Asphaltfilz waren Nutzniesser dieser Entwicklung. Die Kapazitäten dieser Betriebe wurden folgerichtig kontinuierlich erweitert, so daß diese Branchen ebenfalls zu wichtigen Stützen des industriellen Aufschwungs wurden. Nicht vergessen werden darf, daß der in den 1860ern forcierte Eisenbahnbau, der Bauboom in den Städten und der dadurch hervorgerufene Transport von Baumaterialien auch der Schiffahrt auf der Weser zu einer guten Auslastung verhalfen. Unternehmen wie die Weser-Dampfschleppschiffahrtsgesellschaft betonten in ihren Geschäftsberichten dieser Zeit immer wieder ihre gute Ertragslage, die ein Resultat des zunehmenden Transports von Massengütern war.[79]

Die Baukonjunktur und der in den 1860ern steigende Konsum breiter Bevölkerungsschichten beflügelten auch die Glasproduktion. 1854 wurde in Bielefeld die Glashütte Westfalia gegründet, die durch die Fabrikation von Tafelglas nach einigen Anlaufschwierigkeiten in den 1860ern eine gute Ertragslage vorweisen konnte. Gleiches gilt für die Glashütte Porta Westphalica (Meyer & Schwarze), für die Glasfabriken Porta und Berghütte sowie die Glasfabrik R. Schrader in Gernheim. Mit ihrem Hohl-, Tafel- und Buntglas erwirtschafteten sie gute Profite, so daß die Betriebsstätten kontinuierlich erweitert wurden und das Ausmaß von industriellen Fabriken annahmen. Die Glashütte in Gernheim entwickelte sich zur bedeutendsten Glasfabrik in Westfalen, ja sogar in Nordwestdeutschland.[80]

Der steigende Konsum, aber auch die Intensivierung der Handelsbeziehungen innerhalb des Deutschen Zollvereins und mit anderen europäischen Ländern sorgten gleichfalls für einen Aufschwung in der Nahrungs- und Genußmittelindustrie, die im östlichen Westfalen speziell in den Kreisen Wiedenbrück, Halle und Lübbecke stark vertreten war. Sowohl die Lieferanten von Getreide oder anderen landwirtschaftlichen Produkten als auch die Hersteller von Fleisch- und Wurstwaren konstatierten in den 1850er und 1860er Jahren einen positiven Geschäftsverlauf.[81] Gleiches gilt für einen Gewerbezweig, der immer mehr an Bedeutung gewann und für die spätere wirtschaftliche Entwicklung der Region eine große Rolle spielte: die Brauereien, Brennereien und Likörfabriken. Einige der ältesten und bedeutendsten Unternehmen waren hier die bereits 1689 ins Leben gerufene Kornbrennerei Elmendorf in Isselhorst, die 1732 zunächst als Handelshaus entstandene, später zum Gewerbebetrieb umgewandelte Brennerei Kisker in Halle und die 1823 gegründete Likörfabrik J. Bansi in Bielefeld. Zwar konnten sich einige neu entstandene Betriebe dieser Branche nicht am Markt behaupten, doch bereits 1858 vermeldete die Handelskammer zu Bielefeld allein in Gütersloh acht Brennereien. Ein Jahr später zählte sie in ihrem Bezirk zehn Betriebe dieser Art. Vor allem die Unternehmen, die in den 1860ern ihre Produktionsstätten modernisierten und ausbauten, behaupteten ihre Position am Markt und eroberten ein Absatzgebiet, das weit über die Grenzen der Region hinausging. In diesem Zusammenhang sind insbesondere die Brauerei Zum Feldschlößchen in Minden und die 1842 gegründete Barre'sche Dampfbierbrauerei in Lübbecke zu nennen. Später trat noch die Herforder Brauerei Felsenkeller hinzu, die – zwar schon 1872 gegründet – aufgrund finanzieller Schwierigkeiten erst nach einer durchgreifenden Sanierung ihren Platz auf den Märkten erlangen konnte.[82]

Trotz der positiven Entwicklung in vielen Bereichen dank der Industrialisierung darf nicht übersehen werden, daß sich in einigen Branchen nachhaltiger wirtschaftlicher Erfolg nicht einstellte. In erster Linie sind hier der Bergbau und das Hüttenwesen zu nennen. Als um 1854 im Wesergebirge Eisenstein gefunden wurde, entstand sofort der Plan, diesen zu fördern und zu verhütten. 1856 wurde mit dem für damalige Verhältnisse großen Aktienkapital von einer Million preußischen Talern die Aktiengesellschaft Porta Westfalica, Gesellschaft für Bergbau und Hüttenbetrieb gegründet, die nicht nur den in eigenen Gruben gefundenen Eisenstein zu Puddeleisen verhüttete, sondern auch in eigenen Schmieden die Weiterverarbeitung des Roheisens aufnahm. Zum Beispiel erbaute sie die 1865 fertiggestellte eiserne Kettenbrücke über die Weser bei Porta. Im gleichen Jahr beschäftigte das Unternehmen auf seinen Zechen und Hüttenbetrieben 685 Arbeiter. Allerdings hatte die Gesellschaft da ihren wirtschaftlichen Zenit bereits überschritten. Angesichts der vergleichsweise geringen Ausbeute an Eisenstein und der hohen Frachtraten war es nicht mehr in der Lage, mit den Hütten und Zechen im Ruhrgebiet zu konkurrieren. Nach einer Kapitalreduktion und vergeblichen Umstrukturierungsmaßnahmen mußte die Aktiengesellschaft Porta Westfalica 1868 den Betrieb einstellen.[83]

Die nachlassende Wettbewerbsfähigkeit mit den Bergbaugesellschaften des Ruhrgebietes war auch der Grund dafür, daß die Kohlengruben im östlichen Westfalen nach kurzer Zeit wieder eingingen. Dies gilt sowohl für die 1856 in Dornberg bei Bielefeld gegründete Aktiengesellschaft Friedrich-Wilhelms Glück als auch für die in der Nähe Mindens gelegenen Kohlengruben Laura Böllhorst und Aussicht. In den kleinen Flözen konnte nicht die Menge an Kohle gefördert werden, um den Betrieb rentabel zu führen.[84]

Auch den Versuchen, den im Teutoburger Wald entdeckten ölhaltigen Mergelschiefer abzubauen und daraus Öl zu gewinnen, war kein Erfolg beschieden. Die 1856 in Werther gegründete Aktiengesellschaft Helios, die den Mergelschiefer zu Öl verarbeiten wollte, mußte daher bald ihre Tätigkeit wieder einstellen.[85]

Diese Rückschläge dürfen jedoch nicht darüber hinwegtäuschen, daß in vielen Branchen und an vielen Orten der Region die Industrialisierung bis 1873 Fuß fassen konnte. Motiviert durch den Aufschwung in den Führungssektoren der industriellen Entwicklung – der Textilindustrie, der Metallindustrie und des Maschinenbaus – waren auch in anderen Gewerbezweigen Fabriken gegründet und kapitalstarke Aktiengesellschaften ins Leben gerufen worden, die zum Durchbruch der Industrialisierung in der Region beitrugen. Dabei war eine vielfältige, zahlreiche Branchen erfassende, ausdifferenzierte und gesunde Wirtschaftsstruktur entstanden, auf deren Grundlage die kommenden konjunkturellen Krisen gemeistert werden konnten. Die von der Handelskammer zu Bielefeld in ihrem Jahresbericht für 1853 angesichts der Krise des protoindustriellen Leinengewerbes geäußerte Befürchtung, die Region und ihr Gewerbe seien zum Untergang verurteilt, da keine neuen Industriezweige sichtbar seien, die der Wirtschaft Impulse vermitteln könnten, hatte sich dank des Durchbruchs der Industrialisierung bis 1873 nicht bewahrheitet.[86]

5. Die Entwicklung der Kreditwirtschaft

Der Durchbruch der Industrialisierung mit seinen Folgen – Einführung des Fabriksystems, Errichtung eines Maschinenparks, Kauf und Unterhaltung von Gebäuden – bedeutete für die Unternehmer einen steigenden Kapitalbedarf, den sie nicht mehr allein aus erwirtschafteten Profiten oder Rücklagen der Familie decken konnten. Zwar erforderte der Aufbau der Textilindustrie nicht so hohe Summen wie zum Beispiel in der Schwerindustrie, doch fehlte den Unternehmern oft das Kapital, um notwendige Investitionen durchführen zu können und damit konkurrenzfähig zu bleiben. Banken mußten daher einspringen, um Kapital vorzustrecken. Das heißt jedoch nicht, daß die frühindustriellen Betriebe von Bankkrediten abhängig gewesen wären. Bankkredite wurden eher komplementär zu dem von den jeweiligen Unternehmern oder ihren Familien bereitgestellten Kapital in Anspruch genommen. Insgesamt bleibt daher der Befund, daß das Eigenkapital für die Finanzierung der Unternehmungen, vor allem der Familienbetriebe, wichtiger war als Bankkredite.[87]

Dies und die fehlende Tradition als bedeutender Messe- und Handelsplatz führten dazu, daß das Bankwesen in Ostwestfalen nur wenig entwickelt war. Mit der ab den 1850ern voranschreitenden Industrialisierung wurde der Mangel an leistungsfähigen Kreditinstituten jedoch immer spürbarer. Folgerichtig forderten die frühindustriellen Unternehmer und die Handelskammer zu Bielefeld energisch die Errichtung einer Kommandite der Preußischen Bank in dieser Stadt, um den gestiegenen Geld- und Kreditverkehr besser abwickeln zu können. Das Direktorium der Preußischen Bank stellte 1857 die Errichtung einer Niederlassung in Bielefeld in Aussicht, sofern ein geeignetes Gebäude gefunden würde. Die Bielefelder Handelskammer mietete dafür Räume in der Niedernstraße, so daß die Commandite 1858 eröffnet werden konnte. Das Institut konzentrierte sich insbesondere auf den Ankauf von Wechseln, die Gewährung von Lombardkrediten sowie die Organisation des Zahlungsverkehrs und gewann in kurzer Zeit eine große Bedeutung für die Entwicklung der Kreditwirtschaft in der Region.[88]

Die Funktion einer „Clearingstelle" für den Wechselverkehr der Handel- und Gewerbetreibenden in Minden und Umgebung erfüllte im wesentlichen die Königliche Regierungshauptcasse. Am 8. 10. 1865 übertrug das zuständige Ressort beim Oberpräsidenten in Münster die Aufgaben dieser Regierungseinrichtung einer neu errichteten Königlichen Bankcommandite, die von nun an für die Abwicklung des Zahlungs- und Wechselverkehrs zuständig war. Die Umsätze im Wechselverkehr blieben auch während der 1850er und 1860er vergleichsweise bescheiden, so daß nicht der Ruf nach der Gründung neuer Institute laut wurde.[89]

Als Finanziers für die aufblühende Industrie spielten in den 1860ern und 1870ern mehr und mehr Privatbankhäuser eine Rolle. Einige wenige Institute waren schon in der ersten Hälfte des Jahrhunderts in Bielefeld oder anderen Städten im östlichen Westfalen vertreten, doch konnten sie kaum auf größere geschäftliche Aktivitäten zurückblicken. Zum Beispiel hatte Anfang der 1820er der Paderborner Privatbankier Fritz von Hartmann in Bielefeld eine Niederlassung eröffnet, welche ab 1834 Fritz von Hartmann & Co. hieß. Die schlechte Konjunktur in den 1840ern und die Krise des Leinengewerbes ermutigten aber nicht zu weiteren Gründungen. Erst 1863 errichtete das Paderborner Bankhaus M. Paderstein u. Söhne in Bielefeld eine Zweigniederlassung, die von Hermann Paderstein ab 1867 unter eigenem Namen weitergeführt wurde. Das Bankhaus Paderstein blieb bis zum Beginn des 20. Jahrhunderts von zentraler Bedeutung für die Bielefelder Kreditwirtschaft, und Hermann Paderstein war eine ihrer herausragenden Persönlichkeiten. Paderstein unterhielt nicht nur intensive Kreditbeziehungen zu allen Großunternehmen der Textilindustrie (Ravensberger Spinnerei, Mechanische Weberei, Spinnerei Vorwärts), sondern darüber hinaus enge persönliche und freundschaftliche Kontakte zu Berliner Bankiers.[90]

1867 ließ sich auch das Bankgeschäft A.W. Dreyer aus Kaunitz in Bielefeld nieder, während S. Katzenstein mit seinen beiden Söhnen 1872 die Bank S. Katzenstein & Söhne eröffnete. Etwa um die gleiche Zeit nahm auch die Bank von Otto Lohmann ihre Geschäftstätigkeit auf. Schließlich übernahm 1875 der Prokurist des Bankhauses Hartmann das Geschäft und gründete zusammen mit dem Pferdehändler Osthoff das Bankhaus Osthoff und Brinkhoff, das zu einer der ersten Adressen der heimischen Kreditwirtschaft wurde.[91]

Die Stunde der Privatbankiers schlug in Herford ebenfalls in den 1860ern, als Gustav Siekmann, Sohn eines reichen Herforder Kaufmanns, sein Bankgeschäft eröffnete. 1872 wurde Gustavs Stiefbruder Rudolf als Teilhaber aufgenommen, so daß sich die Bank fortan Gebr. Siekmann nannte. 1900 erlosch die Firma, über deren Aktivitäten leider nicht allzuviel bekannt ist. Ab 1872 betrieb auch Aron Raphaelson, ebenfalls Sproß einer reichen Leinenhändlerfamilie, ein Bankgeschäft, das in der Kreditwirtschaft nicht allzu bedeutend gewesen sein dürfte. Vielmehr spielte sein Inhaber im Immobilienhandel für Herford eine Rolle. Wichtig für die Stadt war jedoch das Bankhaus Marcus D. Ganz. Aus Enger stammend, betrieb die Familie Ganz lange Zeit ein Textilgeschäft, bevor Marcus Ganz 1890 seine Bank eröffnete. Bereits zwei Jahre später konnten Bankbeamte und Prokuristen eingestellt werden. Nicht klar ist, ob Ganz aus Gründen der Kapitalerweiterung oder seiner angeschlagenen Gesundheit wegen ab 1900 die Osnabrücker Bank als stillen Gesellschafter aufnahm. 1906, kurz vor Ganz' Tod, ging sein Geschäft vollends auf die Osnabrücker Bank über.[92]

Trotz seiner Funktion als Regierungs- und Verwaltungssitz konnte sich auch Minden nicht als Finanzplatz etablieren, weshalb große Bankhäuser hier ebenfalls nicht entstanden. Allein das am 1. Oktober 1852 gegründete Bankhaus von Hermann Lampe entwickelte sich aus kleinen Anfängen heraus zu einem erfolgreichen Institut. Doch erst nach dem Zweiten Weltkrieg begann mit der Verlegung des Firmensitzes nach Bielefeld der Aufstieg des Bankhauses in die oberen Ränge der deutschen Kreditwirtschaft.[93] Nach vorliegenden Informationen betrieben in Minden sonst nur noch Gustav Alwes und Fr. Clemen ein Bank- und Speditionsgeschäft, während die Bank von Israel Lindemeyer in Petershagen ansässig war. Nicht auszuschließen ist jedoch, daß in anderen Städten im östlichen Westfalen – in Vlotho, Bünde oder Lübbecke – in den 1850ern und 1860ern ebenfalls Privatbankfirmen gegründet wurden.[94]

Ähnlich wie im Reich blieben die Privatbankiers bis in die 1870er hinein in der heimischen Kreditwirtschaft tonangebend. Danach erwuchs ihnen eine zunehmende Konkurrenz in Gestalt von Bankunternehmen, die in der Rechtsform der Aktiengesellschaft gegründet worden waren und daher in der Regel über eine ungleich größere Kapitalbasis verfügten. In Bielefeld waren erste Versuche zur Errichtung einer Aktienbank mit der Gründung der Ravensberger Spinnerei zu beobachten. Dieses Institut konnte allerdings keine größere Bedeutung erlangen. Erst seine Umwandlung 1871 in die Westfälische Bank bei einer gleichzeitigen Kapitalerhöhung von 100 000 Talern auf 250 000 Taler, bis 1873 auf zwei Millionen Taler schaffte eine solide finanzielle Grundlage. Das Institut wurde allerdings durch die Auswirkungen der Gründerkrise hart getroffen, da Kundengelder für Spekulationsgeschäfte verwandt worden waren.

Auch in Herford wuchs Anfang der 1870er die Einsicht, daß die Industrie eine kapitalstarke Aktienbank benötigte, um ihren Kreditbedarf zu decken. Im Oktober 1872 wurde daher die Herforder Disconto-Bank ins Leben gerufen, die am 1. 1. 1873 ihren regulären Bankbetrieb aufnahm. Für Herford und sein Umland war auch der Kundenkreis der Bank typisch, da vor allem die Unternehmen der Tabak- und Zigarrenindustrie hier ihre Konten unterhielten.[95]

Resümiert man die Entwicklung des privaten Bankwesens im östlichen Westfalen, so läßt sich feststellen, daß in der Region verwurzelte und in ihrem Kundenkreis im wesentlichen auf dieses Gebiet beschränkte Institute die führende Rolle spielten: zunächst die Privatbankiers, die ab den 1870ern von den lokal operierenden Aktienbanken zunehmend Konkurrenz erhielten.

Das andere große Segment der heimischen Kreditwirtschaft bildeten fraglos die Sparkassen. Die sich gegen Ende des 18. und Anfang des 19. Jahrhunderts in vielen europäischen Ländern, so auch in den Staaten des Deutschen Reiches ausbreitende Bewegung zur Gründung von Instituten, die den Sparwillen der Bevölkerung fördern sollten, erfaßte relativ früh das östliche Westfalen. Als erstes Institut dieser Art in der Provinz Westfalen wurde Anfang des Jahres 1825 in Bielefeld eine Stadt-Sparkasse gegründet, deren ausdrückliches Ziel es war, den Sparwillen „des kleinen Mannes“ anzuregen und dessen Sparguthaben „sorgsam anzulegen, daß es nicht tot daliege, sondern als Kapital seine Zinsen trage“, wie es in den Statuten hieß.[96] Allerdings konnte dieses Institut aufgrund enger Beschränkungen seiner Geschäftstätigkeit, die ihm durch das Statut auferlegt worden waren, sich nur langsam einen maßgeblichen Platz in der heimischen Kreditwirtschaft sichern. Erfolgreicher operierte zunächst die 1847 gegründete Kreis-Sparkasse Bielefeld: Sie konnte höhere Zuwächse an Kunden und Sparguthaben verzeichnen. Überlegungen zur Fusion der beiden Institute tauchten öfters auf, wurden aber immer wieder verworfen.[97]

1829, also während eines ersten „Gründungsbooms“ von Sparkassen in Deutschland, faßte auch der Magistrat der Stadt Herford den Beschluß, eine Stadt-Sparkasse zu errichten. Ähnlich wie bei der Stadt-Sparkasse Bielefeld verlief deren Entwicklung äußerst schleppend. Angesichts der nicht zu leugnenden „geringen Ausdehnung der Geschäftstätigkeit“, wie es in einem Komuniqué des Magistrats hieß, wurde die Stadt-Sparkasse 1835 wieder aufgelöst. Was der Stadt Herford mißglückte, gelang 1847 dem Landkreis unter Federführung des Landrates von Borries: die Errichtung einer leistungsfähigen Sparkasse. Trotz einiger Krisen und teilweise widriger Umstände gewann die Kreissparkasse Herford als Kreditgeber für die Wirtschaft des Kreises, vor allem für die ländlichen Gemeinden sowie als Sparinstitut für breite Bevölkerungskreise schnell an Bedeutung.[98]

Der Erfolg der erwähnten Institute bewirkte, daß auch andere Städte und Kreise Sparkassen gründeten. So entstanden 1855 die Kreissparkasse in Wiedenbrück, 1856 die in Halle und Minden, 1857 die in Lübbecke sowie 1862 und 1863 die Stadtsparkassen in Bad Oeynhausen und in Gütersloh.

Drittes wichtiges Segment der heimischen Kreditwirtschaft in dieser Zeit waren die sogenannten Vorschußvereine, die auf der Grundlage genossenschaftlicher Selbsthilfe die Kreditversorgung der mittelständischen Betriebe und des Handwerks verbessern wollten. 1861 entstand mit dem Vorschußverein in Bielefeld das erste Institut dieser Art in der Region, ein Jahr später ein ähnliches in Herford und 1863 in Gütersloh. 1865 fanden sich in Minden 15 „honorige Bürger" zusammen, um dort ebenfalls einen Vorschußverein ins Leben zu rufen, der so erfolgreich arbeitete, daß er Anfang der 1870er zweitgrößter in der Provinz Westfalen war.[99]

1867 wurde eine solche Kreditgenossenschaft in Bad Oeynhausen errichtet, 1868 im Amt Heepen. All diese für die Kreditversorgung des Mittelstandes so wichtigen Institute können für sich in Anspruch nehmen, die Vorläufer der heutigen Volksbanken zu sein.[100] Ergänzt wurde der monetäre Sektor in der Region durch die Gründung von Unterstützungskassen, Krankenkassen oder Knappschaftsvereinen, bei denen die Arbeiterschaft Rücklagen für Notfälle wie Krankheit oder Invalidität bildete. Damit gab es auch im östlichen Westfalen Ende der 1860er einen arbeitsteiligen, leistungsfähigen und ausgewogenen Finanzsektor, der wesentlich zur positiven wirtschaftlichen Entwicklung beitrug.

6. Information und Koordination – Gründung und Entwicklung der Handelskammern im östlichen Westfalen

6.1 Vorläufer und Anfänge der Handelskammern

Zusammenschlüsse von Kaufleuten, Handwerkern oder anderen Gewerbetreibenden gab es schon im Mittelalter. Wie erwähnt, waren die städtischen Handwerker in speziellen Zünften organisiert, während sich die Kaufleute in Gilden zusammengefunden hatten, um einerseits gemeinsam ihre Interessen zu vertreten, andererseits die Durchführung und Ausgestaltung ihrer Handelsgeschäfte zu regeln. Selbstorganisation und gemeinsame Interessenvertretung bildeten in den folgenden Jahrhunderten das Kennzeichen für Handel und Gewerbe in den Städten West- und Mitteleuropas. Es beinhaltete sowohl positive Effekte wie Unterstützung in Notfällen oder eine einheitliche Artikulierung von Interessen als auch negative Folgen wie ein hohes Maß an Reglementierung und Einengung der persönlichen Gestaltungsfreiheit. Die Gilden der Kaufleute und Krämer sowie die Zünfte der Handwerker sind daher als die Vorläufer der späteren Handelskammern anzusehen.[101]

In dem Maße, wie ab dem 18. Jahrhundert Handel und Gewerbe zunahmen und immer größere Teile der Bevölkerung hier ihr Auskommen fanden, geriet das alte Zunft- und Gildenwesen zusehends unter Druck und erwies sich als nicht mehr zeitgemäß. Gleichzeitig versuchten staatliche oder landesherrliche Institutionen unter dem Vorzeichen von Absolutismus und Merkantilismus regelnd in den Wirtschaftsprozeß einzugreifen und zielgerichtet Handel und Gewerbe zu fördern. Dazu benötigten die staatlichen Organe weitreichende Informationen und Kenntnisse über die verschiedenen Gewerbezweige als Grundlage für wirtschaftspolitische Entscheidungen. Vor allem in Westeuropa erkannten Handel- und Gewerbetreibende, daß die Mitwirkung bei der staatlichen Informationsbeschaffung sowohl die Möglichkeit einer bewußten Interessenartikulation als auch der Einflußnahme auf wirtschaftspolitische Entscheidungen bot. Allerdings waren dazu überörtliche und nicht an einzelne Gewerbezweige gebundene Instanzen erforderlich. Der Gedanke einer gemeinsamen, alle Gewerbezweige eines größeren Gebietes umfassenden Interessenvertretung durch eine einzige Institution war damit geboren.[102]

Die älteste Einrichtung dieser Art und damit auch die älteste Handelskammer der Welt dürfte die 1599 gegründete Handelskammer in Marseille gewesen sein, nach deren Vorbild bis 1700 Kammern in Lyon, Bordeaux, Toulouse oder anderen französischen Städten entstanden. Sie alle hatten die Aufgabe, der Regierung als beratendes Organ bei wirtschaftspolitischen Fragen zu dienen, wofür sie das Recht erhielten, die Art ihrer Organisation selbst zu bestimmen. Die ersten Handelskammern in England wurden offenbar in Anlehnung an französische Beispiele 1768 in Jersey gegründet, danach in Glasgow 1783 und in Edinburgh 1785. In Deutschland dagegen kann die bereits 1665 in Hamburg enstandene „Commerz-Deputation" als erste Handelskammer angesehen werden, die jedoch lange Zeit die einzige Institution dieser Art blieb. Erst Anfang des 19. Jahrhunderts folgten in den französisch besetzten und nach französischem Recht regierten Territorien im Rheinland Handelskammern wie in Köln, Krefeld und Aachen. Nach Abzug der Franzosen hatte der Gedanke, für Handel und Gewerbe institutionalisierte Vertretungen zu schaffen, endgültig Fuß gefaßt, zumal auch in den deutschen Handelszentren die Notwendigkeit solcher Korporationen erkannt worden war. Hinzu kam, daß den Kammern von der preußischen Regierung mehr Handlungsspielraum zugestanden wurde als von den Franzosen. Sie konnten nun ihre Organisation durch ein vom Ministerium bestätigtes Statut selbst regeln, während sie unter französischer Verwaltung von einem Staatsbeamten geleitet und ihre Mitglieder von einem kleinen, von der Regierung berufenen Ausschuß der Berufsstände gewählt wurden. Von einem Selbstbestimmungsrecht konnte hier also keine Rede sein.

Eine königliche Verordnung vom 16. Juni 1831 bestimmte für die preußischen Kammern, daß ihre Mitglieder von der gesamten Kaufmannschaft gewählt und ihr Vorsitzender aus den Reihen der Mitglieder ernannt werden sollte. Zweck und Aufgaben der Kammern wurden nach dieser Verordnung dahingehend festgelegt, daß sie „den Staatsbehörden ihre Wahrnehmung über den Gang des Handels, des Manufakturgewerbes und der Schiffahrt sowie ihre Ansichten über die Beförderung der einen oder der anderen darlegen“ sollten.[103]

Diese Regelungen ermunterten in den 1830ern zur Gründung weiterer Handelskammern in Koblenz, Wesel, Düsseldorf und Gladbach. Bis 1840 beschränkte sich dies jedoch nur auf die Rheinprovinz. In den altpreußischen Landesteilen – und damit auch in der Provinz Westfalen – wurden dagegen in den Handelszentren zunächst kaufmännische Korporationen gebildet, die durch ein von der preußischen Regierung bestätigtes Statut das Recht der Interessenvertretung und Selbstverwaltung erhielten. Die preußische Regierung gab diesem Verfahren gegenüber der Gründung von Handelskammern zunächst den Vorzug.

Als die westfälischen Stände 1826 ebenfalls in einer Petition um die Errichtung von Handelskammern nachsuchten, wurde dieses Ansinnen noch abgelehnt. Die konstruktive Arbeit der Handelskammern im Rheinland und die gute Zusammenarbeit mit staatlichen Behörden führten jedoch dazu, daß in einer Königlichen Verordnung vom 11. Februar 1848 für ganz Preußen bestimmt wurde, daß „für jeden Bezirk, wo ein Bedürfnis dazu bestehe, mit königlicher Genehmigung eine Handelskammer gegründet werden“ sollte. Ferner wurde in dieser Verordnung der Zweck von Handelskammern derart bestimmt, daß sie „auf Verlangen der vorgesetzten Provinzial- und Centralbehörden Bericht und Gutachten über die Handels- und Gewerbeangelegenheiten erstatten“ sollten, und „ihre Ansichten darüber mitteilen sollten, durch welche Mittel Handel und Gewerbe zu fördern sind, welche Hindernisse entgegenstehen und in welcher Weise dieselben zu beseitigen sind“.[104]

Durch diese Verordnung wurden nicht nur die bisher existierenden Regelungen über Tätigkeiten und Aufgaben von Handelskammern vereinheitlicht, sondern es wurde auch die Voraussetzung für die Gründung solcher Institutionen im östlichen Westfalen geschaffen.

6.2 Die Gründung der Handelskammern im östlichen Westfalen

Die ersten Versuche, auch in den östlichen Landesteilen der Provinz Westfalen Handelskammern zu errichten, lassen sich bis in die 1830er zurückverfolgen. Bis zur endgültigen Realisierung verstrich jedoch erhebliche Zeit, da immer wieder neue wirtschaftspolitische, verwaltungsrechtliche und organisatorische Hindernisse zu überwinden waren. Hinzu kamen spezifische Probleme, die auch bei der Gründung von anderen Handelskammern auftauchten, sowie unterschiedliche Meinungen und Interessen zwischen den Gewerbetreibenden einerseits und den staatlichen Behörden andererseits.

Nach Ablehnung der Petition der westfälischen Stände von 1826 unternahm der westfälische Oberpräsident von Vincke 1836 den Versuch, eine Handelskammer für die Kreise Bielefeld, Herford, Lübbecke, Halle und Wiedenbrück ins Leben zu rufen. Wahrscheinlich dürfte von Vincke von den sich ebenfalls in diesem Jahr konkretisierenden Bemühungen angeregt worden sein, eine märkische Handelskammer mit Sitz in Iserlohn zu errichten. Ob dies die Schlußfolgerung rechtfertigt, nicht die Gewerbetreibenden der Region, sondern der Oberpräsident der Provinz Westfalen sei der eigentliche Initiator für die Schaffung von Handelskammern in Westfalen gewesen, läßt sich nicht eindeutig klären. Von Vincke leitete seine Pläne an die staatlichen preußischen Behörden nach Berlin weiter und erhielt bald von dort die Erlaubnis, mit den Landräten der betroffenen Kreise entsprechende Verhandlungen aufzunehmen.[105]

Die Forderung der Regierung, die Stimmberechtigung zu einer zukünftigen Handelskammer und die damit verbundene Verpflichtung zu deren Unterhaltung solle an einen Mindeststeuersatz von jährlich zwölf Reichstalern geknüpft sein, erwies sich jedoch als großes Hindernis. Die Aufbringung der Kosten für eine Handelskammer entpuppte sich sowohl im märkischen als auch im ravensbergischen Raum als Hürde, an der die Verhandlungen zu scheitern drohten. Bevor es dazu kam, erklärten sich jedoch Bielefelder Kaufleute bereit, alle Kosten für die neu zu errichtende Handelskammer zu übernehmen. Allerdings erleichterte dieser Schritt die Gründungsverhandlungen nur bedingt. Die Gewerbetreibenden aus den umliegenden Landkreisen, die das Angebot natürlich mit „Vergnügen begrüßten“, weigerten sich nämlich, einen Beitrag zur Kammerfinanzierung zu leisten.[106]

Welche Motive die Bielefelder Kaufleute zu ihrer Haltung veranlaßt haben könnten, läßt sich nicht eindeutig klären. Wahrscheinlich ist, daß sie sich angesichts einer zunehmenden Strukturkrise im Leinengewerbe von einer Handelskammer Unterstützung bei der Eroberung neuer Märkte und dem Ausbau ihrer Handelsbeziehungen versprachen. Die Initiative aus Bielefeld und die dort offenbar günstige Stimmung zur Gründung einer Handelskammer veranlaßte die Bezirksregierung in Minden zu einem Umdenken: Sie forderte jetzt eine Handelskammer für den gesamten Regierungsbezirk. Mit diesem Vorschlag gestalteten sich die Verhandlungen jedoch nur noch schwieriger, da noch mehr lokale Sonderinteressen berücksichtigt werden mußten. So spricht zum Beispiel vieles dafür, daß der Magistrat der

Stadt Bielefeld Bedenken gegen eine Handelskammer erhob, da er Kompetenzverluste beim lukrativen Leggegeschäft befürchtete. Angesichts solcher Hindernisse und der weiter ungeklärten Kostenaufbringung verliefen die Verhandlungen über die Gründung einer Handelskammer im östlichen Westfalen bald wieder im Sande.[107]

Erst die Thronbesteigung des preußischen Königs Friedrich Wilhelms IV. 1840 und dessen generelle positive Einschätzung der Handelskammern als wirksame Instrumente zur Beeinflussung von Handel und Gewerbe verschafften dem Projekt neue Impulse. Allerdings schälten sich in den wieder aufgenommenen Verhandlungen zwei zentrale Probleme heraus: 1. Aufbringung der Kosten sowie 2. Grenzen und Geltungsbereich des Kammerbezirks. Da die preußischen Behörden sich zunehmend für eine nicht allzu große Entfernung zwischen Wohnort der Gewerbetreibenden und Sitz der Kammer aussprachen, zeichnete sich in den 1840ern die Lösung ab, in Ostwestfalen zwei Handelskammern zu errichten, eine in Bielefeld und eine in Minden. In den von den Landräten der betroffenen Kreise 1842 durchgeführten Anhörungen der Gewerbetreibenden zeigte sich jedoch, daß die Grenzen der beiden Kammern nur schwer abzustecken waren. Die Kaufleute aus Vlotho setzten sich zum Beispiel energisch dafür ein, nicht der Kammer in Minden, sondern der in Bielefeld zugeordnet zu werden. Die Bezirksregierung in Minden teilte diese Einschätzung keineswegs, da sie mit dem Wegfall der Stadt Vlotho aus dem Mindener Bezirk die Gründung einer Kammer in dieser Stadt generell gefährdet sah.[108]

Die Kaufleute des Kreises Lübbecke sprachen sich dagegen dezidiert für einen Anschluß an Minden aus. Da die Regierung in Minden an der Zugehörigkeit Vlothos zum Mindener Kammerbezirk festhielt, schälte sich hier ab 1842 bereits der Geltungsbereich dieser Kammer heraus: die Kreise Minden und Lübbecke sowie die Stadt Vlotho. Hätten sich die Kaufleute und Gewerbetreibenden aus diesem Bezirk schneller über die Erstellung eines Statuts einigen können, so wäre die Kammer in Minden wahrscheinlich als erste oder zumindest als zweite in der Provinz Westfalen nach der Kammer in Hagen (1844) gegründet worden. So verstrich jedoch unnütz Zeit, so daß das Projekt in Minden erst nach den politischen Turbulenzen und der wirtschaftlichen Krise des Jahres 1848 erfolgreich abgeschlossen werden konnte.[109]

Auch die Gründung einer Handelskammer in Bielefeld stieß weiterhin auf ungeahnte Schwierigkeiten. Ein großer Teil der Gewerbetreibenden aus dem Kreise Wiedenbrück, vor allem aus Gütersloh, erklärte, der Kammer nicht beitreten zu wollen, da diese ohnehin nur die Interessen der Bielefelder Leinenhändler und nicht die der Gütersloher Garn- oder Getreidehändler vertreten werde. Auch aus dem Kreis Halle waren kritische Töne zur Kostenaufbringung und zur Sitzverteilung in der Kammer zu vernehmen. Das gleiche Bild zeigte sich im Kreis Herford, wo Kaufleute aus Bünde, Enger und Herford erhebliche Vorbehalte gegen die Finanzierung der Kammer anmeldeten.[110]

Unbedingte Zustimmung fand eine Kammergründung 1842 nur bei den Gewerbetreibenden in der Stadt und im Kreis Bielefeld. Angesichts dieser Stimmungslage verwundert es nicht, wenn das Ergebnis der von den Landräten 1842 durchgeführten Anhörungen und Befragungen eher ernüchternd ausfiel: Nur zwei Fünftel der Gewerbetreibenden sprachen sich nachhaltig für eine Handelskammer zu den diskutierten Bedingungen aus. Hier spiegelten sich die Ressentiments einer alteingesessenen und traditionsbehafteten Kaufmannschaft wider, die bei allem Wohlwollen gegenüber einer Kammergründung die damit verbundenen Kosten nicht tragen wollte. Die Bezirksregierung in Minden blieb trotz dieser Sachlage weiterhin optimistisch und veranlaßte, daß sowohl für Minden als auch für Bielefeld Statuten einer Handelskammer ausgearbeitet werden sollten. Hierbei zeigte sich erneut ein gravierendes Problem: die Sitzverteilung. Von den zunächst ins Auge gefaßten elf Kammermitgliedern sollten fünf einschließlich des Vorsitzenden aus Bielefeld und jeweils zwei aus den Kreisen Halle, Herford und Wiedenbrück kommen. Diese Sitzverteilung betrachteten die Gewerbetreibenden aus Herford jedoch als unzureichend und machten ihren Beitritt zur Kammer von drei Mitgliedern in der Vollversammlung abhängig. Um Konflikte mit dem Kreis Halle zu vermeiden, schlugen die Herforder Gewerbetreibenden vor, beiden Kreisen jeweils drei Mitglieder zuzugestehen. Nach weiteren Verhandlungen einigte man sich auf diese Kompromißformel und setzte die Zahl der Kammermitglieder auf 13 fest.

Auch die staatlichen Behörden meldeten ab 1844 Sonderwünsche an. Das 1844 veröffentlichte Statut der Handelskammer in Hagen wurde für alle anderen Handelskammern in Westfalen als verbindlich erklärt. Die Entwürfe der Statuten für die Kammern in Minden und Bielefeld mußten daraufhin umgearbeitet werden, wodurch erneut Zeit verstrich. 1847 verzögerte sich die Genehmigung der Statuten, weil man jetzt die Veröffentlichung der allgemeinen preußischen Kammerverordnung abwarten wollte, die, wie bereits erwähnt, am 11. Februar 1848 erlassen wurde. Vor allem den Kaufleuten aus Bielefeld dauerte das Verfahren jedoch zu lange, so daß sie in den zwischen 1843 und 1847 abgehaltenen Versammlungen nachdrücklich die Gründung einer Kammer forderten.[111]

Die ökonomische und politische Destabilisierung des Jahres 1848 bestärkte die preußische Regierung in der Ansicht, daß Handelskammern ein wirksames Instrument seien, den Wirtschaftsprozeß künftig besser kontrollieren und Wirtschaftskrisen verhindern zu können. Der preußische König Friedrich Wilhelm IV. gab Anfang Dezember 1848 daher dem Finanzministerium, dem auch die Handels- und Gewerbeverwaltung unterstellt war, den Auftrag, daß „in Anerkennung der Nützlichkeit solcher Institute von den Behörden die Errichtung von Handelskammern in dazu geeigneten Städten und Distrikten gefördert werde, um dann deren Gutachten bei wichtigen Handelsangelegenheiten ... vernehmen zu können“.[112] Ein königlicher Erlaß vom 4. Dezember 1848 konkretisierte diese Bestimmungen dahingehend, daß für die Kreise Bielefeld, Halle, Wiedenbrück und den westlichen Teil des Kreises Herford eine Handelskammer mit Sitz in Bielefeld und für die Kreise Minden, Lübbecke und die Stadt Vlotho eine Handelskammer mit Sitz in Minden zu errichten sei.[113]

Damit war endlich der Weg zur Gründung von Handelskammern im östlichen Westfalen geebnet. In weiteren Gesprächen und Verhandlungen konnten die notwendigen Modalitäten geklärt werden. Dabei wurde festgelegt, daß die beiden Kammern aus Wahlen hervorgehen sollten. Sämtliche Gewerbetreibenden des jeweiligen Bezirks, sofern sie in der Steuerklasse der Kaufleute mit kaufmännischen Rechten Gewerbesteuer entrichteten, wurden zur Wahl der Kammermitglieder aufgefordert. Dieser Passus gewährleistete, daß auch bei den in Zukunft stattfindenden Wahlen der Handelskammermitglieder neue Industrieunternehmen ein Stimmrecht besaßen und dadurch von der Handelskammer mit vertreten wurden. Nach den Wahlen konstituierte sich am 10. Mai 1849 die Handelskammer in Bielefeld und am 24. Mai des gleichen Jahres die Handelskammer in Minden.[114]

Die Handelskammer zu Bielefeld wurde gemäß dem Wahlergebnis aus 13 Mitgliedern nebst deren Stellvertretern gebildet. Davon entfielen auf den Kreis Bielefeld je fünf, auf die Kreise Halle und Herford jeweils drei, auf den Kreis Wiedenbrück jeweils zwei Mitglieder und Stellvertreter.[115]

Die Handel- und Gewerbetreibenden des Kreises Wiedenbrück versprachen sich Anfang der 1850er von der neuen Einrichtung keinen Nutzen und Erfolg, so daß sie die Entsendung von Mitgliedern und Stellvertretern ablehnten. Erst aus dem Mitgliederverzeichnis des Jahresberichts von 1856 ist zu ersehen, daß Gewerbetreibende aus dem Kreis Wiedenbrück in die Kammer eingetreten waren.[116] Die Handelskammer in Minden bestand zunächst aus acht Mitgliedern, wovon vier aus dem Kreis Minden, jeweils zwei aus dem Kreis Lübbecke und der Stadt Vlotho kamen.[117]

Auf der konstituierenden Sitzung wählten die 13 Mitglieder der Bielefelder Handelskammer den Bielefelder Kaufmann Max Bolenius zu ihrem ersten Präsidenten. Schon ein Jahr später wurde Bolenius jedoch von Rudolph Delius abgelöst, ebenfalls Kaufmann und Mitglied einer der alteingesessenen Bielefelder Kaufmannsfamilie, dem sogenannten „Leinenpatriziat“. Delius bekleidete das Amt des Präsidenten der Handelskammer bis 1856. Ihm folgten Friedrich Wilhelm Möller vom Kupferhammer in der Nähe Brackwedes und ab 1859 Hermann Delius, Verwaltungsratsvorsitzender der Ravensberger Spinnerei und der Mechanischen Weberei. In seiner bis 1874 dauernden Tätigkeit als Kammerpräsident prägte er entscheidend und nachhaltig die Politik dieser Institution.[118]

In Minden wurde der Zigarrenfabrikant Theodor Rocholl zum Präsidenten und Christian Rupe zu seinem Stellvertreter gewählt. Rocholl behielt dieses Amt bis 1850, dann wurde er von Rupe abgelöst. Nach dessen Amtszeit folgten die Mindener Kaufleute Friedrich Fleischauer (1858–1862) und August Friedrich von Sobbe (1862–1863) sowie Christian Krüger, Direktor der Weserdampfschleppschiffahrtsgesellschaft (1863–1867). Ihn löste als Präsident für ein Jahr Julius Leonhardi ab, bevor 1868 der Mindener Kaufmann und Kommerzienrat Friedrich Clemen zum Vorsitzenden gewählt wurde, dem 1874 der Oeynhausener Fabrikant Julius Mummenhoff in diesem Amt folgte.

Die anfangs bescheidenen Finanzmittel, die für die Arbeit der Kammer notwendig waren, wurden durch Beiträge der wahlberechtigten Gewerbetreibenden und durch Umlagen bei den Steuerkassen der Gemeinden aus dem Bezirk aufgebracht. Ihre Verwaltung übernahmen oft die Kämmereirendanten. Aus dem Kassenjournal der Bielefelder Handelskammer läßt sich ersehen, daß 1849 109 Gewerbetreibende Beiträge bezahlten. Die Gesamtsumme der Einnahmen belief sich auf 194 Taler, 18 Silbergroschen und drei Pfennige. Die Summe der Ausgaben lag bei 140 Talern, 27 Silbergroschen und elf Pfennigen, wovon allein 133 Taler und 20 Silbergroschen als Gehalt an den Justizrat Beckhaus gezahlt wurden, der als Kammersekretär die Aufgaben des heutigen Hauptgeschäftsführers wahrnahm.[119]

In den folgenden Jahren standen der Kammer dann größere Finanzmittel zur Verfügung. 1850 erhielt sie 367 Taler, 12 Silbergroschen und sechs Pfennige, 1852 356 Taler, 21 Silbergroschen und sieben Pfennige. Ausgegeben wurden 1850 226 Taler, drei Silbergroschen und elf Pfennige und 1852 279 Taler, zwölf Silbergroschen und zehn Pfennige. Den größten Posten darunter bildete weiterhin das Gehalt für den Justizrat Beckhaus, während die Zahl der Beitragszahler zwischen 130 und 149 schwankte.[120]
In ähnlichem Rahmen bewegten sich auch die ersten Budgets der Handelskammer zu Minden.

6.3 Die Tätigkeit der Handelskammern im östlichen Westfalen in den ersten Jahrzehnten ihres Bestehens

Blickt man auf die Tätigkeit der zwei Handelskammern im östlichen Westfalen während der ersten beiden Jahrzehnte ihres Bestehens, so lag ihre Aufgabe weniger darin, die Angelegenheiten von Handel und Gewerbe in ihrem Bezirk bewußt zu koordinieren, als vielmehr auf Verlangen der Provinzial- und Zentralbehörden Berichte und Gutachten vorzulegen sowie aufgrund eigener Initiativen Vorschläge zur Verbesserung von Mißständen im Wirtschaftsleben zu unterbreiten. Dadurch verfügten die Handelskammern aber auch über ein Instrumentarium, mit dessen Hilfe sie wirtschaftspolitische Entscheidungen staatlicher Institutionen sowie Geschäftstransaktionen und Maßnahmen von Industrieunternehmen und Gewerbetreibenden beeinflussen konnten. Die Gutachten und die jährlich erscheinenden Berichte der Handelskammern bieten dabei einen vorzüglichen Einblick in die Wirtschaftsentwicklung im östlichen Westfalen.[121]

Fünf Bereiche kristallisieren sich heraus, auf die die ostwestfälischen Kammern von 1849 bis 1873 ihre Interessen und ihre Tätigkeit konzentrierten. Geordnet nach ihrer Wichtigkeit waren dies: 1. die Strukturkrise im Leinengewerbe sowie das Engagement für die Modernisierung und Maschinisierung dieser Branche. 2. Der Einsatz für die Verbesserung der Infrastruktur, vor allem der Verkehrswege wie der Eisenbahnen, Chausseen und Kanäle. 3. Forderungen nach Vereinfachung und Verbesserung im Binnen- und Außenhandel durch den Abbau von Zollschranken und Handelshemmnissen. 4. Forderungen nach einem Aufbau von effizienten und in ganz Deutschland einheitlichen Institutionen und Instrumenten zur Förderung des Handels, wie Handelstag, Handelsgerichte und Handelsgesetzgebung, ebenso, wie die Vereinheitlichung des Münz-, Maß- und Gewichtssystems. 5. Fragen der Handelskammerorganisation.

Betrachten wir die wichtigsten Initiativen, Anregungen und Gutachten, welche von den beiden ostwestfälischen Handelskammern von 1849 bis 1873 zu diesen Punkten vorgebracht wurden, etwas genauer: In den ersten Jahren widmeten die beiden Kammern ihr Interesse vorwiegend dem Leinengewerbe, was angesichts der tiefen Strukturkrise in dieser Branche nicht verwundert. In richtiger Einschätzung der künftigen Entwicklung wurde in den Gutachten und Jahresberichten immer wieder betont, daß die Zeit des Handspinnens und -webens definitiv ihrem Ende entgegengehe. Das Beispiel einer florierenden Textilindustrie in Irland oder in Belgien zeige eindeutig, daß die Zukunft des Leinengewerbes nur in der Maschinenspinnerei und -weberei liegen könne. Würde man noch länger am Handspinnen festhalten, so sei das Leinengewerbe nicht mehr länger konkurrenzfähig und zum Untergang verurteilt. Allerdings äußerte die Handelskammer Bielefeld in ihren ersten beiden Jahresberichten noch vorsichtigen Optimismus. Im Jahresbericht von 1853 fällte sie jedoch das vernichtende Urteil: „Eine Industrie, die ihre Träger darben läßt und zur Auswanderung zwingt, ist krank. Krankheiten aber, wenn sie nicht geheilt werden, führen zum Tode. Die Krankheit unserer Leinenindustrie ist lebensgefährlich, ihr Name ist Schwindsucht..."[122]

Außer der Forderung nach staatlicher Hilfe zur Aufrechterhaltung der Konkurrenzfähigkeit des Handspinnens und -webens empfahlen die Kammern vor allem drei Mittel zur Bekämpfung dieser Krankheit: die Einführung der Maschinenspinnerei und -weberei, die Einführung neuer Organisationsformen im Leinengewerbe und die Verbesserung des Flachsanbaus und der Flachszubereitung. Vermehrter Flachsanbau in Ostwestfalen sowie eine verbesserte und zeitgemäßere Flachszubereitung durch die heimische Landwirtschaft würden die Leinenindustrie unabhängiger von Importen machen. Darüber hinaus ließen sich nach Meinung der Handelskammer zu Bielefeld durch maschinelle Flachsreinigung und durch Anwendung moderner Verfahren zum Flachsrösten – wie das Dampfrotten – die Kosten im Leinengewerbe erheblich reduzieren, was die Konkurrenzfähigkeit der Branche insgesamt stärken würde. In diesem Zusammenhang klagten die Handelskammern in der ersten Hälfte der 1850er immer wieder darüber, daß in der ostwestfälischen Landwirtschaft nur eine geringe Neigung zu verspüren sei, zukunftweisende Methoden des Flachsanbaus und der Flachszubereitung zu praktizieren. Die Errichtung einer Flachszubereitungsanstalt durch den Gutsbesitzer von Laer auf Gut Oberbehme blieb die Ausnahme, da sich die Landwirte der Region eher mißtrauisch gegenüber Neuerungen in der Flachszubereitung verhielten.[123]

Aber nicht nur in der Kostenreduzierung durch verbesserte Rohstoffaufbereitung, auch in der Schaffung neuer Institutionen und Organisationsformen sahen die Handelskammern Möglichkeiten, die Lage des Leinengewerbes zu verbessern. Ein harmonisches und den „veränderten Verhältnissen entsprechendes Zusammenwirken der Träger der Leinenindustrie" war ihres Erachtens unerläßlich, wenn die Strukturkrise überwunden werden sollte. So forderte die Handelskammer zu Bielefeld 1852 nachdrücklich, das alte Kauf- und Verlagssystem endlich aufzugeben und durch „neue Fabriketablissements" zu ersetzen. Außerdem müßten moderne Appreturanstalten und Bleichen geschaffen werden, um „das Finish der Irländischen Leinenindustrie" zu erreichen. Die Gründung der Spinnerei Vorwärts und der Ravensberger Spinnerei sowie die Errichtung von neuen Bleichen in der Nähe von Bielefeld wurden daher von der Handelskammer freudig begrüßt.[124]

Vor dem Hintergrund der konjunkturellen Aufwärtsentwicklung ab Mitte der 1850er schienen die Empfehlungen und Vorschläge der Handelskammern Früchte zu tragen. 1855 konnten sie bereits einen Aufschwung in der Leinenindustrie konstatieren, 1856 wähnte die Handelskammer Bielefeld sogar den „Zeitpunkt nicht mehr fern, wo der fabrikmäßige Betrieb des Leinengeschäftes in Bielefeld die Regel und das Kaufsystem die Ausnahme ist.“[125] Mitte der 1860er stellte die Kammer mit leicht triumphierendem Unterton fest, daß nicht nur die Maschinenspinnerei einen solchen Aufschwung genommen habe, daß es inzwischen an qualifizierten Arbeitern mangele, sondern daß sich sogar die ländliche Bevölkerung zusehends dem Flachsanbau zuwende. 1872 bemerkte die Kammer nüchtern, doch mit großer Genugtuung, daß die ostwestfälische Leinenindustrie ihre bedeutende Stellung auf dem Weltmarkt zurückerlangt hätte.[126]

Wie sehr sich der Strukturwandel in der Leinenindustrie mit dem Siegeszug der Maschinenspinnerei und -weberei Mitte der 1860er verfestigt hatte, wie sehr sich aber auch die Handelskammer zu Bielefeld zum Sprachrohr dieses Strukturwandels machte, zeigt exemplarisch ihre Forderung aus dem Jahre 1867, die Leggen als nicht mehr zeitgemäße Institutionen abzuschaffen. Mit diesem Schritt stieß sie allerdings auf den erbitterten Widerstand der Handelskammer zu Minden, die für die Beibehaltung des Leggezwanges und den Fortbestand der Leggen plädierte, weil sie sonst Qualitätsverschlechterungen und eine Preissteigerung befürchtete. Da die Kammer zu Bielefeld nachweisen konnte, daß nur noch ein Bruchteil des Bielefelder Leinens auf der Legge geprüft wurde, mußte die Bielefelder Legge 1872 schließen. Die Leggen im Kreis Lübbecke blieben dagegen noch einige Jahre bestehen, bis auch sie dem Strukturwandel in der Leinenindustrie zum Opfer fielen.[127]

Sollte die Krise im Leinengewerbe überwunden und die Voraussetzung für den Durchbruch der Industrialisierung in der Region geschaffen werden, so war eine leistungsfähige Infrastruktur erforderlich, um die Produkte aus dem östlichen Westfalen schnell auf den nationalen und internationalen Märkten zu verkaufen sowie die Fabrikanten und Gewerbetreibenden möglichst nachhaltig in das Netz sich verdichtender Marktbeziehungen einzubinden. Diese Herausforderung erkannten die beiden Handelskammern im östlichen Westfalen deutlich. Daher wurden sie nicht müde, die Errichtung eines leistungsfähigen Eisenbahnnetzes in der Region und den Bau anderer notwendiger Verkehrswege wie Chausseen und Kanäle zu verlangen. Nicht alle Eisenbahnprojekte, die von den beiden Kammern gefordert wurden, können hier genannt werden, so daß exemplarisch nur die erwähnt werden sollen, die als besonders dringlich galten und über die längere Zeit gestritten wurde.

Dies war als eine der ersten die sogenannte Sennebahn von Bielefeld nach Paderborn. Bereits in ihrem Bericht für 1852 legte die Kammer dar, wie wichtig eine solche Strecke sowohl als Handelsverbindung nach Paderborn als auch zur besseren Anbindung des notleidenden Senneraumes an die Zentren Bielefeld und Paderborn sei. Obwohl die Handelskammer ihre Forderung nach der Realisierung des Projektes ständig wiederholte, obwohl sich ein Komitee bildete, das die Chancen der Verwirklichung untersuchen sollte, und obwohl 1865 eine Konzession in Aussicht gestellt wurde, blieb die Bahnlinie bis 1873 im Projektstadium, so daß die Handelskammer zu Bielefeld in ihrem Jahresbericht für 1873 leicht resigniert feststellen mußte, daß „bis dahin nicht ein einziger, ja kein noch so kleiner Bruchteil derselben Berücksichtigung gefunden hat“. Erst rund 30 Jahre später, 1901, wurde die Strecke eröffnet.[128]

Bei anderen zur Diskussion stehenden, von der Handelskammer in Bielefeld ebenfalls nachdrücklich befürworteten Vorhaben zogen sich die Verhandlungen gleichermaßen in die Länge, so daß ihre Verwirklichung gar nicht oder erst in den 1870ern und 1880ern konkreter wurde. Dies betrifft sowohl das Projekt einer Bahn zum Jade-Busen, einer Holländisch-Westfälischen Bahn von Enschede über Versmold und Bielefeld nach Carlshafen bzw. über Münster und Bielefeld nach Paderborn, die Strecke von Bünde über Herford nach Altenbeken, die von Münster über Warendorf nach Paderborn, die von Lippstadt über Wiedenbrück nach Gütersloh und die Linie von Dortmund nach Hameln.[129] Vor diesem Hintergrund blieb die Köln-Mindener Eisenbahn in der Region fast ein „Monopolanbieter“, dessen schlechter Service in den Zügen und auf den Bahnhöfen ebenso oft genug Anlaß zu Klagen bot wie die angeblich zu hohen Frachttarife. Die Handelskammer Bielefeld reagierte deshalb äußerst befremdet, als 1869 der Köln-Mindener Eisenbahn angeblich zugesichert wurde, es würden keine Konkurrenzbahnen mehr gebaut. Verdienst der Kammer ist es, daß auf ihre Forderung hin die Köln-Mindener Bahngesellschaft in den 1860ern die Räumlichkeiten auf dem Bielefelder Bahnhof verbesserte. Infolge des rapide steigenden Volumens im Personen- und Güterverkehr reichte dieser Ausbau schon bald nicht mehr aus, so daß Klagen über Platzmangel auf den Bahnhöfen in Bielefeld, Herford und Gütersloh sowie über die ungünstige verkehrsmäßige Lage des Bahnhofes in Minden an der Tagesordnung blieben. Mit ihren permanenten Forderungen nach Ermäßigung der Frachttarife der Köln-Mindener Eisenbahn konnte die Handelskammer einen bescheidenen Teilerfolg erzielen: Der Tarif für Flachs wurde 1861 erheblich gesenkt. Der 1-Pfennig-Tarif für Kohle kam jedoch nicht zustande. Umso energischer protestierte die Kammer 1873 gegen die Pläne der Köln-Mindener, die Tarife generell wieder um 20 % zu erhöhen.[130]

Auch die Handelskammer in Minden forderte in ihren Gutachten und Stellungnahmen immer wieder eine Verbesserung der Verkehrsverhältnisse und der Infrastruktur in ihrem Gebiet, konnte dabei jedoch nur bescheidene Erfolge erzielen. Auch sie verlangte während der 1860er den Bau einer Bahnlinie zum Jade-Busen, den Bau der Strecke Enschede-Carlshafen mit einer Zweigbahn nach Vlotho und Rehme, die Errichtung einer Verbindung von Minden oder Lübbecke nach Bremen, wodurch vor allem der Kreis Lübbeke besser an das Eisenbahnnetz angeschlossen werden sollte, sowie eine Bahnlinie von Löhne nach Hildesheim. In ihrem Jahresbericht von 1869 mußte die Kammer jedoch ebenfalls resigniert feststellen, daß „viele der diskutierten Projekte sich immer noch in einem Vorstadium befinden“.[131]

Um so freudiger wurde 1870 die Konzessionierung und 1871 der Bau der Bahnstrecke von Löhne nach Hildesheim begrüßt, wenn auch die endgültige Trasse im Kammerbezirk etwas anders verlief als von der Mindener Kammer gefordert. In der langsamen Realisierung geplanter Eisenbahnprojekte sah diese auch den Grund dafür, daß keine Konkurrenz zur Köln-Mindener Eisenbahn entstand, so daß diese weiterhin die Preisgestaltung für Frachtsätze bestimmen konnte. Die von der Kammer mehrfach geäußerte Hoffnung auf billigere Tarife, etwa durch die Konkurrenz der Bergisch-Märkischen Bahn, die einige der erwähnten Strecken bauen wollte, erwies sich daher als trügerisch. Auch die wiederholt verlangte Verbesserung des Services auf den Bahnhöfen ließ lange auf sich warten und wurde erst Anfang der 1870er teilweise erfüllt.[132] Allerdings hatte die Mindener Kammer mit ihren Forderungen nach Einführung sogenannter Retourbillets auf der Köln-Mindener Eisenbahn und nach besseren Anschlüssen mit der Hannoverschen Staatsbahn ebenso Erfolg wie mit ihrem Insistieren auf einer besseren Verbindung der Chausseen zwischen Preußen und Hannover.

Wie stark bei den Vorschlägen und Initiativen zur Verbesserung der Infrastruktur, die von den beiden ostwestfälischen Handelskammern lanciert wurden, jeweils auch lokalpolitische Erwägungen eine Rolle spielten, zeigte sich bei dem ab 1858 zur Debatte stehenden Projekt einer Kanalverbindung zwischen Rhein und Weser. Zwischen den Kammern in Bielefeld und Minden entbrannte ein offener Konflikt darüber, wie die Trasse des Kanals verlaufen sollte. Während die Gewerbetreibenden aus Bielefeld und dem Umland auf der sogenannten südlichen Linie durch den Paß am Teutoburger Wald und durch Bielefeld beharrten, verlangte die Mindener Kammer kategorisch den Bau der nördlichen Linie durch die Kreise Lübbecke und Minden. Beide Parteien waren der Ansicht, die besseren Argumente zu haben. Die Handelskammer zu Bielefeld bemühte nicht nur eine Reihe von renommierten Gutachtern, sondern wies auch wiederholt auf die Bedeutung des Projekts als „nationale Aufgabe“ bzw. „Symbol nationaler Größe“ hin, um ihren Forderungen Nachdruck zu verleihen. So schrieb sie beispielsweise in ihrem Jahresbericht für 1863: „Soll die Grafschaft Ravensberg wieder zu einem Mittelpunkt des deutschen Leinengeschäfts werden, wozu alle Vorbedingungen gegeben sind, so darf sie der Vorteile nicht verlustig gehen, welche den englischen Emporien der Spinn- und Webe-Industrie so sehr zu Statten gekommen sind. Mit der Kanalverbindung ist die Blüthe unseres gewerblichen Districts für alle Zeiten gesichert und gegen jede ausländische Concurrenz gerüstet. Es würde uns daher als ein höchst bedenklicher Schritt erscheinen, wollte man der allerdings vorhandenen, aber keineswegs ungewöhnlichen Terrainschwierigkeiten halber die eminente Bedeutung des Kanals für unsere Gegend außer Acht lassen und lediglich aus technischen Gründen eine Linie wählen, die für sich weiter nichts geltend zu machen hat als daß sie den Essener Zechen am bequemsten und dem hannoverischen Lande am genehmsten sein würde...“[133]

Die Handelskammer in Minden zeigte sich über diese massive Agitation zugunsten der südlichen Linie äußerst befremdet und konterte in ihrem Jahresbericht für 1863: „Nachdem somit als von den Höchsten und Hohen Behörden mit Bestimmtheit die feste Zusage zum Bau dieser, von den ersten Fachmännern und allen Unparteiischen als nur möglich anerkannten nördlichen Linie erwartet werden durfte, that sich im Laufe des Jahres 1863 plötzlich eine fieberhafte

Das erste Domizil der Mindener Handelskammer

Agitation zu Gunsten der südlichen Linie auf, welcher weder der Handelsstand unseres Bezirks noch die Corporationen ... wirksam entgegentreten konnten. Die reiche Kaufmannschaft des Ravensberg'schen hat in Verbindung mit thatkräftigen Personen der Mark alle Hebel in Bewegung gesetzt, um die Corporationen und Orte aller derjenigen Orte und Gegenden zu Opfern, Eingaben, Befürwortungen, Vermessungen und Entbietungen zu bewegen, welche eine südliche Canallinie berühren würde ..."[134] Auch in den folgenden Jahren blieb der Rhein-Weser-Kanal ein dauerhafter Zankapfel sowohl zwischen unterschiedlichen staatlichen Behörden als auch zwischen den beiden Handelskammern. Angesichts dieser Divergenzen kamen die Pläne zunächst nicht über das Projektstadium heraus, weshalb der Bau des Kanals erst in den 1890ern wieder ins Auge gefaßt wurde.[135]

Wenn auch die beiden ostwestfälischen Kammern erkennen mußten, daß bei vielen größeren Vorhaben ihre Vorschläge und Initiativen nicht wie erhofft auf positive Resonanz stießen und sich nicht so schnell wie gewünscht realisieren ließen, so gehen doch viele kleinere Verbesserungen der Infrastruktur auf ihre Anregung zurück. Dies betrifft zum Beispiel den Ausbau des Telegraphennetzes, des Postwesens und die Errichtung von Postanstalten sowie die Schaffung von Zollämtern an den Bahnhöfen. Selbst die Gründung einer Bankcommandite in Bielefeld 1858 ist in diesem Zusammenhang nochmals zu erwähnen.

Bei ihren Forderungen nach Verbesserungen und Vereinfachungen im Handelsverkehr sprachen die beiden ostwestfälischen Kammern wieder mit einer Stimme. So forderten beide Institutionen im ersten Jahrzehnt ihres Bestehens vehement Abschlüsse von Handelsverträgen zwischen Preußen und anderen Staaten des Deutschen Bundes oder mit anderen Ländern, da hierdurch vor allem für die exportorientierte Leinenindustrie neue Absatzmärkte geschaffen würden. Begrüßt wurde daher von beiden Kammern der Handelsvertrag mit dem Königreich Hannover. Gefordert wurden aber auch Handelsverträge mit Rußland, Belgien, den Niederlanden, Frankreich und Italien sowie mit den skandinavischen Staaten. Als positiv wertete man 1857 den Wegfall des Sundzolls, der von beiden Kammern lange Zeit als eine „Geißel des Ostseehandels" gebrandmarkt worden war.[136]

In den 1860ern intensivierten die beiden Kammern ihre Forderungen nach dem Abschluß von Handelsverträgen mit England, Rußland, Belgien, der Schweiz, mit Spanien und Skandinavien. In diesem Zusammenhang verwiesen sie mit dem Hinweis auf die USA darauf, daß angesichts der wachsenden Konkurrenz unter den Handelsnationen nur ein großes und einheitliches Wirtschaftsgebiet in Zukunft würde bestehen können. Neben der Verbesserung des Außenhandels durch bilaterale Verträge sei auch das Zusammenwachsen der deutschen Staaten zu einer Wirtschaftseinheit erforderlich. Die Erneuerung des Zollvereins 1866 wurde deshalb sehr begrüßt. Gleichzeitig wurde der Wunsch vorgetragen, die Hansestädte Hamburg und Bremen sollten endlich diesem Zusammenschluß beitreten, weil dadurch die Basis für einen nachhaltigen wirtschaftlichen Aufschwung sowohl der beiden Städte als auch ganz Norddeutschlands geschaffen werde.[137]

1867 konnten die beiden Kammern dann mit Genugtuung vermelden, daß Zollverträge mit Rußland, Spanien und Österreich abgeschlossen worden seien, wodurch die Handelsbeziehungen neue Impulse erhalten würden. Im selben Jahr wiederholte die Handelskammer zu Bielefeld nicht nur ihren Ruf nach Freihandel, sondern sie forderte nachhaltig ein Ende des Protektionismus in den USA. 1870 schlugen sich zunächst die Spannungen, später die kriegerische Auseinandersetzung mit Frankreich auch in dem Antrag der Handelskammern nieder, sämtliche Handels- und Zollverträge mit dem „feindlichen Nachbarn" von der anderen Seite des Rheins zu kündigen und auf der Grundlage der neuen politischen Konstellation Verträge abzuschließen, die mehr die Interessen der deutschen Gewerbetreibenden berücksichtigen würden.[138]

Aber nicht nur hinsichtlich der Wirtschaftsbeziehungen mit dem Ausland, auch wegen des Binnenhandels drängten die beiden ostwestfälischen Kammern auf eine Liberalisierung der Märkte und die Abschaffung von Handelshemmnissen wie Zöllen oder anderen Abgaben. Ebenso zogen sie gegen Bestrebungen zu Felde, die Dynamik des Marktes durch staatliche Regulierungsmaßnahmen zu unterlaufen. Am schärfsten fiel der Protest der Handelskammer zu Minden gegen die 1870 beabsichtigte Einführung eines staatlichen Tabakmonopols aus. An die Regierung in Berlin gerichtet schrieb sie: "... Wie mehrfach erwähnt, besitzt unser Bezirk im ganzen Zollverein wohl die bedeutendste Tabak-Industrie und es liegt nahe, daß jede auf die Besteuerung des Tabaks bezügliche Frage uns im höchsten Maße interessiert ... Dunkle Wolken würden sich auf unsere Umstände legen, wenn die weise Maßregel Sr. Majestät des Hochseligen Königs Friedrich Wilhelms III. 'Die Aufhebung des Tabakmonopols' beseitigt und das Unheil bergende System wieder eingeführt würde..." Nicht zuletzt als Folge dieser Eingabe an die preußische Regierung wurde von der Einführung eines Tabakmonopols abgesehen.[139]

Abschließend bleibt festzuhalten, daß vom Beginn der 1860er bis zur sogenannten Gründerkrise die Intensität und Dynamik der Handelsbeziehungen sowohl durch den Abschluß zahlreicher Handels- und Zollverträge als auch durch den Abbau von Handelshemmnissen zunahm. Dies war jedoch weniger die

Folge von Stellungnahmen und Forderungen der Handelskammern, als das Produkt des Konjunkturaufschwungs und der liberalen Wirtschaftspolitik in Deutschland.

Betrachten wir den vierten Bereich der Aktivitäten, auf welche die beiden ostwestfälischen Kammern ihr Interesse richteten. Um die Handelsbeziehungen zu verbessern, forderten beide Kammern seit Ende der 1850er zum einen leistungsfähige Institutionen und Regeln zur Abwicklung von Geschäftstransaktionen, zum anderen Rechts- und Planungssicherheit auf dem Gebiet des Handels. Im Einklang mit anderen deutschen Handelskammern setzten sich daher auch die beiden ostwestfälischen Vertretungen der Gewerbetreibenden dafür ein, daß ein für ganz Deutschland geltendes Handelsgesetzbuch und eine einheitliche Handelsgerichtsbarkeit geschaffen würde. Außerdem verlangten sie eine Vereinheitlichung der Posttarifsätze, der postalischen und der allgemeinen Handelsgesetzgebung. Mit Genugtuung konnten die beiden ostwestfälischen Kammern 1868 konstatieren, daß ein oberster Handelsgerichtshof in Leipzig etabliert wurde, 1865 ein einheitliches Handelsgesetzbuch und eine allgemeingültige Konkursordnung eingeführt wurden. Als sich die wirtschaftlichen Verhältnisse nach der Reichsgründung 1871 grundlegend geändert hatten, insistierte die Bielefelder Kammer auf einer Revision des Handelsgesetzbuches und der bestehenden Konkursordnung, da sie beide für nicht mehr zeitgemäß hielt. Gleichfalls verlangte sie in einer Eingabe an das preußische Handelsministerium, daß die Handelsregister besser geführt werden sollten, um die Gewerbetreibenden vor Scheinfirmen und Bankrotteuren zu schützen.[140]

Als für die Zukunft des Handels unverzichtbar hielten die beiden ostwestfälischen Kammern auch eine Vereinheitlichung des Münz-, Maß- und Gewichtssystems, die sie in ihren Jahresberichten während der gesamten 1860er immer wieder einforderten. Allerdings mußten sie bis zur Reichseinigung 1871 bzw. der Münz- und Geldreform 1876 warten, bis hier entsprechende Veränderungen eintraten.

Der Vorschlag der Handelskammer zu Bielefeld aus dem Jahr 1870, die Preußische Bank solle zur Zentralnotenbank für ganz Deutschland werden, wurde ebenfalls später realisiert. Erst mit der Gründung der Reichsbank 1875 erhielt das Deutsche Kaiserreich seine Zentralnotenbank.[141]

Bei der Abwicklung der eigenen Angelegenheiten standen für die beiden ostwestfälischen Kammern bis 1873 außer der Fertigstellung eigener Kammergebäude vor allem zwei Probleme im Mittelpunkt ihres Interesses: zum einen die Reorganisation und die gesetzliche Neufestsetzung der Kompetenzen der deutschen Handelskammern, zum anderen die Festlegung der Kammergrenzen. Ab Mitte der 1860er verlangten die Handelskammern in den meisten deutschen Staaten mehr Kompetenzen und Mitspracherechte, so daß die staatlichen Behörden eine Reorganisation der Kammern per Gesetz anstrebten. Zu den einzelnen Punkten des 1868 von der preußischen Regierung vorgelegten Gesetzentwurfes, insbesondere zum Problem der Mitgliedschaft in der Kammer und der Modalitäten bei der Wahl der Kammermitglieder, nahmen die beiden ostwestfälischen Korporationen dezidiert Stellung. In mehreren Vorlagen an

Das erste Domizil der Bielefelder Handelskammer

das preußische Handelsministerium versuchten sie, die Regelung des aktiven und passiven Wahlrechts bei der Wahl der Kammermitglieder in ihrem Sinne zu beeinflussen. Schließlich wurde eine Regelung gefunden, die den Vorstellungen sowohl der beiden ostwestfälischen als auch anderer Kammern in Preußen entsprach, so daß der Gesetzentwurf auf Zustimmung stieß. Infolge des Krieges von 1870 wurde er jedoch erst nach der Reichsgründung endgültig verabschiedet.[142]

Für die konkrete Kammerarbeit ungleich wichtiger war jedoch die Neufestsetzung der Kammerbezirke im östlichen Westfalen 1869/70. Den Anstoß hierzu gab 1868 der Antrag namhafter Zigarrenproduzenten aus Bünde, die Ämter Bünde-Rödinghausen und Gohfeld-Mennighüffen dem Mindener Bezirk zuzuordnen, da die Gewerbetreibenden aus der Tabakindustrie hier ihre Interessen besser repräsentiert sahen als in der Bielefelder Kammer. Diese sträubte sich nicht gegen das Vorhaben, sofern ihre Rechtsansprüche auf Akten, Zeitschriften, Mobiliar etc. gewahrt blieben. Mit dem Inkrafttreten des neuen Handelskammergesetzes wurden daher auch die Bezirksgrenzen im östlichen Westfalen neu festgelegt.[143]

Der Durchbruch der Industrialisierung ab den 1850ern und der damit verbundene Strukturwandel in Handel und Gewerbe bescherten den beiden ostwestfälischen Kammern ihre erste Bewährungsprobe. Dominierten in den ersten Jahren ihres Bestehens sowohl in ihren Stellungnahmen und Gutachten eher pessimistische Töne, hervorgerufen durch die gravierende Strukturkrise im Leinengewerbe, so verschaffte der industrielle Aufschwung vor allem in den 1860ern den Kammern ein weites und facettenreiches Betätigungsfeld. Dabei können sie für sich in Anspruch nehmen, durch ihre Aktivitäten einen wesentlichen Beitrag dazu geleistet zu haben, daß konstruktiv eine solide Basis in Form von institutionellen Rahmenbedingungen für den Durchbruch der Industrialisierung im östlichen Westfalen geschaffen wurde.

7. Zusammenfassung: der Durchbruch der Industrialisierung im östlichen Westfalen – Strukturmerkmale und Besonderheiten

Ein Vergleich des östlichen Westfalens aus dem Jahre 1873 mit dem von 1848 macht deutlich, wie sehr sich die Region in diesem Vierteljahrhundert wandelte und wie stark der Durchbruch der Industrialisierung die Wirtschaftsstruktur und die Gewerbelandschaft veränderte. Schien Ostwestfalen Ende der 1840er immer mehr zu einer Krisenregion zu werden, in der durch den Verfall des traditionellen Leinengewerbes die Verelendung breiter Bevölkerungsteile, die Auswanderung in andere deutsche Gewerbegebiete oder nach Übersee und die schwindende Konkurrenzfähigkeit auf den Märkten spezifische Merkmale des Wirtschaftslebens bildeten, so schien es 1873, als sei das Fundament für eine positive und in die Zukunft gerichtete Wirtschaftsentwicklung gelegt. Trotz einiger Rückschläge und nicht erfüllter Hoffnungen, die in die Gründung neuer Industrieunternehmen gesetzt worden waren, hatte die Industrialisierung in vielen Branchen und an vielen Orten der Region bis 1873 Fuß fassen können. Forciert wurde dieser Prozeß nicht zuletzt durch die Strukturveränderungen und den nachfolgenden Aufschwung in der Textilindustrie. Das traditionelle Leinengewerbe konnte sich zu einer modernen, fabrikmäßig betriebenen Industrie wandeln und bis 1873 seine früher bedeutende Stellung auf den Märkten wiedererlangen. Damit gab sie den Anstoß für eine kontinuierliche Aufwärtsentwicklung von Industriezweigen, die einerseits die Leinenerzeugnisse weiterverarbeiteten – wie die Wäscheindustrie – oder andererseits die für die Produktion notwendigen Maschinen lieferten – wie die metallverarbeitende Industrie und der Maschinenbau. Vor allem in diesen Branchen waren bis 1873 zahlreiche Fabriken gegründet und kapitalstarke Aktiengesellschaften ins Leben gerufen worden, die wesentlich zum Durchbruch der Industrialisierung in der Region beitrugen.

Als Folge dieses Prozesses entstand eine vielfältige, auch andere Industriezweige erfassende Wirtschaftsstruktur, wodurch kommende konjunkturelle Krisen gemeistert werden konnten.

Diese Entwicklung in Industrie, Handel und Gewerbe bildete auch den Rahmen für die Tätigkeit der beiden ostwestfälischen Handelskammern. Entstanden nach den wirtschaftlichen und politischen Turbulenzen des Jahres 1848, wurden sie in der Folgezeit zum unablässigen Mahner für notwendige Strukturveränderungen in den Gewerbezweigen, die sich zunächst den neuen Herausforderungen des Industriezeitalters zu widersetzen schienen. Gleichzeitig wurden sie zum Sprachrohr der Gewerbetreibenden, sobald Verbesserungen im Verkehrsnetz der Region oder Erleichterung im Binnen- und Außenhandel zu fordern waren. Der wirtschaftliche Aufschwung in den 1850ern und 1860ern verschaffte beiden Kammern nicht nur ein weites Betätigungsfeld, sondern auch zahlreiche Gelegenheiten, an der Gestaltung des Wirschaftsprozesses mitzuwirken. Damit leisteten sie einen nicht zu unterschätzenden Beitrag für den Durchbruch der Industrialisierung im östlichen Westfalen.

---

[1] H. Kiesewetter, Industrielle Revolution in Deutschland 1815-1914, Frankfurt a.M. 1989, S. 13; F.-W. Henning, Die Industrialisierung in Deutschland, Paderborn 1973, S. 11; C. Cipolla, Die Industrielle Revolution in der Weltgeschichte, in: C. Cipolla u. K. Borchardt (Hg.), Europäische Wirtschaftsgeschichte, Bd. 3, Die Industrielle Revolution, Stuttgart 1985, S. 1.

[2] Kiesewetter, Industrielle Revolution, S. 13/14; R. Walter, Wirtschaftsgeschichte. Vom Merkantilismus bis zur Gegenwart, Köln 1995, S. 39-41; H.-U. Wehler, Deutsche Gesellschaftsgeschichte, Bd. 2, Von der Reformära bis zur industriellen und politischen „Deutschen Doppelrevolution" 1815-1845/49, München 1989 (2. Auflage), S. 606.

[3] Vgl. dazu A. Gerschenkron, Economic Backwardness in Historical Perspective, in: ders. (Hg.), Economic Backwardness in Historical Perspective. A Book of Essays, Cambridge (Mass.), S. 13-25; S. Pollard (Hg.), Region und Industrialisierung. Studien zur Rolle der Region in der Wirtschaftsgeschichte der letzten zwei Jahrhunderte, Göttingen 1980; ders., Region und Industrialisierung im Vergleich – Minden-Ravensberg und die englischen Industriegebiete, in: Vortragsreihe der Gesellschaft für Westfälische Wirtschaftsgeschichte, Bd. 25, Dortmund 1983, S. 43-61.

[4] Vgl. dazu die Argumentation bei Walter, Wirtschaftsgeschichte, S. 39-41, sowie bei R. Braun, Einleitung, in: ders. u. a. (Hg.), Industrielle Revolution. Wirtschaftliche Aspekte, Köln 1972, S. 9-12. Im Gegensatz zur Betonung eines prozessualen Übergangs hebt H.-U. Wehler die Fundamentalzäsur hervor, welche durch den Durchbruch der Industriellen Revolution in Deutschland ab 1848/49 hervorgerufen wurde. Wehler, Deutsche Gesellschaftsgeschichte, Bd. 2, S. 589. Die jüngste Zusammenfassung dieser Diskussion findet sich bei: T. Pierenkemper, Umstrittene Revolutionen. Die Industrialisierung im 19. Jahrhundert, Frankfurt 1996, S. 159-76.

[5] Diese Aufstellung von Kriterien folgt der Auflistung bei Kiesewetter, Industrielle Revolution, S. 16/17. Vgl. aber auch Pierenkemper, Revolutionen, S. 162 ff.

[6] R. Tilly, Vom Zollverein zum Industriestaat, München 1991, S. 39, S. 49. W. G. Hoffmann datiert den Durchbruch oder „take-off" der deutschen Industrialisierung bereits in die Zeit von 1835-1860. Siehe W. G. Hoffmann, The Take-Off in Germany, in: W. W. Rostow, The Economics of Take-Off into Sustained Growth, London 1963, S. 96. Vgl. auch G. Hardach, Deutschland in der Weltwirtschaft 1870-1970, Frankfurt 1977; H. Böhme, Deutschlands Weg zur Großmacht. Studien zum Verhältnis von Wirtschaft und Staat während der Reichsgründungszeit 1848-1881, Köln 1966; A. Maddison, The World Economy in the 20th Century, Paris 1989, S. 19.

[7] Tilly, Zollverein, S. 39-45; Kiesewetter, Industrielle Revolution, S. 51-56; Walter, Wirtschaftsgeschichte, S. 72/73; W. O. Henderson, The Zollverein, London 1959. Bereits 1815 hatten sich 39 souveräne deutsche Staaten zum „Deutschen Bund" zusammengeschlossen. Der Zollverein war gemäß seiner Rechtsnatur ein Bündel von jeweils befristet gültigen bi- und multilateralen Abkommen und Verträgen. Das Gros dieser Abkommen datierte aus der Zeit von 1819 bis 1884, wobei sich deren Höchstzahl auf 130 belief. Der Zollverein endete mit dem Untergang des Deutschen Kaiserreichs im November 1918. Wehler, Deutsche Gesellschaftsgeschichte, Bd. 2, S. 125.

[8] Henning, Industrialisierung, S. 20, S. 37-49; Walter, Wirtschaftsgeschichte, S. 83.

[9] Wehler, Deutsche Gesellschaftsgeschichte, Bd. 2, S. 652-59; Henning, Industrialisierung, S. 55/56; ders., Landwirtschaft und ländliche Gesellschaft in Deutschland, Bd. 2: 1750-1976, Paderborn 1978, S. 75; H.-J. Teuteberg, Die deutsche Landwirtschaft beim Eintritt in die Phase der Industrialisierung, Köln 1977; W. Abel, Die Geschichte der deutschen Landwirtschaft vom frühen Mittelalter bis ins 19. Jahrhundert, Frankfurt 1983.

[10] Die Wachstumsraten in der deutschen Eisen- und Stahlindustrie lassen sich durch folgende Zahlen verdeutlichen: 1850 betrug die gesamte Roheisenerzeugung in allen deutschen Staaten 214 561 t. Bis 1870 wuchs sie um 552% auf 1 175 932 t. Die gesamte Rohstahlerzeugung schnellte von 196 949 t im Jahre 1850 um 432 % auf 1 044 697 t im Jahre 1870 empor. Quelle: Steffi Jersch-Wenzel u. Jochen Krengel, Die Produktion der deutschen Hüttenindustrie 1850-1914, Berlin 1984, S. 128 u. 409. Vgl. auch Henning, Industrialisierung, S. 68/67; Tilly, Zollverein, S. 47/48; Wehler, Deutsche Gesellschaftsgeschichte, Bd. 2, S. 75-77; W. Köllmann, Beginn der Industrialisierung, in: W. Köllmann u. a. (Hgg.), Das Ruhrgebiet im Industriezeitalter. Geschichte und Entwicklung, Bd. 1, Düsseldorf 1990, S. 50-53, S. 55-58.

[11] R. Fremdling, Eisenbahnen und deutsches Wirtschaftswachstum 1840-1879. Ein Beitrag zur Entwicklungstheorie und zur Theorie der Infrastruktur, Dortmund 1985; W. Steitz, Die Entstehung der Köln-Mindener Eisenbahngesellschaft, Köln 1974; W. O. Henderson, Die Entstehung der preußischen Eisenbahnen, in: K. E. Born (Hg.), Moderne deutsche Wirtschaftsgeschichte, Köln 1966, S. 137-150; K.-P. Ellerbrock u. M. Schuster (Hg.), 150 Jahre Köln-Mindener Eisenbahn, Essen 1997.

[12] Wehler, Deutsche Gesellschaftsgeschichte, Bd. 2, S. 137-39; Walter, Wirtschaftsgeschichte, S. 86; G. Bondi, Deutschlands Außenhandel, Berlin 1958, S. 27-38; B. von Borries, Deutschlands Außenhandel 1836-1856, Stuttgart 1970.

[13] H. Winkel, Kapitalquellen und Kapitalverwendung am Vorabend des industriellen Aufschwungs in Deutschland, in: Schmollers Jahrbuch, Nr. 90, Jg. 1970, S. 275-301; H. Pohl, Das Deutsche Bankwesen 1806-1848, in: Wissenschaftlicher Beirat des Instituts für Bankhistorische Forschung (Hg.), Deutsche Bankengeschichte, Bd. 2, Frankfurt 1982, S. 22-39; R. Tilly, Financial Institutions in the Rhinelands, Maddison 1965; K. A. Donaubauer, Privatbankiers und Bankenkonzentration in Deutschland von der Mitte des 19. Jahrhunderts bis 1932, Frankfurt 1988.

[14] M. Pohl, Die Entwicklung des deutschen Bankwesens zwischen 1848 und 1870, in: Wissenschaftlicher Beirat des Instituts für Bankhistorische Forschung (Hg.), Deutsche Bankengeschichte, Bd. 2, Frankfurt 1982, S. 171-186; ders., Entstehung und Entwicklung des Universalbanksystems. Konzentration und Krise als wichtige Faktoren, Frankfurt 1986, S. 33-37; J. Riesser, Deutsche Großbanken und ihre Konzentration, Jena 1912 u. Glashütten im Taunus 1971, S. 50-72, S. 647.

[15] R. Tilly, Finanzielle Aspekte der preußischen Industrialisierung 1815-1870, in: W. Fischer (Hg.), Wirtschaftliche und sozialgeschichtliche Probleme der frühen Industrialisierung, Berlin 1968, S. 480-484, S. 487/88; D. Ziegler, Zentralbankpolitische Steinzeit? Die Preußische Bank und die Bank of England im Vergleich, in: Geschichte und Gesellschaft, 19. Jg., 1993, Heft 4, S. 475-505; B. Sprenger, Das Geld der Deutschen. Geldgeschichte Deutschlands, Paderborn 1995, S. 171-82; H. Rittmann, Deutsche Geldgeschichte 1484-1914, München 1975, S. 245-78.

[16] Henning, Industrialisierung, S. 25; Walter, Wirtschaftsgeschichte, S. 90.

[17] Kiesewetter, Industrielle Revolution, S. 60-64; Wehler, Deutsche Gesellschaftsgeschichte, Bd. 2, S. 641-659; ders., Das Deutsche Kaiserreich, Göttingen 1981, S. 25. Zur Krise speziell in der Region um Bielefeld siehe vor allem C. H. Bitter, Bericht über den Notstand in der Senne zwischen Bielefeld und Paderborn, in: 64. Jahresbericht des Historischen Vereins für die Grafschaft Ravensberg, 1966, S. 1-108.

[18] Auf der Frankfurter Nationalversammlung 1848 wurde ein allgemeines deutsches Gewerberecht, ein einheitliches deutsches Zoll- und Handelsgebiet, der Wegfall aller Binnenzölle sowie die Einführung einheitlicher indirekter Verbrauchssteuern gefordert. Mit dem Scheitern der angestrebten Reichsverfassung ließen sich diese Reformmaßnahmen jedoch nicht realisieren. Statt dessen kam es in einigen deutschen Staaten zu Agrarreformgesetzen, durch die die Relikte feudaler Lasten abgeschafft werden sollten. Darüber hinaus wurde zunächst auch eine großzügige, später in Preußen wieder eingeschränkte Konzessionierung von Aktiengesellschaften erlaubt sowie das Gewerberecht liberalisiert. Grundlegend hierzu: Wehler, Deutsche Gesellschaftsgeschichte, Bd. 2, S. 703-758, S. 760-600.

[19] Henning, Industrialisierung, S. 25; Hoffmann, Take-Off in Germany, S. 107; Wehler, Kaiserreich, S. 25/26.

[20] Wehler, Deutsche Gesellschaftsgeschichte, Bd. 3: Von der deutschen „Doppelrevolution" bis zum Beginn des Ersten Weltkriegs, München 1995, S. 92-95; Kiesewetter, Industrielle Revolution, S. 70.

[21] Wehler, Deutsche Gesellschaftsgeschichte, Bd. 3, S. 95-100; Kiesewetter, Industrielle Revolution, S. 75-78, sowie vor allem zum Gründerboom und zur Gründerkrise, H. Rosenberg, Große Depression und Bismarckzeit, Frankfurt 1967; H.U. Wehler, Bismarck und der Imperialismus, Köln 1969, S. 43-111.

[22] Bereits 1803 war das Fürstbistum Paderborn als Folge des Reichsdeputationshauptschlusses Preußen zugeteilt worden, fiel aber 1807 ebenso wie die anderen westlich der Elbe liegenden preußischen Territorien an das Königreich Westfalen.

[23] Alte Wurzeln – Die Vorläufer der preußischen Regierung in Minden, in: Regierungspräsident Detmold (Hg.), 175 Jahre alt – Bezirksregierung in Ostwestfalen 1816-1991, Detmold 1991, S. 1. Bereits 1719 waren die beiden Territorien von Minden und Ravensberg unter preußischer Herrschaft vereinigt worden.

[24] Die räumliche Entwicklung der Kreise im Regierungsbezirk in 175 Jahren, in: Regierungspräsident Detmold (Hg.), 175 Jahre alt – Bezirksregierung in Ostwestfalen 1816-1991, Detmold 1991, S. 372/73; Einteilung des Regierungsbezirkes in Kreise, in: ebd., S. 38.

[25] Die Angaben zur Bevölkerungszahl der Provinz Westfalen schwanken geringfügig. Köllmann und Marschalck beziffern die Bevölkerung für 1816 auf 1,066 Millionen Personen, während Reekers für Westfalen eine Einwohnerzahl von 1,057 Millionen Personen nennt. W. Köllmann, Bevölkerung und Raum in neuerer und neuester Zeit, 3. Aufl., Würzburg 1965, S. 86; A. Kraus (Bearb.), Quellen zur Bevölkerungsstatistik Deutschlands 1815-1875, Boppard 1980, S. 208 ff.; P. Marschalck, Bevölkerung, in: A. Faust u. a. (Hgg.), Nordrhein-Westfalen. Landesgeschichte im Lexikon, Düsseldorf 1993, S. 46; S. Reekers, Die Gebietsentwicklung der Kreise und Gemeinden Westfalens 1817-1967, Münster 1977, S. 152; dies., Westfalens Bevölkerung 1818-1955, Münster 1956, S. 6.

[26] Reekers, Kreise und Gemeinden Westfalens, S. 152; Die räumliche Entwicklung der Kreise, S. 378.

[27] H. Matzerath, Stadtentwicklung, in: A. Faust u. a. (Hgg.), Nordrhein-Westfalen. Landesgeschichte im Lexikon, Düsseldorf 1993, S. 389; S. Reekers, Die Bevölkerung in den Gemeinden Westfalens 1818-1950, Dortmund 1952, S. 81, S. 111.

[28] Marschalck, Bevölkerung, S. 48; ders., Deutsche Überseewanderung im 19. Jahrhundert, Frankfurt 1984, S. 35 ff.; W. Mönckmeier, Die deutsche überseeische Auswanderung, Jena 1912, S. 82 ff. Die gesamte Bevölkerung Preußens wuchs von 1816-1849 um 57 % bis auf 16,33 Millionen Personen.

[29] Reekers, Westfalens Bevölkerung, S. 6/7; dies., Gebietsentwicklung der Kreise, S. 154; dies., Bevölkerung in den Gemeinden, S. 1/2; Räumliche Entwicklung der Kreise, S. 378.

[30] Reekers, Bevölkerung in den Gemeinden Westfalens, S. 82, S. 111.

[31] Reekers, Bevölkerung in den Gemeinden Westfalens, S. 81, S. 111; Marschalck, Bevölkerung, S. 48/49; Matzerath, Stadtentwicklung, S. 389.

[32] Reekers, Westfalens Bevölkerung, S. 12/13.

[33] G. Angermann, Land-Stadt-Beziehungen. Bielefeld und sein Umland 1780-1860, unter der besonderen Berücksichtigung von Markenteilung und Hausbau, Münster 1982. S. 123-25; A. Flügel, Kaufleute und Manufakturen in Bielefeld, Bielefeld 1993, S. 43-49; ders., Region und Gewerbe. Protoindustrie in Ravensberg (1650-1850), in: D. Ebeling und W. Mager (Hgg.), Protoindustrie in der Region. Europäische Gewerbelandschaften vom 16. bis zum 19. Jahrhundert, Bielefeld 1997, S. 85-103; F.-W. Bratvogel, Stadtentwicklung und Wohnverhältnisse in Bielefeld unter dem Einfluß der Industrialisierung im 19. Jahrhundert, Dortmund 1989, S. 46; K. Ditt, Industrialisierung, Arbeiterschaft und Arbeiterbewegung in Bielefeld, Dortmund 1982, S. 21/22.

[34] Bratvogel, Stadtentwicklung, S. 18; Angermann, Land-Stadt-Beziehungen, S. 125; I. Leister, Die Commerzienedikte für Ravensberg als Zeugnisse wirtschaftlicher Entwicklung, in: 55. Jahresbericht des Historischen Vereins für die Grafschaft Ravensberg, 1949, S. 28 ff.; E. Schönfeld, Herford als Garn- und Leinenmarkt in zwei Jahrhunderten (1670-1870), in: 43. Jahresbericht des Historischen Vereins für die Grafschaft Ravensberg, 1929, S. 1-172. Flügel, Kaufleute und Manufakturen in Bielefeld, S. 65-67; W. Mager, Die Rolle des Staates bei der gewerblichen Entwicklung Ravensbergs in vorindustrieller Zeit, in: K. Düwell u. W. Köllmann, Rheinland und Westfalen im Industriezeitalter, Bd. 1, Wuppertal 1983, S. 61-72; Flügel, Region und Gewerbe, S. 98-101.

[35] Nach einer Aufstellung von 1796 waren 92,0 % aller Beschäftigten in Ravensberg im Leinengewerbe tätig, in der Lederverarbeitung 2,3 % und im Nahrungs- und Genußmittelsektor 2,1 %. Der Rest entfiel auf diverse Bereiche. S. Reekers, Beiträge zur statistischen Darstellung der gewerblichen Wirtschaft Westfalens um 1800, Teil 2: Minden-Ravensberg, in: Westfälische Forschungen 18. Jg., 1965, S. 96f.; dies., Beiträge zur statistischen Darstellung der gewerblichen Wirtschaft Westfalens um 1800. Teil II: Sonstige industrielle Gewerbe in Westfalen um 1800, in: Westfälische Forschungen, 36. Jg., 1986, S. 26f. Selbst im Jahresbericht der Handelskammer zu Bielefeld für 1853 heißt es noch: „Die Grafschaft Ravensberg verdankt ihre große Bevölkerung, ihren früher allgemeinen, theilweise noch bestehenden Wohlstand, ihren Bodenwerth und ehedem allgemeine Wohlfahrt vorzugsweise oder vielmehr allein der Leinen-Industrie..." Bericht der Handelskammer für die Kreise Bielefeld, Halle, Wiedenbrück und den westlichen (Ravensbergischen) Theil des Kreises Herford (mit Ausnahme der Stadt Vlotho) im Regierungsbezirk Minden für das Jahr 1853, S. 5. Die wichtigste Leinenregion in Preußen war im 18. Jahrhundert jedoch Schlesien, wo rund 2/3 der in Preußen gewebten Leinwand hergestellt wurde. W. Reininghaus, Gewerbe in der Frühen Neuzeit, München 1990, S. 28. Zum Problem der Überbevölkerung auf dem Lande: J. Mooser, Ländliche Klassengesellschaft 1770-1848. Bauern und Unterschichten, Landwirtschaft und Gewerbe im östlichen Westfalen, Göttingen 1984.

[36] Auf der Bielefelder Legge wurde nach der Menge das Anderthalbfache, nach dem Wert sogar das Vierfache des gesamten übrigen Leinens aus Minden-Ravensberg geprüft und für den Verkauf freigegeben. Dadurch konnte sich Bielefeld eine entscheidende Position im Leinenhandel sichern. Gleichzeitig wurde damit die Grundlage für die spätere exponierte Stellung Bielefelds in der Textilindustrie geschaffen. Vgl. H. Blotevogel, Zentrale Orte und Raumbeziehungen in Westfalen vor der Industrialisierung (1780-1850), Münster 1975, S. 81/82. Angermann, Land-Stadt-Beziehungen, S. 134; G. Engel, Stadt und Kreis Bielefeld, Bielefeld 1978, S. 36 sowie vor allem Flügel, Kaufleute und Manufakturen, S. 61-69; H. Potthoff, Die Ravensberger Leinenleggen im 17. und 18. Jahrhundert, in: 15. Jahresbericht des Historischen Vereins für die Grafschaft Ravensberg, 1901, S. 41 ff. und S. 51 ff.

[37] Großbritannien stellte in den 1830ern 51 % des gesamten Welttextilexports. Siehe S. Chapman, The Cotton Industry in the Industrial Revolution, in: L. A. Clarkson (Hg.), The Industrial Revolution. A Compendium, Atlantic Highland 1990; D. A. Farnie, The English Cotton Industry and the World Market, 1815-1896, Oxford 1979; W. Lazonick, The Cotton Industry, in: ders. u. B. Elbaum (Hg.), The Decline of the British Economy, Oxford 1986; S. Pollard, Peaceful Conquest. The Industrialization of Europe 1760-1970, Oxford 1981, S. 108. ff.

[38] Angermann, Land-Stadt-Beziehungen, S. 169-82; M. Stemme-Sogemeier, Um den Jöllenbecker Webstuhl, Bielefeld 1962, S. 125; Ditt, Industrialisierung, S. 10, S. 21-23; Mooser, Ländliche Klassengesellschaft, S. 80 ff.; H. Potthoff, Das Ravensberger Leinengewerbe im 17. und 18. Jahrhundert, in: 35. Jahresbericht des Historischen Vereins für die Grafschaft Ravensberg, 1921, S. 30-45.

[39] Die Zahl der Webstühle in Ravensberg stieg allein von 1784 bis 1802 von 2 475 auf 3 049. Reekers, Beiträge, S. 96; Angermann, Land-Stadt-Beziehungen, S. 122, S. 167, S. 176; Stemme-Sogemeier, Um den Jöllenbecker Webstuhl, S. 128; Ditt, Industrialisierung, S. 10; Potthoff, Leinengewerbe, S. 34 ff.

[40] Angermann, Land-Stadt-Beziehungen, S. 178-80; Ditt, Industrialisierung, S. 25/26; C. H. Bitter, Bericht über den Notstand in der Senne, in: 64. Jahresbericht des Historischen Vereins für die Grafschaft Ravensberg, 1966, S. 45-78; R. Vogelsang, Geschichte der Stadt Bielefeld, Bd. 1: Von den Anfängen bis zur Mitte des 19. Jahrhunderts, Bielefeld (2) 1989, S. 238; Mooser, Ländliche Klassengesellschaft, S. 86 ff.

[41] In einer Aufstellung für Bielefeld von 1627 werden folgende Handwerker als Einwohner bezeichnet: Bäcker, Knochenhauer, Schneider, Schmiede, Leinenweber, Tuchmacher, Schuster, Kürschner, Glaser, Steinhauer und Tischler. In einer Aufstellung von 1718 wurde die Liste komplettiert durch die Blaufärber, Barbiere, Buchbinder, Goldschmiede, Maler, Beuteler, Perückenmacher, Drechsler, Böttcher, Bleicher und Müller. 1732 traten noch die Chirurgen hinzu. Siehe C.-F. Consbruch, Topographisch-statistische Beschreibung der Stadt Bielefeld aus dem Februar 1787, in: 19. Jahresbericht des Historischen Vereins für die Grafschaft Ravensberg, 1905, S. 36; J. H. Burggraffe, Bielefeldische Stadtnachrichten, (1718-1720), in: 32. Jahresbericht des Historischen Vereins für die Grafschaft Ravensberg, 1918, S. 71 ff.; Vogelsang, Geschichte der Stadt Bielefeld, Bd. 1, S. 173. Vgl. auch H. Rüthing, Höxter um 1500. Analyse einer Stadtgesellschaft, Paderborn 1986, S. 151-206.

[42] Reininghaus, Gewerbe in der frühen Neuzeit, S. 64 ff.

[43] F. Lenger, Sozialgeschichte des deutschen Handwerks, Göttingen 1984, S. 124 ff. Zur Verkündung der Gewerbefreiheit in Preußen siehe vor allem W. Fischer, Das Verhältnis von Staat und Wirtschaft in Deutschland am Beginn der Industrialisierung, in: R. Braun (Hg.), Industrielle Revolution. Wirtschaftliche Aspekte, Köln 1972, S. 293 ff.

[44] B. F. Thielking, Die Entstehung und Frühphase der Minden-Ravensberger Zigarrenindustrie (1830-1875), in: H.-J. Teuteberg (Hg.), Westfalens Wirtschaft am Beginn des Maschinenzeitalters, Dortmund 1988, S. 176/77; M. Krieg, Kleine Chronik der Stadt Minden, Minden 1958, S. 63; Reekers, Beiträge zur statistischen Darstellung, 1986, S. 33-36.

[45] Thielking, Minden-Ravensberger Zigarrenindustrie, S. 176-79.

[46] B. Leidinger-Sommer, Die Glashütten in der Frühindustrialisierung, in: H.-J. Teuteberg, Westfalens Wirtschaft am Beginn des Maschinenzeitalters, Dortmund 1988, S. 205-207; F.-W. Henning, Vorindustrielles Gewerbe und wirtschaftlicher Wandel im Paderborner Land im 19. Jahrhundert. Vortragsreihe der Gesellschaft für Westfälische Wirtschaftsgeschichte, Bd. 25, Dortmund 1983, S. 24-29. Zur Glasindustrie entlang der Weser, vor allem zur Geschichte der Glashütte in Gernheim siehe: G. Schrader, Gernheim. Die Gründung Johann Christoph Friedrich Schraders, in: Mindener Beiträge zur Geschichte, Landes- und Volkskunde des ehemaligen Fürsttums Minden, Mindener Jahrbuch, Heft 3, Minden 1954, S. 3-64.

[47] Vogelsang, Geschichte der Stadt Bielefeld, Bd. 1, S. 176.

[48] Vogelsang, Geschichte der Stadt Bielefeld, Bd. 1, S. 169-72; Flügel, Kaufleute und Manufakturen, S. 239-56; Ditt, Industrialisierung, S. 24. Generell zum Handel in der Frühen Neuzeit: Reininghaus, Gewerbe, S. 98.

[49] Vogelsang, Geschichte der Stadt Bielefeld, Bd. 1, S. 172; C. G. Bertelsmann, Bielefelder Firmen am Ende des 18. Jahrhunderts, in: Ravensberger Blätter, Jg. 1905, S. 39 ff.; O. Sartorius, 100 Jahre Handelskammer Bielefeld, Bielefeld 1949, S. 8.

[50] H.-J. Behr, Freiheit der Schiffahrt und Stapelzwang, in: J. Bachmann u. H. Hartmann (Hg.), Schiffahrt, Handel, Häfen. Beiträge zur Geschichte der Schiffahrt auf Weser und Mittellandkanal, Minden 1987, S. 51-73; H. Rüthing, Beobachtungen zur Weserschiffahrt im 16. Jahrhundert, in: ebd., S. 75-88; H. Nordsiek, Schiffsverkehr und Frachtgüter in der ersten Hälfte des 18. Jahrhunderts, in: ebd., S. 93-100.

[51] Ditt, Industrialisierung, S. 60/61; H. Domeyer, Soziale und wirtschaftliche Bemühungen in der Krisenzeit des ravensbergischen Leinengewerbes, Bielefeld 1972, S. 45 ff.

[52] Sartorius, 100 Jahre Handelskammer Bielefeld, Bielefeld 1949, S. 9.

[53] Zur Biographie von Michael, Carl und Gustav Bozi siehe H. Homburg u. J. Mooser, Michael Bozi (1775-1862), Carl Bozi (1809-1889) und Gustav Bozi (1819-1887), in: J. Kocka u. R. Vogelsang (Hgg.), Rheinisch-Westfälische Wirtschaftsbiographien, Bd. 14: Bielefelder Unternehmer des 18. bis 20. Jahrhunderts, Münster 1991, S. 23-61; O. Corsdress, Die Familie Bozi im Waldhof, in: Ravensberger Blätter, Jg. 1963, S. 1-5. Zur Spinnerei Vorwärts siehe O. Sartorius, Hundert Jahre Spinnerei Vorwärts 1850-1950, Bielefeld 1950, S. 5 ff.; G. Kettermann, Kleine Geschichte der Bielefelder Wirtschaft, Bielefeld 1985, S. 32.

[54] Homburg u. Mooser, Bozi, S. 38/39; Kettermann, Bielefelder Wirtschaft, S. 32; Ditt, Industrialisierung, S. 63; H. Schmidt, Vom Leinen zur Seide. Geschichte der Firma C. A. Delius & Söhne und ihrer Vorgängerinnen und das Wirken ihrer Inhaber für die Entwicklung Bielefelds 1722-1925, Lemgo 1926, S. 201 ff.

[55] Homburg u. Mooser, Bozi, S. 48-52; Ditt, Industrialisierung, S. 67.

[56] Ditt, Industrialisierung, S. 64; Schmidt, Leinen, S. 226 f. Zur Biographie von Hermann Delius siehe: K. Ditt, Hermann Delius (1819-1894) und Carl Albrecht Delius (1827-1915), in: J. Kocka u. R. Vogelsang (Hgg.), Rheinisch-Westfälische Wirtschaftsbiographien, Bd. 14: Bielefelder Unternehmer des 18. bis 20. Jahrhunderts, Münster 1991, S. 209-237. Zum Lebenslauf von Ferdinand Kaselowsky siehe: P. Lundgreen, Ferdinand Kaselowsky (1816-1877), in: ebd., S. 163-187.

[57] Ditt, Industrialisierung, S. 65/66.

[58] Ditt, Industrialisierung, S. 65/66; O. Sartorius, 75 Jahre Bielefelder Aktiengesellschaft für mechanische Weberei, Bielefeld 1939, S. 35 ff.; G. Engel, 1864-1964: Bielefelder Webereien Aktiengesellschaft Bielefeld. Festschrift zum Hundertjährigen Bestehen, Bielefeld 1965, S. 51 ff.

[59] Ditt, Industrialisierung, S. 67.

[60] Sartorius, 100 Jahre Handelskammer Bielefeld, S. 24. Vgl. auch die Jahresberichte der Handelskammer zu Bielefeld für die Jahre 1856-1870.

[61] Jahresbericht der Handelskammer für die Kreise Bielefeld, Halle, Wiedenbrück und den westlichen (Ravensbergischen) Theil des Kreises Herford, mit Ausnahme der Stadt Vlotho, im Regierungsbezirk Minden (im folgenden: Bericht der Handelskammer zu Bielefeld) für das Jahr 1860, S. 8; Ditt, Industrialisierung, S. 73/74; P. Tittel, Die Wäscheindustrie in Bielefeld und Herford unter besonderer Berücksichtigung von Organisation und Betrieb, Bielefeld 1914, S. 6-10.

[62] Ditt, Industrialisierung, S. 76/77; E. Gläntzer, Die Entstehung der Nähmaschinen-Industrie in Bielefeld, in: Ravensberger Blätter, Jg. 1959, S. 255 ff.; F. A. Lepper, Die Entwicklung und Lage der Bielefelder Nähmaschinen- und Fahrradindustrie bis zum Jahre 1914, ihre Stellung innerhalb der deutschen Fachindustrie unter besonderer Berücksichtigung der Konjunktur, Bielefeld 1920, S. 9, S. 22 ff.; W. Köhler, Die deutsche Nähmaschinenindustrie, München 1913, S. 24/25.

[63] 60 Jahre Dürkopp-Werke, Bielefeld 1927, S. 11 ff.; Lepper, Bielefelder Nähmaschinen- und Fahrradindustrie, S. 21 ff.; Ditt, Industrialisierung, S. 77.

[64] Ditt, Industrialisierung, S. 77.

[65] Ditt, Industrialisierung, S. 75; U. Schlicht, Maschinen, made in Bielefeld, in: A. Beaugrand (Hg.), Stadtbuch Bielefeld. Tradition und Fortschritt in der ostwestfälischen Metropole, Bielefeld 1996, S. 572-77.

[66] Zur Biographie von Theodor Calow siehe: F.-W. Bratvogel, Theodor Calow (1828-1906), in: J. Kocka u. R. Vogelsang (Hgg.), Rheinisch-Westfälische Wirtschaftsbiographien, Bd. 14: Bielefelder Unternehmer des 18. bis 20. Jahrhunderts, Münster 1991, S. 238-48; Ditt, Industrialisierung, S. 75; U. Niemann u. G. Engel, 100 Jahre Th. Calow & Co. Bielefeld, Bielefeld 1963.

[67] Schlicht, Maschinen, S. 573; R. Vogelsang, Geschichte der Stadt Bielefeld, Bd. 2: Von der Mitte des 19. Jahrhunderts bis zum Ersten Weltkrieg, Bielefeld 1988, S. 40.

[68] B. Hey, Friedrich Wilhelm Möller (1805-1878), in: J. Kocka u. R. Vogelsang (Hgg.), Rheinisch-Westfälische Wirtschaftsbiographien, Bd. 14: Bielefelder Unternehmer des 18. bis 20. Jahrhunderts, Münster 1991, S. 86-110; J.-H. Kirsch, Vom Kupfer zum Kunststoff. Der Strukturwandel in der Leder- und Kunststoffindustrie am Beispiel der Bielefelder Möller-Gruppe, in: A. Beaugrand (Hg.), Stadtbuch Bielefeld. Tradition und Fortschritt in der ostwestfälischen Metropole, Bielefeld 1996, S. 614-19.

[69] Angaben zur Holter Hütte finden sich bei: H. Renk, Friedrich Ludwig Tenge – Landesherr und Unternehmer, in: H. Renk u. E. Ruhe (Hgg.), Männer der Wirtschaft – Unternehmen der Gründerzeit, Gütersloh 1966, S. 11-15.

[70] Schlicht, Maschinen, S. 572; Jahresbericht der Handelskammer von Minden für 1871, S. 47.

[71] Thielking, Minden-Ravensberger Zigarrenindustrie, S. 196/97. Im Jahresbericht der Handelskammer von Minden für 1851 heißt es: „...Überhaupt gehört die Cigarren-Fabrikation wohl zu den wenigen Industriezweigen unseres Landes, welche, obgleich in den letzteren Jahren zu großer Ausdehnung gelangt, ihren Gipfelpunkt noch nicht erreicht haben..." Jahresbericht der Handelskammer von Minden für 1851, S. 5.

[72] Thielking, Minden-Ravensberger Zigarrenindustrie, S. 178.

[73] Thielking, Minden-Ravensberger Zigarrenindustrie, S. 184/95.

[74] Thielking, Minden-Ravensberger Zigarrenindustrie, S. 188.

[75] Thielking, Minden-Ravensberger Zigarrenindustrie, S. 191.

[76] Kommunalarchiv Herford (KA Herford), Akte 1089, Schreiben vom 20. 1. 1859. Siehe auch Thielking, Minden-Ravensberger Zigarrenindustrie, S. 192.

[77] Thielking, Minden-Ravensberger Zigarrenindustrie, S. 194/95.

[78] Vgl. Jahresbericht der Handelskammer von Minden für 1870, S. 44/45, wo es heißt: „...Die Fabrikation von Cigarrenkisten...ist im Jahre 1870 außerordentlich schwungvoll gewesen..." Siehe auch Thielking, Minden-Ravensberger Zigarrenindustrie, S. 193-96.

[79] Siehe hierzu exemplarisch den Geschäftsbericht der Weserdampfschleppschiffahrtsgesellschaft für 1865, abgedr. in Jahresbericht der Handelskammer zu Minden für das Jahr 1865, S. 32 ff. und den Geschäftsbericht für 1871, abgedr. in Jahresbericht der Handelskammer von Minden für das Jahr 1871, S. 67 ff.

[80] Bericht der Handelskammer zu Bielefel für das Jahr 1854, S. 4; für das Jahr 1857, S. 13; Jahresbericht der Handelskammer zu Bielefeld pro 1868, S. 37; Jahresbericht der Handelskammer zu Minden für 1865, S. 34; Jahresbericht der Handelskammer zu Minden für 1871, S. 46; Jahresbericht der Handelskammer zu Minden für 1872, S. 29. Speziell zur Geschichte der Glashütte in Gernheim siehe: Schrader, Gernheim, S. 32-46.

[81] Jahresbericht der Handelskammer zu Bielefeld pro 1872, S. 47; Jahresbericht der Handelskammer zu Minden für 1872, S. 26. Bereits 1819 war in Gütersloh die Fleischwarenfabrik Vogt & Wolf gegründet worden.

[82] Bericht der Handelskammer zu Bielefeld für das Jahr 1859, S. 14; Jahresbericht der Handelskammer zu Bielefeld pro 1872, S. 46; Jahresbericht der Handelskammer von Minden für 1869, S. 56; Jahresbericht der Handelskammer zu Minden für 1872, S. 26.

[83] Sartorius, 100 Jahre Handelskammer in Bielefeld, S. 17. Siehe auch die Jahresberichte der Handelskammer zu Minden für 1865, S. 12, S. 18-20, und für 1868, S. 34.

[84] Vgl. Jahresbericht der Handelskammer zu Bielefeld für das Jahr 1857, S. 16; Jahresbericht der Handelskammer von Minden für 1869, S. 62.

[85] Jahresbericht der Handelskammer zu Bielefeld für das Jahr 1859, S. 12.

[86] Jahresbericht der Handelskammer zu Bielefeld für das Jahr 1853, S. 4.

[87] Allgemein hierzu siehe Tilly, Vom Zollverein zum Industriestaat, München 1990, S. 61/62; K. Borchardt, Zur Frage des Kapitalmangels in der ersten Hälfte des 19. Jahrhunderts in Deutschland, in. R. Braun u. a. (Hg.), Industrielle Revolution, Finanzielle Aspekte, Köln 1978, S. 218. Speziell zu Bielefeld: Ditt, Industrialisierung, S. 63-65; Kettermann, Bielefelder Wirtschaft, S. 58-61.

[88] Bericht der Handelskammer zu Bielefeld für das Jahr 1858, S. 10; für das Jahr 1859, S. 13; Vogelsang, Geschichte der Stadt Bielefeld, Bd. 2, S. 52.Vertrag über die Anmietung von Räumen vom 24. 7. 1858, in: Westfälisches Wirtschaftsarchiv Dortmund (WWA), K 3 Nr. 334. Vgl. Hey, Möller, S. 105.

[89] Siehe Bericht der Handelskammer zu Minden für 1863, S. 7. Im Bericht der Handelskammer zu Minden für 1865 heißt es: „... Am 8. Oktober 1865 ist die Verwaltung der hiesigen Bankfiliale eine selbständige geworden. Die zum Ressort des Bankcomptoirs zu Münster bis dahin gehörende Abtheilung der hiesigen Regierungshauptkasse übertrug die Geschäfte der neu errichteten Königlichen Bankcommandite und unser Bezirk scheint auch wohl geeignet für die Etablierung einer selbständigen Bankstelle..." Jahresbericht der Handelskammer zu Minden für 1865, S. 26-28.

[90] Kettermann, Bielefelder Wirtschaft, S. 119. Vgl. auch R. Drenkmann, Beiträge zur Geschichte der Banken und ihrer benachbarten Kreditgebilde in der Stadt Bielefeld, in: R. Schoneweg/ Magistrat der Stadt Bielefeld (Hg.), Das Buch der Stadt, Bielefeld 1926, S. 482; H. Wixforth, Spagat zwischen Soll und Haben. Die Entwicklung der Kreditwirtschaft in Bielefeld von der Mitte des 19. Jahrhunderts bis zur Gegenwart, in: A. Beaugrand (Hg.), Stadtbuch Bielefeld. Tradition und Fortschritt in der ostwestfälischen Metropole, S. 501.

[91] Wixforth, Spagat, S. 501; Ditt, Industrialisierung, S. 172; Drenkmann, Beiträge, S. 482.

[92] G. Voß, Das private Bankwesen in Herford von den Anfängen bis zur Weltwirtschaftskrise 1929/30, in: Herforder Jahrbuch, Jg. 1995, S. 137-47.

[93] Wixforth, Spagat, S. 504; Bankhaus Hermann Lampe, in: A. Beaugrand (Hg.), Stadtbuch Bielefeld. Tradition und Fortschritt in der ostwestfälischen Metropole, S. 508/09.

[94] Jahresbericht der Handelskammer zu Minden für 1875, Anhang, S. I, S. II u. S. IX.

[95] Kettermann, Bielefelder Wirtschaft, S. 120; Der „Wächter", Bielefelder Zeitung, vom 1. 2. 1897, 33. Jg., Nr. 24; Ditt, Industrialisierung, S. 173; Dresdner Bank AG Info, Neue Perspektiven für Bielefeld: Die Dresdner Bank in der Stresemannstraße, S. 1, Voß, Privates Bankwesen in Herford, S. 149-56.

[96] Kettermann, Bielefelder Wirtschaft, S. 118/19; Entstehung und Entwicklung der Kreissparkasse in Bielefeld, in: R. Schoneweg/ Magistrat der Stadt Bielefeld (Hg.), Das Buch der Stadt, Bielefeld 1926, S. 496/97. Die Geschichte der Stadtsparkasse in Bielefeld, in: R. Schoneweg/ Magistrat der Stadt Bielefeld (Hg.), Das Buch der Stadt, Bielefeld 1926, S. 498/99; Wixforth, Spagat, S. 502; ders., Die Sparkasse Bielefeld, in: A. Beaugrand (Hg.), Stadtbuch Bielefeld. Tradition und Fortschritt in der ostwestfälischen Metropole, Bielefeld 1996, S. 506/07.

[97] Wixforth, Spagat, S. 502; ders., Sparkasse Bielefeld, S. 506.

[98] W. Abelshauser, „Zur Vorbeugung der Armuth...". Der Kreis Herford im Spiegel seiner Sparkasse, 1846-1996, Stuttgart 1996.

[99] Jahresbericht der Handelskammer von Minden für 1870, S. 57.

[100] Siehe auch Jahresbericht der Handelskammer zu Minden für 1865, S. 30.

[101] Sartorius, 100 Jahre Handelskammer Bielefeld, S. 10.

[102] Sartorius, 100 Jahre Handelskammer Bielefeld, S. 11.

[103] Sartorius, 100 Jahre Handelskammer Bielefeld, S. 12; E. Jäkel, Die rechtlichen Grundlagen des Kammerwesens in Ostwestfalen, in: Industrie- und Handelskammer Ostwestfalen zu Bielefeld (Hg.), 1849-1974 Industrie- und Handelskammer Ostwestfalen zu Bielefeld. Geburt und Wiedergeburt. Bielefeld 1974, S. 13.

[104] Sartorius, 100 Jahre Handelskammer Bielefeld, S. 13; Jäkel, Grundlagen, S. 14; W. Wilms, Aus der Frühzeit der Bielefelder Handelskammer, in: 63. Jahresbericht des Historischen Vereins für die Grafschaft Ravensberg, 1962/63, S. 1.

[105] Siehe hierzu den Briefwechsel zwischen von Vincke und der Regierung in Minden im Jahre 1837, WWA, K 3 Nr. 879.

[106] WWA, K 3 Nr. 52, Konstituierung der Handelskammern; O. Dascher, Kammergründungen in Ostwestfalen Zur Vorgeschichte der Industrie- und Handelskammern zu Bielefeld und Minden, in: Industrie- und Handelskammer Ostwestfalen zu Bielefeld (Hg.), 1849-1974 Industrie- und Handelskammer Ostwestfalen zu Bielefeld. Geburt und Wiedergeburt. Bielefeld 1974, S. 5-6.

[107] WWA Dortmund, K 3 Nr. 52. In einem Brief des Preußischen Staatsministers von Rother an den Oberpräsidenten von Vincke vom 2. März 1837 hieß es zum Beispiel: „...Der Magistrat der Stadt Bielefeld hat gegen die Errichtung einer Handelskammer für die dortige Stadt...bei mir Vorstellung gemacht..." WWA, K 3 Nr. 879; Dascher, Kammergründungen, S. 6/7.

[108] Siehe hierzu die Korrespondenz zwischen dem Oberpräsidenten von Vincke und der Königlich Preußischen Regierung, vor allem dem Ministerium für Handel, Gewerbe und öffentliche Arbeiten in Berlin vom November 1847, WWA, K 3 Nr. 879. Siehe auch Dascher, Kammergründungen, S. 7.

[109] Dascher, Kammergründungen, S. 8.

[110] Dascher, Kammergründungen, S. 9/10.

[111] Sartorius, 100 Jahre Handelskammer Bielefeld, S. 13/14; Vogelsang, Geschichte der Stadt Bielefeld, Bd. 2, S. 48; Dascher, Kammergründungen, S. 10.

[112] Sartorius, 100 Jahre Handelskammer Bielefeld, S. 13; Jäkel, Grundlagen, S. 14; Wilms, Frühzeit, S. 1. Vgl. auch: WWA, K 4 Nr. 99.

[113] In einem Brief des Preußischen Ministeriums für Handel, Gewerbe und öffentliche Arbeiten an die Königliche Regierung in Minden wurde dieser Sachverhalt mitgeteilt. In diesem Brief hieß es u. a. „...Die Königliche Regierung wird auf den Brief vom 30. Juli an das königliche Oberpräsidium der Provinz Westfalen benachrichtigt, daß die Königliche Majestät die Einrichtung von Handelskammern für die Kreise Bielefeld, Halle und Wiedenbrück und für den westlichen /Ravensbergischen Theil des Kreises Herford mit Ausschluß der Stadt Vlotho mit dem Sitze der Handelskammer zu Bielefeld und für die Kreise Minden und Lübbecke und für die Stadt Vlotho mit dem Sitze der Handelskammer zu Minden unter dem 4. zu genehmigen geruht hat..." WWA, K 3 Nr. 879. Siehe auch Sartorius, 100 Jahre Handelskammer Bielefeld, S. 13/14; Wilms, Frühzeit, S. 1; Öffentlicher Anzeiger für die Grafschaft Ravensberg von Mittwoch, den 25. April 1849 (Nr. 33).

[114] Sartorius, 100 Jahre Handelskammer Bielefeld, S. 14; Vogelsang, Geschichte der Stadt Bielefeld, 2. Bd., S. 48; Wilms, Frühzeit, S. 1; Öffentlicher Anzeiger für die Grafschaft Ravensberg, vom 25. April 1849. WWA, K 4 Nr. 99, Nr. 78.

[115] Handelskammermitglieder waren Wilhelm Bertelsmann, Wilhelm Krönig, August Potthoff, Max Bolenius, Beermann Issing aus Bielefeld, Wilhelm Kisker, Fritz Helling und W. Delius aus dem Kreis Halle, die Herren Schönfeld, Korte und Höpker aus dem Kreis Herford sowie Georg Plange und Wilhelm Schwenger aus dem Kreis Wiedenbrück.

[116] Wilms, Frühzeit, S. 1. Im Jahresbericht der Bielefelder Kammer für das Jahr 1851 heißt es noch: „...daß die Gewerbetreibenden des Kreises Wiedenbrück, welcher zu unserem Bereich gehört, sich der Theilnahme an unserer Handelskammer entzogen haben, indem die Wahl von Mitgliedern und Stellvertretern zu derselben von ihnen verweigert worden ist..." Weiter unten merkte die Kammer kritisch an: „...die Gewerbetreibenden des Kreises Wiedenbrück können es gegen die übrigen Bewohner des Kreises nicht verantworten, daß sie sich der Mitwirkung an Bestrebungen entziehen, die früh oder spät Früchte tragen müssen..." Bericht der Handelskammer zu Bielefeld für das Jahr 1851, S. 1/2.

[117] Die Mitglieder der Handelskammer in Minden waren: Theodor Rocholl als Präsident, Christian Rupe als Stellvertreter, Heinrich Rosseau und Adolph J. Vogeler aus Minden, Hermann Brandt und Karl Thoss aus Vlotho und H. F. Hoerkens und F. Maas aus Lübbecke.

[118] Zur Person von Max Hermann Bolenius siehe Wilms, Frühzeit, S. 22. Zur Person von Rudolph Delius siehe ebd. S. 23-27, und A. Flügel, Rudolph Delius (1802-1859), in: J. Kocka u. R. Vogelsang (Hgg.). Rheinisch-Westfälische Wirtschaftsbiographien, Bd. 14: Bielefelder Unternehmer des 18. bis 20. Jahrhunderts, Münster 1991, S. 60-85. Weitere Angaben zu Hermann Delius und Friedrich Wilhelm Möller finden sich in: Hey, Möller, S. 86-110; Ditt, Delius, S. 209-237.

[119] Stadtarchiv Bielefeld, Bestand Ältere Akten, Nr. 5442, Journal der Handelskammer.

[120] ebd. Die größten Beiträge zahlten in diesen Jahren jeweils die Firmen Delius & Söhne, Kröning & Söhne sowie Bertelsmann & Rabe, also alles alteingessene Bielefelder Leinenkaufleute.

[121] Diese Zielsetzung kommt im Jahresbericht der Handelskammer zu Bielefeld für das Jahr 1851 klar zum Ausdruck: „...Eu. Excellenz den Gang des Handels, die Hindernisse seiner Entwicklung, die Mittel zu seiner Ausdehnung zu berichten, ist uns gesetzlich vorgeschrieben. Wichtiger noch muß es der Staatsregierung sein, zu erfahren, wie es um die Ernährung des arbeitenden Volkes steht, das heißt des Volkes, das so gern arbeiten möchte. Wir sehen den Jammer, das Elend, den Hunger und die Lumpen dieses Volkes täglich vor Augen und würden es nicht verantworten können, wenn wir ein Hehl aus unseren Überzeugungen machen wollten..." Bericht der Handelskammer zu Bielefeld für das Jahr 1851, S. 27/28.

[122] Bericht der Handelskammer zu Bielefeld für das Jahr 1852, S. 15. Ein Jahr später schrieb die Handelskammer zu Bielefeld: „Unsere Leinenindustrie ist siech und krank, welkt und vergeht, weil wir hinter den Fortschritten der Zeit zurückgeblieben sind." Bericht der Handelskammer zu Bielefeld für das Jahr 1853, S. 5. Vgl. auch Wilms, Frühzeit, S. 24/25.

[123] WWA Dortmund, K 3 Nr. 601, Flachsbau; K 3 Nr. 213, Verein zur Förderung des Flachsbaues; K 3 Nr. 218, Kommission zur Förderung des Flachsbaues. Bericht der Handelskammer zu Bielefeld für das Jahr 1852, S. 16-19. Vgl. auch Wilms, Frühzeit, S. 26/27.

[124] Bericht der Handelskammer zu Bielefeld für das Jahr 1853, S. 4 und für das Jahr 1854, S. 1.

[125] Bericht der Handelskammer zu Bielefeld für das Jahr 1856, S. 7.

[126] Bericht der Handelskammer zu Bielefeld für das Jahr 1864, S. 3-5; Jahresbericht der Handelskammer zu Bielefeld pro 1872, S. 57.

[127] WWA Dortmund, K 3 Nr. 472, Leggewesen und Leinenhandel; Bericht der Handelskammer zu Bielefeld für das Jahr 1867, S. 11; Jahresbericht der Handelskammer von Minden für das Jahr 1868, S. 12 u. S. 16-18.

[128] Bericht der Handelskammer zu Bielefeld für das Jahr 1851, S. 37, für das Jahr 1856, S. 19, für das Jahr 1857, S. 18, für das Jahr 1860, S. 18, für das Jahr 1862, S. 15, für das Jahr 1865, S. 23, pro 1873, S. 18/19.

[129] WWA Dortmund, K 3 Nr. 638, Eisenbahnpolitik; Jahresbericht der Handelskammer zu Bielefeld pro 1873, S. 19.

[130] WWA Dortmund, K 3 Nr. 638, Eisenbahnpolitik.

[131] Jahresbericht der Handelskammer von Minden für 1869, S. 34.

[132] WWA Dortmund, K 3 Nr. 631, Bahnhofsanlagen; K 3 Nr. 628, Bahnhofsanlage Bielefeld.

[133] Bericht der Handelskammer zu Bielefeld für das Jahr 1863, S. 16.

[134] Jahresbericht der Handelskammer zu Minden für 1863, S. 19. Vgl. auch WWA, K 4 Nr. 123.

[135] Vgl. hierzu die diversen Eingaben und den Schriftverkehr in WWA, K 4 Nr. 123.

[136] Bericht der Handelskammer zu Bielefeld für das Jahr 1857, S. 3.

[137] Bericht der Handelskammer zu Bielefeld für das Jahr 1866, S. 3.

[138] Bericht der Handelskammer zu Bielefeld für das Jahr 1870, S. 4/5.

[139] Jahresbericht der Handelskammer von Minden für 1870, S. 35/36.

[140] Bericht der Handelskammer zu Bielefeld für das Jahr 1860, S. 3, für das Jahr 1861, S. 3/4, für das Jahr 1867, S. 6/7, für das Jahr 1868, S. 2, pro 1872, S. 3/4; Jahresbericht der Handelskammer zu Minden für 1865, S. 5, für 1868, S. 7, für 1869, S. 3-5.

[141] Bericht der Handelskammer zu Bielefeld für das Jahr 1861, S. 3, für das Jahr 1870, S. 3/4; Jahresbericht der Handelskammer von Minden für 1870, S. 11. Zur Einführung der Mark als im gesamten Kaiserreich geltende Währung und zur Münz- und Geldreform siehe Sprenger, Das Geld der Deutschen, S. 184-189.

[142] Bericht der Handelskammer zu Bielefeld für das Jahr 1869, S. 4-6, für das Jahr 1870, S. 3; Jahresbericht der Handelskammer von Minden für 1870, S. 9.

[143] WWA Dortmund, K 3, Nr. 87, Veränderungen des Kammerbezirkes. Bericht der Handelskammer zu Bielefeld für das Jahr 1868, S. 57; für das Jahr 1869, S. 5; Jahresbericht der Handelskammer zu Minden für das Jahr 1869, S. 10. Vgl. auch E. Stothfang, Die Grenzen des Kammerbezirks im Wandel der Zeiten, in: Industrie- und Handelskammer Ostwestfalen zu Bielefeld (Hg.), 1849-1974. Industrie- und Handelskammer Ostwestfalen zu Bielefeld. Geburt und Wiedergeburt, Bielefeld 1974, S. 25.

Zwischen Boom und Rezession – Die wirtschaftliche Entwicklung im östlichen Westfalen während der zweiten Phase der Industrialisierung 1873 bis 1918

I. Konjunkturen und Krisen – Die deutsche Wirtschaft von 1873 bis 1914

Der siegreiche Ausgang des Frankreichkrieges, die darauf folgende Gründung des Deutschen Kaiserreiches, französische Reparationszahlungen an Deutschland sowie eine weitverbreitete Investitionsbereitschaft verursachten ab 1871 einen Spekulations- und Investitionsboom, die sogenannten „Gründerjahre". Diese Entwicklung wurde durch den Ausbruch der „Gründerkrise" im Herbst 1873 jäh gestoppt. Unmittelbarer Auslöser der Krise war der Zusammenbruch der Börsen in Wien und London. Die eigentlichen Ursachen lagen jedoch in der Überspekulation, der Kurstreiberei an den Börsen und dem Preisanstieg, vor allem aber in der Gründung vieler unsolider Aktiengesellschaften. Verglichen mit dem Stand von Ende 1872 sank das Kursniveau von 444 an der Berliner Börse notierten Aktiengesellschaften von 4 528 Millionen Mark auf 2 444 Millionen Mark Ende 1873. Dieser Kurssturz war das Signal für den Beginn einer gut zwanzig Jahre anhaltenden Periode relativer Wachstumsschwäche. Die bis in die Mitte der 1890er dauernde wirtschaftliche Stagnation, von einigen Autoren als die erste „große Depression" in der deutschen Wirtschaft bezeichnet, besaß für das Deutsche Kaiserreich dennoch eine wichtige Bedeutung: Nach dem Ende der Gründungseuphorie und bedingt durch den Krisendruck nach dem Zusammenbruch der Börsen wurden in Deutschland gerade in dieser Zeit die Fundamente gelegt, auf denen sich bis zum Ausbruch des Ersten Weltkriegs die Entwicklung zum modernen Industriestaat vollzog.[1]

Preisdruck und Lohnverfall infolge der Wirtschaftskrise zwangen viele Unternehmen zu einem massiven Abbau der während der Boomphase entstandenen Überkapazitäten, aber auch zu Rationalisierungsmaßnahmen, um die Ertragslage zu steigern und die Wettbewerbsposition zu sichern. Gerade in den sechs Jahren von 1873 bis 1879 veranlaßte das Gros der Firmen, die im Strudel der Gründerkrise nicht in Konkurs gegangen waren, umfangreiche Rationalisierungsinvestitionen und Produktinnovationen, wodurch die Kosten erheblich gesenkt werden konnten. Nicht zuletzt durch diese Maßnahmen ließ sich der massive Produktionsrückgang der Jahre 1874/75 auffangen. Vergleicht man die Jahre 1873 und 1879, so läßt sich für einige Branchen sogar eine leichte Zunahme der Produktion konstatieren. Hinzu kam, daß sich durch die gesenkten Kosten deutsche Waren auf den Auslandsmärkten besser verkaufen ließen, so daß sich gegen Ende der 1870er die Ertragslage vieler Unternehmen wieder verbesserte.[2]

Diese Entwicklung mündete ab 1879 in eine etwa dreijährige nachhaltige Belebung der Konjunktur. Neben den Auswirkungen der Rationalisierungseffekte läßt sich der Aufwärtstrend vor allem auf die Nachfrage nach deutschen Eisen- und Stahlprodukten aus den USA zurückführen – eine Folge des dort massiv in Gang gekommenen Eisenbahnbaus. Sobald die Nachfrage aus Übersee stagnierte und sich dadurch die Exportmöglichkeiten für die deutsche Industrie wieder verschlechterten, brach die konjunkturelle Aufwärtsbewegung 1882 abrupt ab. Die im Herbst 1882 erneut einsetzende und bis 1886 dauernde Rezession besaß zwar nicht das Ausmaß der Krise von 1873, ließ aber erkennen, daß industrielles Wachstum nicht ohne wiederkehrende Stockungsphasen ablief. Darüber hinaus wurde offenkundig, daß Deutschland als hochindustrialisierter Staat in weltweite Konjunkturbewegungen eingebettet war, da auch andere Industrieländer wie die USA, Frankreich und Großbritannien in dieser Zeit eine Wirtschaftskrise durchliefen. Außerdem zeigte sich in aller Deutlichkeit, daß der Eisenbahnbau seine Stellung als „Motor" der deutschen Industrialisierung verloren hatte. Im Gegensatz zu den 1860ern und 1870ern konnte er in den 1880ern kaum noch die Nachfrageimpulse für die Schwerindustrie vermitteln, um dieser Branche eine gute Ertragslage zu sichern. Neue Führungsbranchen mußten daher eine Belebung der Konjunktur herbeiführen. Die elektrotechnische und die chemische Industrie wurden nun zu den Leitsektoren der deutschen Wirtschaft.[3]

Ein zunehmender Export und eine Verbesserung der Ertragslage über die Anwendung neuer Technologien sowie die Ausschöpfung von kostensparenden Maßnahmen – Lohnsenkungen und Entlassungen – wiesen der Industrie den Weg aus der Krise in eine bessere Zukunft. Ab Herbst 1886 begann wieder ein Wirtschaftsaufschwung, der bis Mitte 1890 dauerte. Die Hochkonjunktur der Jahre 1887 bis 1890 weckte

Erinnerungen an die Boomphase nach der Reichsgründung, ohne jedoch deren Ausmaß zu erreichen. Da die Reallöhne stiegen, wurden die Massenkaufkraft und die Binnennachfrage gestärkt; ein neuer Anreiz für Investitionen und Kapazitätserweiterungen entstand. Selbst die Börse und die Kapitalmärkte konnten verlorenes Vertrauen zurückgewinnen. Die Zahl der neugegründeten Aktiengesellschaften belief sich von 1887 bis 1890 auf 948, wobei allein 996 Millionen Mark in Neuemissionen investiert wurden. Nutznießer dieser Kapitalzufuhr waren vor allem die Schwerindustrie, aber auch die elektrotechnische und die chemische Industrie.[4]

Die Ausweitung der Kapazitäten, die starke Zunahme der Aktiengesellschaften bis 1890, der Anstieg der Preise und Löhne führten nach dem Boomjahr 1889 an der Jahreswende 1889/90 zu Befürchtungen, die sich überhitzende Konjunktur könne bald wieder zusammenbrechen. Diese Befürchtungen bestätigten sich, als nach dem Konkurs des renommierten Londoner Bankhauses Baring Anfang 1890 im Sommer dieses Jahres eine Banken- und Kreditkrise ausbrach, die fast alle industrialisierten Länder erfaßte. Gleichzeitig wurden erneut die Schwächen der deutschen Industrie offenkundig: hohe Überkapazitäten und eine gesunkene Ertragslage. Dennoch läßt sich diese dritte bis 1895 dauernde Rezession nicht mit derjenigen der Jahre 1873 bis 1879 vergleichen, da ihr Störpotential nicht ausreichte, um den Anstieg des Produktionsvolumens nachhaltig zu unterbrechen. Der von der Rezession ausgehende Druck auf Preise, Löhne und Profite war nicht mehr so stark wie in den konjunkturellen Abschwungsphasen zuvor.

Den knapp zwanzig Jahren von der Mitte der 1890er bis zum Ausbruch des Ersten Weltkriegs attestieren zu wollen, sie seien ohne größere konjunkturelle Schwankungen verlaufen, hieße die Realität zu verkennen. Dennoch bleibt festzuhalten, daß sich diese Phase trotz ebenfalls wiederkehrender konjunktureller Abschwünge von der vorhergehenden Trendperiode unterschied. Vor dem Hintergrund einer sich weiter durchsetzenden Industrialisierung und eines prosperierenden Welthandels ließen sich in der deutschen Wirtschaft tendenziell hohe Wachstumsraten der Industrieproduktion und der Wertschöpfung erzielen. In dieser Hochkonjunkturperiode, die zweimal – 1900 bis 1902 und 1907 bis 1908 – von wirtschaftlichen Abschwüngen unterbrochen wurde, konnte das Wirtschaftswachstum eine solche Dynamik entfalten, daß einige Autoren die Ansicht vertreten, diese Zeit sei das „erste deutsche Wirtschaftswunder" nach dem Durchbruch der Industrialisierung gewesen.[5]

Dieser Sachverhalt läßt sich gut illustrieren, wenn man die Konjunkturbewegungen kurz skizziert. Von 1895 bis 1900 verursachte ein regelrechter Investitionsboom ein Wirtschaftswachstum, das fast an die legendären Gründerjahre erinnerte. Ausschlaggebend für die zunehmende Investitionsbereitschaft und die dadurch verursachte Wachstumsdynamik war vor allem die sich stetig verbessernde Ertragslage in den neuen Industriesektoren wie der elektrotechnischen und der chemischen Industrie sowie dem Maschinenbau. Bis zur Jahrhundertwende kam eine massive Baukonjunktur hinzu, von der auch die Schwerindustrie profitierte. Zusätzlich löste der zügig vorangetriebene Ausbau der städtischen Verkehrs- und Versorgungsunternehmen erhebliche Nachfrageimpulse aus. Diese Konstellation war dafür verantwortlich, daß die Wachstumsraten des Bruttoinlandprodukts Jahr für Jahr stiegen. Allerdings zeigten sich um die Jahrhundertwende wieder die ersten Vorboten einer erlahmenden Konjunktur. Eine harte Wirtschaftskrise in den Vereinigten Staaten schwappte im Frühjahr 1900 binnen kurzem auch nach Europa herüber. Die sich ausbreitende Krisenstimmung wurde durch einige Konkurse und „Schieflagen" speziell in der Kreditwirtschaft verstärkt. Die Aktienkurse fielen ebenso rapide wie sich das Volumen der Industrieproduktion verringerte. Erstmals seit 1879 schrumpfte 1900/01 das Bruttoinlandsprodukt wieder.[6]

Der hohen Produktivität, dem technischen Leistungsstand und der hervorragenden Konkurrenzposition der „neuen" Industriezweige auf dem Weltmarkt verdankte es die deutsche Wirtschaft, daß dieser Rückschlag überwunden wurde und ab 1902 die Wachstumskräfte die Oberhand gewannen. Die Firmen der Elektroindustrie, der Chemie und des Maschinenbaus stellten wieder Personal ein, so daß es auf dem Arbeitsmarkt ab dem Frühjahr 1902 zu einer Trendwende kam. Durch die gestiegene Binnennachfrage zogen auch die Preise wieder an. Gerade der Preisanstieg von 1902 bis 1907 um 17,5 % veranlaßte viele Unternehmen, angesichts zunehmender Nachfrage und wachsender Gewinnerwartungen die Produktionskapazitäten auszuweiten und zu modernisieren. Der Preisauftrieb wirkte sich für die Verbraucher keineswegs negativ aus, da die Nominallöhne im gleichen Tempo wuchsen wie die Teuerungsrate – auch dies ein Indikator für die gute Ertragslage der meisten deutschen Firmen. Bis 1907 schienen die Weichen für einen langen Konjunkturaufschwung gestellt zu sein. Der Optimismus und die Zukunftserwartungen im Wilhelminischen Deutschland schienen wiederum kaum Grenzen zu kennen. Im Sommer 1907 zeigte sich jedoch, daß sich erneut bekannte Vorboten eines Konjunkturabschwungs bemerkbar machten: Unterauslastung der Kapazitäten, rückläufige Auftragseingänge, nachlassende Gewinnerwartungen und eine sinkende Ertragslage. Im Herbst 1907 hatte das Kaiserreich erneut mit einer Wirtschaftskrise zu kämpfen.[7] Knapp ein Jahr später führte ein Wirtschaftsaufschwung in den USA auch in Deutschland zu einer zunehmenden Investitionstätigkeit und einer wachsenden Nachfrage nach Produktionsgütern. Zur Jahreswende hatte die konjunkturelle Aufwärtsbewegung wieder eine solche Dynamik gewonnen, daß sich bis zum Ausbruch des Ersten Weltkriegs eine regelrechte Boomphase feststellen läßt. Die über Jahrzehnte hinweg vollzogene Kapitalbildung sowie die steigende Massenkaufkraft durch zunehmende Reallöhne sorgten für eine starke Binnennachfrage und eine dadurch bedingte Kapazitäts- und Produktionsausweitung. Hinzukam, daß die Führungssektoren der deutschen wirtschaftlichen Entwicklung – die elektrotechnische und chemische Industrie – ihre Stellung auf dem Weltmarkt massiv ausbauen konnten – in einigen Sparten sogar bis zum Monopol.[8]

Zieht man eine Bilanz der Konjunkturen, der Krisen sowie der wirtschaftlichen Stellung des Kaiserreiches in einer zunehmend verflochtenen Weltwirtschaft bis zum Ausbruch des Ersten Weltkriegs, so müssen folgende Punkte festgehalten werden: Die wirtschaftliche Entwicklung war durch zwei unterschiedliche konjunkturelle Trendperioden gekennzeichnet. Die Zeit vom Ausbruch der Gründerkrise bis in die Mitte der 1890er läßt sich als Phase einer relativen Wachstumsschwäche charakterisieren, während sich die nachfolgenden knapp zwanzig Jahre bis zum Ausbruch des Ersten Weltkriegs als Periode intensiven Wachstums darstellen. Dennoch bleibt ein kontinuierliches Wachstum des Bruttoinlandprodukts im allgemeinen und ein beachtliches Wachstum der Industrieproduktion im speziellen als Kennzeichen der wirtschaftlichen Entwicklung im Kaiserreich festzuhalten. Die Industrie wurde in dieser Zeit endgültig der wichtigste Sektor der deutschen Volkswirtschaft. Um die Jahrhundertwende übertraf die Zahl der in der Industrie beschäftigten Personen zum ersten Mal die Zahl der in der Landwirtschaft tätigen. 1914 entfielen von den insgesamt 31,2 Millionen Beschäftigten 34 % auf den primären, 38 % auf den sekundären und 28 % auf den tertiären Sektor.[9]

Möglich wurde das Wachstum vor allem dank steigender Produktivität infolge der Anwendung moderner Technologien sowie der Einführung von Produkt- und unternehmensorganisatorischen Innovationen. Der Siegeszug der Aktiengesellschaften ebnete zum Beispiel den Weg zum Großkonzern, der besonders in den industriellen Leitsektoren wie der Schwerindustrie, der elektrotechnischen und der chemischen Industrie die vorherrschende Unternehmensform wurde. Darüber hinaus hatten sich die Firmen der wichtigsten Branchen ab den 1880ern zu Kartellen und Syndikaten zusammengeschlossen, um ihre Absatzpolitik und Preisgestaltung ungeachtet aller Konjunkturschwankungen zu regulieren. Exemplarisch sei hier auf den Roheisenverband und das Rheinisch-Westfälische Kohlensyndikat für die Schwerindustrie sowie auf Zusammenschlüsse in der chemischen Industrie hingewiesen.[10] Außerdem hatte sich die Industrie durch ihre Verbände eng mit der politischen Sphäre verknüpft und versuchte dort, ihre Interessen in Realpolitik umzusetzen.

Das Kaiserreich war aber auch eine Zeit wachsender staatlicher Intervention in den Wirtschaftsprozeß. Dies zeigte sich besonders deutlich in der Außenwirtschaftspolitik. Ab der Krise in den 1870ern wurde die bis dahin herrschende Doktrin vom Freihandel unter den Industriestaaten zugunsten einer Schutzzollpolitik und der Errichtung von protektionistischen Zolltarifen aufgegeben. Ein anderes Betätigungsfeld für den modernen „Interventionsstaat“ stellte die Sozialpolitik dar. Hier wurde seit Reichskanzler von Bismarck versucht, mit einem umfangreichen Versicherungswerk die durch die Industrialisierung hervorgerufenen sozialen Konflikte zu entschärfen. Diese spezifische Form der deutschen Industriewirtschaft im Kaiserreich bildete nicht nur den Garanten für tendenziell steigendes industrielles Wachstum, sondern auch das Fundament für den steilen Aufstieg Deutschlands in der Rangliste der wichtigsten Industrienationen. 1866, im Jahr des Deutsch-Österreichischen Krieges, konnten die Gewerberegionen des Deutschen Bundes mit 4,9 % der Weltindustrieproduktion den fünften Platz in dieser Rangliste belegen, die von Großbritannien mit 19,9 % unangefochten angeführt wurde. Von 1880 bis 1900 lag das Kaiserreich bereits an dritter, 1913 mit 14,8 % sogar an zweiter Stelle hinter den Vereinigten Staaten mit 32,0 %, aber deutlich vor Großbritannien mit 13,6 %. Zwischen 1860 und 1913 hatte sich der deutsche Anteil an der Weltindustrieproduktion verdreifacht, während der britische Anteil um ein Drittel gesunken war. Kaum ein anderer Indikator demonstriert so eindrucksvoll, daß sich die deutsche Industriewirtschaft im Kaiserreich trotz aller Konjunkturschwankungen im Spitzentrio der wichtigsten Industrienationen der Welt festgesetzt hatte.[11]

II. Vom „Leinenländchen“ zum wichtigen Industriestandort – die wirtschaftliche Entwicklung im östlichen Westfalen von 1873 bis 1918

1. Die Entwicklung der ostwestfälischen Industrie während des Kaiserreiches

Die Gründerkrise von 1873 markierte auch im östlichen Westfalen das Ende der eigentlichen Durchbruchsphase der Industrialisierung. Hier kam es ebenfalls zu einigen Konkursen und Zahlungseinstellungen, zu betrügerischen Bankrotten und zu einem erheblichen Rückgang der Unternehmensrentabilität. Dennoch verursachte die Gründerkrise in Ostwestfalen zunächst nicht so verheerende Folgen wie in anderen Wirtschaftsregionen Deutschlands. Die beiden Handelskammern stellten daher 1873 mit einer gewissen Erleichterung fest, daß „die Solidität des Handelsstandes in keiner Weise berührt sei und daß in den Fabriken keine nennenswerten Einschränkungen zu bemerken seien". In ihrem Jahresbericht für 1874 mußte die Bielefelder Kammer allerdings einräumen, „daß auch unser Bezirk von diesen Folgen nicht verschont geblieben ist; das Jahr 1874 hat im Gegensatz zu der in unserem vorjährigen Berichte ausgesprochenen Hoffnung die Schäden erst vollständig bloßgelegt". Die Handelskammer zu Minden mußte eingestehen: „Die erwähnten Nachwirkungen der Handelskrisis haben sich leider in erhöhtem Grade geltend gemacht..." Und im folgenden Jahr ergänzte die Kammer: „... Aus dem verflossenen Jahr sind auf dem Gebiete des Handels und der Industrie noch ungleich größere Mißerfolge zu verzeichnen als aus 1874..."[12] Aber auch in den folgenden Jahren mußte die Handelskammer Bielefeld konstatieren, „daß das verflossene Jahr sogar noch eine wesentliche Verschlimmerung unserer wirtschaftlichen Zustände herbeigeführt hat", während die Mindener Kammer resignierend feststellte: „Das Jahr 1877... hat die Zahlungsfähigkeit in dem größten Teil der gesellschaftlichen Kreise Deutschlands leider nicht verstärkt, sondern noch mehr geschwächt..."[13]

Die Zeit nach der Gründerkrise bedeutete daher auch für die ostwestfälische Wirtschaft das Ende der vorhergehenden Wachstumsdynamik. In ihrer Analyse war die Handelskammer zu Bielefeld schonungslos. Die Überspekulation an der Börse hielt sie keineswegs für die alleinige Ursache, sondern verwies auf tieferliegende, strukturelle Ursachen der Krise. In ihrem Bericht für 1875 führte sie aus: „Wir können nicht umhin, die vielfach verbreitete Meinung, daß lediglich die Börsenspekulation und die Gründung so vieler neuer Etablissements resp. die Erweiterung bestehender die Schuld tragen, als übertrieben und nicht zutreffend zu bezeichnen... Die Anforderungen, welche an die betreffenden Industriezweige gestellt wurden, überstiegen auch deren Leistungsfähigkeit, so daß abnorm hohe Preise, Betriebsvergrößerungen, Neugründungen und weiter vermehrte Transportbedürfnisse die natürliche Folge waren. Eine außerordentliche Steigerung der Arbeitslöhne für diese Branchen unmittelbar und für die übrigen Industriezweige mittelbar war unausweichlich, doch wurde diese Erhöhung der Productionskosten für die letzteren durch die vermehrte Verbrauchs- resp. Kauffähigkeit Aller, der Arbeitgeber wie Arbeitnehmer, meistens reichlich ausgeglichen. Hätte man von vornherein allseitig erkannt, daß diese an sich natürliche Flut nicht dauernd anhalten konnte, sondern eine folgende Ebbe unausbleiblich war, so würden uns viele bittere Erfahrungen erspart geblieben sein. Doch dieser verhängnisvolle Irrthum ist mit seltenen Ausnahmen von Allen geteilt worden..."[14] Die Krise bot nach Meinung der Handelskammern aber auch die Chance, ungesunde Verhältnisse – damit meinten sie vor allem ein zu hohes Lohnniveau und zu teure Importe von Rohstoffen – in der Wirtschaft zu korrigieren. Durch die Krisenbewältigung sollte das Sprungbrett für die wirtschaftliche Zukunft bereitet werden. Diese Chance wurde von vielen Unternehmen der Region genutzt.

Wie für die gesamte Wirtschaft des Kaiserreiches besaß die Periode von der Gründerkrise bis zum Ausbruch des Ersten Weltkriegs auch für Ostwestfalen eine große Bedeutung. Aus der Retrospektive betrachtet konnte die ostwestfälische Industrie nicht nur die Krisenfolgen überwinden, sondern aufgrund eines fortschreitenden Strukturwandels auch ein hohes Maß an Vielseitigkeit und daher an Krisenfestigkeit erlangen. Die Handelskammer zu Bielefeld konstatierte in ihrem Bericht für das Jahr 1884 mit gewisser Genugtuung: „... Die industrielle Entwicklung des Handelskammerbezirks besitzt den Vorteil einer großen Vielseitigkeit, so daß der Auf- und Abgang des Geschäfts in einzelnen Branchen nicht in dem Maße zurückwirkt, wie in solchen Bezirken, in denen einzelne ausgedehnte Industriezweige eine einseitig Ausschlag gebende Bedeutung haben..."[15]

Die Gefahren einer dominierenden Monostruktur in der ostwestfälischen Wirtschaft, wie sie die Krise des Leinengewerbes Mitte des Jahrhunderts aufgezeigt hatte, konnten durch den Aufstieg verschiedener Branchen umgangen werden. Dennoch läßt sich nicht verkennen, daß die allgemeinen Konjunkturbewegungen die Lage der ostwestfälischen Wirtschaft zunehmend prägten – Ausdruck einer steigenden Verflechtung der Region und ihrer Industrie in einem sich verdichtenden Netz nationaler und internationaler Handelsbeziehungen. Die Situation auf dem sich herausschälenden Weltmarkt wurde auch für die Wirtschaftsentwicklung in Ostwestfalen zu einer wichtigen Determinante. Diese Konstellation machte sich sowohl bei Wirtschaftskrisen als auch in Boomperioden verstärkt bemerkbar. Die Handelskammer zu Minden konstatierte daher 1893: „... Da die wirtschaftliche Depression sich nicht auf Deutschland beschränkt, sondern in gleicher Weise auf den übrigen Ländern lastet, fallen die allgemeinen Verhältnisse des Weltmarktes besonders ins Gewicht..."[16]

Die Handelskammer zu Bielefeld betonte in ihren Berichten seit der Jahrhundertwende dagegen die Bedeutung des sich dynamisch entwickelnden Weltmarktes. In ihrem Bericht für 1906 schrieb sie zum Beispiel: „... Die Begriffe Hochkonjunktur oder Weltkonjunktur sind bereits für die Charakterisierung der wirtschaftlichen Entwicklung zu Schlagworten geworden... Nicht nur Deutschland hatte seine Hochkonjunktur, sondern auch das Ausland. Die Hochkonjunktur war allgemein, sie war tatsächlich eine Weltkonjunktur geworden..."[17]

Die dynamische Weltmarktentwicklung und der geglückte Strukturwandel sorgten somit dafür, daß die ostwestfälische Wirtschaft während der zweiten Phase der Industrialisierung gleichzeitig allen konjunkturellen Schwankungen trotzen und einen wichtigen Platz unter den deutschen Wirtschaftsregionen erkämpfen konnte. Wie dieser Prozeß im einzelnen verlief, soll im folgenden dargestellt werden.

1.1 Die Bedeutung der Textilindustrie als „Führungssektor" der industriellen Entwicklung im östlichen Westfalen

Aufgrund ihres hohen Exportanteils, ihrer steigenden Abhängigkeit von importierten Rohstoffen und der zunehmenden ausländischen Konkurrenz war die Entwicklung in keiner anderen Branche so von den internationalen Konjunkturbewegungen geprägt wie in der Textilindustrie. Hierin ist jedoch auch ein Indiz für ein hohes Maß an „Modernität" dieser Branche zu sehen. Die Krise des traditionellen Leinengewerbes in der Mitte des 19. Jahrhunderts wurde zu einem großen Teil durch regionspezifische Ursachen hervorgerufen, die den Niedergang des heimgewerblichen Spinnens und Webens von Leinen einleiteten. Dieser Niedergang setzte sich während des Kaiserreiches verstärkt fort. In der ersten Dekade des 20. Jahrhunderts war die Handspinnerei und -weberei als Heimgewerbe in der Region so unbedeutend geworden, daß sie von den beiden Handelskammern in ihren Jahresberichten nur noch mit einer Randbemerkung gestreift wurden. Zum Beispiel konstatierte die Handelskammer zu Bielefeld in ihrem Bericht für 1887 lakonisch: „... Die Feinhandspinnerei ... hatte im Berichtsjahr denselben geringen Umfang wie im Vorjahre. Der Industriezweig stirbt mehr und mehr ab, da sich die Arbeitskräfte lohnenderen Erwerbsgelegenheiten zuwenden ..." 1899 prognostizierte die Handelskammer zu Minden zu recht: „... Das völlige Erlöschen der Hausweberei, soweit es sich um die Herstellung von Handelsware handelt, wird sich bald vollziehen; die auf mechanischem Wege hergestellten Gewebe sind den Handerzeugnissen weit überlegen ..."[18]

Der Niedergang dieses Segments der Textilindustrie bis zur Bedeutungslosigkeit, der in den 1850ern alarmierende Hilferufe seitens der Kammern und scharfe Kontroversen unter den Gewerbetreibenden ausgelöst hatte, fand nun kaum noch Beachtung. Während des Kaiserreiches setzte sich die großdimensionierte, in modernen Fabriken mit Maschinen betriebene Leingarnspinnerei und -weberei endgültig durch. Für die Unternehmen und ihre Vorstandsmitglieder bedeutete dies, daß sie sich mit internationalen Konjunkturbewegungen, mit sozialpolitischen Forderungen durch Arbeitnehmer und Gewerkschaften, aber auch mit modernen Erkenntnissen der Produktionsplanung auseinandersetzen mußten. Wenn es zu Krisen in der Branche kam, besaßen diese vielschichtige und auch in anderen Volkswirtschaften auftretende Ursachen wie Überproduktion, verteuerte Rohstoffimporte, überhöhte Schutzzölle oder angeblich zu hohe Löhne der Arbeiter. Folgerichtig hatte die Branche von 1873 bis 1879 massiv unter den Auswirkungen der Gründerkrise und der anschließenden Rezession zu leiden. Während dieser Zeit beklagten sowohl die großen Bielefelder Textilunternehmen Ravensberger Spinnerei, Spinnerei Vorwärts und Mechanische Weberei als auch viele andere Betriebe den enormen Preisverfall und die schlechte Ertragslage. 1877 konstatierte die Handelskammer zu Bielefeld daher: „Lag schon im Jahre 1876 das Garn- und Leinengeschäft sehr darnieder, so haben sich im Jahre 1877 die Schwierigkeiten für den Absatz der Leinenfabrikate derartig gesteigert, daß trotz erheblicher Betriebseinschränkungen die Preise verlustbringend wurden. Ohne Zweifel gehörte im verflossenen Jahr die Leinenindustrie zu denjenigen Zweigen, welche am schwersten heimgesucht erschienen, ja deren Kampf um die Existenz von einzelnen Seiten sogar als hoffnungslos bezeichnet worden ist. Wenn wir diese Befürchtungen auch nicht in ihrem ganzen Umfange teilen, so müssen wir doch anerkennen, daß die trübe Lage der Leinenindustrie ernste Aufmerksamkeit und Sorge von allen Seiten dringend erfordert ..."[19]

Die Ravensberger Spinnerei äußerte sich in ihrem Geschäftsbericht für 1876 ähnlich: „Die Lage der Leinenindustrie hat sich im vorigen Jahr so weit verschlimmert, daß sie geradezu bedenklich geworden ist ..." Während dieses Unternehmen aber noch Dividenden zahlen konnte, mußte sein Bielefelder Konkurrent, die Spinnerei Vorwärts, von 1876 bis 1878 die Ausschüttung an die Aktionäre ausfallen lassen: „... Es sind im Gegenteil die Verhältnisse von Monat zu Monat schwieriger geworden. Zum ersten Mal seit der Reorganisation unseres Etablissements sind wir zu unserem Bedauern nicht in der Lage, Ihnen am Schluß des Jahres einen Geschäftsgewinn nachzuweisen ..."[20]

Dennoch lag die Handelskammer mit ihrer Einschätzung richtig, daß die Krise für die Leinenindustrie zwar ernst, aber nicht existenzbedrohend war. Die Branche konnte bis Anfang der 1880er die Probleme aus eigener Kraft meistern. Hierfür waren vor allem zwei Gründe verantwortlich: zum einen umfangreiche Reorganisationsmaßnahmen zwecks Verbesserung des Produktionsablaufes und Erhöhung der Produktivität bei schon bestehenden größeren Firmen, zum anderen eine fortschreitende Ausdifferenzierung der Palette an Textilprodukten, welche durch die Gründung zahlreicher neuer Betriebe hervorgerufen wurde. Die Ravensberger Spinnerei begann zum Beispiel kurz nach dem Ausbruch der Gründerkrise mit umfangreichen Reorganisationsmaßnahmen. Ausgelöst durch einen Brand in den Fabrikgebäuden, wurden bei den Wiederaufbauarbeiten der Maschinenpark und die Produktionsstätten modernisiert. Darüber hinaus gliederte sich die Ravensberger Spinnerei Betriebe der Textilveredelung wie Bleichereien und Appreturanstalten an. Ähnliche Modernisierungsmaßnahmen wurden in der Anfang der 1870er errichteten Filiale in Wolfenbüttel durchgeführt.[21]

Die gleiche Strategie verfolgte der größte heimische Konkurrent, die Spinnerei Vorwärts. Auch dieses Unternehmen modernisierte nicht nur seine Betriebsanlagen, sondern erweiterte sie durch die Angliederung der benachbarten Brackweder Spinnerei der Gebrüder Bank am 26. Arpil 1876. Gerade in Klein-Vorwärts, wie dieser Betrieb fortan genannt wurde, ließen sich schnell große Gewinne erzielen, wodurch ein wesentlicher Beitrag geleistet wurde, das gesamte Unternehmen aus der Krise zu führen.[22] Es überrascht nicht, daß die Mechanische Weberei schließlich nach ähnlichen Gesichtspunkten verfuhr und in den 1870ern durch umfangreiche Modernisierungsmaßnahmen versuchte, die Produktivität zu erhöhen und die Marktposition zu sichern, was auch von Erfolg gekrönt war.[23]

Aber nicht nur durch interne Unternehmensreorganisationen, auch durch die Neugründung von Betrieben wurde die Produktpalette der heimischen Textilindustrie erweitert und deren Wettbewerbsfähigkeit wieder hergestellt. Im Bereich der Leinenindustrie kam es 1877 zur Gründung der Mechanischen Weberei und Appreturanstalt Gunst & Co. in Bielefeld, der 1881 die Mechanische Weberei von L. B. Lühl folgte. Die Baumwollweberei wurde in der Region durch die Firma Greve & Güth in Gütersloh eingeführt; sie nahm 1874 ihren Betrieb mit 120 Webstühlen auf. 1887 kam die in Gütersloh ansässige Baumwollweberei Niemöller & Abel hinzu, die bald nicht nur verschiedene Baumwollgewebe herstellte, sondern auch Arbeitsbekleidung. Ebenso konnten andere Sparten der Textilindustrie in Ostwestfalen endgültig Fuß fassen: die Seidenweberei – auf diesem Sektor spielten die Firmen C. A. Delius & Söhne sowie Gebrüder Wertheimer, beide in Bielefeld, ferner die Firmen Gebrüder Bartels und Wilhelm Bartels aus Gütersloh eine exponierte Rolle; die Herstellung von Möbelplüschen – hier erlangte die Firma Bertelsmann & Niemann große Bedeutung;[24] die Damast- und Jacquardweberei, die Jutegarnspinnerei, 1881 von der Herforder Fabrik Engelbert Schönfeld begonnen, die Bandweberei – betrieben insbesondere von den Firmen Güth & Wolf in Gütersloh und J. Hackmann in Halle; die Produktion von Steppdecken – sie wurde von der Bielefelder Firma Harry Edler 1874 aufgenommen. Hinzu traten zahlreiche Appretur- und Bleichanstalten wie die Bleiche von Hermann Windel, die das Bild einer diversifizierten Textilindustrie vervollständigten. In dieser Entwicklung spiegeln sich bereits die veränderten Konsumgewohnheiten wider, die auch dafür verantwortlich waren, daß die in der Region lange Zeit wichtige Segeltuchweberei spätestens ab den 1880ern an Bedeutung verlor.[25]

Auf dieser Grundlage und vor dem Hintergrund einer steigenden „Konsumptionskraft breiter Bevölkerungskreise und der Wiederkehr des geschäftlichen Vertrauens“, wie es die Handelskammer zu Bielefeld in ihrem Jahresbericht von 1882 nannte,[26] nahm die Textilindustrie in den 1880ern trotz einiger konjunktureller Rückschläge einen Aufschwung. Die Produktion konnte in fast allen Textilunternehmen der Region ausgedehnt werden, sieht man von nicht mehr zeitgemäßen Sparten wie der Handspinnerei und -weberei sowie der Segeltuchweberei einmal ab. Bereits 1882 vermeldete die Ravensberger Spinnerei als Erfolg ihrer Reorganisationsmaßnahmen, „daß unsere Produktion im Laufe der letzten 10 Jahre um 40 % gestiegen ist“. Gleichfalls wies das Unternehmen voller Genugtuung darauf hin, daß man nun 13,5 % der gesamten Jahresproduktion exportiere. Im Vergleich zu 2 % 1872 war dies ein eindeutiger Indikator für die gestiegene internationale Konkurrenzfähigkeit.[27]

Diese Erfolge konnten jedoch nicht darüber hinwegtäuschen, daß die Konkurrenz billigerer ausländischer Leinenfabrikate sowie vor allem der Baumwolle für die deutsche und damit auch für die ostwestfälische Leinenindustrie zu einer immer größeren Gefahr wurde. Der Ruf nach Schutzzöllen und Abwehrmaßnahmen gegen ausländische Fabrikate wurde immer lauter.[28] Sowohl der 1868 von Ferdinand Kaselowsky gegründete Verband Deutscher Leinenindustrieller als auch einige der großen Bielefelder Spinnereien begrüßten daher den in den 1880ern eingeführten Schutzzoll auf Flachsgarn sowie Maßnahmen, welche die inländische Überproduktion und einen möglichen Preiskampf begrenzen sollten.

Von dieser Wettbewerbsbeschränkung profitierten auch die Leinenwebereien. Die Mechanische Weberei konnte nach ihrer Reorganisation ihre Produktion ständig ausweiten. 1883 wurde nach einer Aktienkapitalerhöhung um 600 000 Mark eine zusätzliche Fabrik für 300 bis 350 neue Webstühle errichtet. Mit ihren insgesamt 1 000 Webstühlen und ihren rund 700 Beschäftigten war die Mechanische Weberei damit eine der größten mechanischen Leinenwebereien Deutschlands.[29] Angeregt durch diese positive Entwicklung und vor dem Hintergrund der zurückgehenden Handweberei wurden Ende der 1880er in Bielefeld und in den Dörfern des Umlandes weitere mechanische Webereien gegründet. 1889 errichteten die Söhne A. W. Kiskers, Georg und Wilhelm Kisker, in Milse eine Leinen- und Damastweberei. Im gleichen Jahr entstanden die Mechanische Weberei Ravensberg in Schildesche, die Mechanische Weberei Elmendorf in Isselhorst und in Bielefeld die Westfälische Weberei Stahel sowie die Weberei der Gebrüder

Kobusch.[30] Um die Jahrhundertwende waren Bielefeld und sein Umland mit 10 bis 15% aller Flachsspindeln – die Berechnungen differieren etwas – und 1500 oder 5 % aller mechanischer Webstühle fraglos eines der führenden Zentren der Leinenindustrie in Deutschland. Die von 1900 bis 1902 dauernde Wirtschaftskrise führte jedoch bei vielen Unternehmen zu einem Ertragseinbruch, der teilweise bis in die Mitte der ersten Dekade des neuen Jahrhunderts reichte. In der anschließenden Hochkonjunktur, die mit einer kurzfristigen Unterbrechung bis zum Beginn des Ersten Weltkriegs anhielt, besserte sich die Ertragslage jedoch nachhaltig. Die Spinnerei Vorwärts mußte 1902 mit einem Defizit von 250 000 Mark den höchsten Betriebsverlust in ihrer Geschichte ausweisen. Aber auch alle anderen heimischen Spinnereien beklagten in diesem Jahr erhebliche Verluste und eine schlechte Rentabilität.[31]

Während es bei den Leinen- und Damastwebereien ab 1903 wieder Anzeichen eines Aufschwungs gab, sahen sich die Spinnereien weiterhin mit schwierigen Verhältnissen konfrontiert. In den Jahren 1905 und 1906 konnten die großen Bielefelder Flachsspinnereien jedoch vermelden, daß „der Geschäftsgang sehr lebhaft war“, die „Preise erhöht werden konnten“ und man „bis 1908 hinein mit Aufträgen versehen“ sei.[32] Wenn auch nicht zu verkennen ist, daß die Flachsspinnereien bis zum Ausbruch des Ersten Weltkriegs ihre Produktion, ihren Absatz und ihre Gewinne auf hohem Niveau konsolidierten, so läßt sich doch die wachsende Kluft zwischen der weiter expansiven Entwicklung der Leinen-, Damast-, Baumwoll- und Seidenwebereien sowie der Stagnation bei den Spinnereien nicht übersehen. Angesichts der steigenden Konkurrenz ausländischer Garnproduzenten und des anhaltenden Siegeszuges der Baumwolle erhöhte zum Beispiel die Ravensberger Spinnerei zwischen 1900 und 1910 die Zahl ihrer Spindeln nur um 63, während die Belegschaft konstant blieb. Bei der Spinnerei Vorwärts sank die Beschäftigtenzahl im gleichen Zeitraum sogar um 40, während man sowohl 1900 als auch 1910 an 15 000 Spindeln produzierte. Die Mechanische Weberei wies 1900 und 1910 die gleiche Zahl an Webstühlen und an Beschäftigten auf. Ein erhebliches Wachstum konnten dagegen die Webereien im Bielefelder Umland verzeichnen. Hier stieg zwischen 1900 und 1910 sowohl die Zahl der Webstühle als auch die der Mitarbeiter jeweils um zwei Drittel.[33] Die Spinnereien und Webereien vor allem aus Bielefeld und dem Umland trugen entscheidend dazu bei, daß die Region bis zum Ersten Weltkrieg ihre Position als eines der führenden deutschen Textilzentren verteidigen konnte. Die nachlassende Entwicklungsdynamik der Leinenindustrie deutete jedoch bereits an, daß die Rolle dieser Branche als „Führungssektor“ der wirtschaftlichen Entwicklung im östlichen Westfalen während des 20. Jahrhunderts zunehmend ins Wanken geraten würde.

Daß sich die heimische Textilindustrie im Wettbewerb mit in- und ausländischen Konkurrenten noch behaupten konnte, lag aber auch an einer weiteren Diversifizierung bei der Verarbeitung von Textilien. Insbesondere dem Aufstieg der Wäsche-, Konfektionswaren- und Bekleidungsindustrie seit den 1880ern ist es zu verdanken, daß sich die Branche gegenüber weiteren konjunkturellen Rückschlägen resistent erwies. Diese Entwicklung spiegelt darüber hinaus einen Trend wider, der sich während des Kaiserreiches vielfach in den Industriesektoren zeigte, die sich als innovativ und zukunftsträchtig entpuppten: weg von der einfachen Herstellung von Rohstoffen, hin zur Weiterverarbeitung und Produktveredlung. Die steigende Kaufkraft breiter Bevölkerungsschichten vor allem seit den 1880ern verursachte eine wachsende Nachfrage nach Wäsche- und Konfektionswarenartikeln wie Kragen, Hemdeneinsätze, Manschetten, nach Oberhemden und Nachthemden, Tisch- und Bettwäsche sowie Taschentüchern. Durch den Einsatz von Nähmaschinen gelang es überdies, die Produktion zu verbilligen, wodurch Wäsche und Konfektionswaren für große Bevölkerungsteile erschwinglich wurden. Von dieser Entwicklung profitierte auch die Wäsche- und Bekleidungsindustrie der Region.

Bereits in den 1860ern waren in Bielefeld und Herford die ersten Wäsche- und Konfektionsfabriken entstanden. Der eigentliche Aufschwung in dieser Branche, verbunden mit der Gründung zahlreicher Unternehmen, fand jedoch erst ab den 1870ern statt. Im Laufe der nächsten Jahrzehnte bildete sich in diesen beiden Zentren der ostwestfälischen Wäscheindustrie folgende Arbeitsteilung heraus: In Bielefeld wurden vorwiegend Hemden, Hemdeneinsätze, Kragen, Manschetten, Bettwäsche und Taschentücher produziert, während sich in Herford die Herstellung kompletter Damen- und Herrenkonfektion sowie die Fertigung von Berufsbekleidung konzentrierte. Darüber hinaus entstanden auch in anderen Städten des östlichen Westfalens wie in Minden, Bad Oeynhausen, Lübbeke und Petershagen Betriebe zur Fabrikation von Konfektionswaren. Um die Jahrhundertwende war das östliche Westfalen, vor allem der Raum Minden-Ravensberg, nach Berlin und der Gegend um Breslau zum drittgrößten Standort dieser Branche im Kaiserreich geworden.[34]

Ein Kennzeichen der Wäscheindustrie war, daß sich das großdimensionierte Fabriksystem relativ spät durchsetzen konnte. Nach Angaben der Handelskammer zu Bielefeld waren Anfang der 1880er in Bielefeld und seinem Umland ca. 2 150 vorwiegend weibliche Personen in dieser Branche beschäftigt, wovon nur 600 in „Fabriketablissements“, die restlichen 1550 jedoch als heimgewerbliche Hausnäherinnen arbeiteten. Im Kreis Herford herrschten ähnliche Größenverhältnisse, wenn auch für diese Zeit keine detaillierten

Zahlen vorliegen.[35] Erst in den 1890ern konnten sich Firmen wie Baumhöfener & Heyse, Schäffer & Vogel, Nordmeyer & Kortmann, Gebr. Ebmeyer, Strunkmann & Meister, Bertelsmann & Sohn, E. F. Banck oder S. A. Stern etablieren, die tatsächlich die Größenordnung von Fabriken besaßen. 1901 gab es in Bielefeld 18 Wäschefabriken mit 1 216 Beschäftigten, in Herford drei Fabriken mit 175 Beschäftigten. Hinzukamen allein in Bielefeld noch ca. 4 500 Personen, die in Heimarbeit oder in Kleinstwerkstätten Wäsche herstellten oder veredelten.[36]

Von der Jahrhundertwende bis zum Ersten Weltkrieg setzte sich auch in der Wäsche- und Konfektionswarenindustrie der Trend hin zur Fabrik verstärkt fort.

Die Belegschaft der Kleiderfabrik Elsbach um 1910

In Herford entstand mit der Elsbach AG, die 1914 700 festangestellte Fabrikarbeiter und ca. 3 500 Heimarbeiter beschäftigte, eines der größten Unternehmen dieser Branche in Europa. In Bielefeld wurden 1912 allein 150 Firmen gezählt, die 5 000 Festangestellte und ca. 2 800 Heimarbeiter unter Vertrag hatten. Allerdings gab es nur elf Unternehmen als wirkliche Großbetriebe mit mehr als 100 Beschäftigten, bei denen fast zwei Drittel aller in der Wäscheindustrie Festangestellten arbeiteten. Das Gros bildeten Klein- und Kleinstbetriebe mit zehn bis 100 Arbeitern. Alle Wäsche- und Konfektionshersteller profitierten jedoch von der steigenden Nachfrage nach ihren Erzeugnissen, so daß selbst ein siebenwöchiger Streik von 2 000 Arbeiterinnen in der Wäscheindustrie im Jahre 1910 die Aufwärtsentwicklung dieser Branche nicht stoppen konnte.[37]

Der Übergang von der heimgewerblichen zur fabrikindustriellen Produktion, der sich in den zwei Jahrzehnten vor dem Ersten Weltkrieg mit großer Intensität vollzog, trug mit Sicherheit dazu bei, daß die Wäsche- und Konfektionswarenindustrie der Region mit ihren Produkten nicht nur im In- und Ausland konkurrenzfähig blieb, sondern auch der heimischen Textilindustrie insgesamt ein großes Maß an Vielseitigkeit verschaffte. Gerade das befähigte die Branche, während des Kaiserreiches allen konjunkturellen Bewegungen zu trotzen und ihre Position als Führungssektor der heimischen Wirtschaft zu behaupten.

1.2 Aufstieg der metallverarbeitenden Industrie und des Maschinenbaus

Wie die Textilindustrie sah sich auch die zweitwichtigste Branche der Region, die metallverarbeitende Industrie und der Maschinenbau, durch die Rezession nach Ausbruch der Gründerkrise mit Problemen wie Preisverfall, Produktionsrückgang, Arbeiterentlassungen und sinkender Rentabilität konfrontiert. Unisono klagten alle größeren Betriebe in den 1870ern über ihre schlechte Auftragslage, Absatzprobleme und die niedrigen Preise für ihre Erzeugnisse. Trotz sinkender Erträge und steigenden Wettbewerbdruckes begannen viele Firmen, ihre Produktionsstätten zu modernisieren. Mehr noch als in der Textilindustrie sahen zahlreiche Unternehmer der Branche in der Rezession die Zeit einer Spezialisierung auf bestimmte Produkte sowie der Anwendung moderner Technologien, um die Konkurrenzfähigkeit ihrer Firmen zu erhöhen. Andere Industrielle wiederum glaubten, durch eine größere Produktpalette ihr Unternehmen wettbewerbsfähig erhalten zu können. Spezialisierung und/ oder Diversifizierung lassen sich daher als unternehmerische Leitmotive für die Entwicklung der metallverarbeitenden Industrie und des Maschinenbaus während des Kaiserreiches feststellen. Begünstigt wurde diese Entwicklung durch die neuen Anwendungsgebiete für Maschinen und Apparate. In vielen Bereichen der Industrie, aber auch in der Landwirtschaft, in den neu entstehenden Gasanstalten, Elektrizitätswerken, Bahnhöfen und Krankenhäusern, ja selbst im Haushalt wurden zunehmend moderne Maschinen und technische Apparate eingesetzt. Die Produktion und Erzeugung sollten dadurch einfacher und effizienter, das tägliche Leben komfortabler und bequemer werden. Gerade die Zeit des Kaiserreiches kann als Periode zahlreicher industriell-technischer Innovationen, vielleicht sogar als Periode einer „zweiten industriell-technischen Revolution" gelten, deren

Errungenschaften wie moderne Maschinen und komplizierte technische Anlagen das Leben großer Teile der Bevölkerung veränderten. Daher verwundert es nicht, wenn überall im Kaiserreich, sei es in den alten industriellen Zentren, sei es in neuen Gewerberegionen, Maschinenbau- und metallverarbeitende Unternehmen entstanden. Bereits kurz vor dem Ersten Weltkrieg rangierte die metallverarbeitende Industrie und der Maschinenbau mit 20,9 % an erster Stelle der wichtigsten Industriesektoren im Kaiserreich.[38]

Zahlreiche Unternehmen dieser Sparte im östlichen Westfalen konnten an diesem Prozeß nachhaltig partizipieren. Durch neue Erzeugnisse oder verbesserte Produktionsmethoden bot sich ihnen die Möglichkeit, nicht nur die Folgen der Rezession von 1873–1879 zu überwinden, sondern durch die Eroberung von Absatzmärkten die Ertragslage zu verbessern und die Wettbewerbsfähigkeit zu stärken. Dennoch waren die Jahre von 1873–1879 für die Branche zunächst ausgesprochen schwierig. Die Eisenhütten und die Werkzeugmaschinenfabriken litten unter einem erheblichen Absatzmangel und unter der großen Konkurrenz billiger produzierender Firmen aus dem Ausland. Die Holter Hütte mußte zum Beispiel die Inbetriebnahme eines Hochofens mehrfach verschieben, da die Rohstahlerzeugung angesichts des Preisverfalls wenig lohnend erschien. Aber auch die anderen Werkzeugmaschinenfabriken wie Redecker & Nauß, Gildemeister, Dickertmann, Calow oder die Möller-Werke sahen sich mit ähnlichen Schwierigkeiten konfrontiert. Ende der 1870er – die Preise für Metallerzeugnisse und Maschinen zogen wieder an – zeigte sich jedoch rasch die Bereitschaft, die Produktionsstätten zu modernisieren und zu erweitern oder neue Firmen ins Leben zu rufen. Außer in Bielefeld, wo die Eisengießerei und Maschinenbauanstalt von Robert Küchen, die Kesselschmiede von Gronemeyer & Banck sowie das auf die Herstellung von Beutelmaschinen und Druckerpressen spezialisierte Unternehmen von Fischer & Krecke errichtet wurden, entstanden vor allem in Herford neue Firmen: die Maschinenfabriken von W. Schmidt, Schmidt & von Cleff, Meyer & Schwabedissen sowie die Fabrik für landwirtschaftliche Geräte von Niebaum & Gutenberg. Auch die Metallwarenfabrik von W. Noll in Minden vergrößerte ihre Kapazitäten erheblich. Anfang der 1880er zeigte sich immer deutlicher, daß die Eisengießereien und die Maschinenfabriken der Region die Krise überstanden hatten und ihre Marktposition behaupten konnten.[39]

Weitere Firmengründungen in den 1890ern und nach der Jahrhundertwende stärkten die Position dieses Industriezweigs. Zu den wichtigsten neuen Unternehmen zählte die Maschinenfabrik Droop & Rein, 1890 von Theodor Droop, dem ehemaligen Sekretär der Bielefelder Handelskammer, und dem aus Chemnitz stammenden Maschinenbauingenieur Fritz Rein errichtet. Dieses Unternehmen entwickelte sich schnell zu einem der führenden Anbieter für Metallbearbeitungsmaschinen. 1897 entstand die Fabrik von Hillenkötter & Ronsiek. 1907 begann Otto Boge, Türschließer zu fertigen, in den 1920ern dann Kompressoren. Die Produktpalette des heimischen Maschinenbaus wurde durch diese Firmen ebenso erweitert wie durch die Maschinen- und Armaturenfabrik von Heinrich Welland und Adolf Tuxhorn in Brackwede.[40]

Zum bedeutendsten Segment der Metallindustrie und zu einem der wichtigsten Industriezweige im östlichen Westfalen entwickelte sich in den 1870ern und vor allem in den 1880ern die Nähmaschinenindustrie, zumal in dieser Sparte auch die Unternehmer mit der größten Bereitschaft zur Diversifikation und zu Innovationen anzutreffen waren. Triebkraft war die hohe Nachfrage, ausgelöst von Privathaushalten, dem Handwerk und der fabrikindustriellen Leinen- und Wäscheherstellung. Selbst die Zerstörung der Betriebsanlagen durch Großbrände wie 1878 bei Dürkopp & Co. und 1879 bei Baer & Rempel konnten den Aufwärtstrend nicht stoppen. Im Gegenteil: Beim Wiederaufbau wurden die Fabrikanlagen erweitert und mit der neuesten Technik ausgestattet. 1880 waren in der Bielefelder Nähmaschinenindustrie 800 Arbeiter beschäftigt, die 15 000 Nähmaschinen herstellten. Bereits drei Jahre

Fabrikgebäude Meyer & Schwabedissen um 1920

später umfaßte die Produktion 60 000 Stück. 1885 konnte die Handelskammer zu Bielefeld voller Stolz vermelden, daß 10 % der gesamten deutschen Nähmaschinenproduktion aus der Region stamme. 1891 beschäftigten die Firmen dieser Branche in der Region 2 000 Arbeiter, die inzwischen 105 000 Nähmaschinen für verschiedenste Verwendungszwecke herstellten.[41] Wenn diese Zahlen auch eindrucksvoll die Aufwärtsentwicklung der Branche belegen, so zogen seit Mitte der 1880er dunkle Wolken am Horizont auf: Die Nähmaschinenindustrie litt immer mehr unter einer Überproduktion. Diese war zum Teil die Folge der zunehmenden Konkurrenz durch die amerikanische Singer Company mit ihrem aggressiven Marketing. Die Einführung oder Erhöhung von Zöllen auf deutsche Nähmaschinen wirkte sich ebenfalls auf den Absatz der Nähmaschinenfabriken aus. Hinzu trat bei einigen Firmen eine schwache Kapitalausstattung. Um ihre Kapitalbasis für notwendige Investitionen zu verbreitern, vollzogen einige Unternehmen die Umwandlung in Aktiengesellschaften. Den Anfang machte 1889 Dürkopp & Co. Das Unternehmen nannte sich fortan Bielefelder Maschinenfabrik vorm. Dürkopp & Co. und verfügte über ein Aktienkapital von 2,25 Millionen Mark. 1895 wurde aus Koch & Co., seit 1890 mit dem Markenzeichen Kochs Adler, die Nähmaschinenfabrik und Eisengießerei AG vorm. Koch & Co. Im selben Jahr wurde dieser Schritt auch von Hengstenberg & Co. – so nannte sich das Unternehmen nach dem Ausscheiden seines Gründers Carl Schmidt – vollzogen. Ab 1906 hieß dieses Unternehmen nach einer Kapitalerhöhung Anker-Werke AG, indem man das Markenzeichen auf seinen Produkten zum Firmennamen machte. Nur Baer & Rempel, die ihre Produkte unter dem Markenzeichen Phoenix-Nähmaschinen vertrieben, blieben eine reine Personengesellschaft. Ein Kennzeichen dieser Umwandlungen war, daß das Aktienkapital in den Händen der Firmengründer und ihrer Familien blieb. Ihren Charakter als Familienunternehmen konnten die Bielefelder Nähmaschinenfabriken bis zum Ersten Weltkrieg daher behalten.[42]

Neben der Verbreiterung der Kapitalbasis sollte die Ausweitung der Produktpalette Schutz vor der wachsenden ausländischen Konkurrenz bieten und die Schwankungen im Nähmaschinengeschäft ausgleichen. 1885 nahm Dürkopp & Co. die Fahrradherstellung auf, zwei Jahre später die von Gasmotoren. Der erfolgreiche Absatz von Dürkopp-Rädern veranlaßte die anderen größeren Bielefelder Nähmaschinenfabriken, sich ebenfalls dieser Produktsparte zuzuwenden. 1894 begann Hengstenberg & Co. mit der Fahrradherstellung, 1896 folgte Koch & Co., 1897 Baer & Rempel. Angeregt durch einen „Boom“ in den 1890ern begann auch der ehemalige Nähmaschinenhändler August Göricke 1897 mit der Produktion von Markenrädern, während sich der ehemalige Dürkopp-Betriebsleiter Heinrich Wittler 1903 mit einem eigenen Fahrradunternehmen selbständig machte. 1907 nahmen die Mammut-Werke die Fahrradherstellung auf. Auch die Gründung von Fabriken für Fahrradzubehör wie die Firma von Heinrich Hemmelskamp oder die Sattelhersteller Lohmann-Werke verdanken ihre Existenz dem regen Interesse an diesem Fortbewegungsmittel in den 1890ern.[43]

Nikolaus Dürkopp (1842 – 1918), Unternehmer aus Bielefeld, Gründer der Dürkopp-Werke

Um die Jahrhundertwende war der Fahrrad-Boom jedoch zu Ende. Überproduktion, Preisverfall und die Konkurrenz aus dem Ausland zwangen die Unternehmer entweder zu Produktinnovationen wie das 1899 von Dürkopp erstmals der Öffentlichkeit vorgestellte kettenlose Fahrrad mit Kardanantrieb oder zur Herstellung ganz neuer Erzeugnisse. So finden sich 1902 im Katalog der Anker-Werke die ersten Motorräder. Ähnlich wie bei dem lokalen Konkurrenten Göricke kam diese Diversifikation jedoch einige Jahrzehnte zu früh, da für eine Motorisierung des Individualverkehrs vor dem Ersten Weltkrieg allenfalls Nachfragenischen vorhanden waren. Gleiches gilt auch für die Automobilproduktion, die Dürkopp 1897 begann. Trotz erheblicher Investitionen, der Produktion verschiedenster Wagentypen und des Erwerbs von Zulieferfirmen blieb diese Sparte bis zum Ersten Weltkrieg unrentabel, da hier weiterhin handwerklich-traditionelle Herstellungsverfahren und keine Serienfertigung angewandt wurden. Hinzu kam ein hoher Kapitalbedarf, so daß der Automobilbau bei den anderen Nähmaschinenfirmen keine Nachahmung fand. Von ihm gingen deswegen auch keine Wachstumsimpulse für die heimische Wirtschaft aus wie etwa bei der Fahrradherstellung.[44]

Eine dritte, zukunftweisende Ergänzung der Nähmaschinenproduktion bildete die Fertigung von Registrierkassen, welche die Anker-Werke begannen. Seit der Jahrhundertwende wurde diese Sparte hier systematisch ausgebaut, da sich das Unternehmen das Patent für Deutschland hatte sichern können. Die starke Nachfrage nach Kassen sowohl von Verwaltungen als auch vom Einzelhandel führte bei Anker zu stetigen Gewinnzuwächsen und sicherte dem Unternehmen auch in Zeiten konjunktureller Rückschläge eine hohe Beschäftigung. Die Anker-Werke wurden nicht nur zum führenden deutschen Registrierkassenhersteller, sondern auch zur schärfsten Konkurrenz des amerikanischen Marktführers NCR (National Cash Register). Schließlich gab die Produktion von Kassen den Anstoß zur Fertigung weiterer feinmechanischer Geräte wie Fahrkartenautomaten und Büromaschinen. Die Anker-Werke wurden so zu einem der größten Unternehmen der metallverarbeitenden Industrie der Region während der Weimarer Republik.[45]

Die Nähmaschinenindustrie repräsentierte also nicht nur den bedeutendsten Zweig in der Metallindustrie und im Maschinenbau, sondern sie vermittelte auch entscheidende Impulse zur Entwicklung anderer Sparten wie der Herstellung von Fahrrädern oder Registrierkassen. Darüber hinaus zählten Firmen dieses Industriezweigs, die den Weg der Diversifizierung und der ständigen Erweiterung der Produktionsstätten konsequent gegangen waren, seit der Jahrhundertwende zu den größten Industriebetrieben in der Region. Die anderen Unternehmen erwiesen sich dagegen nicht mehr als konkurrenzfähig. 1880 hatte es noch 17 Nähmaschinenfabriken gegeben, 1897 noch neun, 1907 nur noch vier: die Anker-Werke, Baer & Rempel, Dürkopp, Koch & Co. Die Bielefelder Maschinenfabrik vorm. Dürkopp & Co. konnte mit 3 525 Beschäftigten im Jahre 1910 für sich in Anspruch nehmen, nicht nur der größte Arbeitgeber der Region, sondern auch die kapitalkräftigste und innovationsfreudigste Nähmaschinen- und Fahrradfabrik im Kaiserreich zu sein. Ein weiterer Indikator, der die herausragende Stellung dieses Industriezweigs in der Region dokumentiert, ist darin zu sehen, daß 1880 6 % der deutschen Nähmaschinen in Bielefeld hergestellt wurden, 1913 jedoch bereits 15 %. Von den 55 000 Personen, die 1911 in der deutschen Nähmaschinen- und Fahrradindustrie arbeiteten, waren allein 14 %, das heißt 7 000 Personen, in Bielefelder Firmen beschäftigt.[46]

Der Erfolg der Nähmaschinenfabriken darf nicht vergessen lassen, daß nach der Jahrhundertwende auch in anderen Bereichen der metallverarbeitenden Industrie und des Maschinenbaus neue Firmen gegründet wurden, die sich rasch zu bedeutenden Unternehmen, in einigen Fällen sogar zu Marktführern entwickelten. 1899 errichteten Carl Miele und Reinhard Zinkann in Herzebrock eine Fabrik zur Herstellung von Milchzentrifugen, in der ab 1901 auch Buttermaschinen gefertigt wurden. Mit der Aufnahme der Waschmaschinenproduktion 1904 und der Verlegung des Betriebs nach Gütersloh 1907 begann der Aufstieg von Miele & Cie. zum führenden europäischen Hersteller von Wasch-, Küchen- und Haushaltsmaschinen sowie Küchenmöbeln. Bereits 1914 beschäftigte Miele & Cie. 500 Arbeiter und konnte sich „größte Spezialfabrik Deutschlands für Milchzentrifugen, Buttermaschinen, Wasch- und Mangelmaschinen" nennen. Außer handgetriebenen Waschmaschinen wurden schon Modelle mit Elektro- und Wassermotorantrieb gebaut. Auch Miele versuchte sich vor dem Ersten Weltkrieg in der Automobilproduktion, mußte dies aber ähnlich wie andere Unternehmen der Region aufgrund mangelnder Rentabilität wieder aufgeben. Der weiteren Entwicklung des Unternehmens zum Marktführer für Haushalts- und Küchengeräte tat dies keinen Abbruch.[47]

Werbeplakat für die ersten Miele-Waschmaschinen

Interessant ist, daß sich in Konkurrenz zu Miele & Cie. auch eine andere Firma in der Region auf die Produktion von Waschmaschinen spezialisierte. Kurz nach der Jahrhundertwende begann Wilhelm Cordes im elterlichen Betrieb für Butterfässer und -maschinen in dem kleinen Ort Lette mit der Fertigung von Apparaten, die den Hausfrauen das bis dahin anstrengende und zeitaufwendige Waschen erleichtern sollten. Aufgrund der großen Nachfrage konnte der Betrieb von Cordes rasch expandieren. 1913 offerierte das Unternehmen bereits 18 verschiedene Waschmaschinentypen, darunter zwei mit Elektromotorantrieb, sowie drei Modelle einer Wäschetrockenmaschine. Man exportierte in dieser Zeit schon nach Frankreich, Belgien und Holland sowie nach Skandinavien.[48]

Der Bedarf an Maschinen wuchs auch in der Landwirtschaft, was einigen metallverarbeitenden Firmen neue Marktchancen eröffnete. Mit der Fertigung und Reparatur von Strohbindern begann 1912 der Aufstieg der Claas oHG zu einem der größten Landmaschinenhersteller in Europa. In diesem Jahr gründete August Claas in Clarholz seine Firma, die 1919 nach Harsewinkel übersiedelte. Mit dem Mähdrescherbau und der Herstellung von Strohpressen begann der Durchbruch zum Marktführer der Branche. Landmaschinen, vor allem Düngerstreuer und Kartoffelroder, bildeten anfangs auch das Produktionsprogramm der Maschinenfabrik Kuxmann & Co., welche 1895 von Heinrich Kuxmann in Bielefeld gegründet worden war. Die Brüder Franz und Wilhelm Knöbel stellten dagegen in Wiedenbrück zunächst Kutschen, Jagdwagen, Landauer und Schlitten her, bis sie sich kurz vor dem Ersten Weltkrieg mit sogenannten „Selbstfahrern" auch in die Automobilproduktion wagten, die jedoch nur eine kurze Episode blieb. Das sich trotz aller wirtschaftlichen Schwierigkeiten in der Zwischenkriegszeit rasch entwickelnde Unternehmen Westfalia spezialisierte sich bald auf die Produktion von Fahrzeugkarosserien, Aufbauten und Anhängern. Im Zuge der Motorisierung nach dem Zweiten Weltkrieg entwickelte es sich zu einem der Marktführer in dieser Branche.[49] Die Diversifizierung der Produktpalette im Maschinenbau erhielt durch diese Firmen ebenso eine weitere Facette, wie durch das 1903 in Bad Oeynhausen gegründete Unternehmen Irmer & Elze, das sich auf die Herstellung von Gasmotoren, Gasarmaturen und Kompressoren konzentrierte.

Am Vorabend des Ersten Weltkriegs präsentierten sich die metallverabeitende Industrie und der Maschinenbau der Region als diversifizierte und innovative Branche, die sich anschickte, die Führungsrolle der Textilindustrie als Leitsektor der Wirtschaft in Ostwestfalen zu übernehmen. Aus zum Teil kleinen und eher handwerklich anmutenden Betrieben hatten sich vielfach moderne Großunternehmen entwickelt, die durch die Vervollkommnung bestehender oder die Herstellung zahlreicher neuer Produkte ihre Wettbewerbsposition nicht nur verteidigen konnten, sondern zu Marktführern ihrer Branche aufstiegen. Diese Unternehmen bildeten die Triebkräfte des technischen Fortschritts und der wirtschaftlichen Modernisierung in der Region. Durch ihre Innovationen und ihre Produktpalette trugen sie entscheidend dazu bei, daß die Wirtschaftsstruktur im östlichen Westfalen ein hohes Maß an Vielseitigkeit und damit an Krisenresistenz erreichte.

1.3 Im Sog des steigenden Konsums: Anfänge und Aufstieg der Nahrungs- und Genußmittelindustrie

Angesichts der scharfen Rezession ab 1873 schien der private Konsum kaum eine Stütze der wirtschaftlichen Entwicklung im östlichen Westfalen zu werden. Sowohl die Fleischwarenindustrie, die Brauereien und Brennereien als auch die konsumnahen Sparten der Textilindustrie beklagten die Kaufzurückhaltung und die Absatzflaute infolge der wirtschaftlichen Unsicherheit. Mit dem konjunkturellen Aufschwung ab 1879 änderte sich jedoch das Bild. Die Bevölkerung in Ostwestfalen konsumierte wieder mehr, wozu sie durch sinkende Arbeitslosigkeit und steigende Reallöhne in die Lage versetzt wurde.[50] Von dieser Entwicklung, die tendenziell bis zum Ende des Kaiserreiches anhielt, profitierte vor allem eine Branche: die Nahrungs- und Genußmittelindustrie. Hier wurden zahlreiche neue Fabriken gegründet, die zur Stabilität des Wirtschaftsaufschwungs und zu einer vielseitigen Wirtschaftsstruktur beitrugen. Die Branche bot dabei ein ausgesprochen heterogenes Bild, umfaßte sie doch Brauereien, Brennereien, Großbäckereien, Fleischwarenfabriken, Keks- und Schokoladenfabriken, Molkereien, Gewürzmühlen und Getränkehersteller. Viele von ihnen waren im Kaiserreich noch kleine Betriebe in den Anfängen ihrer Entwicklung. In diesem Überblick können daher nur die größeren Firmen der Branche behandelt werden.

Dr. August Oetker (1862 – 1918), Gründer des Oetker-Konzerns

Spricht man von der Nahrungs- und Genußmittelindustrie der Region, so fällt sofort der Name Oetker als prominentestes Unternehmen dieser Branche. Im Mai 1893 begann der in Obernkirchen in der Grafschaft Schaumburg als Sohn eines Bäckermeisters geborene August Oetker, Backpulver unter seinem Namen anzubieten, das er in der 1891 erworbenen Aschhoff'schen Apotheke in Bielefeld produzierte. Schon bald fand Oetkers Fabrikat großen Absatz. Die Massenproduktion wurde aufgenommen.

Der große Erfolg des Backpulvers ermunterte Oetker, auch andere Back- und Haushaltshilfen herzustellen: Puddingpulver, Vanillinzucker, Einmachhilfen oder die Speisestärke „Gustin". Da die Nachfrage kontinuierlich zunahm, mußte 1900 ein Fabrikneubau in Bielefeld errichtet werden. Parallel dazu stieg die Zahl der Beschäftigten an. Bei Beginn des Ersten Weltkriegs belief sie sich auf 350. Das große Interesse an Oetker-Produkten wurde durch ausgeklügelte Werbekampagnen und durch die Verteilung von Back- und Kochrezepten zusätzlich stimuliert. Später kamen andere Ratgeber für Gesundheit und richtige Ernährung hinzu, in denen zurückhaltend, aber doch bestimmt für Oetker-Produkte geworben wurde. Nach der Jahrhundertwende setzte man sogar ganzseitige Anzeigen mit typischem Firmen-Logo als Werbemedium ein. Bei Ausbruch des Ersten Weltkriegs hatte das Unternehmen bereits das Fundament, das es ermöglichte, durch weitere Expansionsschritte in der Zwischenkriegszeit und nach dem Zweiten Weltkrieg zu einem Weltkonzern aufzusteigen.[51]

Die Idee, der Hausfrau des Kaiserreichs Hilfen für eine zeitgemäße Zubereitung der Speisen an die Hand zu geben, führte 1903 auch zur Gründung der Firma Karl Ostmann, die Gewürze und Kräuter in kleinen Dosen anbot. Das gleiche Ziel verfolgten die Drogisten Heinrich Gehring und Heinrich Neiweiser, die in ihrem Unternehmen ab 1907 ebenfalls Gewürze, Nährmittel und medizinische Tees verkauften. Beide Firmen entwickelten sich rasch, so daß bald neue Produktionsstätten errichtet werden mußten.[52]

Alle drei Firmen repräsentierten einen relativ jungen Zweig der Nahrungs- und Genußmittelindustrie, der erst vor dem Hintergrund steigender Einkommen und einer aufwendigeren Haushaltsführung in den letzten Dekaden des Kaiserreiches ihren Markterfolg sichern konnte. Auf eine ungleich längere Geschichte und Tradition blickten dagegen die Brauereien und Brennereien im östlichen Westfalen zurück, die aber angesichts ausländischer Zolltarife und mehrfacher Steuererhöhungen auf Bier und Schnaps während des Kaiserreichs die Sorgenkinder der Nahrungs- und Genußmittelbranche waren. Zwar wuchs in der Aufschwungsphase der 1880er, als auch der Konsum breiter Bevölkerungskreise stieg, die Zahl der Brennereien, doch blieb ihre Ertragslage von den 1890ern

1100 Jahre Herforder Bier. Werbeplakat aus 1923

bis zum Ersten Weltkrieg unbefriedigend. Die Handelskammer zu Bielefeld zählte 1885 in ihrem Bezirk 20 Kornbranntweinbrennereien und 12 Wacholderbrennereien. Ein Zentrum des Brennereiwesens bildete Gütersloh und seine Umgebung. Einige der prominentesten Kornbrennereien seien hier kurz genannt: F. Dreesbeimdieke aus Bielefeld, E. F. Elmendorf in Isselhorst, H. Niemöller, G. Niemöller, H. C. König, alle in Gütersloh, O. Altwischer in Avenwedde, J. Hagedorn und B. Pott in Rheda sowie W. Kisker in Halle.[53]

Die bekanntesten Wacholderbrennereien waren H. W. Schlichte und H. C. König, beide in Steinhagen, J. Bansi in Bielefeld, H. C. König in Gütersloh, Stahl in Gütersloh, E. Kisker und W. Kisker, beide in Halle.[54]

Einen weiteren Schwerpunkt für Brennereien bildeten die Städte Minden und Lübbecke sowie deren Umland. Die Handelskammer zu Minden zählte für 1887 für diese Gegend 17 Brennereibetriebe.[55] Vor allem seit den 1890ern hatten die Brennereien mit Absatzproblemen und Ertragsrückgängen zu kämpfen, da die Nachfrage durch Steuererhöhungen auf Branntwein erheblich sank. Die größeren und kapitalstärkeren Betriebe konnten sich jedoch behaupten oder wie die Brennereien Schlichte, König, Dreesbeimdieke und Elmendorf durch spezifische Qualitätsprodukte ihre Wettbewerbsposition ausbauen.

Ähnlich wie bei den Brennereien verlief die Entwicklung der Brauereien. Nach einem Umsatz- und Ertragsrückgang in den 1870ern, deren markantester

Ausdruck der Konkurs (1874) und die anschließende Reorganisation (1878) der Herforder Brauerei Felsenkeller war, konnte sich die Branche in den 1880ern konsolidieren. Allerdings klagten die Firmen bald erneut über mangelnden Absatz und Überproduktion. Nur die Brauereien, die durch eine gezielte Marketingstrategie den Bierverkauf in Kneipen und Ladengeschäften direkt beeinflussen konnten, wiesen eine relativ gleichmäßige Umsatzentwicklung auf. Andere Betriebe hatten dagegen mit starken saisonalen Schwankungen oder Veränderungen im Bierkonsum zu kämpfen oder sahen sich, ausgelöst durch Wirtschaftskrisen, mit einem Nachfragerückgang konfrontiert. Hinzu kamen Steuererhöhungen im Zuge der Reichssteuerreform vor dem Ersten Weltkrieg, welche den Bierverbrauch drückten und die Ertragslage der Unternehmen belasteten. Nur die größeren von ihnen, die über modern ausgestattete Produktionsanlagen verfügten, konnten sich behaupten. Die Privatbrauerei Ernst Barre in Lübbecke, eine der ersten Pils-Brauereien in Deutschland, die Stifts-Brauerei und die Brauerei Zum Feldschlößchen in Minden sowie die Brauerei Felsenkeller in Herford legten im Kaiserreich den Grundstein für ihre spätere Expansion. Auch den beiden Langenberger Brauereien Hohenfelde, gegründet von Konrad Hermann Lappmann, und Gebr. Dittmann gelang es, systematisch ihren Absatz zu steigern und ihren Ausstoß zu erhöhen, während andere Betriebe wie die Güters loher Brauerei AG Marktanteile verloren und mit finanziellen Schwierigkeiten zu kämpfen hatten.[56]

Schokoladenfabrik Weinrich in Herford

Eine neue Facette der heimischen Nahrungsmittelindustrie entstand in den 1880ern mit der Keks- und Schokoladenindustrie, die ihr Zentrum in Herford hatte. 1884 zählte die Bielefelder Kammer in Herford allein elf Schokoladen- und Keksfabriken, darunter die von Emanuel Weinberg, Julius Lütgert, Gebr. Eick und H. Knigge. 1895 kam noch die Herforder Biscuit & Cakes Fabrik Weinrich & Drüge hinzu.[57]

In Bielefeld wurde 1884 die Cakes & Biscuit-Fabrik von Stratmann & Meyer gegründet. Da sich in den distinguierten bürgerlichen Haushalten des Kaiserreiches Kekse, Schokolade oder Schokoladengebäck als Ausdruck feiner Lebensart wachsender Beliebtheit erfreuten, wurden in vielen der neu entstandenen Betriebe die Produktion ausgedehnt und die Belegschaft aufgestockt. Um die Jahrhundertwende beschäftigte zum Beispiel Stratmann & Meyer bereits 500 Personen und war damit einer der größeren Arbeitgeber der Stadt.[58]

Da die rege Nachfrage nach Keksen und Schokolade weitere Firmengründungen zur Folge hatte, litt die Branche nach der Jahrhundertwende jedoch unter einer permanenten Überproduktion. Steigende Preise für Kakao ließen die Ertragslage ebenfalls sinken. Wichtig war daher, Marktnischen zu besetzen wie die 1903 von August Storck gegründete Werther'sche Dampf-Zuckerwaren-Fabrik, die sich auf die Herstellung von Bonbons spezialisierte. Den Rohstoff Zucker erhielten dieses und die anderen Unternehmen der Region von den Vereinigten Westfälischen Zuckerfabriken, der Candisraffinerie von F. Wüstenfeld, der Candis-Fabrik von F. Tintelnot oder der Zuckerfabrik Ohle & Bollmann, die sich seit Anfang der 1870er vor allem im Kreis Minden und in Vlotho etabliert hatten.[59]

Komplettiert wurde die Nahrungs- und Genußmittelindustrie durch Großbäckereien wie der 1871 gegründeten, später weltbekannten Pumpernickel-Fabrik von Wilhelm Mestemacher oder durch größere Betriebe der Fleischverarbeitung. Unternehmen wie Vogt & Wolf, J. F. Marten, Joh. Sewerin, alle in Gütersloh, sowie Poppenburg in Rheda nahmen die groß dimensionierte Fleischverarbeitung auf, gestützt auf moderne Vertriebsmethoden und zahlreiche Zulieferer, die teilweise Schlachtvieh selbst aus Übersee beschafften. Auch hierdurch wird unterstrichen, zu welch wichtigem Wirtschaftszweig sich die Nahrungs- und Genußmittelindustrie entwickelt hatte.

1.4 Eine Industrie zwischen Hoffen und Bangen: Die Lage der Zigarren- und Tabakindustrie während des Kaiserreiches

Während des Kaiserreiches wurde keine andere Branche so sehr von staatlicher Intervention beeinflußt wie die Zigarren- und Tabakindustrie. Dies galt sowohl für die heimischen Betriebe als auch für Firmen in anderen Regionen. Dabei schien die ostwestfälische Zigarren- und Tabakindustrie die Auswirkungen der Gründerkrise zunächst gut verkraftet zu haben. Trotz Klagen über Umsatzrückgänge blieb die Zahl der Firmen und der Beschäftigten bis Ende der 1870er konstant. 1876 zählte die Handelskammer zu Minden in ihrem Bezirk 130 Betriebe der Zigarrenherstellung, 1878 bereits 163, in denen insgesamt 6 869 Personen beschäftigt waren. Der Trend zur industriellen Zigarrenfertigung in Fabriken oder „fabrikähnlichen Etablissements" setzte sich zunehmend durch, was sich daraus ablesen läßt, daß 5 502 Personen in Fabriken arbeiteten und nur 1 367 die Zigarrenherstellung als Hausgewerbe betrieben. Die bereits in den 1860ern zu beobachtende Entwicklung, daß die Mehrzahl der Betriebe aus dieser Branche sich im Kreis Herford konzentrierte, verstärkte sich noch in den 1870ern. In den Kreisen Minden und Lübbecke arbeiteten 1878 2 767 Menschen in 73 Fabriken, 510 im Hausgewerbe, während auf den Kreis Herford 90 Fabriken mit 2 735 Personen und 857 Personen im Hausgewerbe entfielen. Die Zahl der durchschnittlich in den Fabriken Beschäftigten war in den Kreisen Minden und Lübbecke jedoch noch höher als im Kreis Herford.[60]

Bereits 1878 schwebte über der Branche jedoch ein Damoklesschwert in Form einer Heraufsetzung der Tabaksteuer. 1879 wurde trotz heftiger Proteste der Handelskammern aus Minden und Bielefeld der Eingangszoll auf Tabakblätter von 24 auf 85 Mark pro 100 Kilo festgesetzt, was zunächst einen erheblichen Ertragseinbruch zur Folge hatte. Darüber hinaus zeigten sich die Unternehmen durch zwei andere Maßnahmen beunruhigt: zum einen die Einführung eines staatlichen Tabakmonopols und der damit verbundenen Verstaatlichung der Zigarrenindustrie, zum anderen die Privilegierung der unter staatlicher Leitung stehenden Straßburger Tabakmanufaktur. Während das Tabakmonopol aufgrund des massiven Protestes der Handelskammern und ihnen nahestehender Reichstagsabgeordneter nicht zustande kam, scheint die Preis- und Geschäftspolitik der Straßburger Manufaktur die Ertragslage der ostwestfälischen Zigarrenindustrie in den 1870ern und den 1880ern durchaus beeinträchtigt zu haben, da das Unternehmen aufgrund staatlicher Privilegien seinen Absatz kontinuierlich steigern und Marktanteile gewinnen konnte.[61]

Trotz dieser schwierigen Bedingungen blieb während der 1880er die Zahl der Betriebe und der Beschäftigten nahezu konstant bzw. erhöhte sich gegen Ende dieser Dekade geringfügig.[62] Ab den 1890ern scheint sich die Situation der Zigarren- und Tabakindustrie wieder gebessert zu haben – trotz permanenter Klagen sowohl der Zigarrenfabrikanten als auch der beiden ostwestfälischen Kammern. Die steigende Zahl von Betrieben und Beschäftigten stützt diese Einschätzung. 1892 zählte die Handelskammer zu Minden in ihrem Bezirk, der sich zum Zentrum der Zigarrenindustrie nicht nur im östlichen Westfalen, sondern in ganz Norddeutschland entwickelt hatte, 221 Betriebe mit insgesamt 9 122 Beschäftigten. Auf den Kreis Minden entfielen davon 35 Betriebe mit 1 683 Beschäftigten, auf den Kreis Lübbecke 47 mit 1 289 Beschäftigten und auf den Kreis Herford 139 mit 6 150 Beschäftigten. Die Standortverlagerung hin zum Kreis Herford hielt demnach unvermindert an. Allein in Bünde, das 1892 60 Betriebe mit 2 500 Mitarbeitern zählte, oder in Gohfeld-Mennighüffen mit 53 Betrieben und 2 417 Mitarbeitern waren mehr Personen in der Zigarrenindustrie tätig als im gesamten Kreis Minden oder im Kreis Lübbecke.[63]

Arbeiter in einer Tabakmanufaktur in der 2. Hälfte des 19. Jahrhunderts

Die Zunahme der Betriebe darf jedoch nicht darüber hinwegtäuschen, daß die wenigsten von ihnen den Charakter von Fabriken besaßen. Das Gros der in der Region produzierten Zigarren wurde in der Regel weiterhin in kleinen und mittleren Betrieben mit einer Belegschaft von 20 bis 40 Personen hergestellt. Daneben blieb auch die Hausarbeit eine weitere Produktionsmethode von Zigarren, wenn auch ihre Bedeutung um die Jahrhundertwende sank. Nur wenige Betriebe entwickelten sich jedoch zu größeren Fabriken. Außer den bereits genannten Firmen konnte nur die 1863 in Lübbecke von August Blase gegründete Zigarrenfabrik rasch expandieren. Bereits nach 25 Jahren beschäftigte Blase 300 Arbeiter, um die Jahrhundertwende sogar 500. In der Zwischenkriegszeit entwickelte sich die Firma zum größten deutschen Zigarrenhersteller.[64]

Sowohl vor als auch in der Dekade nach der Jahrhundertwende blieben die Probleme in der ostwestfälischen Zigarren- und Tabakindustrie dieselben wie in den Jahrzehnten zuvor: Die Branche litt weder unter zu hohen Löhnen oder mangelnder Wettbewerbsfähigkeit, noch unter dem angeblich schnellen Wechsel der Geschmacksrichtungen und Aussehen der Zigarren. Die eigentliche Bürde war vielmehr bis zum Ausbruch des Ersten Weltkriegs eine fortwährende Diskussion über die Erhöhung der Tabaksteuer oder des Tabakzolls, welche trotz massiven Protestes der beiden ostwestfälischen Kammern durch Pläne wie einer Reichssteuerreform und einer Umschichtung des Staatshaushaltes angesichts wachsender Militärausgaben immer wieder angefacht wurde.[65] Hinzu kam die Konkurrenz ausländischer Firmen, vor allem in Gestalt des anglo-amerikanischen Tabaktrusts British American Tobacco Company, sowie vor dem Ersten Weltkrieg der sich inzwischen abzeichnende Siegeszug der Zigarette. Die Bekämpfung des Trusts machten sich die ostwestfälischen Zigarren- und Tabakhersteller sowie die Kammer zur gemeinsamen Aufgabe. 1902 wurde gegen den lästigen Eindringling, insbesondere gegen seine aggressiven Geschäftsmethoden, ein sogenannter Trustabwehrausschuß gebildet. Dieses Vorhaben war aber nur bedingt von Erfolg gekrönt. Die Handelskammer zu Minden forderte daher in ihrem Jahresbericht für 1913/14 entschieden: „Der britisch-amerikanische Tabaktrust hat in Deutschland bereits eine solche Machtstellung gewonnen, daß der Kampf gegen seine weitere Ausdehnung mit aller Kraft aufgenommen und durchgeführt werden muß. Die Absichten des Trusts mit seinem widerwärtigen Geschäftsgebaren sind monopolistischer Natur... Dieser Trust kann bezwungen werden nur durch vereinte Abwehr, die am wirksamsten dadurch betätigt wird, daß man Trustfabrikate überall zurückweist."[66] Der Ausbruch des Ersten Weltkriegs verringerte jedoch die Bedrohung durch die britisch-amerikanische Konkurrenz.

Nicht mangelnde Wettbewerbsfähigkeit waren somit für die vielfach zitierte und beklagte Notlage der ostwestfälischen Zigarren- und Tabakindustrie verantwortlich, sondern staatliche Reglementierungen und Belastungen wie Steuererhöhungen oder der Plan eines Tabakmonopols. Darüber hinaus wurde die Branche 1911 von einem Arbeitskampf getroffen, der zur Aussperrung von 10 000 Arbeitern führte und erst nach drei Monaten mit einer mäßigen Lohnerhöhung beendet werden konnte. Ferner mußte sie einer hochgradig konzentrierten ausländischen Konkurrenz begegnen.[67]

Folgt man den Berichten der beiden Handelskammern, so finden sich hier für die meisten Jahre des Kaiserreiches Klagen über eine permanent schlechte Ertragslage der Zigarrenindustrie. Das bedeutet jedoch einen Widerspruch zur quantitativen Entwicklung der Branche. Bis kurz nach der Jahrhundertwende stieg die Beschäftigtenzahl an: 1901 arbeiteten laut Angaben der Handelskammer zu Minden in ihrem Bezirk 18 122 Personen in der Zigarrenindustrie, davon 10 035 in der Fabrik- und 8 087 in der Hausindustrie, wobei sich die Dominanz des Kreises Herford in dieser Branche im Vergleich zu einem Jahrzehnt zuvor noch verstärkt hatte: Hier waren 12 040 Menschen in der Zigarrenherstellung tätig, im Kreis Minden 2 806 und im Kreis Lübbecke 3 276. Während im Kreis Minden auf die Fabrikindustrie mit 1 917 Arbeitern das Gros entfiel und in der Hausindustrie nur 889 Personen – nicht einmal ein Drittel aller Beschäftigten – arbeiteten, sahen die Größenverhältnisse zwischen Fabrik- und Hausindustrie in den Kreisen Lübbecke und Herford anders aus: Im Kreis Lübbecke produzierten in diesem Jahr 1 743 Personen Zigarren in Fabriken und 1 533 zu Hause, im Kreis Herford 6 375 Personen in Fabriken und 5 665 Personen zu Hause.[68]

Der Druck auf die Ertragslage einiger Betriebe sowie vor allem alternative Beschäftigungsmöglichkeiten im Kreis Herford sorgten bis zum Ausbruch des Ersten Weltkriegs für eine leichte Reduzierung der Beschäftigtenzahlen. 1913/14 teilte die Handelskammer zu Minden mit, daß in der Zigarrenindustrie ihres Bezirkes 16 636 Menschen in 446 Betrieben arbeiten würden, wovon auf den Kreis Herford 8 979 Personen und 271 Betriebe, auf den Kreis Lübbecke 4 546 Personen und 109 Betriebe sowie auf den Kreis Minden 3 111 Personen und 66 Betriebe entfielen. Die Zentren der ostwestfälischen Zigarrenindustrie bildeten nun außer der Stadt Bünde mit 44 Betrieben und 1 152 Beschäftigten das Amt Gohfeld-Mennighüffen mit 84 Betrieben und 3 465 Beschäftigten, das Amt Ennigloh mit 75 Betrieben und 2 185 Beschäftigten, das Amt Gehlenbeck mit 27 Betrieben und 1 574 Beschäftigten sowie das Amt Preußisch Oldendorf mit 36 Betrieben und 1 328 Beschäftigten. Diese Zahlen zeigen, daß die Zigarrenherstellung im letzten Jahrzehnt des Kaiserreiches in Ostwestfalen immer mehr aus den Städten abwanderte – für Minden zählte die Kammer nur noch sieben Betriebe mit 487 Beschäftigten, für Lübbecke fünf Betriebe mit 265 Beschäftigten – und zunehmend zu einem ländlich-kleingewerblichen Industriezweig wurde.[69] Bessere Verfügbarkeit von Arbeitskräften und niedrigere Löhne dürften für diese Entwicklung maßgeblich gewesen sein. Die Zahlen dokumentieren aber auch, daß die Branche 1913 knapp doppelt soviel Personen in Lohn und Brot hielt wie 1892. Dieser Sachverhalt spricht gegen eine permanent schlechte Ertragslage der Zigarrenindustrie in den beiden Dekaden vor und nach der Jahrhundertwende. Über die tatsächlichen Verdienstmöglichkeiten können an dieser Stelle aufgrund des schwer zugänglichen Quellenmaterials nur Mutmaßungen angestellt werden. Die Zigarrenindustrie blieb eben auch während des Kaiserreiches eine Branche zwischen Hoffen und Bangen.

1.5 Der industrielle Strukturwandel nimmt Konturen an: Die Entwicklung in anderen Industriezweigen

Die schon angesprochene Vielseitigkeit in der Industriestruktur im östlichen Westfalen manifestierte sich während des Kaiserreiches auch im Aufstieg zahlreicher anderer Industriezweige, deren Entwicklung hier nur kurz skizziert werden kann. Der schnelle Bevölkerungsanstieg und die dadurch bedingte rege Bautätigkeit führten nach der Rezession von 1873–1879 fast in allen anderen Jahren bis zum Ausbruch des Ersten Weltkriegs zu vollen Auftragsbüchern im Baugewerbe und in den Zuliefererindustrien. Sowohl die größeren Baugesellschaften als auch die Handwerksbetriebe in dieser Branche konnten sich fast immer über eine rege Nachfrage freuen, sieht man einmal von schwereren konjunkturellen Einbrüchen ab.

Neue große Bauunternehmen wie die Bielefelder Baugesellschaft, die Bauunternehmung Walkenhorst, das Hoch- und Tiefbauunternehmen von Wilhelm Scheidt in Herford, das Baugeschäft von Georg Eustermann in Wiedenbrück oder genossenschaftliche Betriebe wie die Freie Scholle entstanden in allen größeren Städten im östlichen Westfalen. Die lebhafte Bautätigkeit begünstigte aber auch die Baustoffzulieferanten. Bereits 1879 zählte zum Beispiel die Bautischlerei und Bauschlosserei E. Schmidt in Bad Oeynhausen 200 Arbeiter. In der gleichen Stadt wurde 1883 die Mechanische Bautischlerei und Holzgeschäft AG mit 189 Beschäftigten gegründet, die sowohl ihr Betätigungsfeld als auch ihren Personalbestand in den folgenden Jahren ausweiten konnte. Auch die Rohstofflieferanten profitierten vom Bauboom. 1873 nahm die Dampfziegelei und Tonwarenfabrik Schütte & Wiese in Heisterholz bei Petershagen (heute Tonindustrie Heisterholz) die industrielle Fertigung von Ziegeln und Klinkern auf. 1910 produzierte das Unternehmen bereits acht Millionen Dachziegel und Klinkersteine. 1882 entstand unter der Leitung des ehemaligen Bergrates Heinrich Franke die Kiesgrube Bokshorn, die neben der Kiesgewinnung 1887 mit der Herstellung von Ziegelsteinen und 1910 mit der von Zementteilen begann. Die Kalk- und Zementindustrie, vor allem in dem seit 1900 zum Bezirk der Handelskammer zu Bielefeld zählenden Kreis Lippstadt ansässig, mußte ihre Kapazitäten bis zur Jahrhundertwende ebenfalls beständig erweitern, um der Nachfrage zu entsprechen. Im letzten Jahrzehnt vor dem Ersten Weltkrieg litt die Branche allerdings zunehmend unter einer Überproduktion und einer starren Kartellpolitik, was zur Stillegung einiger kleinerer Betriebe führte. Erwähnenswert ist schließlich, daß auch das Unternehmen von Willy Ruhenstroth, das 1881 sein Vater Ludwig in Gütersloh gegründet hatte und das sich auf die Herstellung und den Vertrieb von Bau- und Grubenholz spezialisierte, an zahlreichen größeren Bauprojekten im Kaiserreich partizipierte und damit die Voraussetzung für den Aufstieg zu einem der führenden Holzverarbeiter in Deutschland schuf.[70]

Küchenproduktion bei Poggenpohl

Der Bauboom wirkte sich auch auf einen anderen Gewerbezweig aus: die Möbelindustrie. Hier dominierten ebenfalls lange Zeit handwerkliche Betriebe, bevor sich die maschinell-industriell ausgerichtete Möbelproduktion durchsetzen konnte. Auf die vielen kleinen und mittelständischen Unternehmen, die während des Kaiserreiches in dieser Branche entstanden, kann hier nicht im einzelnen eingegangen werden. Erwähnt werden soll nur, daß der Tischlermeister Friedemir Poggenpohl 1892 in Bielefeld eine Tischlerei gründete, aus der sich nach der Übersiedlung nach Herford im Jahre 1897 einer der größten Küchenmöbelhersteller Europas entwickelte.

Wichtig für die Region waren auch die Firmen, die Spezialprodukte für die holzverarbeitende Industrie und das Baugewerbe herstellten. 1890 errichtete Hugo Simons seine Fabrik für Baubeschläge, Türen und Zargen in Rheda, 1901 entstand in unmittelbarer Nachbarschaft, in Wiedenbrück, die „Schlaf- und Wohnzimmermöbel-Manufaktur" von Josef Ellendorff, die in der Zwischenkriegszeit und nach dem Zweiten Weltkrieg unter dem Namen Westag & Getalit AG zu einem der größten Betriebe der Sperrholzproduktion

Das Stammhaus des C. Bertelsmann Verlags in Gütersloh am Alten Kirchplatz

sowie von Türen und speziell beschichteten Holzplatten wurde. Der Tischlermeister Philipp Nordmann begann 1907 in Gütersloh mit der serienmäßigen Möbelherstellung, woraus eine der bedeutendsten Möbelfirmen der Region erwuchs.[71]

Seit den 1890ern, speziell seit der Jahrhundertwende, etablierten sich in der Region auch Unternehmen aus Branchen, die bis heute zu den zukunftsträchtigen „modernen Industriesektoren" zählen: die chemische Industrie sowie das Verlags- und Medienwesen. Die Anfänge der chemischen Industrie im östlichen Westfalen lassen sich auf 1849 datieren, als die beiden Kaufleute Heinrich Busch und Friederich Hildebrandt in Minden eine Fabrik zur Herstellung von Schwefelsäure errichteten. Raumprobleme und zahlreiche Proteste aus der Bürgerschaft führten 1869 zur Übersiedlung nach Brackwede, wo in für die damalige Zeit modernen Produktionsstätten die großindustrielle Herstellung von Schwefelsäure, Chlorkalk und Soda als Bleichmittel für die Textilindustrie begonnen wurde. In den 1880ern beschäftigte das Unternehmen, dessen Absatzgebiet bis weit nach Nord- und Ostdeutschland reichte, bereits 100 Mitarbeiter. Dennoch darf dieser Sachverhalt nicht darüber hinwegtäuschen, daß viele chemische Betriebe in den ersten Jahrzehnten ihres Bestehens eher kleingewerblichen Charakter besaßen. Als Beispiel sei hier die Firma von Eduard Gerlach genannt, der in der väterlichen Drogerie in Lübbecke 1882 mit der Produktion von Fußpflegemitteln begann. Aus diesen kleinen Anfängen entwickelte sich jedoch während des 20. Jahrhunderts eine heute international operierende Firma für Fußpflegemittel und andere chemische Spezialprodukte.

Eher an einen handwerklichen Kleinbetrieb erinnerten die Produktionsstätten, in der seit 1892 von der Firma Arnold Holste Ww. – seit 1825 im Kolonial- und Handelsgeschäft tätig – Wäschepflegemittel hergestellt wurden. 1906 konnte das Unternehmen jedoch bereits vermelden, mit Erzeugnissen wie Kaiser-Natron oder Holstina-Stoffarben zu Deutschlands führenden Unternehmen von Glanzstärke, Farbstoffen oder anderen chemischen Präparaten für den Hausgebrauch zu gehören. Ein Pionier der fabrikmäßigen Herstellung von Pharmazeutika ist dagegen die 1897 gegründete Medizinal-Kräutergroßhandlung, Gewürzmühle und Fabrik pharmazeutischer Präparate Oscar Sarhage, die heute unter dem Namen Abtei in der Herstellung von Rohdrogen, Kräutertees und pflanzlichen Heilmitteln dominiert. Das Sudbracker Nährmittelwerk, 1905 von Dr. August Wolff errichtet, verfügte in den Anfangsjahren über eine eher diffuse Produktpalette, die von Nervenextrakten bis hin zu Tees, Kindernahrung, Cremes und Zahnpasten reichte. In den 1920ern konzentrierte sich das Unternehmen dann auf die Herstellung von Pharmazeutika, ein Gebiet, auf dem es bis heute seine Marktposition behaupten konnte.[72]

Die Anfänge des Verlags- und Medienwesens in der Region lassen sich schon in vorindustrieller Zeit finden. Sieht man von Druckereien ab, die bereits während des 18. Jahrhunderts existierten wie die Druckerei J. D. Küster Nachfolger, so wandten sich vor allem in den 1830ern und 1840ern politisch engagierte oder religiös motivierte junge Männer dem Buchhandel und dem Verlagswesen zu. 1824 errichtete der Buchbinder Carl Bertelsmann eine Steindruckerei in Gütersloh, aus der 1835 der Carl Bertelsmann-Verlag hervorging, der sich auf die Herausgabe von Gesangs- und Schulbüchern konzentrierte. Auch in den folgenden Jahrzehnten unter der Leitung von Bertelsmanns Schwiegersohn Johannes Mohn umfaßte das Verlagsprogramm Erbauungs- und Missionsliteratur wie die „Kleine Missionsharfe" sowie die Herausgabe deutscher Klassiker. In den 1920ern wurde dann durch den neuen Firmeninhaber Heinrich Mohn Unterhaltungsliteratur in das Programm aufgenommen und damit der Weg zu einem Welt-Medienkonzern eingeschlagen, auf den noch eingegangen wird.[73]

1835 entstand die Verlagsbuchhandlung Velhagen & Klasing, die durch den Bielefelder Buchhändler August Klasing und den aus Stift Quernheim stammenden August Velhagen ins Leben gerufen wurde.

Mit fremdsprachigen Klassikerausgaben, der Publikation von Schulbüchern, vor allem aber durch die Herausgabe von illustrierten Familienzeitschriften wie „Daheim" oder „Velhagen & Klasings Monatshefte" sowie einer Sammlung von Künstlermonographien konnte sich der Verlag schnell einen Stammplatz in den Wohnstuben des deutschen Bildungsbürgertums des Kaiserreiches sichern. Durch Zukäufe anderer Verlage in Leipzig, dem Zentrum des deutschen Buchhandels, und Hannover zu Beginn des Jahrhunderts hatte der Verlag eine solche Größe erreicht, daß er sich am Vorabend des Ersten Weltkrieges „größte in Privathänden befindliche Verlagsanstalt Deutschlands" nennen konnte.[74]

1847 gründete der Buchbindermeister Ernst Gundlach einen Verlag, der ab 1874 auch die Buchdruckerei aufnahm. Während des Kaiserreiches wuchs das Unternehmen dank der Herausgabe vieler Wirtschaftszeitschriften wie zum Beispiel der „Deutschen Nähmaschinen-Zeitschrift". Anfang des Jahrhunderts wurde der Verlag in eine Aktiengesellschaft umgewandelt. Zeitgleich erfolgte die Herausgabe von Tageszeitungen wie den „Westfälischen Neuesten Nachrichten". Das Fundament für den Aufbau der heutigen Gundlach Gruppe, zu der Verlage, Druckereien und Lithographieanstalten gehören, war damit gelegt.[75]

Neben einigen anderen kleineren Verlagen wie dem W. Bertelsmann Verlag, der 1864 von zwei Söhnen des Gütersloher Buchdruckers Carl Bertelsmann ins Leben gerufen wurde und Zeitungen wie den „Allgemeinen Anzeiger", den „Westfälischen Hausfreund" oder den „Conservativen Volksfreund" herausbrachte, profitierten zahlreiche Druckereien und Papierwarenhersteller vom steigenden Informationsbedürfnis, dem zunehmenden Einsatz von Werbemitteln und der regen Nachfrage nach Erzeugnissen des Bürobedarfs aufgrund von Neuorganisationen in Unternehmen und Verwaltungen. Die im Jahre 1900 gegründeten Eilers-Werke verlegten sich auf die Produktion von Reklameartikeln, insbesondere Kalender, während sich der Betrieb des Buchbindermeisters Richard Dohse auf die Herstellung von Poesiealben, Rezept- und Notizbüchern spezialisierte. Zusammen mit der Papiermühle der Familie Halbrock in Hillegossen, den Pappenherstellern Luce oder Sprick trugen auch sie dazu bei, daß sich Verlagswesen und graphisches Gewerbe in der Region bis zum Ersten Weltkrieg zu einem florierenden Wirtschaftszweig entwickelten.[76]

Während des Kaiserreiches blieben dagegen der Kohlenbergbau sowie die Erzgewinnung und -verhüttung Sorgenkinder der ostwestfälischen Wirtschaft. 1881 wurde der Kohlenbergbau auf der Zeche Böllhorst eingestellt. Aber auch auf den Zechen Preußisch Clus und Laura ging die Kohleförderung bis zum Ausbruch des Ersten Weltkriegs mehr und mehr zurück. Die 1881 gegründete Eisensteingrube Victoria mußte 1888 an die Dortmunder Union für Bergbau und Hüttenbetrieb verkauft werden, welche das Unternehmen als Filialbetrieb halbherzig weiterführte. Zwei weitere Eisensteinzechen, die Bückeburger Eisenwerke zu Dortmund und die Zeche Wohlverwahrt klagten ebenfalls kurz nach ihrer hoffnungsvollen Gründung 1883 über nachlassenden Absatz, schwierige Transportverhältnisse und sinkende Konkurrenzfähigkeit, die schließlich zur Einschränkung der Produktion und zu einem kontinuierlichen Personalabbau führten.[77]

Dagegen zeichnete sich bereits der Aufstieg von Unternehmen aus dem Dienstleistungssektor am Horizont ab. Auf die rasche Zunahme verschiedenster Einzelhandelsgeschäfte, Kaufhäuser, Hotels oder anderer Dienstleister in der Region kann hier nicht eingegangen werden. Exemplarisch soll dagegen auf die positive Entwicklung der ostwestfälischen Heil- und Kurbäder hingewiesen werden. Das Königliche Bad Oeynhausen konnte 1875 3 278 Kurgäste und 63 210 verabreichte Bädern verzeichnen. In den folgenden Jahren wurden durch den Bau eines neuen Solebadehauses, eines Thermalbades und der Anlage eines Kurparks die Kuranlagen beständig modernisiert und ausgebaut sowie das Hotel- und Bettenangebot erweitert. 1885 konnte das Bad mit 4 877 Kurgästen und 75 960 verabreichten Bädern aufwarten, zur Jahrhundertwende mit 10 795 Kurgästen und 156 554 verabreichten Bädern, 1913 mit 16 667 Kurgästen und 231 574 Bädern. Diese Zahlen unterstreichen eindrucksvoll den Aufschwung Bad Oeynhausens während des Kaiserreiches, lassen aber auch Rückschlüsse auf einen gestiegenen Lebensstandard breiter Bevölkerungskreise zu, der Badekuren und Urlaube erst ermöglichte.

Der Erfolg von Bad Oeynhausen ermunterte Investoren in anderen Orten der Region, ebenfalls einen Badebetrieb einzurichten. 1875 entstand in der Nähe Mindens das Hermannsbad. Zur gleichen Zeit wurden auch die Schwefel- und Schlammbäder Senkelteich und Seebruck ausgebaut, die sich einer wachsenden Beliebtheit erfreuten. 1888 zählte die Handelskammer zu Minden immerhin zehn Heilbäder in ihrem Bezirk, darunter aber auch weniger bedeutende wie Bad Dankersen, Stahlbad Hausberge, Schwefelbad Nammen oder Bad Rodenbeck bei Minden. Dennoch: Der Aufschwung in den Heilbädern gab nicht nur den Anstoß für die Gründung zahlreicher Betriebe im Hotel- und Gaststättengewerbe, sondern bildete auch den ersten Schritt hin zum „Heilgarten" Ostwestfalen-Lippe – bis heute eine wichtige Säule für die Tourismusindustrie der Region.[78]

Diese kurzen Hinweise genügen, um ein signifikantes Merkmal der wirtschaftlichen Entwicklung im östlichen Westfalen nochmals hervorzuheben: Die eigentlichen Triebkräfte für den wirtschaftlichen Strukturwandel bildeten die „jungen Industrien“ der Produktverfeinerung oder der Weiterverarbeitung. Jetzt dominierten die Leinenweiterverarbeitung, der Maschinenbau oder die Metallverarbeitung – Branchen, deren Erzeugnisse mit technologisch entwickelten Produktionsmethoden hergestellt wurden und deren Absatzgebiete nicht mehr der regionale, sondern der nationale, ja sogar der Weltmarkt waren. Diese Branchen als Träger des Strukturwandels waren dafür verantwortlich, daß sich die bereits zitierte Vielseitigkeit in der Wirtschaftsstruktur im östlichen Westfalen während der Kaiserzeit mehr und mehr ausbreitete – ein Pfund, mit der die Region auch in den wirtschaftlich schwierigen Phasen während des Ersten Weltkriegs und der Zwischenkriegszeit wuchern konnte.

2. Die Entwicklung der Kreditwirtschaft während des Kaiserreiches

Verfolgt man die Entwicklung der Kreditwirtschaft im östlichen Westfalen während des Kaiserreiches, so lassen sich zwei markante Charakteristika beobachten: Zum einen fand im privaten Bankwesen eine Konzentration statt, die in erster Linie zu Lasten der kleineren Bankhäuser ging, zum anderen eine zunehmende Differenzierung im Kreditsektor, indem neue Institute für bestimmte Gewerbetreibende oder Bevölkerungsgruppen gegründet wurden. Dieser Prozeß entsprach der Entwicklung, wie sie in fast allen Teilen Deutschlands während des Kaiserreiches festzustellen war.[79]

Ausgelöst durch den Aufschwung in der ostwestfälischen Wirtschaft in den 1880ern benötigten viele Unternehmen immer größere Kapitalsummen, um notwendige und umfangreiche Investitionen finanzieren zu können und damit konkurrenzfähig zu bleiben. Viele der kleineren Privatbankhäuser konnten diese Kapitalsummen nicht mehr aufbringen, so daß sie als Kreditgeber für die heimische Industrie an Bedeutung verloren. Einige Privatbankiers verkauften daher ihr Geschäft an Aktienbanken, andere fusionierten ihre Bankhäuser zu neuen kapitalstärkeren Instituten. Von dieser Entwicklung profitierten sowohl im Reich als auch im östlichen Westfalen vor allem die Aktienbanken wie zum Beispiel die Westfälische Bank. Nach einer durch die Gründerkrise notwendig gewordenen Sanierung im Jahre 1878 konnte sich dieses Institut zufriedenstellend entwickeln, indem es für viele Bielefelder Firmen Kredite und Kapital für Kapitalerhöhungen vermittelte. Bilanzsumme und Eigenkapitalbasis stiegen kontinuierlich an. Vor diesem Hintergrund erfolgte 1897 die Übernahme des Privatbankhauses Osthoff und Brinkhoff, Anfang des 20. Jahrhunderts wurden Niederlassungen in Lippstadt und Gütersloh errichtet und 1905 die Privatbank Otto Lohmann eingegliedert. Durch diese Maßnahmen war die Westfälische Bank zu einem der führenden Kreditinstitute in der Region aufgestiegen.[80]

Konzentrierte die Westfälische Bank ihre Geschäftstätigkeit bis zur Jahrhundertwende vorwiegend auf Bielefeld und die nähere Umgebung, so sollte die Westfälisch-Lippische Vereinsbank insbesondere die Industrie im östlichen Westfalen und in Lippe mit Kredit versorgen. Dieses Institut war 1901 in Bielefeld unter Beteiligung des Schaaffhausen'schen Bankvereins, eine der großen Aktienbanken in Deutschland, gegründet worden, wobei die Privatbank von S. Katzenstein, das Herforder Bankhaus Gebr. Siekmann und das Privatbankhaus Salomon und Oppenheimer aus Detmold mit übernommen wurden. Die Entwicklung der Westfälisch-Lippischen Vereinsbank verlief in den folgenden Jahren recht positiv. Sie konnte der heimischen Industrie zahlreiche Kredite vermitteln und war an der Emission und Plazierung vieler Industrie- sowie Reichsanleihen beteiligt.[81]

Bis zur Jahrhundertwende spielten sowohl in Bielefeld als auch in den anderen ostwestfälischen Gewerbezentren für die Region typische und in ihrem Kundenkreis im wesentlichen nur auf dieses Gebiet beschränkte Institute die führende Rolle. Danach begannen die großen Berliner Aktienbanken oder die bedeutendsten regionalen Aktienbanken, durch die Übernahme lokaler Institute systematisch ihre Expansions- und Konzentrationsbewegung in der Provinz durchzuführen. Dank ihrer dominierenden Stellung in der ostwestfälischen Kreditwirtschaft war vor allem die Westfälische Bank als Fusionspartner für bedeutende regionale Aktienbanken von Interesse. 1905 unterbreitete die Rheinische Disconto-Gesellschaft in Aachen, eine der großen Aktienbanken in Westdeutschland, der Westfälischen Bank ein Fusionsangebot, das angenommen wurde. Das neue Institut firmierte fortan als Rheinisch-Westfälische Discontogesellschaft, die bis zum Ausbruch des Ersten Weltkrieges durch die Übernahme von 15 weiteren Kreditinstituten erheblich expandierte. 1917 wurde die Rheinisch-Westfälische Discontogesellschaft von der Dresdner Bank übernommen, die ihre Stellung im westlichen Teil des Reiches stärken wollte.[82]

Während des Ersten Weltkrieges erlag die Westfälisch-Lippische Vereinsbank ebenfalls dem Werben einer Berliner Großbank. 1917 wurde die Fusion mit einem der renommiertesten deutschen Bankinstitute, der Berliner Discontogesellschaft, vereinbart. Schließlich wurde 1905 das Bielefelder Privatbankhaus A. W. Dreyer vom Barmer Bankverein erworben, eine der größten und angesehensten Regionalbanken Deutschlands. Im Februar 1914 eröffnete die Bergisch-Märkische Bank, ebenfalls eine bedeutende

Regionalbank, ihre Filiale in Bielefeld. Kurze Zeit später fusionierte das Institut mit der Deutschen Bank, so daß auch sie am Bielefelder Platz vertreten war. Durch diese Übernahme und die Präsenz der Großbanken wurde zwar die Leistungsfähigkeit des Kreditsektors in Bielefeld gesteigert, doch ging dafür ein Stück Lokalkolorit verloren. Nur das Privatbankhaus Paderstein konnte hier als alteingesessenes Institut seine Selbständigkeit behaupten und seine Stellung für die Kreditversorgung der ostwestfälischen Industrie verteidigen.[83]

Ähnlich war die Situation in Herford. Auch hier verloren die ehemals dominierenden Privatbankiers gegenüber den Aktienbanken an Terrain. Dagegen wuchs die Bedeutung der Herforder Disconto-Bank als erste Adresse der lokalen Kreditwirtschaft. Die gute Entwicklung der Bank spiegelt sich in den in kurzen Zeitabständen vorgenommenen Kapitalerhöhungen wider. 1873 betrug das Aktienkapital 300 000 Mark, 1897 3 Millionen Mark. Das Jahr 1901 fiel aus der bisher positiven Entwicklung heraus, da die Herforder Disconto-Bank wie viele andere Institute im Deutschen Reich zum einen unter der allgemeinen Wirtschaftskrise zu leiden hatte, zum anderen durch den Konkurs eines großen Kunden in Löhne einen beträchtlichen Verlust hinnehmen mußte, der nur durch Zuweisung von Mitteln aus dem Reservefonds gedeckt werden konnte. Trotz dieses Rückschlags konnte sich die Herforder Disconto-Bank jedoch bis in die zwanziger Jahre hinein positiv entwickeln, so daß sie zu einem unverzichtbaren Bestandteil der lokalen Kreditwirtschaft wurde.[84]

Außer der Herforder Disconto-Bank profilierten sich vor allem regionale Aktienbanken in der Herforder Kreditwirtschaft des Kaiserreiches. Nach dem bereits erwähnten Verkauf des Bankgeschäfts von Marcus Ganz an die Osnabrücker Bank nannte sich deren Herforder Filiale „Herforder Bank, Zweigstelle der Osnabrücker Bank“. Dieses Institut konnte zu einem wichtigen Bestandteil der Herforder Kreditwirtschaft werden und aufgrund einer soliden Ertragsentwicklung den Ersten Weltkrieg sowie die Inflation gut überstehen. Zweigniederlassungen richteten in Herford auch die Westfälisch-Lippische Vereinsbank (1901) und der Barmer Bankverein (1905) ein. Nach der Übernahme der Westfälisch-Lippischen Vereinsbank durch die Discontogesellschaft war auch dieses Institut in Herford mit einer Filiale präsent. Entsprechend der rasch wachsenden Bedeutung von Gütersloh als Gewerbe- und Industriestadt errichtete hier die Rheinisch-Westfälische Discontogesellschaft ebenfalls eine Filiale.[85]

Auf zwei interessante Sonderentwicklungen des privaten Bankwesens im östlichen Westfalen soll hier noch hingewiesen werden. 1889 beschlossen die Leiter des Mindener Vorschußvereins, das Institut in eine Aktiengesellschaft umzuwandeln, um ihm angesichts des schnell steigenden Kreditbedarfs eine breitere Kapitalbasis zu verschaffen. Damit wurde aus einer genossenschaftlichen Bank ein privates Kreditinstitut in der Rechtsform der Aktiengesellschaft. Auf einem soliden finanziellen Fundament spielte der Mindener Bankverein eine herausragende Rolle bei der Kreditvermittlung für die Industrie aus den Kreisen Minden und Lübbecke. Die Expansion des Bankvereins vor der Jahrhundertwende läßt sich daran ablesen, daß er 1899 gemeinsam mit zwei anderen befreundeten Banken die Bünder Bank GmbH unter Übernahme der Bünder Firma F. W. Eggersmann gründete. Im gleichen Jahr beteiligte er sich an der Hamelner Bankfirma W. Silberschmidt. Der Zusammenbruch dieser Firma 1903 bedeutete für den Bankverein einen großen finanziellen Verlust und einen hohen Abschreibungsbedarf. Dieser Sachverhalt dürfte wohl auch dafür verantwortlich gewesen sein, daß Vorstand und Aktionäre des Bankvereins 1906 beschlossen, ein Übernahmeangebot der Deutschen Nationalbank KGaA in Bremen zu akzeptieren. Der Bankverein erlosch damit als selbständiges Institut und wurde als Filiale der Deutschen Nationalbank weitergeführt.[86]

Die Umwandlung des Mindener Vorschußvereins in eine private Aktienbank war keineswegs der einzige Fall dieser Art in der Region. 1891 erhielt auch der Werther Bankverein die Rechtsform einer Aktiengesellschaft. Dieses Institut war 1878 als genossenschaftlicher Vorschußverein gegründet worden, bevor der Entschluß gefaßt wurde, es umzugründen, um die Kapitalbasis zu verbreitern. Der Werther Bankverein verfolgte als Geschäftszweck zunächst weniger das Ziel, die größeren Industrieunternehmen mit Kredit zu versorgen, sondern eher die Landwirtschaft, die kleineren Gewerbetreibenden und den Handel aus dem Kreis Halle bei der Versorgung mit Betriebsmitteln zu unterstützen. Im Vergleich zu den anderen Aktienbanken der Region blieb der Geschäftsumfang des Werther Bankvereins eher bescheiden. Dennoch konnte er sein gestecktes Ziel bis zum Ausbruch des Ersten Weltkriegs voll und ganz erfüllen. Auf eine Besonderheit kann der Werther Bankverein zudem verweisen: Während die anderen lokalen Aktienbanken der Region nach der Jahrhundertwende nach und nach von den Berliner Instituten „geschluckt“ wurden, konnte er bis heute seine Eigenständigkeit bewahren.[87]

Resümiert man die Entwicklung des privaten Bankwesens im östlichen Westfalen während des Kaiserreiches, so läßt sich feststellen, daß bis zur Jahrhundertwende für die Region typische und in ihrem Kundenkreis im wesentlichen auf dieses Gebiet beschränkte Institute die führende Rolle spielten: Zunächst die Privatbankiers, die jedoch gegen Ende des vorigen Jahrhunderts von den lokal operierenden

Aktienbanken oder größeren Regional-Aktienbanken übernommen wurden, später vor allem die lokalen Aktienbanken. Diese Entwicklung entspricht dem Muster in vielen deutschen Regionen zu dieser Zeit, bevor die großen Berliner Aktienbanken oder die bedeutendsten regionalen Aktienbanken systematisch ihre Expansions- und Konzentrationsbewegung in die Provinz durch Übernahme lokaler Institute starteten.[88]

Zweitwichtigstes Segment der Kreditwirtschaft waren während des Kaiserreiches die Sparkassen. Grundlage dafür war zum einen der Bevölkerungsanstieg, zum andern eine zunehmende Sparneigung, die durch tendenziell steigende Einkommen ermöglicht wurde. In Ostwestfalen kam es bis zur Jahrhundertwende zu einer Gründungswelle von Sparkassen, wozu sicherlich auch die positive Entwicklung von Instituten wie der Bielefelder, der Herforder oder der Mindener Kreissparkasse beitrugen. Bei den Sparkassengründungen läßt sich folgendes Muster erkennen: In den Städten, in denen bisher nur eine Kreissparkasse existierte, wurden während des Kaiserreiches Stadtsparkassen errichtet. Angesichts des Bevölkerungsanstiegs faßten zum Beispiel der Magistrat in Lübbecke 1894, der in Minden 1898 den Entschluß, eigene städtische Institute zu errichten. In Herford wurde das Thema Stadtsparkasse wieder aktuell, als die Stadt 1911 aus dem Kreisverband ausschied. Der Magistrat der Stadt Herford hatte vorher mehrmals erfolglos versucht, einen angemessenen Anteil der verfügbaren Überschüsse der Kreissparkasse zu erhalten. Da sich darüber keine Einigung erzielen ließ, wurde beschlossen, die Stadtsparkasse Herford ins Leben zu rufen, die 1913 ihren Geschäftsbetrieb aufnahm. Aber nicht nur die Städte, auch zahlreiche Gemeinden und Ämter schritten während des Kaiserreiches zur Gründung eigener Institute. Zum Beispiel wurden 1885 in Rödinghausen, 1891 in Rehme, 1898 in Hausberge und 1903 in Brackwede Amtssparkassen errichtet. Das Netz an Sparkassen in der Region wurde hierdurch ebenso immer dichter wie durch die Gründung von Filialen der Kreissparkassen.[89]

Die positive Entwicklung dieses Segments der Kreditwirtschaft soll abschließend durch eine Gegenüberstellung des Einlagenbestands von 1874 und 1913 illustriert werden. Nach einer Aufstellung der Handelskammer zu Bielefeld betrugen die Einlagen der Kreis-Sparkasse Bielefeld 1874 13,22 Millionen Mark und der Kreis-Sparkasse Herford 9,78 Millionen Mark. Damit waren diese beiden Institute in jenem Jahr die größten ihrer Art im östlichen Westfalen. An dieser Konstellation hatte sich bis 1913 nichts geändert, der Einlagenbestand war jedoch enorm gewachsen. Auf den Konten der Kreis-Sparkasse Bielefeld lagerten nun 64,05 Millionen Mark, auf denen der Kreis-Sparkasse Herford 34,29 Millionen Mark. Das einlagenstärkste städtische Institut war 1913 die Stadt-Sparkasse Bielefeld mit 19,48 Millionen Mark vor der Stadt-Sparkasse Gütersloh mit 18,48 Millionen Mark, die noch 1874 diese Rangliste mit 2,37 Millionen Mark angeführt hatte.[90]

Auch der genossenschaftliche Sektor der Kreditwirtschaft erlebte während des Kaiserreiches einen Aufschwung. In zahlreichen Orten der Region wurden neue Vorschußvereine, Leih- oder Gewerbebanken in dieser Rechtsform gegründet – in Bünde, Dornberg, Gütersloh, Jöllenbeck, Herford, Schildesche oder Vlotho. In Minden entstand 1898 erneut ein Vorschußverein, nachdem der Vorgänger ja in eine Aktienbank umgewandelt worden war. Die Kreditgenossenschaften trugen wie die Sparkasse zum Aufbau eines leistungsfähigen Kreditwesens in der ostwestfälischen Wirtschaft bei und besaßen einen entscheidenden Anteil bei der Kreditversorgung kleinerer Betriebe sowie der Landwirtschaft.

Die ordnungsgemäße Versorgung von Handel und Industrie sowie auch der Bevölkerung und die Funktion eines „Clearing-Instituts“ der Kreditwirtschaft wurde während des Kaiserreiches von den Reichsbankstellen ausgeübt, sieht man von unbedeutenden Klagen einiger Industrieller ab, auch zur vollsten Zufriedenheit aller Gewerbetreibender. Durch den wirtschaftlichen Aufschwung in diesen Städten wurden 1892 in Gütersloh und in Herford sogenannte Reichsbanknebenstellen eingerichtet, welche die Bielefelder Reichsbankstelle unterstützen sollten. Auch in dem seit 1900 zum Bezirk der Handelskammer zu Bielefeld gehörenden Lippstadt befand sich eine Reichsbankstelle.[91]

Fassen wir zusammen:

Während des Kaiserreiches verlor der Kreditsektor zwar sein typisches in der Region verwurzeltes Lokalkolorit, indem die ursprünglich hier ansässigen Institute durch überregional operierende Banken übernommen wurden, doch konnte er trotz einiger konjunktureller Rückschläge eine Aufwärtsentwicklung verzeichnen. Vor dem Ausbruch des Ersten Weltkriegs verfügte die ostwestfälische Wirtschaft über eine leistungsfähige Kreditwirtschaft, welche in der Lage war, die heimischen Unternehmen ausreichend mit Kapital zu versorgen. Angesichts einer fehlenden Tradition als Finanz- oder Handelszentrum war dies eine durchaus beachtenswerte Leistung.

3. Die Handelskammern im östlichen Westfalen während des Kaiserreiches bis zum Ausbruch des Ersten Weltkriegs

Auch während der ersten Jahre des Kaiserreiches bildete das Gesetz über die Handelskammern vom 24. 2. 1870 die Grundlage für deren Tätigkeit. Dieses

Gesetz wies den Kammern vor allem zwei Funktionen zu: 1. die Wahrnehmung der Gesamtinteressen der Handel- und Gewerbetreibenden ihres Bezirkes. 2. die Unterstützung der Behörden in der Förderung von Handel und Gewerbe durch Mitteilungen, Anträge und Gutachten. Daher mußten die beiden ostwestfälischen Kammern zum einen die Handel- und Gewerbetreibenden in ihren Bezirken durch Mitteilungen aus laufenden wirtschaftspolitischen Verhandlungen informieren und ihnen Material zur Entscheidungsfindung verschaffen, zum anderen deren Wünsche und Forderungen sowohl bei unterschiedlichen Ministerien oder anderen Regierungsstellen vortragen, als auch gegen Wünsche und Ansichten anderer wirtschaftlicher Korporationen verteidigen. Ferner waren die beiden Kammern verpflichtet, der Regierung durch ihre Berichterstattung zum Ende eines jeweiligen Jahres Informationen über „die Lage und den Gang des Gewerbes an die Hand zu geben", damit auf dieser Grundlage wirtschaftspolitische Entscheidungen gefällt werden konnten.[92]

Diese Doppelfunktion verursachte für die beiden ostwestfälischen Kammern – aber nicht nur für sie – einen Spagat zwischen verschiedenen Interessengruppen. Vor allem zwei Phänomene waren für diese Konstellation verantwortlich: Zum einen entwickelte sich das Kaiserreich zu einer hochindustrialisierten, differenzierten und arbeitsteiligen Volkswirtschaft, zum anderen wuchs die Verflechtung unterschiedlicher Wirtschaftsräume mit ihren spezifischen Eigenarten zu einer einzigen nationalen Marktgesellschaft.[93] Nicht überraschend war daher, daß seit Anfang der 1880er wiederholt Initiativen gestartet wurden, die gewählten Institutionen und Vertretungen der Handel- und Gewerbetreibenden zu reformieren. Zum einen verlangten die Handelskammern mehr Befugnisse und ein größeres Maß an Selbstbestimmung, zum anderen wurde auf Bezirksebene eine Gesamtvertretung von Industrie und Handel gefordert. Die Bezirksräte sollten ihre Vertreter in einen das gesamte Reich umfassenden Deutschen Handels- und Gewerberat entsenden, um kollektiv die Interessen aller Gewerbetreibenden zu artikulieren.[94] Viele dieser Reformen blieben jedoch auf halbem Wege stecken. Erst Mitte der 1890er wurde seitens des Ministeriums für Handel und Gewerbe die Initiative ergriffen, die Befugnisse der Handelskammern neu zu ordnen und ihre Kompetenzen neu zu regeln. Grundlage dieses Vorgehens bildete das 1893/94 in Kraft getretene neue Gewerbesteuergesetz. [95]

Blickt man auf die wesentlichen Betätigungsfelder der beiden ostwestfälischen Kammern während des Kaiserreiches, so zeigt sich im Vergleich mit den vorangegangenen Dekaden eine Verschiebung in der Rangordnung der Bereiche, auf die sich die Stellungnahmen, Gutachten und Petitionen konzentrierten. Die Prioritätenskala der Kammern sah jetzt folgendermaßen aus: 1. Zoll- und Außenwirtschaftspolitik. 2. Gewerbe- und Steuerpolitik. 3. Sozialpolitik und die Gesetzgebung zum Schutz der Arbeiter. 4. Maßnahmen zur Verbesserung der Infrastruktur in den Handelskammerbezirken. 5. Fragen der inneren Organisation der Handelskammern. In dieser Rangliste spiegelt sich der „Reifegrad" von Industrie und Handel in der Region wider, da zum Beispiel die Maßnahmen zur Krisenbekämpfung im Leinengewerbe, die in den Dekaden zuvor einen erheblichen Teil der Aktivitäten der Handelskammern absorbiert hatten, gänzlich fehlten. Statt dessen rückten allgemeine Fragen und Probleme der nationalen Wirtschafts- und Sozialpolitik an die erste Stelle. Die zunehmende Einbindung der Region in die nationale und internationale Wirtschaftspolitik läßt sich daher auch an dieser Rangliste ablesen.

3.1 Zoll- und Außenwirtschaftspolitik

Betrachten wir die einzelnen Felder wieder etwas genauer, um einen besseren Eindruck von der Rolle und Funktion der beiden Kammern während des Kaiserreiches zu erhalten. Mit dem Übergang vom Freihandel zu differenzierten Schutzzollsystemen, die in vielen europäischen Ländern als Folge der Rezession nach der Gründerkrise eingeführt wurden,[96] standen die Probleme der Zoll- und Außenwirtschaftspolitik naturgemäß auch im Zentrum des Interesses der beiden Kammern, wurden hierdurch doch elementare Absatzmöglichkeiten, Import- und Exportchancen sowie damit auch die Marktposition und die Ertragslage der heimischen Industrie direkt berührt. Dabei zeigte sich, daß Landwirtschaft, Industrie und Handel aus der Region in der Zollpolitik keinesfalls eine einheitliche Position einnahmen. Je nach Ertragslage oder nach den Preisbewegungen für Rohstoffe oder Fertigprodukte auf den Märkten sprachen sich die einzelnen Gewerbezweige in der Region für oder gegen die Erhöhung von Zöllen, für oder gegen die Einführung von Meistbegünstigungsklauseln beim Abschluß von Handelsverträgen, für oder gegen staatliche Stützungsmaßnahmen notleidender Branchen aus. Angesichts dieser divergierenden Interessen sahen sich die beiden Kammern mehrmals veranlaßt, selbst ihre Position zur Politik der Schutzzölle zu artikulieren.

Auf den ersten Blick ließen die beiden Kammern keinen Zweifel daran aufkommen, daß sie den Freihandel als einzige effiziente Form zur Gestaltung der Wirtschaftsbeziehungen unter entwickelten Volkswirtschaften betrachteten – die Kammer zu Bielefeld noch mehr als ihr Mindener Pendant. Die Handelskammer zu Bielefeld machte in ihrem Jahresbericht für 1889 unmißverständlich deutlich, daß „der Freihandel nun einmal dasjenige System ist, das allein den unabänderlichen Gesetzen der Volkswirtschaft und unantastbaren Schlüssen der Vernunft entspricht. Es ist dasjenige System, dessen endlicher Sieg nach Vollziehung der internationalen Arbeitsteilung keinem Zweifel unterliegen kann!"[97]

Was hier nach einem entschlossenen Eintreten für den Freihandel aussieht, war jedoch das Resultat einer kontroversen Diskussion innerhalb der Kammer. Es gibt Hinweise dafür, daß als Folge dieser Debatte der bisherige Kammerpräsident Hermann Delius Ende 1874 zurücktrat, da er einen freihändlerischen Kurs nicht mehr befürworten wollte. Angesichts der Rezession von 1873 und der Absatzschwierigkeiten für die Leinenindustrie begrüßte Delius protektionistische Maßnahmen. Die von der Kammer 1874 und 1875 erhobene Forderung nach Einfuhrbeschränkungen von böhmischem Leinen dürfte zum Beispiel noch die Handschrift von Delius getragen haben. Mit weiteren Forderungen dieser Art konnte er sich nicht mehr durchsetzen. Sein Nachfolger als Kammerpräsident Conrad Bertelsmann, seines Zeichens Direktor der Spinnerei Vorwärts, rückte dagegen von seinem freihändlerischen Credo nicht ab. Ob Bertelsmann tatsächlich von Unternehmern aus der Wäscheindustrie und der Metallindustrie in sein Amt „gehievt" wurde, wie in einigen Ausführungen zu lesen ist, ließ sich nicht exakt feststellen.[98]

Unter ihrem Präsidenten Conrad Bertelsmann, der die Exportfähigkeit der deutschen Industrie nur über langfristige Handelsverträge gewährleistet sah und der der Ansicht war, Handel und Gewerbe in Deutschland benötigten keine Schutzzölle, vertrat die Bielefelder Handelskammer fortan einen entschieden freihändlerischen Standpunkt. Staatliche Interventionen und Handelsbeschränkungen durch eine Schutzzollpolitik wurden gebrandmarkt. Der Staat solle nur dann in die wirtschaftlichen Beziehungen eingreifen, so die Kammer, wenn es gelte, junge, sich entwikkelnde Industriezweige vor einer allzu harten ausländischen Konkurrenz zu schützen. Mit dem Eintreten dieser Industrien in den „Wettkampf des Welthandels" seien protektionistische Maßnahmen jedoch aufzugeben, da „durch die Begünstigung eines bestimmten Erwerbszweiges ... große Klassen der Konsumenten einen im Vergleich zu dem allgemeinen Nutzen unverhältnismäßigen Schaden erleiden ..."[99]

Die Mindener Kammer modifizierte ihren freihändlerischen Standpunkt während des Kaiserreiches mehrmals. 1874 plädierte sie dafür, von einem falschen Dogmatismus abzusehen und das System des Freihandels nur dann anzuwenden, wenn auch andere Länder dazu bereit seien. In einem Gutachten schrieb sie zum Beispiel: „... Es könnte hierbei scheinen, als wenn wir Gegner des Freihandels geworden wären und unseren gern und oft verteidigten Standpunkt verleugnen würden; es ist dies jedoch nicht der Fall. Wir verlangen nur, in richtiger Anwendung freihändlerischer Grundsätze, die Entwicklung und Förderung eines freien internationalen Verkehrs und damit eine auf Gegenseitigkeit beruhende Freiheit ..."[100]

Mit Fortdauer der Wirtschaftskrise konnte sich die Kammer immer mehr mit einem Abrücken vom Freihandelssystem anfreunden, bevor sie in den 1880ern wieder in das Lager derjenigen umschwenkte, die gegen weitere Zollerhöhungen und für den Ausbau von Handelsbeziehungen waren. Die Zweifel der Mindener Kammer am System des Freihandels kamen deutlich 1877 zum Ausdruck, als sie in einem Gutachten zur Zollpolitik äußerte: „... Einige der namhaftesten Industrien Deutschlands bedürfen eines mäßigen Schutzzolls, welcher gleichzeitig ein nothwendiger Schutz für nationale Arbeit ist ..."[101]

Betrachtet man Zahl und Inhalt der Eingaben, Petitionen und Stellungnahmen der beiden Kammern für eine gemäßigt freihändlerische und gegen eine Hochschutzzollpolitik, so läßt sich eine ansteigende „Fieberkurve" vom Ende der 1870er bis zur Mitte der 1890er feststellen, die nach der Jahrhundertwende wieder abflaute. Angesichts einer bevorstehenden Erhöhung der Zolltarife fand 1878 zum Beispiel eine Konferenz derjenigen Handelskammern in Berlin statt, die für eine moderate Freihandelspolitik und ein weitreichendes System von Handelsverträgen plädierten. Auf dieser Konferenz legte Bertelsmann entschieden den Standpunkt der Bielefelder Kammer dar: „Die Kammer, die fast ausschließlich Industrielle zu ihren Mitgliedern zählt, ist sich darüber vollständig klar, daß sie auf jegliche Zollerhöhungen für die Branchen, die sie in ihrem Bezirke zu vertreten hat, verzichtet, wenn damit eine Vertheuerung aller Bedürfnisse verbunden sein soll, wenn unsere Produktionsbedingungen durch einen Einfuhrzoll auf alle Güter so erhöht werden sollen, daß wir uns gewissermaßen gegenseitig aushungern ... Ich für meine Person gehe noch einen Schritt weiter: Ich würde selbst die Schutzzölle, welche wir heute noch haben, eher fallen lassen, als ein Programm annehmen, wie es uns von Seiten des Herrn Reichskanzlers geboten wird ..."[102]

Nicht nur in diesem Jahr, sondern auch im folgenden richtete die Bielefelder Kammer wiederholt Eingaben und Petitionen an den Reichstag oder diverse Ministerien, um einer Erhöhung von Zöllen entgegenzuwirken. 1879 konnte sie einen Erfolg für ihr mutiges Eintreten verbuchen, als der Reichstag nicht zuletzt aufgrund ihres massiven Protestes die beabsichtigte Einführung eines Zolles auf Flachs, Werg und Hanf wieder fallen ließ. An der Verabschiedung eines allgemeinen neuen und umfassenden Tarifsystems für Schutzzölle in diesem Jahr konnte die Bielefelder Kammer jedoch nichts ändern.[103]

Auch der wiederholte Hinweis an die Adresse der Reichsregierung, wie wenig die Schutzzölle tatsächlich zur Verbesserung der wirtschaftlichen Lage beigetragen hätten, wie ernüchternd statt dessen die protektionistischen Maßnahmen inzwischen auf viele Industrielle gewirkt hätten, konnten keinen nachhaltigen Eindruck in den Berliner Ministerien hinterlassen. Im Gegenteil: Mitte der 1880er wurden die Zolltarife weiter erhöht, um billiges Importgetreide aus Rußland oder den USA vollends vom deutschen Markt fernzuhalten. Am 30. November 1887 richtete die Bielefelder Handelskammer daher eine weitere, diesmal in scharfem Ton gehaltene Eingabe gegen die Zollerhöhung an den Reichstag. Die Kammer befürchtete nicht nur eine Steigerung der Lebensmittelpreise als Folge dieser Maßnahme, sondern auch, „daß die projektierte exorbitante Erhöhung der Getreidezölle auf den verschiedensten Seiten gegen das Deutsche Reich einen heftigen Zollkrieg zu entfesseln drohe, dessen Kosten die deutsche Industrie zu tragen haben würde..." Die Mindener Kammer äußerte sich am 29. November ähnlich, wenn auch im Ton etwas moderater: „...Vom wirtschaftspolitischen Standpunkte aus erscheint die Erhöhung der Getreidezölle sehr bedenklich. Vom handelspolitischen Standpunkt aus stehen der Erhöhung gleichfalls schwerwiegende Bedenken entgegen..."[104]

Hinter den Bestrebungen auf Zollerhöhungen vermuteten die Handelskammern ebenso wie andere, noch freihändlerisch gesonnene Organe der Industrie zurecht die Interessenvertretungen der Landwirtschaft, die zunehmend an Einfluß auf die deutsche Politik gewonnen hatten. Als die Agrarier anläßlich der Verhandlungen zwischen dem Kaiserreich und der K.u.K.-Monarchie über den Abschluß eines neuen Handelsvertrages lebhaft gegen eine mögliche Herabsetzung der Getreidezölle agitierten, ging die Bielefelder Kammer zusammen mit anderen Korporationen von Gewerbetreibenden im Reich in die Offensive: In scharfer Form griffen sie 1890 in einer Petition an den Reichskanzler den wachsenden Einfluß landwirtschaftlicher Partikularinteressen auf die deutsche Außenhandelspolitik an, der eindeutig zu Lasten der Industrie ginge. Gleichzeitig forderten sie eine Umkehr in der deutschen Zollpolitik weg vom Schutzzoll zurück zum Freihandel. In der Petition hieß es: „Die Handelskammer zu Bielefeld ist der entschiedenen Ansicht, daß die Verhältnisse des deutschen Erwerbslebens eine freiere Gestaltung des internationalen wirtschaftlichen Verkehrs erheischen. In der Erwägung aber, daß die Herabminderung der Getreidezölle ohnehin den lebhaften Wünschen der breiten Massen des deutschen Volkes entspricht, erklärt sich die Handelskammer entschieden mit denselben einverstanden..."[105] An Selbstbewußtsein schien es der Bielefelder Kammer offenbar nicht zu mangeln, machte sie sich doch in ihrer Petition zum Sprachrohr für die Interessen der deutschen Bevölkerung, ohne dafür in irgendeiner Form legitimiert zu sein.

Veränderte ökonomische Rahmenbedingungen und neue außenhandelspolitische Überlegungen unter dem Reichskanzler von Caprivi, der wachsende Industrieexporte aus Deutschland mit Hilfe sinkender Agrarzölle ermöglichen wollte, führten dazu, daß die Reichsregierung eine Korrektur ihrer Zollpolitik vollzog. 1891 konnten die beiden Kammern daher mit Genugtuung vermerken, daß mit dem Abschluß eines deutsch-österreichischen und deutsch-schweizerischen Handelsvertrages die massive Hochschutzzollpolitik verlassen und zum System konstruktiver Handelsverträge mit Zollverminderungen für beide Partner zurückgekehrt wurde. Die Kammern ermahnten die Reichsregierung jedoch, auf diesem Weg nicht stehenzubleiben und Verträge auch mit anderen Ländern wie Spanien oder Rußland abzuschließen.

Da von der Landwirtschaft in den folgenden Jahren geradezu laut und schrill für die Hochschutzzollpolitik agitiert wurde, sahen sie sich gezwungen, dieser Propaganda durch weitere Stellungnahmen und Petitionen an Regierungsstellen entgegenzutreten. Als die Unterzeichnung eines Handelsvertrages mit Rußland 1892 in greifbare Nähe rückte, stieß dieses Vorhaben auf schärftste Kritik der Agrarier, die durch den Import von billigem russischem Getreide ihre eigenen Absatzmöglichkeiten gefährdet sahen. Die Bielefelder Kammer machte als Reaktion darauf als eine der ersten Institutionen dieser Art im Kaiserreich massiv Front gegen den wachsenden Einfluß des „Bundes der Landwirte", der Interessenvertretung der Agrarier. In ihrem Jahresbericht schrieb sie: „Insbesondere war es der in Aussicht stehende Handelsvertrag mit Rußland sowie das in Deutschland bestehende Währungssystem, gegen welche die agrarische Agitation des sogenannten „Bundes der Landwirte" sich richtete. Gegenüber dem rücksichtslosen Vorgehen von dieser Seite hielten es zahlreiche Interessenvertretungen von Handel und Industrie für angemessen, ihren entgegengesetzten Standpunkt zur Geltung zu bringen und die Position der Reichsregierung durch öffentliche Kundgebungen zu stützen. Unsere Handelskammer gehörte zu den ersten, welche in diesem Sinne vorgingen. Eine große Zahl von Schwesterkammern, darunter diejenigen der bedeutendsten Bezirke, sind diesem Beispiel gefolgt..."[106]

Ein Jahr später konstatierte die Kammer: „... Die Agitation steigerte sich ins Ungemessene, als zu Ende des Jahres mit immer größerer Gewißheit hervortrat, daß die Bestrebungen der Reichsregierung, auch mit Rußland feste handelspolitische Abmachungen zu treffen, zu einem positiven Resultate führen würden..." Die Mindener Kammer nahm in dieser Frage den gleichen Standpunkt ein, als sie in einer Petition an den Reichskanzler vom 6. April 1893 folgendes schrieb: „... Um so mehr müssen wir es daher bedauern, wenn in letzter Zeit aus den landwirtschaftlichen Interessenkreisen, besonders durch den im letzten Winter gegründeten Bund der Landwirte heftige Angriffe gegen diese Politik und namentlich gegen einen Abschluß eines Handelsvertrages mit Rußland erhoben werden. Ein Erfolg dieser Angriffe müßte unseres Erachtens eine ernsthafte Schädigung der gesamten wirtschaftlichen Stellung Deutschlands zur Folge haben, so daß wir auf das entschiedenste gegen jene Bestrebungen Verwahrung einlegen ...“[107]

Für das Scheitern der Verhandlungen und den darauf zwischen dem Kaiserreich und Rußland entbrannten „Zollkrieg“ machten die beiden Kammern die ablehnende Haltung der Landwirte und ihres Interessenverbandes verantwortlich. In zahlreichen Eingaben und Stellungnahmen wiesen sie nachdrücklich auf die negativen Folgen dieser Entwicklung für die Industrie der Region hin. Mit Blick auf die Landwirtschaft in ihrem Bezirk glaubte die Bielefelder Kammer 1893 noch Interessensolidarität feststellen zu können: „... Was speziell wiederum die Verhältnisse unseres Industriebezirkes anbelangt, so ist hier wie kaum irgendwo die Landwirtschaft an dem Wohlergehen der industriellen Bevölkerung interessiert ...“ 1898 kam die Bielefelder Kammer nicht mehr umhin, von einer wachsenden Interessendivergenz zwischen der Landwirtschaft und der Industrie in ihrem Bezirk zu sprechen. Die Mindener Kammer schien in dieser Hinsicht etwas realistischer zu sein, als sie bereits 1893 konstatierte, daß der „Kampf um das Zustandekommen des deutsch-russischen Handelsvertrages zwischen die Hauptgruppen unseres Erwerbslebens einen Zwiespalt hineingetragen hat ...“ [108]

Mit der Unterzeichnung eines Handelsvertrages zwischen Deutschland und dem Zarenreich 1894 war zunächst das Ende der „Kampfzölle“ und der rigiden Hochschutzzollpolitik gekommen. In den folgenden Jahren schloß Deutschland mit einer Reihe von Staaten wie Japan, Chile, Portugal, Schweden, Spanien und den USA Handelsverträge ab, was von den beiden ostwestfälischen Kammern begrüßt wurde. Trotz dieses Kurswechsels in der deutschen Außenhandelspolitik oder gerade deswegen setzten die Interessenvertretungen der Landwirtschaft ihre giftige Kampagne zugunsten einer Hochschutzzollpolitik und vor allem einer Erhöhung der Getreidezölle unvermindert fort. Die beiden ostwestfälischen Kammern sahen sich daher gezwungen, in zahlreichen Stellungnahmen und Gutachten gegen diese Art von Stimmungsmache vorzugehen und die Politik der Agrarier als in höchstem Maße schädlich für die deutsche Volkswirtschaft zu brandmarken. Als um die Jahrhundertwende erneut die Erhöhung der Getreidezölle und die Überarbeitung des unter Caprivi geltenden Zollsystems gefordert wurde, entlarvte die Bielefelder Kammer die wahren Gründe für die damals vielzitierte Notlage der Landwirtschaft, die als Argument für Zollerhöhungen ins Feld geführt wurde. Die Kammer schrieb: „Die Ursache für die Notlage der Landwirtschaft liegt nach unserer Ansicht vielmehr darin, daß die Lebenshaltung eines großen Teiles der Landwirtschaft nicht deren Verhältnissen entspricht, daß die Bewirtschaftung in technischer Beziehung häufig nicht auf der Höhe steht und daß der Grund und Boden viel zu teuer ist... Aus diesen Gründen sind wir entschieden gegen jede Erhöhung der Zölle auf Getreide, Lebensmittel und Rohmaterialien ...“[109]

Als im Reichstag 1901 ein Zolltarif-Gesetzentwurf eingebracht wurde, der die Erhöhung von Zöllen auf Getreide und Lebensmittel vorsah, erstellte die Bielefelder Kammer dazu ein ausführliches Memorandum, in dem sie nochmals in scharfer Form gegen diesen Schritt bei der Reichsregierung protestierte. In diesem Memorandum hieß es: „Die im Zolltarifgesetz-Entwurf vorgeschriebenen Zollerhöhungen auf Roggen, Weizen ... in der Form von Minimalsätzen würden den Abschluß von neuen Handelsverträgen nicht nur erschweren, sondern überhaupt unmöglich machen und damit die deutsche Volkswirtschaft einem Niedergang entgegenführen, dessen nachteilige Wirkungen sich geradezu als unüberwindbar erweisen müßten ... Die Handelskammer Bielefeld erklärt daher den Paragraph 1 des Zolltarifgesetz-Entwurfes für unannehmbar ...“[110] Die Mindener Kammer äußerte sich im gleichen Jahr schon in resignativem Ton: „Die Fortsetzung unserer bewährten Handelsvertragspolitik ist durch die Vorherrschaft einer agrarisch-hochschutzzöllnerischen Mehrheit des Reichstags sehr bedroht, welche den Ablauf der Tarifverträge 1903 kaum erwarten kann, um die wirtschaftspolitischen Gesamtinteressen des Deutschen Reiches auf den Isolierschemel zu setzen ...“[111]

Diese Äußerungen markieren gleichsam den letzten Höhepunkt in dem erbitterten Streit mit den Interessenvertretungen der Landwirtschaft über die Zollpolitik. Freihändlerische Argumente, so wie von der Bielefelder und leicht modifiziert auch von der Mindener Kammer vorgebracht, fanden nun bei der Regierung unter Reichskanzler von Bülow wenig Gehör. Statt dessen beherrschten jetzt Stimmen das Feld, die wieder eine Schutzzollpolitik befürworteten. 1902 wurde ein neuer differenzierter Zolltarif mit eindeutig protektionistischer Stoßrichtung vom Reichstag angenommen, was für die beiden Handelskammern wie eine schwere Niederlage wirken mußte. In den nächsten Jahren schienen sie sich resigniert mit den Verhältnissen arrangiert zu haben. Zwar forderten die Bielefelder und die Mindener Kammer bis zum Ausbruch des Ersten Weltkriegs unablässig die Herabsetzung der Zolltarife sowie Maßnahmen zum Abbau von Schutzzöllen, doch nicht mehr mit der Entschlossenheit und dem Nachdruck wie vor der Jahrhundertwende. Vielleicht mag hierfür auch der Wechsel im

Amt des Kammerpräsidenten in Bielefeld nach dem Tod des überzeugten Freihändlers Conrad Bertelsmann eine Rolle gespielt haben.[112]

Im Rahmen einer Debatte, die während des Kaiserreiches in den 1890ern mit dem Fluchtpunkt geführt wurde, ob Deutschland ein Agrar- oder ein Industriestaat sein solle,[113] gehörten die beiden ostwestfälischen Kammern fraglos zu den entschiedenen Verfechtern von industrieller Entwicklung, internationaler Arbeitsteilung und einem auf den Ideen des Freihandels aufbauenden Netz von Handelsbeziehungen zwischen den Industriestaaten. Ihre Gegner waren alle diejenigen, die dieses Credo von Industrialisierung und Freihandel nicht mittragen wollten: Staaten und Interessenverbände, die Schutzzölle und protektionistische Maßnahmen zum Zwecke der wirtschaftlichen Stabilität ihrer Länder für unverzichtbar hielten. Der Kampf der beiden ostwestfälischen Kammern gegen diese Kontrahenten absorbierte vor allem während der 1880er, der 1890er und in dem Jahrzehnt nach der Jahrhundertwende einen großen Teil ihrer wirtschaftspolitischen Aktivitäten. Den beiden Kammern ist hoch anzurechnen, daß sie eine klare Position bezogen und nicht nachließen, den Abbau von Handelshemmnissen und die Verbesserung von Exportmöglichkeiten für die heimische Industrie bei verschiedenen staatlichen Institutionen nachdrücklich einzufordern. Der Aufstieg Deutschlands zu einer der führenden Industrie- und Handelsnationen vor dem Ersten Weltkrieg zeigt, daß die Handelskammern mit ihrer Einschätzung richtig lagen und ihr Engagement doch von Erfolg gekrönt war, auch wenn viele gesetzgeberische Maßnahmen sie zunächst daran zweifeln ließen.

3.2 Gewerbe- und Steuerpolitik

Ihre wirtschaftsliberale Grundüberzeugung machten die beiden ostwestfälischen Kammern auch auf einem anderen Gebiet zur Richtschnur für zahlreiche Aktivitäten. In der Gewerbe- und Steuerpolitik setzten sie sich ebenfalls für die Prinzipien einer liberalen, international arbeitsteiligen Wettbewerbswirtschaft ein – möglichst ohne größeren Staatseinfluß. Ihr unverdrossenes und mutiges Engagement für diese Prinzipien verdient umso mehr Beachtung, als durch den Prozeß einer „inneren Staatsbildung" staatliche Reglementierungen in der Wirtschaft ebenso immer häufiger an der Tagesordnung waren wie Marktvermachtung und Absatzregulierung durch Verbände oder Korporationen aus der Industrie. Gleichwohl hielten die beiden Kammern auch während des Kaiserreiches mit seinem „organisierten Kapitalismus" an ihrem wirtschaftsliberalen Credo fest und versuchten so, den Interessen der heimischen Wirtschaft bei Regierungsstellen und Verbandspolitikern Gehör zu verschaffen. Dabei mußten sie zunehmend Frustrationen und Enttäuschungen in Kauf nehmen, da die Kluft zwischen ihren ökonomischen Wunschvorstellungen und der harten Realität der wirtschaftspolitischen Praxis durch die Regierung mehr und mehr wuchs.

Als Folge davon wurde auch der Ton gegenüber der Regierung oder den Spitzen wirtschaftlicher Interessenverbände härter. 1880 rügte die Bielefelder Handelskammer noch relativ zaghaft die ihrer Meinung nach immer stärkere staatliche Bevormundung der Industrie. In diesem Verhalten der Regierung sah sie pikanterweise sowohl einen Grund für die seit 1873 andauernde Wirtschaftskrise als auch eine Begünstigung sozialistischer Tendenzen.[114] Neun Jahre später wurde die Bielefelder Kammer schon deutlicher: „Es ist eine nicht zu leugnende Thatsache, daß die Gesetzgebung der jüngst verflossenen Jahre dem Erwerbsleben eine derartige Fülle von Vorschriften und Reglements auferlegt hat, daß man nicht mit Unrecht fragen kann, wo eigentlich die Grenze zu suchen ist zwischen der freien individuellen Entscheidung und der staatlichen Bevormundung ..."[115]

Angesichts weiter zunehmender staatlicher Reglementierungen im Kontext einer Reichsfinanzreform nach der Jahrhundertwende zeigte sich immer deutlicher die Kluft zwischen den wirtschaftspolitischen Vorstellungen der Handelskammer und der Praxis der Regierung, was zu scharfen Angriffen an deren Adresse führte: „Diese völlige Verständnislosigkeit unserer Gesetzgebung gegenüber den Forderungen des praktischen Wirtschaftslebens ist es, was die beteiligten Kreise von Handel und Industrie gerade jetzt bei der herrschenden Krisis dermaßen beunruhigt, daß man mit den allergrößten Sorgen in die Zukunft blickt. Und allgemein ist das Gefühl verbreitet, daß unsere sog. staatliche Fürsorge eine baldige und dauernde Belebung und Gesundung der wirtschaftlichen Verhältnisse einfach unterbindet und unmöglich macht. Diesem Empfinden kann nicht scharf genug Ausdruck gegeben werden ..."[116] Ähnlich äußerte sich auch die Mindener Kammer: „Die Verhandlungen des Reichstages über die Reichsfinanzreform ließen deutlich erkennen, daß seine Mehrheit auf alles andere mehr als auf die Rücksichtnahme auf die berechtigten Wünsche von Handel und Industrie bedacht waren ..."[117]

Diese scharfe Attacke gegen die Regierung bedeutete im Klartext, daß die beiden Handelskammern in der staatlichen Gesetzgebung eine Art von Verschwörung gegen den freien Wettbewerb und gegen die Entfaltungskraft von Marktmechanismen erblickten, die ihrer Meinung nach die Garanten für einen stabilen Wirtschaftsaufschwung darstellten.

Als Triebkräfte der Verschwörung gegen die liberale Wirtschaftsordnung und deren Segnungen identifizierten die Handelskammern wieder die Großagrarier als die eigentlichen Drahtzieher auf der Bühne der deutschen Politik: „Wir befinden uns vielmehr auf der abschüssigen Bahn der Verteuerungspolitik zugunsten einer einzelnen Erwerbsgruppe, des deutschen Großgrundbesitzes, dessen Machtpolitik in den letzten Jahren unserer Wirtschaftsgeschichte wahrlich nicht zum Wohle der Allgemeinheit gewesen ist ... Es erhöht sich das Gefühl, daß unsere Regierung gegenüber der Machtstellung der deutschen Landwirtschaft ohnmächtig ist, die Bedürfnisse der Gesamtheit mit dem erforderlichen Nachdruck zu vertreten ..."[118]

Ihren Eindruck, daß die Reichsregierung immer mehr zu einer Marionette in den Händen der Großagrarier mutiert sei, äußerten die Handelskammern vor Beginn des Ersten Weltkriegs mehrfach. Anlaß hierzu dürfte gewesen sein, daß Reichsregierung und Reichstag nicht wie von der Kammer gefordert, „die Wünsche, welche von den zur Vertretung von Handel und Industrie berufenen Körperschaften geäußert wurden, mit größerem Verständnis und mit größerem Entgegenkommen als bisher" berücksichtigten. Die wachsende Unzufriedenheit mit der Regierungspolitik sowie die zunehmende Kluft zwischen ihren wirtschaftspolitischen Vorstellungen und dem politischen Alltag führten schließlich dazu, daß sich die Handelskammer zu Bielefeld kurz vor Ausbruch des Ersten Weltkriegs sehr kritisch über die Institution des Reichstages, die Parteien und die Rolle der Regierung äußerte: „Das Grundübel bleibt bestehen, und dieses Grundübel ist die Hervorhebung des parteipolitischen Standpunktes gegenüber dem Wohle der Gesamtheit... Bei diesem Durcheinander der Interessenkämpfe wäre es nun von wohltätigem Einfluß gewesen, wenn über diesem Parteiengetriebe ein von den Parteien unabhängiger, kraftvoller Regierungswille gestanden hätte. Das war aber leider nicht der Fall..."[119]

Folgt man dieser Äußerung, so läßt sich die Position der Handelskammer gegenüber dem Staat und seinen Organen nicht unbedingt als loyal einstufen. Diese Haltung hatte natürlich ihre Gründe: Hierzu zählten vor allem die seit Mitte der 1870er stets wiederkehrenden Gesetzesinitiativen für Steuererhöhungen, die Bestrebungen zur Reglementierung des freien Wettbewerbs durch staatliche Interventionen und der wachsende Staatseinfluß auf vielen Gebieten der Wirtschaft – Entwicklungen, gegen welche die beiden ostwestfälischen Kammern zwar entschieden und mutig, doch ohne größeren Erfolg protestierten.

Enttäuschungen und Frustrationen mußten die beiden Kammern auch auf einem anderen Gebiet hinnehmen. Von 1877 bis 1880 richteten sie mehrere Petitionen und Denkschriften an die Reichsregierung und den Reichstag, in denen sie forderten, von einer Erhöhung des Tabakzolles und der Einführung eines staatlichen Tabakmonopols abzusehen. In einer Petition der Handelskammer zu Minden vom 23. August 1879 an das Reichskanzleramt hieß es zum Beispiel:

„... Wiederholt richten wir an die Hohe Staatsregierung die dringendste und gehorsamste Bitte: ein für alle Mal durch eine entschiedene Erklärung von der Einführung des Tabak-Monopols abzusehen ..."[120]

Die Zollerhöhung konnten die Kammern nicht verhindern. Auch die Errichtung eines Tabakmonopols blieb während der nächsten drei Jahre Diskussionsthema.[121] Gegen diesen Schritt protestierten die Kammern wiederholt energisch. 1882 wurde dann mit Genugtuung konstatiert, daß der Reichstag nicht zuletzt aufgrund der ablehnenden Haltung vieler Korporationen aus Handel und Gewerbe der Einführung eines Tabakmonopols nicht zustimmte, was die beiden Kammern auch als Erfolg ihrer Arbeit betrachteten.[122]

Auch in den nächsten Jahren standen weitere Projekte der Reichsregierung für Steuererhöhungen auf verschiedene Nahrungs- und Genußmittel auf der Tagesordnung, gegen die die beiden ostwestfälischen Kammern in Petitionen und Gutachten zu Felde zogen. 1885 richteten die Bielefelder und die Mindener Kammer eine Petition an den Reichstag, von der Einführung eines staatlichen Branntweinmonopols abzusehen. Dieses Vorhaben wurde vom Reichstag abgelehnt, nicht jedoch die Erhöhung der Branntweinsteuer. Petitionen und Stellungnahmen der beiden ostwestfälischen Kammern gegen diesen Schritt blieben ohne Wirkung. Sie mußten daher zu ihrem Bedauern feststellen, daß die in ihren Bezirken liegenden Brennereien durch die höhere Branntweinsteuer erhebliche Umsatzeinbußen erlitten.[123]

Im Zuge der Diskussion über einen Reichsfinanzausgleich und die Umstellung des Reichsbudgets sowie der Erschließung neuer Geldquellen für die Länder Anfang der 1890er brachte die Preußische Regierung zahlreiche Gesetzesvorlagen für Steuererhöhungen in den Reichstag ein. Wieder waren die beiden ostwestfälischen Kammern gefordert, in Gutachten und Stellungnahmen gegen diese Pläne massiv vorzugehen. Dabei verwandten sie zunehmend einen schärferen Tonfall, um die beabsichtigten Maßnahmen der Regierung zu diskreditieren. Mit Blick auf die geplante Erhöhung der Tabaksteuer schrieb die Bielefelder Kammer 1892 in einer Petition an die Regierung: „Eine Zoll- und Steuererhöhung auf Tabak würde es unmöglich machen, den Hauptteil der westfälischen Zigarrenfabrikation ... noch aufrecht zu erhalten und Arbeiterentlassungen im großen Maaße ... werden die dauernde Folge sein. Unsere jetzige bedeutende Zigarrenindustrie, welche sich über mehrere 100 kleine Ortschaften verteilt und der ganzen Gegend einen gesicherten Erwerb gibt, wird sich wesentlich verkleinern und viele Orte werden wieder früherer Armut und Erwerbslosigkeit anheimfallen ..."[124]

Indem sie ähnliche Schreckenszenarien ebenso für andere Branchen an die Wand malten, zogen die beiden ostwestfälischen Kammern auch gegen die geplante Erhöhung der Branntweinsteuer, der Brausteuer und die Einführung einer Zuckersteuer zu Felde. Das Fazit ihrer Gutachten und Einwände faßte die Bielefelder Kammer in einer langen Eingabe an das Preußische Abgeordnetenhaus zusammen, in der es am Ende hieß: „... Die Kammer kam dabei zu der Überzeugung, daß die in Rede stehenden Gesetzentwürfe eine außerordentliche Belastung für den durch die neue Gewerbesteuer sowie durch die sozialpolitische Gesetzgebung ohnehin schwer betroffenen Gewerbebetrieb mit sich bringen würde ..." Dennoch mußte die Kammer resigniert feststellen: „Leider haben die zahlreichen Eingaben, welche auch sonst von preußischen Handelskammern in der gleichen Angelegenheit an das Abgeordnentenhaus gerichtet sind, keinen Erfolg gehabt, indem das letztere in allen wesentlichen Punkten die Vorschläge der Regierungsentwürfe gut geheißen hat ..."[125]

Allerdings konnten die beiden Kammern 1893 einen Erfolg verbuchen: Der Reichstag lehnte eine Erhöhung der Tabaksteuer ab, während die anderen hier angesprochenen Steuern heraufgesetzt wurden. Die Bielefelder Kammer konnte daher in ihrem Jahresbericht vermerken, „daß die Regierungen angesichts des nun schon so oft kundgegebenen Widerspruchs des Volkes gegen eine weitere Belastung des Tabaks, der Tabakindustrie endlich einmal Ruhe gönnen und von der Einbringung von Gesetzentwürfen Abstand nehmen mögen ..."[126] Diese Hoffnung erwies sich jedoch als unbegründet, da Pläne zur Erhöhung der Tabak- wie auch anderer Steuern bereits Mitte der 1890er wieder zur Diskussion standen. Die Heraufsetzung der Zuckersteuer und die Einführung einer Warenhaussteuer wurden trotz Protestes vieler preußischer Handelskammern vom Reichstag gebilligt.[127] Die Auseinandersetzung zwischen Handelskammern und Regierung eskalierte jedoch vor dem Ersten Weltkrieg im Zuge einer weiteren Finanzreform im Reich und in Preußen. Wieder war die Erhöhung schon existierender bzw. die Einführung zahlreicher neuer Steuern vorgesehen, was die Handelskammern entschieden ablehnten. In zahlreichen Petitionen und Gutachten an die Reichsregierung, den Reichstag und das Preußische Abgeordnetenhaus artikulierten sie ihren Unmut gegen die Steuerpläne, ohne daß ihre Bedenken größere Beachtung gefunden hätten. An den Reichsfinanzminister schrieb die Mindener Kammer in einer Eingabe vom 3. 11. 1905: „... Eure Exzellenz wollen zum Schutze unserer Tabakindustrie vor Verfall und Ruin doch geneigtest dahin wirken, daß die Königlich Preußische Staatsregierung im Hohen Bundesrate gegen jede höhere Belastung des Rohtabaks stimmt ..."[128] Die beiden Handelskammern aus Ostwestfalen mußten einräumen, daß Industrie und Handel durch die Mehrbelastungen der verabschiedeten Finanzreform eine schwere Niederlage erlitten hätten. Die skeptische bis ablehnende Haltung der beiden ostwestfälischen Kammern gegenüber dem Staat und seinen Organen erklärt sich zu einem großen Teil aus diesen Ereignissen.[129]

Mußten die beiden ostwestfälischen Kammern schon in der Steuerpolitik erkennen, daß sich ihr Ziel einer möglichst liberalen Wettbewerbsordnung angesichts steter steuerlicher Eingriffe des Staates immer weniger verwirklichen ließ, so sahen sie sich auch auf dem Gebiet der Ordnungs- und Wettbewerbspolitik zunehmend von den Folgen der dynamischen Entwicklung des Kapitalismus mit seinen wachsenden Kapitalkonzentrationen und Unternehmenszusammenschlüssen überrollt. Zwar forderten sie unablässig den Schutz des Mittelstandes und auch der wirtschaftlich schwächeren Kräfte, doch mußten sie erkennen, daß die moderne Volkswirtschaft in steigendem Maße von schwer zu durchschauenden Kapitalassoziationen beherrscht wurde.130 Immer häufiger griffen die Kammern daher die Politik der Interessenverbände, Kartelle und Syndikate an, welche seit den 1890ern zunächst als „Kinder der Not" gegründet wurden, später als markt- und wettbewerbsregulierende Instrumente einen immer stärker werdenden Machtfaktor in der Wirtschaft des Kaiserreiches bildeten. Ein gewisses Maß an Regulierung in der Preispolitik und des Wettbewerbs hielten die Kammern noch für vertretbar. Die in dem Jahrzehnt vor dem Ersten Weltkrieg aber immer häufiger vorkommenden Preiserhöhungen durch das Rheinisch-Westfälische Kohlensyndikat und den Stahlwerksverband stießen dagegen auf vehemente Kritik. Die Handelskammer zu Bielefeld vertrat zum Beispiel 1907 folgenden Standpunkt: „Wir halten derartige Vereinigungen für zweckmäßig und geboten, wenn sie einer vernünftigen Preisregulierung dienen, wir halten sie für schädlich und verwerflich, wenn sie eine Schraube ohne Ende darstellen, die aus dem Abnehmer herauspreßt, was aus ihm herauszupressen ist ... Zu einer solchen Machtüberschreitung rechnen wir es, wenn das Kohlensyndikat beschließt, seine am 1. April 1907 vorgenommenen, zum Teil erheblichen Preiserhöhungen, welche die Kohlenpreise noch bedeutend über den Stand des Jahres 1900 steigerten, für das ganze Abschlußjahr 1908/09 beizubehalten ..."

An die Adresse des Stahlwerksverbandes gerichtet kritisierte die Kammer im selben Atemzug: „Eine berechtigte Verurteilung gebührt ferner dem Standpunkt des Stahlwerksverbandes, wenn er zu einer Zeit an den hohen Halbzeugpreisen festhält ..."[131] Da die Kartelle und Syndikate wenig Bereitschaft zeigten, ihre Preise herabzusetzen, ergriff die Kammer zu Bielefeld vor dem Ersten Weltkrieg die Initiative, entweder auf direktem Verhandlungswege Preisreduzierungen zu erreichen oder die Preispolitik der Verbände zu unterlaufen. Am 17. Februar 1909 fand auf Anregung der Kammer eine Versammlung der größten Kohleverbraucher des Bezirkes statt, die den

Geschäftsführer der Kammer beauftragte, mit dem Rheinisch-Westfälischen Kohlensyndikat über Preisminderungen zu verhandeln. Diese Gespräche verliefen jedoch erfolglos. Die Kammer riet daher den Kohlenverbrauchern ihres Bezirks, wenn eben möglich keine Lieferaufträge an Syndikatszechen mehr zu vergeben und statt dessen Handelsbeziehungen zu nicht syndikatsgebundenen Zechen anzuknüpfen.[132]

Mit Genugtuung konnte die Handelskammer ein Jahr später vermerken, daß die konjunkturelle Flaute auch ein Ausscheren der größeren Zechen und Stahlproduzenten aus den Syndikaten und Verbänden hervorgerufen habe. Dennoch äußerte die Kammer wiederholt ihre Kritik an der Kartellpolitik, wenn diese nun auch etwas moderater ausfiel. 1910 konzedierte die Bielefelder Kammer immerhin: „Wir halten dieselben (die Kartelle) für eine notwendige Folge unserer modernen Volkswirtschaft. So lange sie von der ihnen zugefallenen Macht richtigen Gebrauch machen, wirken sie auch im allgemeinen Interesse durch vernünftige Regulierung der Produktion und Preise ... Wenn wir nun auch keineswegs immer mit der Preispolitik des Kohlensyndikats einverstanden gewesen sind, so verkennen wir doch nicht, daß die Auflösung desselben für unser gesamtes Wirtschaftsleben von einschneidenden Folgen sein könnte ...“[133]

Ihr Hauptangriffsziel bildete jetzt das Kali-Kartell, das kurz zuvor als Zwangssyndikat auf Druck der preußischen Regierung entstanden war und nach Meinung der Kammer eine bedenkliche Preispolitik betrieb und zudem einen ungerechtfertigten gesetzlichen Schutz durch die preußische Regierung genoß. Auch das Verhalten anderer Kartelle und Verbände, zum Beispiel das des Rheinisch-Westfälischen Zementsyndikats, wurde von der Handelskammer wiederholt scharf gebrandmarkt[134] – ohne daß sich an der Politik des Syndikats etwas geändert hätte.

Außer diesen „großen“ Themen der Gewerbe- und Steuerpolitik mußten sich die beiden ostwestfälischen Kammern mit zahlreichen, für die gesamte deutsche Volkswirtschaft vielleicht weniger wichtigen, für die Wirtschaft oder einzelne Branchen der Region dennoch bedeutsamen Problemen beschäftigen. Hierzu zählte die Frage, wann und in welcher Form Ausverkäufe in Einzelhandelsgeschäften stattfinden dürften ebenso wie Regelungen der Konkursordnung, der Sonntagsruhe und der Arbeit an Feiertagen.
Übrigens: Auch vor gut hundert Jahren wurde schon darüber gestritten, ob der Buß- und Bettag ein Feiertag sein oder ob er nicht lieber auf irgendeinen Sonntag gelegt werden sollte. Ein wesentlicher Punkt bei der Klärung gewerberechtlicher Fragen war, inwieweit das sogenannte Detailreisen, das heißt, Besuche von Handelsvertretern bei Firmen und Geschäften, gestattet sein solle. In ihren Stellungnahmen und Gutachten zu all diesen Fragen vertraten die beiden Handelskammern den Standpunkt, möglichst wenig Reglementierungen in Kauf zu nehmen. Ein zu großes Maß an staatlicher Regelung schien ihnen auch in dieser Hinsicht nicht geeignet zu sein, für die betroffenen Branchen Rahmenbedingungen zu schaffen, unter denen sie sich so frei wie möglich bewegen konnten. Allerdings mußten die beiden Kammern die Erfahrung machen, daß der Gesetzgeber nicht vor detaillierten Regelungen wie zum Beispiel in den Gewerbeordnungen oder im Gesetz gegen den unlauteren Wettbewerb „zurückschreckte“, wodurch der Handlungsspielraum der Gewerbetreibenden aus diesen Branchen natürlich eingeengt wurde.[135]

Das Eintreten der Kammern für die Prinzipien einer liberalen, international arbeitsteiligen Wettbewerbswirtschaft blieb auch in dieser Hinsicht eine Zielvorstellung, deren Realisierung in immer weitere Ferne rückte. Die Volkswirtschaft des Kaiserreiches vor dem Ersten Weltkrieg entsprach immer weniger den wirtschafts- und ordnungspolitischen Idealen der beiden ostwestfälischen Kammern. Dennoch wurden sie nicht müde, ihr Credo und ihre Überzeugung zum Wohle der ostwestfälischen Wirtschaft bei verschiedenen staatlichen Organen zu Gehör zu bringen. In diesem Einsatz für die heimische Industrie liegt ihr eigentlicher Verdienst auf dem Gebiet der Steuer- und Gewerbepolitik. Angesichts der Wirkungsmacht der „großen Politik“ der Parteien und Interessenverbände konnten Enttäuschungen und Frustrationen bei der Realisierung der eigenen Wünsche nicht ausbleiben. Daß sich die beiden ostwestfälischen Kammern dennoch nicht entmutigen ließen und für ihre Überzeugung unverdrossen kämpften, verdient jedoch Anerkennung.

3.3 Sozialpolitik und Arbeiterschutzgesetzgebung

Der endgültige Durchbruch der Industrialisierung, die Tendenz hin zum Großbetrieb sowie steigende Beschäftigtenzahlen in den Fabriken vestärkten seit den 1870ern nicht nur die Kluft zwischen Kapital und Arbeit, sondern riefen auch den Gesetzgeber zur Eindämmung von Konflikten zwischen diesen beiden Parteien auf. Durch sozialpolitische Maßnahmen und solche zum Arbeiterschutz sollte das Konfliktpotential zwischen Unternehmern und Arbeitern entschärft werden. Für die Handelskammern bildete dieses Vorhaben den Anlaß, durch Gutachten und Eingaben zu einer Fülle von Regelungen der Arbeitsbeziehungen und der Arbeiterversicherung Stellung zu beziehen. Vor allem nach der von Reichskanzler von Bismarck initiierten Sozialgesetzgebung sahen sich die beiden Kammern aufgerufen, in Gutachten und Eingaben sich zu diesem Problem zu äußern. Interessant ist, daß die Bielefelder und die Mindener Kammer zu diesen Fragen nicht immer den gleichen Standpunkt vertraten. Während die Bielefelder Kammer in einigen Fällen Verständnis für Maßnahmen zur sozialen

Sicherung der Arbeiter und Angestellten zeigte, wenn sie nur nicht die Industrie mit zu hohen Kosten belasteten, blieb die Mindener Kammer bei einer negativen Haltung sowohl gegnüber den jeweils zur Diskussion stehenden sozialpolitischen Regelungen als auch gegenüber den Forderungen der Gewerkschaften. 1878 ging sie hart mit den Aktionen der Sozialdemokraten ins Gericht: „Die gegenwärtige sozialdemokratische Bewegung verfolgt keine politische Richtung, sie verleugnet einfach die Grundlagen der gesellschaftlichen Gemeinsamkeit, welche in der Religion, in der Liebe zum Vaterland und der Angehörigkeit zur Familie beruhen ..."

Kurz vor Ausbruch des Ersten Weltkriegs kritisierte die Mindener Kammer scharf „den immer bedrohlicher um sich greifenden Terrorismus der Gewerkschaften", forderte Schutzmaßnahmen für Arbeitswillige und begrüßte die Bildung vaterländischer, „wirtschaftsfriedlicher" Arbeitervereine.[136] Die Bielefelder Kammer bemühte sich dagegen, das Konfliktpotential zwischen Kapital und Arbeit zu entschärfen und statt dessen beide Seiten an die gemeinsam zu erreichenden Ziele zu erinnern. Die Ursache für diese unterschiedliche Haltung dürfte darin zu suchen sein, daß im stärker industrialisierten Bezirk der Handelskammer zu Bielefeld nach der Jahrhundertwende eher ein Mangel an qualifizierten Arbeitskräften herrschte, so daß die Kammer an einer verschärften Frontstellung zwischen Unternehmern und Arbeitern nicht interessiert sein konnte.[137]

Keineswegs soll hier der Eindruck entstehen, die Bielefelder Kammer hätte stets eine arbeiterfreundliche Politik verfolgt. Insbesondere während der Rezession von 1873 bis 1879 zeigte auch diese Korporation kein Verständnis für Maßnahmen wie die Verkürzung der Arbeitszeit oder für einen verbesserten Unfallschutz in den Fabriken. Eher zynisch klang die Einschätzung der Bielefelder Kammer, als sie sich 1874 über die Arbeitsverhältnisse in den Spinnereien und Webereien äußerte: „In der That muß die jetzige Beschäftigung der Arbeiter und Arbeiterinnen in den Spinnereien und Webereien, wo sie in hohen, hellen und gut ventilierten Räumen ohne Kraftanstrengung einen guten Verdienst zu finden vermögen, eher als eine Wohltat erscheinen, und sollte man sich hüten, durch falsche Maßnahmen ihnen diese ihren eigenen Wünschen entgegen wieder zu nehmen ..."[138]

Angesichts dieser Einschätzung überrascht es nicht, daß die Bielefelder Kammer eine Verkürzung der Arbeitszeit unter 60 Stunden in der Woche für die Arbeiterinnen in den Spinnereien ebenso kategorisch ablehnte wie Unfallschutzmaßnahmen, die über die in der Gewerbeordnung von 1869 fixierten hinausgingen. Kürzere Arbeitszeiten und teure Schutzmaßnahmen würde die Konkurrenzfähigkeit der deutschen Leinenindustrie mit ausländischen Wettbewerbern weiter verringern – Argumente, die auch in der heutigen Diskussion über den Wirtschaftsstandort Deutschland nicht unbekannt sind.[139]

Die nächste „Nagelprobe" für ihre Haltung zum Arbeiterschutz brachte der Entwurf eines Unfallversicherungsgesetzes für die in Fabriken und Bergwerken beschäftigten Arbeiter, welcher 1879 und 1880 auch in der Bielefelder und Mindener Handelskammer lebhaft diskutiert wurde. Zwar konzedierte in diesen Beratungen die Bielefelder Kammer immerhin, „daß auf die Verbesserung der Lage des Arbeiters hinzielende Maßnahmen erforderlich seien" und daß „eine Anzahl der socialen Forderungen der Arbeiter von allen wohlmeinenden Volkswirten als berechtigt anerkannt werden, wenn auch die an sich berechtigten Forderungen der Arbeiterbevölkerung in der Hand der socialdemokratischen Agitation gemeingefährlich werden." Die Kammer lehnte die im Entwurf vorgesehene Errichtung einer Reichs-Unfall-Versicherungsanstalt als zu teuer für die Industrie ab. In einer Petition an den Bundesrat forderte sie statt dessen eine Ausdehnung der gesetzlichen Haftpflicht über die Bestimmungen des Reichs-Haftpflichtgesetzes von 1871 hinaus, wobei die Arbeitnehmer sich an der Zahlung der Versicherungsprämie bis zu einem Drittel selbst beteiligen sollten. Die Kosten für die Industrie sollten auf diesem Wege teilweise auf die Arbeiter abgewälzt werden. Ein Jahr später wiederholte sie diese Forderung in einer erneuten Eingabe an den Bundesrat, wobei sie nochmals den Wunsch äußerte, zu den Beratungen über das Gesetz hinzugezogen zu werden.[140]

Das Argument, „humanitäre Schutzmaßnahmen für die Arbeiter würde eine Verteuerung der Arbeitskräfte zur Folge haben, welche die Konkurrenzfähigkeit der Industrie des betreffenden Bezirkes auf dem Weltmarkt beeinträchtigt", wurde von den beiden ostwestfälischen Kammern auch in den folgenden Jahren bei Gesetzesvorlagen zur betrieblichen Sozialpolitik immer wieder ins Feld geführt. 1883, als das Arbeiterkrankenversicherungsgesetz und das Arbeiter-Unfallversicherungsgesetz in Kraft traten, gab die Bielefelder Kammer ihren Widerstand trotz wiederholter Bedenken auf. 1886 mußte sie sogar einräumen, daß von „dem Krankenversicherungsgesetz nach mehrjähriger Praxis anerkannt werden kann, daß dasselbe im Allgemeinen gut funktioniert ..."[141]

Umso überraschender, daß die Kammer im Rahmen der Diskussion über die Novellierung der Gewerbeordnung Ende der 1880er, Anfang der 1890er eine ablehnende Haltung einnahm. Mit Blick auf das Gesetz zur Alters- und Invaliditätsversicherung wurde wieder das Argument zu hoher Kosten und zu großer Reglementierung strapaziert, wenn auch die Kammer betonte, nicht prinzipiell gegen die Arbeiterschutzgesetzgebung zu sein. In einer detaillierten Denkschrift, die 1888 publiziert wurde, hieß es zum Beispiel: „Ausgehend von dem prinzipiellen Standpunkte, daß eine Alters- und Invalidenversorgung der Arbeiter ernstlich anzustreben sei, ist die unterzeichnete Handelskammer in eine eingehende Beratung der im Reichsamte des Inneren aufgestellten Grundzüge eingetreten, jedoch dabei zu der Überzeugung gelangt, daß das in diesen Grundzügen vorgezeichnete Projekt als ausführbar nicht anzuerkennen ist ...“[142] Auch die Mindener Kammer äußerte sich prinzipiell positiv zu diesem Vorhaben: „Die im Berichtsjahre von der Reichsregierung veröffentlichten Grundzüge eines Gesetzes über die Alters- und Invalidenversicherung der Arbeiter, wurden auch von der Kammer hinsichtlich der vorgesteckten Ziele freudig begrüßt ...“[143]

Trotz dieses vordergründigen Verständnisses für die Forderungen der Arbeiter waren die Handelskammern dagegen, die tägliche Maximalarbeitszeit für Frauen auf 10 Stunden festzuschreiben und ihnen eine halbe Stunde längere Mittagspause zu gewähren. Darüber hinaus forderten die Kammern in einer Petition an den Bundesrat erneut, das Alters- und Invalidenversicherungsgesetz nochmals zu prüfen und aufgrund der zu hohen Kosten für die Industrie nicht zu verabschieden. Die Agitation vor allem der Bielefelder Kammer gegen den Gesetzentwurf, der sich auch andere Handelskammern anschlossen, war jedoch erfolglos, da der Entwurf zum 1. 1. 1891 Gesetzeskraft erlangte. Auch bei der Novelle zum Arbeiter-Krankenkassengesetz im gleichen Jahr verhielt sich die Bielefelder Kammer ablehnend, da für sie zum einen der Versicherungsschutz zu weit ausgedehnt, zum anderen die Tätigkeit freiwilliger Hilfskassen zu sehr eingeschränkt wurde. Die Kammer konnte sich hier mit ihren Vorstellungen nicht durchsetzen.[144]

Die Tendenz, Verständnis für sozialpolitische Regelungen der Reichsregierung zu zeigen, verstärkte sich bei der Bielefelder Kammer vor allem seit der Jahrhundertwende. 1902 befürwortete sie den Gesetzentwurf über Kinderarbeit in gewerblichen Betrieben, allerdings mit der Einschränkung, daß die Arbeit eigener Kinder nicht zu stark reglementiert werden dürfe. Ebenfalls sprach sie sich dagegen aus, daß die Krankenversicherungspflicht auf alle Beschäftigten in der heimgewerblichen Textilindustrie ausgedehnt wurde. Angesichts der früheren vehementen Einwände gegen die Sozialgesetzgebung handelte es sich hier jedoch eher um kleinere, „kosmetische“ Korrekturen an den Gesetzentwürfen, welche von der Bielefelder Kammer eingefordert wurden. Generell ließen Zahl und Schärfe der Einwände an sozialpolitischen Maßnahmen der Reichsregierung jedoch nach. Selbst angesichts von Streiks in der metallverarbeitenden und in der Wäscheindustrie sowie hoher Lohnforderungen der Gewerkschaften bemühte sich die Kammer darum, Unternehmer und Arbeiter an gemeinsame Ziele zu erinnern und einen Interessenausgleich herzustellen, wobei sie keineswegs mit Kritik an beiden Seiten sparte: „Unter dieser Kampfeslust der Arbeiter leidet natürlich das Gefühl der Zusammengehörigkeit von Arbeitgeber und Arbeitnehmer in hohem Maße und die gemeinsame Arbeit zur Herbeiführung eines beide Parteien befriedigenden Interessenausgleiches wird geradezu zur Unmöglichkeit gemacht ... Dennoch gereicht es uns zur Genugtuung festzustellen, daß die reaktionäre Gesinnung im Lager der Arbeitgeber während des verflossenen Jahres trotz aller vorhandenen Spanungen einer sachlichen Würdigung beginnt Platz zu machen, und daß man wenigstens den Versuch macht, sich mit den Organisationen der Arbeiter in Streikfällen auseinanderzusetzen ...“[145]

Nicht die Arbeiter und ihre Organisationen, sondern – wie ausgeführt – die Landwirtschaft mit ihren Interessenvertretungen scheinen für die Bielefelder Handelskammer nach der Jahrhundertwende „der Sündenbock“ für tatsächliche oder vermeintliche Fehlentwicklungen in der deutschen Wirtschaft gewesen zu sein. Für eine Interessenvertretung der Handel- und Gewerbetreibenden war dies ein durchaus erstaunlicher und fortschrittlicher Standpunkt.

3.4 Maßnahmen zur Verbesserung der Infrastruktur

Blickt man auf die von den beiden ostwestfälischen Kammern während des Kaiserreiches angeregten Maßnahmen und Initiativen zur Verbesserung der Infrastruktur in der Region, so lassen sich einerseits die gleichen Probleme und Schwierigkeiten wie in den Jahrzehnten zuvor, andererseits auch gänzlich neue Herausforderungen feststellen. Ein auch in den ersten Jahrzehnten des Kaiserreiches existierendes Problem bildete die relativ schlechte Erschließung der Region durch Eisenbahnen. Nachdem die erste Eisenbahneuphorie in den 1850ern und 1860ern abgeklungen war, da infolge der Rezession von 1873 bis 1879 viele Projekte nicht mehr in Angriff genommen wurden, zeigten auch die beiden ostwestfälischen Kammern in den 1870ern Bescheidenheit, wenn es darum ging, neue Eisenbahnverbindungen für das östliche Westfalen zu fordern. Sie konzentrierten ihre Agitation auf die Projekte, deren Realisierung am ehesten möglich schien. Zu diesen zählten zunächst vor allem die Strecken von Osnabrück über Brackwede nach Bielefeld sowie von Herford nach Detmold. Die Bielefelder Kammer setzte sich mit Nachdruck dafür ein, daß beide Linien – wie von den Gewerbetreibenden des Bezirkes gewünscht – gebaut würden, wobei sie von der Mindener Kammer unterstützt wurde. Es zeigte sich jedoch, daß die Realisierung dieser Projekte längere Zeit in Anspruch nahm.[146]

Die Verhandlungen über das Genehmigungs- und Planungsverfahren für die Strecke von Osnabrück über Brackwede nach Bielefeld dauerten von 1878 bis 1883. Die Handelskammer zu Bielefeld war in dieses Verfahren direkt involviert und verfaßte zu den einzelnen Streckenvarianten detaillierte Stellungnahmen. 1884 konnte endlich mit dem Bau begonnen und 1886 die Strecke dem Verkehr übergeben werden. Ähnlich lange zogen sich die Verhandlungen über die Linie Münster-Rheda-Lippstadt hin, die im gleichen Jahr eröffnet wurde.[147] Andere Projekte schienen dagegen endgültig zu scheitern. Zu diesen zählten die sogenannte Sennebahn von Bielefeld nach Paderborn sowie die Linien von Bielefeld nach Lage und von Herford nach Detmold. Beim letzten Projekt waren sich allerdings weder die Gewerbetreibenden aus dem Handelskammerbezirk noch die Handelskammer selbst darüber im klaren, wie der Anschluß an eine Strecke herzustellen wäre, die nach Norden führen sollte. Die Beratungen über den Bau der Sennebahn wurden erst 1887 wieder aufgenommen. 1896 hatten sich die Verhandlungen über den Grunderwerb und die Streckenführung soweit konkretisiert, daß 1898 mit dem Planfeststellungsverfahren begonnen werden konnte. Die Handelskammer zu Bielefeld insistierte dabei nochmals darauf, daß die Strecke schnell gebaut würde, um die „notleidende Senne" an die gewerblichen Zentren in ihrem Bezirk besser anbinden zu können. 1901 konnte die Strecke endlich eröffnet werden.[148]

Noch schwieriger gestalteten sich die Verhandlungen über die Strecke von Bielefeld nach Lage und von Herford nach Detmold. Erst als man sich auf eine Weiterführung dieser Bahn von Detmold nach Altenbeken geeinigt hatte, konnte der Bau beginnen. Die Handelskammer zu Bielefeld hatte in diesem Zusammenhang mehrfach darauf hingewiesen, wie wichtig eine Verbindung nach Altenbeken wäre, da von dort aus der Anschluß an Strecken nach dem Süden und Osten Deutschland gewährleistet sei. Nach langwierigen Verhandlungen konnte 1903 auch die Bahnlinie von Bielefeld nach Lage dem Verkehr übergeben werden.[149] Massiv setzte sich die Handelskammer zu Bielefeld auch dafür ein, daß der Kreis Herford eine bessere Bahnverbindung zum nördlichen Streckennetz bekam. Diese Forderung erfüllte sich mit dem Bau der Linie Bünde-Bassum, die 1901 eröffnet wurde, sowie einer Strecke von Herford nach Bünde, deren Betriebnahme 1904 erfolgte. Komplettiert wurde das Streckennetz im Bezirk der Handelskammer zu Bielefeld durch eine Linie zwischen Wiedenbrück und Sennelager im Jahre 1902. Zieht man in Betracht, daß auch die Teutoburger Waldeisenbahn und die Westfälische Landeseisenbahn Linien eröffneten, war während des Kaiserreiches nicht zuletzt aufgrund des beharrlichen Insistieren der Bielefelder Handelskammer in ihrem Bezirk ein leistungsfähiges und engmaschiges Bahnnetz entstanden, auch wenn sich einige Projekte wie die Strecke von Münster nach Bielefeld nicht realisieren ließen.[150]

Ähnlich wie ihr Bielefelder Pendant machte sich auch die Mindener Kammer zum Vorreiter in der Frage, das Streckennetz der Eisenbahnen in ihrem Bezirk zu verbessern. Allerdings mußte auch sie lange warten, bis ihre Forderungen und Anregungen in Erfüllung gingen. Daher beklagte sich die Mindener Kammer wiederholt darüber, daß die von ihr verlangten Strecken durch den Kreis Lübbecke und auf der linken Weserseite Richtung Norden nicht konzessioniert wurden. Erst mit der Fertigstellung der Linie von Bünde nach Bassum 1901 sowie dem Bau der Linie von Minden nach Nienburg und Verden konnte die Mindener Kammer Teilerfolge erzielen. Viele Projekte, die von ihr angeregt wurden, ließen sich allerdings nicht verwirklichen.[151]

Erfolgreicher waren beide Handelskammern, wenn es darum ging, Verbesserungen der Bahnhofsanlagen zu erreichen. In einer Vielzahl von Eingaben und Petitionen an die entsprechenden Bahnverwaltungen forderten sie wiederholt den Ausbau und die Modernisierung von Bahnhöfen oder die Errichtung neuer Haltestellen. In den meisten Fällen wurde diesen Wünschen entsprochen. Dagegen ließ sich nur ein Teil der Vorschläge zur Verbesserung von Zuganschlüssen und der Fahrpläne verwirklichen. Beide Kammern zeigten sich deshalb verstimmt über das Verhalten der Landes- und Bezirkseisenbahnräte, die nach der Verstaatlichung der Eisenbahnen für die Eisenbahnpolitik verantwortlich waren. Die Verstaatlichung der Bahnen im Jahre 1878 bewerteten die Kammern keineswegs einheitlich. Während sich die Mindener Kammer entschieden für eine Verstaatlichung aussprach, sah ihr Bielefelder Pendant in diesem Schritt Gefahren, da sie die Möglichkeit des Machtmißbrauchs eines staatlichen Monopols witterte. Der schleppende Verlauf durchgreifender Reformen im Eisenbahnwesen wie die Personentarif- und Gütertarifreform und deren für die Industrie unbefriedigender Ausgang führten dazu, daß sich die Bielefelder Kammer in ihrer Skepsis bestätigt sah und die Chancen einer Verstaatlichung der Eisenbahn 1893 als vertan bewertete: „War somit mit der Verstaatlichung der Eisenbahnen in Preußen eine Perspektive für weitgehende Reformen auf dem Gebiete des Verkehrswesen eröffnet, so ist die Wirklichkeit hinter den damaligen Zusagen und Erwartungen bisher weit zurückgeblieben. Die wirtschaftlichen Grundsätze haben fiskalischen Anschauungen weichen müssen . . ."[152] Die Ablehnung einer zu großen staatlichen Reglementierung in der Wirtschaft durch die Bielefelder Handelskammer zeigte sich auch in diesem Punkt.

Die wichtigste Maßnahme zur Verbesserung der Infrastruktur im Bezirk der Handelskammer zu Minden während des Kaiserreiches war fraglos der Bau des Mittellandkanals. Bildeten Verlauf und Finanzierung dieses Projekts in der Zeit der Industrialisierung noch erbitterte Streitpunkte zwischen den beiden ostwestfälischen Handelskammern, zeigte sich die Bielefelder Korporation jetzt daran weniger interessiert. Aufgrund der bereits durchgeführten oder bevorstehenden Verbesserungen im Eisenbahnnetz stufte die Bielefelder Kammer den Bau des Kanals als nicht mehr so dringlich ein wie vor 1873. Im Gegenteil: Als der Bau eines Rhein-Weser-Kanals – so wurde der Mittellandkanal anfangs bezeichnet – in den 1880ern wieder diskutiert wurde, befürwortete sie die nördliche Trassenführung durch die Kreise Lübbecke und Minden.[153]

Nicht mehr Eifersüchteleien unter den beiden ostwestfälischen Kammern, sondern die Konkurrenz mit anderen geplanten Kanalprojekten bildete die eigentliche Gefahr für die Realisierung des Rhein-Weser-Kanals. Die Handelskammer zu Minden wurde daher nicht müde, in einer Vielzahl von Stellungnahmen und Petitionen die Bedeutung des Vorhabens zu betonen. Zudem formierte sich in Minden 1882 unter ihrer Führung ein spezielles Komitee für den Kanalbau, das sich intensiv mit Finanzierungsfragen, Streckenverlauf und technischen Problemen befaßte. Irritationen bei den Mindener Befürwortern des Kanalprojekts entstanden Anfang der 1880er, als der Bau eines Kanals von Dortmund zur unteren Ems als dringlicher eingestuft wurde. In einer großen Konferenz im Jahre 1888, von der Hannoveraner und Mindener Handelskammer federführend organisiert, erklärten alle Beteiligten nochmals die immense Bedeutung des Rhein-Weser-Kanals für die wirtschaftliche Entwicklung des nördlichen Teils des Regierungsbezirks Minden und der Provinz Hannover. Diese würden dann von dem Vorhaben profitieren, wenn der Kanal bis zur Elbe weitergebaut würde – ein Plan, der Ende der 1880er zur Diskussion kam. In einer entsprechenden Resolution der Konferenz hieß es: „Es ist in den in der Konferenz vertretenen Kreisen von Handel und Industrie ein nachhaltiges Interesse und die Überzeugung von der wirtschaftlichen Nothwendigkeit des Rhein-Weser-Elbe-Kanals vorhanden und es erscheint der gegenwärtige Augenblick für ein weiteres Vorgehen angezeigt...“[154]

Hoffnungen, daß das Projekt bald realisiert werden könne, keimten 1891 auf, als Kaiser Wilhelm II. Interesse am Bau des Mittellandkanals, wie er jetzt genannt wurde, äußerte. Diese Hoffnungen wurden zusätzlich genährt, als der Oberpräsident für die Provinz Westfalen von der Mindener Handelskammer 1895 ein ausführliches Gutachten anforderte, in dem die Vorteile, aber auch die Kosten des Kanalbaus dargelegt werden sollten. Von diesem Zeitpunkt an wurde auch intensiv mit den Vorarbeiten für die Streckenführung und mit Verhandlungen über die Finanzierung begonnen. Allerdings mußten sowohl die beteiligten Handelskammern als auch lokale Kanalbauvereine, die sich inzwischen in den betroffenen Städten und Kreisen gebildet hatten, erhebliche Überzeugungsarbeit leisten, bis 1906 die Landtage der Rheinprovinz sowie der Provinzen Westfalen und Hannover dem Bau des Mittellandkanals zustimmten. Mit dem Abschluß eines Staatsvertrages zwischen Preußen und dem Fürstentum Schaumburg-Lippe im gleichen Jahr wurde auch die letzte Hürde für den Bau genommen.[155]

Unmittelbar nachdem der Startschuß für den Bau gefallen war, veröffentlichte die Mindener Handelskammer zahlreiche Gutachten und Stellungnahmen, in denen sie Vorschläge zum Ausbau des Mindener Hafens, zum Bau eines Wasserstraßenkreuzes in Minden und zur Wasserstandsregelung für den Kanal unterbreitete. Gleichzeitig kritisierte sie scharf Planungen über alternative Kanalbauvorhaben wie den Ems-Hunte-Kanal, um mögliche Konkurrenz aus dem Feld zu schlagen. Kurz vor Ausbruch des Ersten Weltkriegs konnte die Mindener Kammer vermelden, daß sich der Bau des Mittellandkanals der Vollendung nähere. Die Eröffnung dieses großen Wasserstraßenprojekts im Jahre 1916 bedeutete nicht nur eine wesentliche Verbesserung der Infrastruktur für die Anrainerbezirke, sondern auch einen großen Erfolg für die Mindener Handelskammer, die seit den 1860ern unermüdlich für die Verwirklichung dieses Vorhabens gekämpft hatte.[156]

Außer für den Bau des Mittellandkanals setzte sich die Mindener Kammer noch für zahlreiche andere Verbesserungen auf den Wasserwegen ein. So forderte sie die Kanalisierung von Fulda und Werra, die Korrektion der Unterweser, die Kanalisierung der Weser von Minden bis Bremen, die Schiffbarmachung der Werre bis Bad Oeynhausen sowie den Ausbau der Häfen in Minden und Vlotho. Davon wurden immerhin der Hafenausbau in beiden Städten, die Weserkorrektion und die Fuldakanalisierung verwirklicht. Eine Forderung, über die es zwischen den beiden ostwestfälischen Kammern zu einer größeren Auseinandersetzung kam, blieb allerdings unerfüllt: Minden als Sitz eines Landgerichts. Nachdem sowohl die Bielefelder als auch die Mindener Kammer in Petitionen und Stellungnahmen darauf gedrängt hatten, ihre Städte zum Sitz eines Landgerichts zu machen, entschied das preußische Justizministerium 1877, diese Behörde in Bielefeld einzurichten. Für die Mindener Kammer, die in ihren Jahresberichten von 1877 bis 1881 mehrfach dagegen protestierte, blieb es ein schwacher Trost, daß die Kompetenzen des Mindener Amtsgerichts erweitert wurden.[157]

Wenn sich auch nicht alle Wünsche zwecks Verbesserung der Infrastruktur realisieren ließen, so ist es als Erfolg der beiden ostwestfälischen Handelskammern zu werten, daß während des Kaiserreiches einige lange geforderte Großprojekte verwirklicht wurden. Dies gilt im Bezirk der Handelskammer zu

Bielefeld vor allem für zahlreiche Bahnstrecken, im Bezirk der Handelskammer zu Minden für den Bau des Mittellandkanals und Korrekturarbeiten auf anderen Wasserwegen. Hinzukamen wesentliche Fortschritte im Postwesen. Durch ihr unermüdliches Eintreten für eine Verbesserung der Infrastruktur konnten die beiden Handelskammern einen wesentlichen Beitrag dazu leisten, daß im östlichen Westfalen die Grundlagen für den Aufbau eines wichtigen Industriestandortes geschaffen wurden.

3.5 Eigene Angelegenheiten und innere Organisation der ostwestfälischen Handelskammern

Wirft man einen Blick auf die inneren Angelegenheiten der beiden ostwestfälischen Kammern während des Kaiserreiches, so fallen insbesondere zwei Punkte auf: die Veränderungen der Kammerbezirke und verschiedene Maßnahmen zur Reform der Handelskammern. Pläne, die Grenzen der Handelskammerbezirke zu verändern, gab es während des gesamten Kaiserreiches. 1879 nahmen Gewerbetreibende aus Lippe Fühlung mit der Bielefelder Handelskammer auf, um die Möglichkeiten eines Anschlusses des Fürstentums an den Bielefelder Bezirk zu sondieren. Der Vorsitzende des lippischen Handels- und Gewerbevereins, Döpping, schrieb am 12. Dezember an Conrad Bertelsmann: „... In meiner Eigenschaft als Vorsitzender des Handels- und Gewerbevereins im Fürstentum Lippe erlaube ich mir die Anfrage, ob und unter welchen Modalitäten die Mitglieder unseres Vereines in die dortige Handelskammer als Mitglieder aufgenommen werden können?...“[158]

Die Handelskammer zu Bielefeld begrüßte diese Initiative und leitete im März des Jahres Verhandlungen mit den lippischen Gewerbetreibenden ein. Zwei Hindernisse standen einem Anschluß jedoch im Wege: Erstens hätte ein Staatsvertrag zwischen Preußen und Lippe geschlossen werden müssen, da einfache Veränderungen der Handelskammerbezirke nur innerhalb Preußens möglich waren. Zweitens hatten gerade zwischen der preußischen Regierung und Korporationen der Gewerbetreibenden Konsultationen begonnen mit dem Ziel einer durchgreifenden Reform des Handelskammerwesens. Eine Veränderung der Handelskammerbezirke schien daher vor Abschluß der Konsultationen nicht ratsam zu sein. Zwar unterbreitete die Bielefelder Handelskammer den lippischen Industriellen und Kaufleuten das Angebot, sie auf freundschaftlich-nachbarschaftlichem Wege zu beraten, doch wurde dies von lippischer Seite abgelehnt, da sie keinerlei Mitsprachemöglichkeit in der Kammer erhielt. Der Weg für einen Anschluß des Fürstentums Lippe an die Bielefelder Handelskammer war damit vorerst verbaut.[159]

Zu einer ersten ernsthaften Meinungsverschiedenheit über den Geltungsbereich ihrer Bezirke kam es zwischen den beiden ostwestfälischen Kammern 1894, als im Rahmen einer Gesetzesvorlage der preußischen Regierung über die zukünftigen Funktionen der Handelskammern auch die Bezirkseinteilung in Ostwestfalen diskutiert wurde. Während die Bielefelder Kammer dafür plädierte, für den gesamten Regierungsbezirk Minden eine Kammer mit Sitz in Bielefeld zu schaffen, war ihr Mindener Pendant strikt gegen eine Vereinigung. Statt dessen befürwortete sie die Inkorporierung des gesamten Kreises Herford in ihren Bezirk – ein Ansinnen, das sofort auf schärfsten Protest der Bielefelder Kammer stieß. Auch der Vorschlag der Mindener Kammer, den Bielefelder Bezirk durch den Anschluß der Kreise Warburg, Höxter, Paderborn und Büren zu vergrößern, konnte den Unmut des Bielefelder Handelskammerkollegiums nicht beseitigen. Die Mindener Kammer ging in ihren Vorschlägen zur Bezirksneuordnung jedoch noch einen Schritt weiter: Sie verlangte in einer an die preußische Regierung addressierten Stellungnahme auch die Inkorporierung der Grafschaft Schaumburg in ihren Bezirk: „Wir richten daher an die Behörden die Bitte, dahin entscheiden zu wollen, daß bei der bevorstehenden Neuordnung des Handelskammerwesens die Handelskammer Minden erhalten bleibt und ihr der zur Handelskammer Bielefeld gehörige restliche Teil des Kreises Herford und die zum Handelskammer Bezirk Hannover gehörige früher hessische Grafschaft Schaumburg zugetheilt werde...“[160]

Von der preußischen Regierung wurde jegliches Ansinnen dieser Art abgelehnt. Damit war der Streit über die Bezirkseinteilung im östlichen Westfalen jedoch keineswegs ausgestanden. Vielmehr eskalierte er 1899, als die Mindener Kammer auf Betreiben einiger Herforder Kaufleute und Gewerbetreibender unter der Führung des Industriellen Schönfeld erneut den Antrag stellte, den gesamten Kreis Herford ihrem Bezirk zuzuschlagen. Hierauf reagierte die Bielefelder Kammer mit einem scharfen Protest. Das Verhalten von Schönfeld interpretierte sie als persönlichen Rachefeldzug, da dieser aus ihrem Kollegium ausscheiden mußte. Noch härter ging sie mit der Mindener Kammer ins Gericht, die den Vorstoß als willkommenen Anlaß nutzte, um eine Neueinteilung der ostwestfälischen Handelskammerbezirke durchzusetzen. Hinter dem Verhalten der Mindener Kammer vermutete ihr Bielefelder Pendant schlicht finanzielle Gründe, da diese damit ihre pekuniäre Leistungsfähigkeit hätte erheblich steigern können. Dementsprechend scharf fiel auch die Kritik am Vorgehen der Mindener Korporation aus: „Wir müssen ... betonen, daß sich für eine ähnliche Handlungsweise einer Handelskammer gegenüber einer Schwesterkammer wohl kaum in der Geschichte sämtlicher Handelskammern ein Beispiel finden läßt...“ Herford, so die Bielefelder Kammer weiter, tendiere keineswegs zum Bezirk der Mindener Kammer, sondern sei immer nach Bielefeld ausgerichtet gewesen. Die Bielefelder Kammer faßte daher ihre Kritik wie folgt zusammen: „Umso mehr glauben wir aber auch darauf rechnen zu dürfen, daß dem Antrage der Handelskammer zu Minden, uns einen wichtigen Teil unseres Bezirkes fortzunehmen, mit Rücksicht auf den Widerstand, den wir diesem Antrag entgegensetzen, nicht entsprochen werde...“[161]

Die Bielefelder Kammer hatte mit dieser Bitte an die preußische Regierung Erfolg, da der südliche Teil des Kreises Herford in ihrem Bezirk verblieb. Mehr noch, sie konnte ihren Bezirk im Jahre 1900 vergrößern, als die Kreise Höxter und Lippstadt nach einer Verfügung des preußischen Ministeriums für Handel und Gewerbe ihrem Sprengel zugeschlagen wurden. Das gleiche Ministerium empfahl 1906 zunächst auch den Anschluß der Kreise Büren und Paderborn an den Bielefelder Kammerbezirk. Nach eingehenden Beratungen wurden diese Kreise jedoch dem Bezirk der Handelskammer zu Arnsberg zugeteilt. Den Sezessionsbestrebungen des Kreises Lippstadt, der 1911 zusammen mit dem Kreis Soest eine eigene Handelskammer bilden wollte, erteilte das preußische Handelsministerium jedoch eine Absage. Vielmehr tendierte die preußische Regierung dazu, auch den Kreis Soest in den Bielefelder Bezirk zu inkorporieren, was jedoch durch den Ausbruch des Ersten Weltkriegs nicht zustande kam. Als Resultat der verschiedenen Veränderungen bleibt festzuhalten, daß sich der Bezirk der Bielefelder Handelskammer durch den Anschluß der Kreise Höxter und Lippstadt bis 1913 vergrößerte, während der Mindener Bezirk trotz aller Anstrengungen nahezu unverändert blieb.[162]

Außer den Diskussionen über die Veränderungen der Bezirke wurde die Kammerarbeit durch die verschiedenen Reformen oder Reformvorhaben des Handelskammerwesens beeinflußt. Anlaß dazu gaben zum einen die massiven Forderungen der Kammern nach Kompetenzerweiterung, zum anderen die Krise verschiedener Korporationen von Handel- und Gewerbetreibenden, zum Beispiel des Deutschen Handelstags. Bereits 1874 zeigten sich einige Kammern, darunter auch die aus Bielefeld, unzufrieden mit der Politik jenes Gremiums, vor allem mit seiner passiven Haltung zu einer Eisenbahntarifreform. Seitdem rissen die Diskussionen über notwendige Veränderungen in dieser Körperschaft, über die Bildung neuer, überregionaler Korporationen von Gewerbetreibenden oder die Ausweitung von Zuständigkeiten der Handelskammer nicht mehr ab. Volkswirtschaftsräte, Industrie- und Handelsräte oder Gewerbekammern einzurichten, wurde als Heilmittel für die von Industriellen ebenso wie von der preußischen Regierung diagnostizierte Malaise propagiert.[163]

Anfang der 1880er nahm die Auseinandersetzung über die wirksamste Form der Interessenvertretung von Handel- und Gewerbetreibenden an Schärfe zu. Die preußische Regierung forderte die Bildung eines Handels- und Gewerberates. Dazu äußerten die Handelskammern jedoch große Bedenken, denn dies wäre ein behördlich ernanntes und kein frei gewähltes Gremium. Gleichzeitig nahm die Kritik an der Politik des Deutschen Handelstages zu. Diese eskalierte, als das Gremium in der Diskussion über die Erhöhung der Getreidezölle Mitte der 1880er erneut eine Position einnahm, die derjenigen vieler freihändlerisch eingestellten Handelskammern widersprach. Die Bielefelder Kammer trat daraufhin infolge der unklaren Haltung des Handelstages zur Zollpolitik und der wachsenden Ineffizienz dieser Institution aus dem Deutschen Handelstag aus, ein Schritt, dem auch andere Handelskammern folgten. Diese Entwicklung verstärkte jedoch die Notwendigkeit einer wirksamen Interessenvertretung von Industrie und Handel. Die Einrichtung sogenannter wirtschaftlicher Konferenzen in den einzelnen preußischen Regierungsbezirken im Jahre 1885, an der die Vertreter aller Berufsstände und Institutionen teilnahmen, konnte kaum die erforderliche Abhilfe schaffen.[164]

Um diese Situation nachhaltig zu verändern, wurde 1894 durch das preußische Ministerium für Handel und Gewerbe eine Gesetzesvorlage eingebracht, die eine weitgehende Ausdehnung der Befugnisse der Handelskammern vorsah. Die Kammerbezirke sollten nicht nur vergrößert, sondern den Gremien selbst der Rang von juristischen Personen mit erweiterten Kompetenzen verliehen werden. Darüber hinaus forderten die Kammern, bei allen Gesetzesverfahren und verwaltungsrechtlichen Schritten beteiligt zu werden. Zudem sollten alle im Handelsregister aufgeführten Firmen und Gesellschaften, auch Kleinhandelsbetriebe und Kaufleute beitragspflichtig in den Kammern vertreten sein. Ein Zentralorgan aller Handelskammern in Preußen wurde dagegen nicht als erforderlich erachtet.[165]

Eine solch weitreichende Revision des Handelskammergesetzes von 1870 wurde vom preußischen Landtag abgelehnt. Daraufhin erließ die preußische Regierung eine Gesetzesnovelle, die das Handelskammergesetz in einigen Punkten modifizierte, jedoch nicht so viele Veränderungen beinhaltete wie von den Kammern gefordert. Die Kammern erhielten den Status einer juristischen Person und wurden zu einem Wahlstatut verpflichtet, welches verbindlich das Wahlrecht für dieses Gremium regelte. Zudem wurde ihr Aufgabenkreis erweitert, wenn man ihnen auch nicht zugestand, an allen Gesetzgebungsverfahren beteiligt zu sein. Die Kammerbezirke blieben vorerst in ihrer alten Form bestehen. Diese Novelle wurde 1897 vom preußischen Landtag verabschiedet und erhielt damit Gesetzeskraft. Die Grundlage für die Arbeit der Handelskammern in den folgenden Jahren war damit geschaffen.[166]

Die erweiterten Funktionen sowie die gestiegene Bedeutung der Handelskammern im allgemeinen und der beiden ostwestfälischen im besonderen lassen sich auch an einigen Zahlen über ihre Verwaltungstätigkeit ablesen. 1881 betrug der Etat der Bielefelder Handelskammer für Einnahmen und Ausgaben je 9 200 Mark. 98 Vorlagen und Berichte wurden erstellt. Die Kammer selbst hatte 18 Mitglieder und wurde von dem seit 1875 amtierenden Kammerpräsidenten Conrad Bertelsmann geleitet. 20 Jahre später, 1901, verbuchte die Kammer bereits einen Etat von 24 964 Mark. Das Sekretariat der Kammer unter dem langjährigen Geschäftsführer Max Schoultz von Ascheraden gen. de Terra erledigte 245 größere Geschäftsvorgänge. 22 Personen waren bei der Kammer tätig, der ab diesem Jahr Gustav Bertelsmann vorstand, welcher seinem verstorbenen Bruder Conrad als Kammerpräsident folgte. Vor Ausbruch des Ersten Weltkriegs, im Haushaltsjahr 1913/14, betrug der Etat der Kammer – 25 Personen gehörten ihr inzwischen als Mitglieder an – 34 037 Mark. Angesichts einer wachsenden Zahl von Kommissionen sowie eines steigenden Verwaltungsaufwandes machte die Kammer, die ab 1908 von dem Bielefelder Fabrikanten Hugo Rempel präsidiert wurde, keine Angaben mehr zur Zahl der erledigten Geschäftsvorgänge.[167]

Eine ähnliche Entwicklung läßt sich auch für die Mindener Kammer konstatieren. Anfang der 1880er zählte sie 21 Personen als Mitglieder. Über ihren Etat liegen für dieses Jahr keine Informationen vor. Zur Jahrhundertwende gehörten ihr 25 Personen als Mitglieder an. Den Vorsitz in diesem Kollegium führte der Mindener Fabrikant Albert Meyer, der 1899 den in diesem Jahr verstorbenen und seit 1884 amtierenden Friedrich Zaun abgelöst hatte. Der Etat der Kammer belief sich 1899 auf 10 600 Mark. Vor Ausbruch des Ersten Weltkriegs, für das Jahr 1913, sind folgende Zahlen zu nennen: Das noch immer von Albert Meyer geleitete Kollegium der Kammer bestand aus 27 Personen, während ihr Haushalt auf 30 750 Mark angewachsen war. Außer dem Syndikus Hindenberg beschäftigte die Kammer vier Bürokräfte. Der Ausbau der Kammern zu wichtigen Institutionen, die als Interessenvertretung der Handel- und Gewerbetreibenden in ihren Bezirken mit immer vielschichtigeren Aufgaben und komplexeren Problemen konfrontiert wurden, machte diese Entwicklung erforderlich.[168]

4. Die ostwestfälische Wirtschaft während des Ersten Weltkriegs

Der Ausbruch des Ersten Weltkriegs im August 1914, ausgelöst durch das Attentat auf den Thronfolger der k. u. k.-Monarchie in Sarajevo, beendete nicht nur die erste Blütezeit des Industriekapitalismus in Deutschland, sondern schuf sowohl für Industrie, Handel und Gewerbe als auch für deren Korporationen und Interessenvertretungen völlig neue wirtschaftliche Rahmenbedingungen. An dieser Stelle soll nicht über die Gründe für den Kriegsausbruch räsoniert werden. Ob Europa eher ungewollt in den Krieg „schlitterte“, ob das von vielen Großmächten forcierte Wettrüsten den Krieg verursachte oder ob mit dem Krieg ein seit langem aufgestautes Konfliktpotential, dessen Ursachen in einer übersteigerten Großmachtpolitik zu suchen sind, zum Ausbruch kam, soll hier nicht diskutiert werden.[169]

Kriegsausbruch im August 1914, Neugierige lesen die Nachrichten

Sicher ist, daß mit Kriegsbeginn Gesetze erlassen wurden, die das Wirtschaftsleben erheblich veränderten, wobei drei Bereiche im Mittelpunkt dieser Maßnahmen standen: die Produktionsumstellung von der Friedens- auf die Kriegswirtschaft, die Rohstoffversorgung und die Finanzierung des Krieges. Bereits wenige Tage nach der Mobilmachung wurden Gesetze erlassen, die das Finanzwesen neu regelten. Die Pflicht zur Einlösung von Banknoten in Gold durch die Reichsbank wurde aufgehoben. Gleichzeitig wurden Darlehenskassen eingerichtet, um der gewerblichen Wirtschaft Kredit zu gewähren. Diese Institute durften Kassenscheine ausgeben, die von der Reichsbank ebenso wie Reichsschatzwechsel als Deckung für ihren Banknotenumlauf herangezogen werden konnten. Die Folge dieser Maßnahmen war eine bisher nie dagewesene Aufblähung des Geldvolumens bereits während des Ersten Weltkrieges. Gleichermaßen verhängnisvoll wirkte sich der Entschluß der Reichsregierung aus, die rapide steigenden und anfangs völlig falsch kalkulierten Kriegskosten durch Anleihen und nicht wie zum Beispiel in Großbritannien durch Steuern zu decken. Während sich das Reich in den ersten Kriegsjahren durch Kriegsanleihen die benötigten Mittel beschaffen konnte, verschlechterte sich ab 1916 die Finanzsituation dramatisch. Infolge des

Hindenburgprogramms, das eine Intensivierung der Kriegsproduktion vorsah, stiegen die Ausgaben für die Kriegsführung sprunghaft an. Gleichzeitig konnten die dazu erforderlichen Geldmittel immer weniger durch den Erlös der Kriegsanleihen aufgebracht werden. Das Reich mußte in schnell wachsendem Umfang Reichsschatzwechsel und -schatzanweisungen bei der Reichsbank diskontieren, um die Ausgabenflut finanzieren zu können. Die Gesamtverschuldung nahm dadurch exorbitant zu. Anfang 1919 betrug sie 156,4 Mrd. Mark gegenüber 5,1 Mrd. Mark im Jahr 1914. Die Kaufkraft der Mark war bis Kriegsende um die Hälfte ihres Wertes von 1914 gesunken, der Notenumlauf hatte sich dagegen von August 1914 bis Dezember 1918 in etwa verfünffacht. Die Art der Kriegsfinanzierung und die Intensivierung der Kriegswirtschaft sind daher als eine der entscheidenden Ursachen für die deutsche Inflation anzusehen.[170]

Nachdem klar wurde, daß der Krieg nicht, wie ursprünglich erwartet, nur wenige Wochen dauern würde, mußte der gesamte Produktionsapparat auf die Bedürfnisse der Kriegswirtschaft hin ausgerichtet werden. Die Gründung von Kriegsgesellschaften und der Kriegsrohstoffabteilung sollte garantieren, daß die knappen Ressourcen effizient von den für die Kriegsproduktion wichtigen Unternehmen und Branchen genutzt werden konnten. Da durch eine Seeblockade der Entente-Mächte zudem der Import wichtiger Rohstoffe (Salpeter) erheblich erschwert bzw. unmöglich gemacht wurde, folgten einschneidende Maßnahmen für die Planung der Güterproduktion und -versorgung. Die wichtigsten davon waren: Einführung von Höchstpreisen, Kontrolle der Ein- und Ausfuhr, Einrichtung von Preisprüfstellen, Beschlagnahmung von Waren durch Kriegsgesellschaften, Förderung der Ersatzstoffwirtschaft, Verteilung von Vorräten nach einem Bezugsscheinsystem. Derart gravierende Bewirtschaftungsmaßnahmen führten nicht nur zu einer massiven Ausweitung der Kriegsproduktion und einem Anwachsen des dafür notwendigen Apparates, sie gingen auch eindeutig zu Lasten der Verbrauchsgüterherstellung und der Nahrungsmittelversorgung der Bevölkerung. Die Kriegswirtschaft war eine Mangelwirtschaft mit Versorgungsengpässen und Fehlallokationen von Ressourcen und Kapital.[171]

Mit diesen schwierigen Rahmenbedingungen hatten auch Industrie, Handel und Gewerbe im östlichen Westfalen zunehmend zu kämpfen. Rohstoffverteuerungen, unterbrochene Handelsbeziehungen, Schwierigkeiten beim Transfer von Geldsummen ins Ausland, Mangel an qualifizierten Arbeitskräften infolge von Einberufungen an die Front sowie die Beanspruchung der Eisenbahnen aufgrund von Militärtransporten gehörten zum Alltag der Unternehmen. Dabei entwickelte sich die Ertragslage der Firmen höchst unterschiedlich, je nachdem welcher Branche sie angehörten. Nach Kriegsausbruch klagten die Betriebe der eisenverarbeitenden Industrie und des Maschinenbaus über drastische Umsatzeinbrüche und einen erheblichen Rückgang der Aufträge. Erst langsam besserte sich die Auftragslage in Sparten wie der Nähmaschinen- und der Werkzeugmaschinenindustrie oder im Anlagenbau. Ausschlaggebend dafür war, inwieweit die Unternehmen dieser Branchen von der steigenden Nachfrage der Heeresverwaltung profitierten. In der Werkzeugmaschinenindustrie zum Beispiel war die Auftragslage an der Jahreswende 1914/15 so gut, daß Überstunden gemacht werden mußten. Seit Kriegsausbruch konnten auch die meisten Betriebe der Textilindustrie einen starken Anstieg der Geschäftstätigkeit verzeichnen. Auch hier war die große Nachfrage nach Textilien für den Heeresbedarf für diese Entwicklung verantwortlich. Noch besser waren die Betriebe beschäftigt, denen die Herstellung und Verteilung von Grundnahrungsmitteln oblag. Der „Run“ auf Getreide- und Fleischprodukte, aber auch auf Bier war derart groß, daß die Preise in die Höhe schnellten und die Nachfrage kaum befriedigt werden konnte. Erst die Einführung staatlich festgesetzter Höchstpreise für Getreide stoppte die Preisexplosion. Auch die Tabakindustrie hatte gut zu tun, da Zigarren oder andere Tabakprodukte in großem Umfang als „Liebesgaben“ an die Front geschickt wurden. In Schwierigkeiten gerieten dagegen Unternehmen aus den Branchen, die auf den Import ausländischer Rohstoffe angewiesen waren. Das betraf vor allem Firmen der Schokoladenfabrikation und die Zuckerraffinerien. Auch die Bau- und die Möbelindustrie litten infolge Auftragsrückgang unter einer schlechten Ertragslage.[172]

Das Volumen an Aufträgen durch das Militär sowie die wechselnde Inlandsnachfrage bildeten auch in den folgenden Kriegsjahren die wichtigsten Determinanten für die Ertragslage der ostwestfälischen Industrie. Eine Aufstellung aus dem Jahre 1915 weist aus, daß zahlreiche Firmen wiederholt größere Heeresaufträge mit Festpreisgarantien erhalten hatten, darunter die Mechanische Weberei, die Ravensberger Spinnerei, C. A. Delius & Sohn, Dr. August Oetker, die Dürkopp-Werke, Theodor Calow, Gildemeister, Droop & Rhein, die Anker-Werke, Baer & Rempel und Kochs Adler. Vor diesem Hintergrund überrascht es nicht, daß vor allem die Unternehmen der metallverarbeitenden Industrie und des Maschinenbaus sowie der Textilindustrie bis 1916 relativ hohe Dividenden zwischen 10 und 25 % bezahlten.[173]

Der Vorstand der Ravensberger Spinnerei konnte zum Beispiel für 1914 und 1915 „ein günstiges Geschäftsergebnis“ und weitere umfangreiche Investitionen verkünden. Im Geschäftsbericht für 1916 war dagegen schon von Rohstoffbeschaffungsproblemen und ihrer Lösung die Rede: „Durch die kraftvolle Hilfe des Königlichen Kriegsministeriums, Kriegs-Rohstoff-Abteilung, und deren Mitschöpfung, der Kriegs-Flachsbau-Gesellschaft... gelang es, die fehlenden Rohstoffe zu beschaffen..." Die ostwestfälische Wirtschaft hing spätestens seit 1916 vollends „am Tropf" der staatlichen Kriegswirtschaftsmaschinerie.[174]

Nach dem Einsetzen des Hindenburgprogramms mit seiner Intensivierung der Kriegswirtschaft überwogen die negativen Kriegsfolgen die positiven Effekte bei weitem. Vor allem die Ernährungs- und Versorgungslage verschlechterte sich dramatisch. Zum Mangel an Kartoffeln und Getreide gesellten sich akute Probleme bei der Kohlenversorgung. Ein ungewöhnlich starker Kälteeinbruch im Januar 1917 kam hinzu. Schulen mußten geschlossen werden, da sie nicht mehr beheizt werden konnten. In der metallverarbeitenden Industrie, aber auch in anderen Branchen wurden seit Ende Januar Feierschichten eingelegt, da nicht mehr genügend Brennstoffe zur Verfügung standen.

Kartoffelverteilung auf dem Bielefelder Bahnhof

Die schlimmen Zustände des Vorjahrs wiederholten sich im Winter 1917/18. Im Januar 1918 drohte die Zwangsschließung aller Industriebetriebe, weil die Kohlenvorräte ausgingen. Im Geschäftsbericht der Ravensberger Spinnerei für 1917 hieß es: „Was unsere Rohstoffversorgung anbetraf, so wären wir wohl in der Lage gewesen, die Erzeugung zu vergrößern, allein die das ganze Jahr äußerst schwache Kohlenversorgung ließ eine Verminderung der Einschränkung nicht zu. Besonders in den letzten Monaten des Jahres war die Kohlenlieferung so gering, daß es nur mit der allergrößten Mühe gelang, die Betriebe in Gang zu halten..."[175]

Außerdem wurden der Stromverbrauch drastisch eingeschränkt, die Öffnungszeiten von Gaststätten und Läden verkürzt sowie die Bewirtschaftung von Konsumgütern sogar auf getragene Schuhe und Bekleidung ausgedehnt. Industrie, Handel, öffentliche Verwaltung, aber auch die gesamte Zivilbevölkerung gerieten immer mehr an den Rand der Erschöpfung. Die militärische Niederlage und der Zusammenbruch der Kriegswirtschaft waren vorprogrammiert.[176]

Hunger, Leid und wachsende Erschöpfung gehörten für weite Teile der Bevölkerung 1918 immer mehr zu täglichen Begleiterscheinungen. Die Menschen waren immer weniger bereit, den Parolen vom Durchhalten und der Überlebenskraft der deutschen Bevölkerung Glauben zu schenken. Statt dessen wuchs das Empfinden, daß das Herrschaftssystem des Kaiserreiches abgewirtschaftet habe. Der Aufstand von Matrosen und Soldaten im November 1918 kam daher keineswegs überraschend. Auch in Ostwestfalen nahmen die vom Krieg erschöpften Einwohner die Machtübernahme der Arbeiter- und Soldatenräte eher apathisch zur Kenntnis. Das deutsche Kaiserreich war endgültig untergegangen.[177]

5. Die Handelskammer während des Ersten Weltkriegs

Der Kriegsausbruch bedeutete für die ostwestfälischen Kammern das Ende ihrer Hoffnungen, der Frieden könne trotz einer instabilen politischen Situation in Europa bewahrt werden. Friedenssicherung müsse das wichtigste Ziel der Politik sein, forderte die Bielefelder Kammer mehrfach in den Jahren vor 1913 angesichts wachsender Spannungen auf dem Balkan und in Nordafrika: „Das Volk will keine kriegerischen Auseinandersetzungen mit anderen Staaten. Es will einen gesicherten Frieden für seine weitere wirtschaftliche Entwicklung. Dieser Friede erwächst aber heute nicht mehr aus blutigen Völkerschlachten, sondern aus dem unserer Kulturstufe mehr entsprechenden Geiste internationaler Verständigung..."[178]

Der Krieg mit all seinen Folgen – Handelsbeschränkungen, Einengung des internationalen Geldverkehrs oder gesetzliche Regelungen zur Preisbestimmung – wurde von den Handelskammern prinzipiell als Niederlage für den „Handelsstand und seine Aufgaben" bewertet. Dennoch: Angesichts der nationalen Kriegsbegeisterung im Sommer 1914 zeigten sich die Kammern gegenüber Staat und Militär loyal. Der Sekretär der Bielefelder Handelskammer, Schoultz von Ascheraden, ließ sich bei einer Kundgebung vor dem Bielefelder Rathaus im September 1914 zu dem Ausruf hinreißen, der deutsche Michel habe sich zu einem Siegfried gewandelt, da aller Parteienhader und alle Interessenkämpfe verstummt seien.[179] Beide Kammern riefen dazu auf, Kriegsanleihen zu zeichnen. Die Bielefelder Kammer schrieb zum Beispiel anläßlich der Emission der ersten Kriegsanleihe am 25. September: „Deutschland steht im Kampf gegen eine Welt in Waffen. Glänzende Siege im Osten und Westen sind errungen. Nun kommt es darauf an zu zeigen, daß Deutschland stark genug ist, um diesem Riesenkampf auf Dauer gewachsen zu sein. Die Gelegenheit, diesen Nachweis zu erbringen, bietet die deutsche Kriegsanleihe... Hier mitzuhelfen, ist eine nationale Pflicht, der sich kein Besitzender entziehen kann..."[180] Gegen Kriegsende klangen diese Aufrufe allerdings fast schon resignierend. Die Bielefelder Kammer schrieb in ihrem am 18. 10. 1918 veröffentlichten Rundschreiben an alle Mitgliedsfirmen, in dem sie zur Zeichnung der 9. Kriegsanleihe ermunterte, folgendes: „In ernster Zeit ergeht von neuem der Weckruf an das Deutsche Volk zur Zeichnung einer Kriegsanleihe. Wir stehen in erbittertem Kampf um Deutschlands Ehre, um sein Glück und um seine Zukunft... Zu dieser Hilfe sind die Vertreter von Handel und Industrie in erster Linie mit berufen, denn sie sind im Verein mit anderen Erwerbsständen die Träger des wirtschaftlichen Wohlstandes unseres Vaterlandes. Darum wenden wir uns an sie mit der dringenden Bitte, die 9. Kriegsanleihe zu zeichnen...[181]

Angesichts der nationalen Kriegseuphorie im Sommer 1914 überrascht es nicht, daß sich beide Kammern auch auf anderen Feldern bemühten, den neuen Herausforderungen gerecht zu werden. Hervorgerufen durch die Umgestaltung des Wirtschaftslebens mußten sich die Kammern seit Kriegsausbruch vor allem mit vielen wirtschaftspolitischen, handelsrechtlichen und arbeitsrechtlichen Detailfragen beschäftigen. Zum Beispiel mußten sie Gutachten über die Gültigkeit von Miet- und Pachtverträgen, die Einhaltung von Arbeitsverträgen, die Wirksamkeit von Kredit- und Versicherungsverträgen oder die Regelung von Beschäftigungseinschränkungen erstellen. Höchstpreisfestsetzungen oder Einfuhrbeschränkungen wurden von ihnen ebenfalls geprüft und in Form von Hinweisbroschüren an die Unternehmen in ihren Bezirken weitergegeben. Außer diesen kriegsbedingten Gutachten mußten sich die Kammern mit Problemen auseinandersetzen, die bereits vor dem Krieg mehrfach Gegenstand von Stellungnahmen und Petitionen waren: Fragen des Detailreisens, Probleme bei saisonalen Ausverkäufen, Fragen der Maß- und Gewichtsvereinheitlichung oder das Problem, wann die Polizeistunde beginnen solle. In den ersten Kriegsmonaten fiel den Kammern darüber hinaus die Aufgabe zu, dafür einzutreten, daß nach den großen Truppentransporten der Güterverkehr wieder den Bedürfnissen von Handel, Industrie und Gewerbe entsprechend durchgeführt wurde. In zahlreichen Anträgen forderten sie Verbesserungen auf diesem Gebiete sowie eine Neuregelung des Personenverkehrs, die den veränderten Zeitumständen entsprach. Eine neue Herausforderung bildete auch die Regelung des Feldpostverkehrs.[182]

Die Kammern setzten sich jedoch nicht nur für Verbesserungen in der Infrastruktur ein, sondern auch direkt für eine Stärkung der Konkurrenzfähigkeit von Unternehmen in ihren Bezirken. Zum Beispiel waren ihre Bemühungen erfolgreich, Bestellungen des Heeres für Firmen der Textilindustrie oder der Nähmaschinenindustrie zu akquirieren. Indem sie bei der Heeresverwaltung vorstellig wurden, gelang es ihnen, für Unternehmen dieser Branchen zahlreiche Aufträge zu vermitteln, wodurch sich nicht nur deren Ertragslage enorm verbesserte, sondern auch Arbeiterentlassungen vermieden werden konnten. Die Geschäftsstellen der Kammern mußten schließlich seit Kriegsausbruch eine Vielzahl von Bescheinigungen ausstellen, in denen Firmen attestiert wurde, daß sie trotz der schwierigen Zeitumstände noch voll funktionsfähig seien und keinerlei Arbeitseinschränkungen vorgenommen hätten. Die Bemühungen der Bielefelder Kammer, für kleinere Gewerbetreibende eine spezielle Kriegskreditkasse einzurichten, scheiterten jedoch an mangelndem Interesse. Die Bildung von zwei Ausschüssen zur Bekämpfung der Arbeitslosigkeit in der Metall- und in der Wäscheindustrie, initiiert von der Bielefelder Kammer, fand dagegen größere Aufmerksamkeit.[183]

Mit Fortdauer des Krieges verschoben sich Aufgaben und Arbeitsbereiche der Kammern. Seit 1916 standen vor allem zwei Probleme im Mittelpunkt ihrer Aktivitäten: die Lebensmittel- und Rohstoffversorgung sowie die Umstellung von der Kriegs- auf die Friedenswirtschaft. Hierzu veranstaltete die Bielefelder Kammer nicht nur Vorträge mit bekannten Gastrednern wie Gustav Stresemann, sondern äußerte auch in pointierten Stellungnahmen ihre Position zu dieser Frage. Erstaunlich ist, daß sich die Kammern relativ früh mit diesem Problem beschäftigten, wobei man skeptisch war, ob dieses gelöst werden könne. So meinte die Handelskammer zu Berlin in einem Rundschreiben vom Juni 1916 an alle anderen preußischen Kammern: „Die Rückführung der deutschen Volkswirtschaft aus ihrer Kriegsverfassung in den Friedensstatus wird sich nur unter größten Schwierigkeiten vollziehen und es wird daher der vorrausschauenden Erwägung bedürfen, inwieweit diesen durch eine geeignete Organisation der Arbeit abgeholfen werden kann...“[184] Die Bielefelder Kammer machte sich diesen Standpunkt zu eigen. In einer Denkschrift des Kammersekretärs von Ascheraden vom 28. 6. 1917 wurden ungeschminkt die Schwierigkeiten beim Prozeß der Umstellung benannt: „Alles in allem ist der Substanzverlust unserer Volkswirtschaft durch die Kriegswirtschaft sehr erheblich. Wir sind zu einer Hypertrophie der Kriegswirtschaft und zu einer Blutleere der Friedenswirtschaft gekommen...“ Vor allem die Symptome der Kriegswirtschaft mit ihren verheerenden Folgen für eine „normal“ funktionierende Wirtschaft in Friedenszeiten wurden von der Kammer klar erkannt, wenn man voraussetzt, daß von Ascheradens Äußerungen den Diskussionsstand in dieser Korporation widerspiegeln. Erstaunlich ist dabei die Tatsache, daß 1917 bereits auf die inflationären Effekte der Geldentwertung hingewiesen wurde – zu einem Zeitpunkt, an dem selbst vielen Bankiers und Ökonomen nicht bewußt war, welche Ursachen und Folgen der Währungsverfall in Deutschland haben würde. Ascheraden führte dazu aus:

„Weiter zu berücksichtigen ist, daß Kriegsausgaben, die zwischen den einzelnen Kriegsanleihen aufliefen, nicht durch die langfristigen Kriegsanleihen gedeckt werden. Die Folge dadurch war eine starke Zunahme unseres Notenumlaufs und unserer Darlehenskassenscheine ..."

Als wichtigste Aufgabe für eine positive Wirtschaftsentwicklung in Friedenszeiten betrachtete von Ascheraden die Wiederherstellung eines Gleichgewichts zwischen den einzelnen Gewerbezweigen, wobei er interessanterweise dem Staat eine wesentliche Funktion bei der Realisierung dieses Prozesses einräumte – im Gegensatz zu der früher oft skeptischen bis ablehnenden Haltung der Bielefelder Kammer gegenüber einem zu großen Staatseinfluß: „Wenn der Krieg vorbei ist, werden wir uns bemühen, aus all den Ketten und Hemmungen, die unserer Volkswirtschaft jetzt aufgebürdet sind, sobald wie möglich herauszukommen. Das Ziel der bevorstehenden Übergangswirtschaft kann daher nur die Rückkehr zu einem Gleichgewicht der freien wirtschaftlichen Kräfte von Kapital und Arbeit sein ... Dieser Übergang kann sich nur unter staatlicher Führung vollziehen ..."[185]

Für die Wiederherstellung normaler Verhältnisse gleichermaßen bedeutsam hielt von Ascheraden einen funktionierenden internationalen Handelsverkehr und ein System konstruktiver internationaler Beziehungen: „Von hervorragender Bedeutung wird auch die Wiederaufnahme unserer Beziehungen zum Auslande sein. Unser Handel muß wieder die Beziehungen zum Auslande aufnehmen und damit für die Gesamtinteressen der Volkswirtschaft arbeiten ..."[186] Gerade diese Hoffnungen, die von Ascheraden 1917 formulierte, wurden durch den verlorenen Krieg und die Revolution von 1918 zunichte gemacht. Ein zunehmender Währungsverfall, durch die Inflation bedingte wachsende Disproportionen in der deutschen Wirtschaft und gestörte internationale Wirtschaftsbeziehungen kennzeichneten die Anfangsjahre der Weimarer Republik. Gleich, ob sie eine unüberwindliche Erblast des Kaiserreiches darstellten oder politische Fehlentscheidungen in der Weimarer Republik sie intensivierten – der Grundstein für die „zerrissene Zwischenkriegszeit" wurde durch sie gelegt.

III. Zusammenfassung: Das östliche Westfalen als Wirtschaftsregion im Deutschen Kaiserreich

Ziehen wir ein Fazit der wirtschaftlichen Entwicklung im östlichen Westfalen während des Kaiserreiches. Ein besonderes Merkmal war, daß die Industrialisierung immer weitere Teile der Region ergriffen und sich endgültig durchgesetzt hatte. Wirtschaft und Gesellschaft wurden zunehmend von der modernen Industriewirtschaft mit ihren Folgen wie Urbanisierung, Klassenbildung, Errichtung von diversifizierten Großunternehmen und wachsender internationaler Marktverflechtung geprägt. Das heißt nicht, das östliche Westfalen wäre zur Gänze eine Industrielandschaft geworden. Noch immer gab es weite, von der Landwirtschaft dominierte Bereiche. In den rasch wachsenden Städten wie Bielefeld, Herford, Gütersloh oder Minden hatte sich jedoch bis zum Ausbruch des Ersten Weltkriegs eine Vielzahl von Gewerbezweigen und Unternehmen etabliert, so daß sowohl ihr Erscheinungsbild als auch ihre Bevölkerungsstruktur immer mehr die steigende Industrialisierung widerspiegelten. Das östliche Westfalen, das ehemalige „Leinenländchen", war zu einem wichtigen Wirtschaftsstandort geworden. Welche Prozesse und welche Strukturveränderungen waren dafür verantwortlich?

Die Wirtschaft der Region konnte die Rezession von 1873 bis 1879 gut verkraften. Innovationen und Risikobereitschaft versetzten viele Unternehmen in die Lage, ihre Wettbewerbsposition zu behaupten oder teilweise noch ausbauen. Ab den 1880ern gewann zudem der wirtschaftliche Strukturwandel verstärkt an Bedeutung. Zwar konnte die Textilindustrie ihre Rolle als Leitsektor der industriellen Entwicklung während des Kaiserreiches noch verteidigen, doch wurde ihre Position durch den Aufschwung in der metallverarbeitenden Industrie und im Maschinenbau zunehmend in Frage gestellt. Hier ließ sich auch das Gros der innovativen und zukunftsorientierten Unternehmen finden. Verstärkt wurde diese Entwicklung durch die wachsende Bedeutung anderer Branchen, zum Beispiel der Nahrungs- und Genußmittelindustrie. Industriezweige, die noch an heimgewerblich traditionellen Produktionsmethoden festhielten, wie die Handspinnerei und -weberei blieben dagegen entweder „Sorgenkinder" der wirtschaftlichen Entwicklung oder sie sanken zur Bedeutungslosigkeit herab. Das Resultat dieses Strukturwandels war eine vielseitige und nicht durch Monostrukturen geprägte Industrie, die konjunkturelle Krisen gut überstehen und ihre Stellung im nationalen und internationalen Wettbewerb auf den Märkten behaupten bzw. ausbauen konnte. Das östliche Westfalen war am Vorabend des Ersten Weltkriegs eine aufstrebende Wirtschaftsregion, deren Unternehmen mehr und mehr auf dem nationalen und dem Weltmarkt präsent waren.

Wesentlich zu dieser Entwicklung beigetragen hatten die beiden ostwestfälischen Handelskammern. Durch ihr unermüdliches Engagement ließen sich bedeutende Maßnahmen zur Verbesserung der Infrastruktur realisieren. Von ihrem Einsatz für ein möglichst großes Maß an Freihandel und internationalen Handelsbeziehungen profitierten viele der ostwestfälischen Unternehmen genauso wie von ihrem Kampf gegen eine Hochschutzzollpolitik oder andere Handelshemmnisse. Am deutlichsten zeigte sich ihre

Funktion als Sprachrohr der ostwestfälischen Wirtschaft in ihrem „Feldzug“ gegen staatliche Monopolisierungsbestrebungen wie in der Tabakindustrie oder bei den Brennereien und gegen zu große staatliche Reglementierungen in der Steuer- und Gewerbepolitik. Zahlreiche Unternehmen aus der Tabakindustrie verdankten es den Handelskammern, daß sich Pläne zur Errichtung eines staatlichen Tabakmonopols sowie einige unangemessene steuerliche Belastungen nicht verwirklichen ließen. Gleiches gilt für die Brauereien und Brennereien.

Bei allem Einsatz für die Anliegen der ostwestfälischen Wirtschaft schafften es die beiden Kammern dennoch, keine massiven Konflikte mit staatlichen Behörden oder der Reichsregierung hervorzurufen. Ungeachtet der Differenzen mit Ministerien glückte ihnen während des Kaiserreiches der Spagat zwischen öffentlichem Auftrag und Interessenvertretung der Wirtschaft. In dieser Doppelfunktion gelang es den Handelskammern, sich während des Kaiserreiches als effiziente Institutionen zu bewähren. Trotzdem läßt sich nicht verkennen, daß zwischen beiden Korporationen Unterschiede existierten. Abgesehen von Eifersüchteleien um bestimmte Prestigeobjekte auf dem Gebiet der Infrastruktur oder den Auseinandersetzungen über die Kammergrenzen zeigten sich diese vor allem in der Zoll- und Außenhandels- sowie der Sozialpolitik. Die Bielefelder Kammer erwies sich hier prinzipientreuer, weltmarktorientierter und kritischer gegenüber staatlicher Reglementierung als ihr Mindener Pendant, das in einigen Fällen einen eher staatsloyalen Standpunkt einnahm. Ob dieses an der größeren Zahl auf internationalen Märkten operierender Unternehmen, dem höheren Grad der Industrialisierung im Ravensberger Land oder an den persönlichen Ansichten und dem Gestaltungswillen der Kammerpräsidenten lag, kann hier nicht endgültig entschieden werden. Der Hinweis auf die unterschiedliche Haltung der Kammern in einigen Fragen von politischer Brisanz soll ihre Verdienste um die Entwicklung der ostwestfälischen Wirtschaft bis zum Ausbruch des Ersten Weltkriegs nicht schmälern.

Die durch den Krieg veränderten Rahmenbedingungen und Orientierungsdaten bedeuteten sowohl für die gesamte ostwestfälische Wirtschaft als auch für die beiden Handelskammern ein neues Geflecht an Herausforderungen und Handlungsoptionen. Die beiden Kammern mußten sich ihnen anpassen. Dabei schlug die auch von ihnen geteilte nationale Kriegsbegeisterung schnell in eine nüchterne Beurteilung der vielen Probleme um, welche von der Kriegswirtschaft hervorgerufen wurden. Der Alltag des Kriegs ließ in den Kammern immer mehr Hoffnungen, Wünsche und Visionen für die Friedenswirtschaft nach dem Kriegsende reifen. Umso ernüchternder für sie, daß diese Hoffnungen durch die Wirtschaftsentwicklung in den Anfangsjahren der Weimarer Republik nicht erfüllt wurden.

---

[1] Siehe zur Aufarbeitung dieser Zeit vor allem Rosenberg, Große Depression; Wehler, Deutsche Gesellschaftsgeschichte, Bd. 3, S. 104/05, ders., Bismarck und der Imperialismus, Köln 1972, S. 43-111.

[2] R. Krengel, Die deutsche Roheisenindustrie 1871-1913, Berlin 1983, S. 128 u. S. 409; Wehler, Gesellschaftsgeschichte, Bd. 3, S. 554-61.

[3] Walter, Wirtschaftsgeschichte, S. 114/15.

[4] Kiesewetter, Industrielle Revolution, S. 102. Vgl. auch J. Kocka, Unternehmer in der deutschen Industrialisierung, Göttingen 1975, S. 98 ff.

[5] Kiesewetter, Industrielle Revolution, S. 103-06.

[6] Siehe hierzu: R. Wagenführ, Die Industriewirtschaft. Entwicklungstendenzen der deutschen und internationalen Industrieproduktion 1860-1932, in: Vierteljahreshefte zur Konjunkturforschung, Sonderheft 31, Berlin 1933, S. 45 ff.; Wehler, Gesellschaftsgeschichte, Bd. 3, S. 608.

[7] Wehler, Gesellschaftsgeschichte, Bd. 3, S. 608.

[8] Das Investitionsvolumen stieg von 1908 bis 1913 um 45 %, die Steinkohleförderung um 33 %, die Roheisenerzeugung um 50 % und der Güterverkehr auf der Schiene um 33 %. Wehler, Gesellschaftsgeschichte, Bd. 3, S. 609.

[9] Henning, Industrialisierung in Deutschland, S. 20; Walter, Wirtschaftsgeschichte, S. 113.

[10] In der chemischen Industrie wurde 1904 der sogenannte „Zweibund“ aus der Hoechst AG und der Casella AG gegründet. Im gleichen Jahr entstand auch der „Dreibund“ aus dem Zusammenschluß der Farbwerke Bayer, der BASF und der AG für Anilinfabrikation (Agfa). Siehe G. Plumpe, Die I.G. Farbenindustrie AG. Wirtschaft, Technik und Politik 1904-1945, Berlin 1990. Generell zu dieser Entwicklung: F. Blaich, Kartell- und Monopolpolitik im kaiserlichen Deutschland, Düsseldorf 1973; V. Hentschel, Wirtschaft und Wirtschaftspolitik im Wilhelminischen Deutschland. Organisierter Kapitalismus und Interventionsstaat?, Stuttgart 1978.

[11] Walter, Wirtschaftsgeschichte, S. 120/21; Wehler, Gesellschaftsgeschichte, Bd. 3, S. 610/11; Kiesewetter, Industrielle Revolution, S. 112-15.

[12] Bericht der Handelskammer zu Bielefeld für das Jahr 1873, S. 2; für das Jahr 1874, S. 2; Jahresbericht der Handelskammer von Minden für 1874, S. 5; für 1875, S. 5.

[13] Jahresbericht der Handelskammer von Minden für 1877, S. 7; Bericht der Handelskammer zu Bielefeld für das Jahr 1875, S. 3.

[14] Bericht der Handelskammer zu Bielefeld für das Jahr 1875, S. 3/4.

[15] Bericht der Handelskammer zu Bielefeld für das Jahr 1884, S. 1.

[16] Jahresbericht der Handelskammer von Minden für 1893, S. 5.

[17] Bericht der Handelskammer zu Bielefeld für das Jahr 1906, S. 5/6.

[18] Bericht der Handelskammer zu Bielefeld für das Jahr 1887, S. 76. Jahresbericht der Handelskammer zu Minden für das Jahr 1899, S. 125.

[19] Bericht der Handelskammer zu Bielefeld für die Jahre 1876 und 1877, S. 1.

[20] Zitiert nach Bericht der Handelskammer zu Bielefeld für die Jahre 1876 und 1877, S. 42 und 44.

[21] Siehe die Geschäftsberichte der Ravensberger Spinnerei für die Jahre 1875-1878; Vgl. auch den Bericht der Handelskammer zu Bielefeld für das Jahr 1875, S. 67/68; für die Jahre 1876 und 1877, S. 41, S. 85. Siehe auch G. Engel, Ravensberger Spinnerei AG Bielefeld. Festschrift zum 100-jährigen Jubiläum, Bielefeld 1954, S. 94-97.

[22] 1876 und 1877 konstatierte die Spinnerei Vorwärts: „Zu diesen günstigen Produktionsergebnissen, namentlich zu der erreichten Ermäßigung der Spinnkosten, hat wesentlich unsere neue Filiale Klein-Vorwärts beigetragen, welche das ganze Jahr hindurch in vollem und ungestörtem Betrieb war…" Zitiert nach Bericht der Handelskammer zu Bielefeld für die Jahre 1876 und 1877, S. 88.

[23] Siehe ebenda, S. 92.

[24] Zur Geschichte der Seidenwebereien von C. A. Delius & Söhne und Gebr. Wertheimer sowie zur Entwicklung der Firma Bertelsmann & Niemann siehe: K. Ditt, Hermann Delius, S. 209-21; M. Mininger, Zwei Generationen Gebrüder Wertheimer (1838-1942), in: J. Kocka u. R. Vogelsang (Hgg.), Bielefelder Unternehmer des 18. bis 20. Jahrhunderts. Rheinisch-Westfälische Wirtschaftsbiographien, Bd. 14, Münster 1991, S. 269-87; F. W. Bratvogel, Conrad Bertelsmann (1828-1901) und Gustav Bertelsmann (1833-1909), in: ebd., S. 249-68.

[25] Ditt, Industrialisierung, S. 164. Bereits 1880 konstatierte die Bielefelder Handelskammer: „Die früher wichtige Segeltuchweberei hat weiter abgenommen und ist auf ein Minimum beschränkt." Bericht der Handelskammer zu Bielefeld für das Jahr 1880, S. 92.

[26] Bericht der Handelskammer zu Bielefeld für das Jahr 1882, S. 33.

[27] Bericht der Handelskammer zu Bielefeld für das Jahr 1882, S. 42.

[28] Die Spinnerei Vorwärts schrieb in ihrem Geschäftsbericht für das Jahr 1881: „Wenn die Leinenindustrie nicht gänzlich der Baumwolle unterliegen soll, so muß sich dieselbe auf die Vorzüge stützen, welche die gute und gut behandelte Flachsfaser vor der Baumwolle hat, bezüglich der Preise wird aber eine Concurrenz mit letzterer immer aussichtsloser sein…" Geschäftsbericht der Spinnerei Vorwärts für das Jahr 1881, S. 3. Siehe auch Bericht der Handelskammer zu Bielefeld für das Jahr 1887, S. 67.

[29] G. Engel, 1864-1964. Bielefelder Webereien Aktiengesellschaft, Bielefeld. Festschrift zum 100-jährigen Jubiläum, Bielefeld 1965, S. 85; Bericht der Handelskammer zu Bielefeld für das Jahr 1883, S. 64-68.

[30] Ditt, Industrialisierung, S. 165 f.; Engel, Webereien, S. 98 ff.

[31] H. Potthoff, Die Leinenindustrie, in: Die Störungen im deutschen Wirtschaftsleben während der Jahre 1900 ff., Bd. 1: Die Textilindustrie, Leipzig 1903, S. 25; ders., Die Ravensberger Leinenindustrie und ihre Tochtergewerbe, in: Jahrbuch für Gesetzgebung, Verwaltung und Volkswirtschaft im Deutschen Reich, Bd. 34, 1910, S. 288 ff.; Bericht der Handelskammer zu Bielefeld für das Jahr 1902, S. 31.

[32] Zitiert nach Bericht der Handelskammer zu Bielefeld für das Jahr 1906, I. Teil, S. 18. Mit Blick auf die mechanische Leinenweberei schrieb die Handelskammer 1907: „…Seit dem amerikanischen Sezessionskrieg im Jahre 1864 hat die Leinenweberei noch nie eine derartige Aufwärtsbewegung durchmachen müssen, wie im abgeschlossenen Jahr…" Bericht der Handelskammer zu Bielefeld für das Jahr 1907, I. Teil, S. 28. Vgl. auch Bericht der Handelskammer zu Bielefeld für das Jahr 1908, I. Teil, S. 19-22, wo ebenfalls von einer günstigen Lage für die Flachsspinnereien und Leinenwebereien berichtet wird.

[33] Zahlen nach Ditt, Industrialisierung, S. 166, u. H. Petzold, Die Bielefelder Textilindustrie, ihr Aufbau, ihre Entwicklung und ihre Stellung im Rahmen der dortigen Gesamtindustrie, Diss. Rostock 1926, S. 15. Die Zahl der Spindeln betrug bei der Ravensberger Spinnerei 1900: 21 923 und 1910: 22 000, während sich die Zahl der Beschäftigten 1900 und 1910 auf 1 380 belief. Die Spinnerei Vorwärts produzierte 1900 und 1910 an 15 000 Spindeln, wobei sie 1900 640 und 1910 600 Personen beschäftigte. Die Mechanische Weberei produzierte 1900 und 1910 mit jeweils 836 Personen an 900 Webstühlen, während die Webereien im Umland 1900 an 600 Webstühlen 600 Personen und 1910 an 1 000 Webstühlen 1 000 Personen beschäftigten.

[34] Ditt, Industrialisierung, S. 169; ders., Die Wäsche- und Bekleidungsindustrie Minden-Ravensbergs im 19. Jahrhundert, in: A. Lassotta u. P. Lutum-Lenger (Hg.), Textilarbeiter und Textilindustrie. Beiträge zu ihrer Geschichte in Westfalen während der Industrialisierung, Hagen 1989, S. 103 f.; H.-J. Kühne, Aufstieg und Niedergang der Bielefelder Wäsche- und Bekleidungsindustrie am Beispiel der Unternehmen von Juhl & Helmke und der Gebrüder Winkel, in: 83. Jahresbericht des Historischen Vereins für die Grafschaft Ravensberg, Jg. 1996, S. 115/16; P. Tittel, Die Wäscheindustrie in Bielefeld und Herford unter besonderer Berücksichtigung von Organisation und Betrieb, Bielefeld 1914, S. 3 ff.; G. Voß, Herfords Bekleidungs- und Wäscheindustrie im Wandel der Zeit, Herford 1984, S. 19 ff. In Minden existierte das Konfektionswarengeschäft von H. Muermann, das 1874 bereits 150 Arbeiter beschäftigte. Jahresbericht der Handelskammer von Minden für 1874, S. 40. Weitere Betriebe waren der von W. H. Wolff Nachf. in Minden und der von R. Ruben in Lübbecke, die zwischen 50-55 Personen beschäftigten. Jahresbericht der Handelskammer von Minden für 1875, S. 46.

[35] Bericht der Handelskammer zu Bielefeld für das Jahr 1880, S. 93. Nach Ausbruch der Gründerkrise bezifferte die Handelskammer zu Bielefeld die Zahl der 1874 in der Wäscheindustrie tätigen Personen mit ca. 3 000 in Bielefeld und ca. 500 in Herford. Bericht der Handelskammer zu Bielefeld für das Jahr 1874, S. 48.

[36] Ditt, Industrialisierung, S. 170; Kühne, Wäscheindustrie, S. 115.

[37] Ditt, Industrialisierung, S. 170/71; ders., Wäsche- und Bekleidungsindustrie, S. 106; Kühne, Wäscheindustrie, S. 118/19; Voß, Herfords Bekleidungs- und Wäscheindustrie, S. 71 ff.; H. Potthoff, Die Leinen- und Wäscheindustrie, Berlin 1901, S. 38. Die Gründung zahlreicher neuer Betriebe in der Wäscheindustrie wurde hervorgerufen durch die seit 1906 anhaltende lebhafte Nachfrage nach Wäsche aller Art. Die Handelskammer zu Bielefeld schrieb in ihrem Jahresbericht für 1906: „…Das Jahr 1906 ist in mehrfacher Hinsicht ungewöhnlich zu nennen. Ungewöhnlich im Hinblick auf die Lebhaftigkeit des Geschäftsganges…Die Beschäftigung war das ganze Jahr hindurch sehr gut, noch lebhafter als in dem flotten Jahr 1905…" Bericht der Handelskammer zu Bielefeld für das Jahr 1906, I.Teil, S. 24. Vgl. auch Bericht der Handelskammer zu Bielefeld für das Jahr 1910, I. Teil, S. 12, S. 26, S. 43.

[38] Siehe speziell zu diesem Prozeß T. Pierenkemper, Umstrittene Revolutionen, S. 108-23. Vgl. auch G. Hohorst u. a., Sozialgeschichtliches Arbeitsbuch. Materialien zur Statistik des Kaiserreichs 1870-1914, München 1975, S. 76.

[39] Siehe hierzu die Berichte der Handelskammer zu Bielefeld für das Jahr 1874, S. 39-42, für das Jahr 1875, S. 47-51, für die Jahre 1876 und 1877, S. 35-40 u. S. 79-82, für das Jahr 1878, S. 65-70, für das Jahr 1879, S. 65-69, für das Jahr 1880, S. 75-79; Jahresbericht der Handelskammer von Minden für 1875, S. 57.

[40] Schlicht, Maschinen, S. 574. Zu Theodor Droop und Ernst Rein siehe: D. Kerschbäumer u. Johannes Großewinkelmann, Theodor Droop (1849-1906) und Ernst Rein (1858-1953), in: J. Kocka u. R. Vogelsang (Hgg.), Bielefelder Unternehmer des 18. bis 20. Jahrhunderts. Rheinisch-Westfälische Wirtschaftsbiographien, Bd. 14, Münster 1991, S. 333-55.

[41] Bericht der Handelskammer zu Bielefeld für das Jahr 1883, S. 49, für das Jahr 1885, S. 64, für das Jahr 1891, S. 68.

[42] Siehe Ditt, Industrialisierung, S. 173; Kettermann, Bielefelder Wirtschaft, S. 92/93; A. Beaugrand u. R. Krull, Nikolaus Dürkopp (1842-1918), in: J. Kocka u. R. Vogelsang (Hgg.), Bielefelder Unternehmer des 18. bis 20. Jahrhunderts. Rheinisch-Westfälische Wirtschaftsbiographien, Bd. 14, Münster 1991, S. 311; P. Tönnishoff, Sticheleien. Nähmaschinen aus Bielefeld, in: A. Beaugrand (Hgg.), Stadtbuch Bielefeld. Tradition und Fortschritt in der ostwestfälischen Metropole, Bielefeld 1996, S. 557/58.

[43] Ditt, Industrialisierung, S. 175/76; Kettermann, Bielefelder Wirtschaft, S. 87; W. Matthies, Vom Veloziped zum „Einspur-Auto", in: A. Beaugrand (Hgg.), Stadtbuch Bielefeld. Tradition und Fortschritt in der ostwestfälischen Metropole, Bielefeld 1996, S. 565.

[44] Matthies, Veloziped, S. 565; Beaugrand u. Krull, Dürkopp, S. 315-17; Ditt, Industrialsierung, S. 176; Kettermann, Bielefelder Wirtschaft, S. 82.

[45] Ditt, Industrialsierung, S. 178; Kettermann, Bielefelder Wirtschaft, S. 83. Vgl. auch Bericht der Handelskammer zu Bielefeld für das Jahr 1911, I. Teil, S. 25.

[46] Ditt, Industrialisierung, S. 174; Matthies, Veloziped, S. 565.

[47] Siehe hierzu: Miele & Cie. (Hg.), Miele: Immer besser. Darstellung und Chronik des Hauses Miele, Gütersloh o. J., S. 26/27.

[48] Renk u. Ruhe, Männer der Wirtschaft, S. 100-105.

[49] 125 Jahre Fahrzeugbau – Westfalia-Werke Wiedenbrück, Wiedenbrück; Kutschen im Zeitalter des Dampfwagens – Johann Bernhard Knöbel, in: Renk u. Ruhe, Männer der Wirtschaft, S. 57-64.

[50] Zur Reallohnentwicklung im Kaiserreich siehe vor allem G. Bry, Wages in Germany 1871-1945, Princeton 1960.

[51] S. Pollard u. R. Möller, Dr. August Oetker (1862-1918), in: J. Kocka u. R. Vogelsang (Hgg.), Bielefelder Unternehmer des 18. bis 20. Jahrhunderts. Rheinisch-Westfälische Wirtschaftsbiographien, Bd. 14, Münster 1991, S. 366/67.

[52] A. Grebe, Pulver, Schnaps und Schnupftabak. Zur Entwicklung der Nahrungs- und Genußmittelindustrie in Bielefeld, in: A. Beaugrand (Hg.), Stadtbuch Bielefeld. Tradition und Fortschritt in der ostwestfälischen Metropole, Bielefeld 1996, S. 640/41.

[53] Die anderen Kornbrennereien waren: H. Brake Nachf. in Gadderbaum, Spexarth in Spexard, Schüttforth in Sundern, Stuer in Wiedenbrück, Groene in Wiedenbrück, Hülsmann in Möhler, Pott in Möhler, Brill in Langenberg, O. Dieckhoff in Neuenkirchen, Schulte-Doeinghaus in Moese und Knemeyer in Halle. Siehe Bericht der Handelskammer zu Bielefeld für das Jahr 1885, S. 94/95. Vgl. auch Kaufmann, Landwirt, Brenner – Johann Adolf Hagedorn, in: Renk u. Ruhe, Männer der Wirtschaft, S. 36-42.

[54]Die anderen Brennereien waren J. Gilson in Bielefeld, Welpmann in Gütersloh, Gebr. Barmeyer in Enger, H. Osthoff in Herford und Brackmeyer, ebenfalls in Herford.

[55] Jahresbericht der Handelskammer von Minden für 1887, S. 87.

[56] Bericht der Handelskammer zu Bielefeld für das Jahr 1887, S. 94. Andere, weniger bedeutende Brauereien im östlichen Westfalen waren Stapf und Kühne in Minden, die Brauereien Osthoff und Böhne, beide in Lübbecke, Mundt in Oppenweyhe und Vollbracht in Vlotho. Vgl. beispielsweise Jahresbericht der Handelskammer von Minden für 1878, S. 43. 1887 wurde die Stiftsbrauerei, 1888 die Brauerei zum Feldschlößchen aufgrund steigenden Kapitalbedarfs für weitere Expansionsschritte in eine Aktiengesellschaft umgewandelt. Siehe Jahresbericht der Handelskammer von Minden für 1887, S. 18. Zu den Brauereien Hohenfelde und Gebr. Dittmann siehe: Ein Amtmann braut Bier – Konrad Hermann Lappmann, in: Renk u. Ruhe, Männer der Wirtschaft, S. 43-49; Zwei Brauer kamen aus Wiesentheid – Johann und Georg Dittmann, in: ebd. S. 65-71.

[57] Bericht der Handelskammer zu Bielefeld für 1884, S. 74; für das Jahr 1895, S. 107.

[58] Bericht der Handelskammer zu Bielefeld für das Jahr 1885, S. 97; Grebe, Pulver, S. 640.

[59] Jahresbericht der Handelskammer von Minden für 1874, S. 43. Jahresbericht der Handelskammer von Minden für 1885, S. 67; Bericht der Handelskammer zu Bielefeld für das Jahr 1911, I. Teil, S. 47.

[60] Jahresbericht der Handelskammer von Minden für 1878, S. 45/46.

[61] Bericht der Handelskammer zu Bielefeld für das Jahr 1881, S. 19.

[62] Bericht der Handelskammer zu Bielefeld für das Jahr 1880, S. 2; Jahresbericht der Handelskammer zu Minden für das Jahr 1898, S. 31-33; für das Jahr 1908/09, S. 85-91.

[63] Jahresbericht der Handelskammer von Minden für das Jahr 1892, S. 70.

[64] Jahresbericht der Handelskammer von Minden für das Jahr 1888, S. 42.

[65] Jahresbericht der Handelskammer zu Minden für das Jahr 1894, S. 44; für das Jahr 1898, S. 31/32; für das Jahr 1901, S. 126; Jahresbericht der Handelskammer zu Minden für das Jahr 1913/14, S. 23; Bericht der Handelskammer zu Bielefeld für das Jahr 1911, S. 55/56.

[66] Jahresbericht der Handelskammer zu Minden für das Jahr 1913/14, S. 30. Vgl. auch Jahresbericht der Handelskammer zu Minden für das Jahr 1903, S. 122. Die Handelskammer zu Bielefeld schrieb in ihrem Bericht für das Jahr 1912: „Neuerdings erweist es sich als erforderlich, die deutsche Tabakindustrie vor der Umklammerung des amerikanischen Tabak-Trusts zu schützen." Bericht der Handelskammer zu Bielefeld für das Jahr 1912, I. Teil, S. 15; für das Jahr 1913, I. Teil, S. 15, S. 53.

[67] A. Pankoke, Kolumbus und die Zigarrenstadt 1492-1842-1992. 500 Jahre Zigarren aus Bünde, Bünde 1992, S. 9.

[68] Jahresbericht der Handelskammer zu Minden für das Jahr 1901, S. 128/29. Die statistische Grundlage der Beschäftigtenzahl in der Zigarrenindustrie ist nicht immer einheitlich gewesen. Mal nannte die Handelskammer zu Minden nur die in Betrieben beschäftigten Personen und nicht die in der Hausindustrie, mal nur die versicherungspflichtigen Personen. Für 1899 gab die Handelskammer zu Minden beispielsweise an, daß in 329 Betrieben 12 881 Personen arbeiten würden. Jahresbericht der Handelskammer zu Minden für das Jahr 1899, S. 101. Heydenreich nennt für 1905 Zahlen, die wesentlich höher angesetzt sind: Nach seiner Meinung waren im Kreis Herford 16 278, im Kreis Lübbecke 4 039 und im Kreis Minden 3 467 Zigarrenarbeiter beschäftigt. Vgl. F. Heydenreich, Die Finanzwirtschaft der Stadt Bünde und der Filialgemeinden Eilshausen, Hiddenhausen und Oetinghausen während der Jahre 1906-1922, unter besonderer Berücksichtigung der durch die westfälische Zigarrenindustrie gegebenen wirtschafts- und finanzpolitischen Verhältnisse. Diss., Münster 1919, Bielefeld 1925, S. 16. Für dieses Jahr nennt die Handelskammer zu Minden folgende Zahlen: Im Kreis Minden waren 3 250, im Kreis Lübbecke 3 477 und im Kreis Herford 9 105 Zigarrenarbeiter beschäftigt. Jahresbericht der Handelskammer zu Minden für das Jahr 1905/06, S. 112.

[69] Jahresbericht der Handelskammer zu Minden für das Jahr 1913/14, S. 109-111.

[70] Jahresbericht der Handelskammer zu Minden für 1878, S. 51; für 1883, S. 68; Bericht der Handelskammer zu Bielefeld für das Jahr 1913, I. Teil, S. 14; Hinweise auf die Person Willy Ruhenstroths, in Renk u. Ruhe, Männer der Wirtschaft, S. 202-07.

[71] Ein Rheinländer in Westfalen – Hugo Simons, in: Renk u. Ruhe, Männer der Wirtschaft, S. 77-84; Zu Philip Nordmann siehe ebenda., S. 197-201.

[72] A. Kuhn, Schwefelsäure und Insulin. Die Entwicklung der chemischen und pharmazeutischen Industrie, in: A. Beaugrand (Hg.), Stadtbuch Bielefeld. Tradition und Fortschritt in der ostwestfälischen Metropole, Bielefeld 1996, S. 622-24.

[73] 1835-1985. 150 Jahre Bertelsmann, Gütersloh 1985, S. 20-56; Johannes Mohn, in: Renk u. Ruhe, Männer der Wirtschaft, S. 175-78.

[74] J. Sundermeier, Das kleine Leipzig. Geschichte des Bielefelder Druckerei- und Verlagswesens, in: A. Beaugrand (Hgg.), Stadtbuch Bielefeld. Tradition und Fortschritt in der ostwestfälischen Metropole, Bielefeld 1996, S. 669; M. Tabaczek, August Klasing (1809-1897), in: J. Kocka u. R. Vogelsang (Hgg.), Bielefelder Unternehmer des 18. bis 20. Jahrhunderts. Rheinisch-Westfälische Wirtschaftsbiographien, Bd. 14, Münster 1991, S. 116-19.

[75] Sundermeier, Das kleine Leipzig, S. 669/70.

[76] Sundermeier, Das kleine Leipzig, S. 670; A. Vormbrock-Reinert, Vom Packpapier zum Carbonless-Paper, in: A. Beaugrand (Hg.), Stadtbuch Bielefeld. Tradition und Fortschritt in der ostwestfälischen Metropole, Bielefeld 1996, S. 647.

[77] Siehe zum Beispiel Jahresbericht der Handelskammer zu Minden für 1883, S. 60; Jahresbericht der Handelskammer zu Minden für das Jahr 1888, S. 180/81; für das Jahr 1894, S. 71.

[78] Jahresbericht der Handelskammer zu Minden für 1875, S. 52-58; für 1885, S. 69; für das Jahr 1888, S. 232; für das Jahr 1901, S. 209; für das Jahr 1913/14, S. 176.

[79] M. Pohl, Entstehung und Entwicklung des Universalbanksystems. Konzentration und Krise als wichtige Faktoren, Frankfurt a. M. 1986, S. 61-69.

[80] Ditt, Industrialisierung, S. 173. Dresdner Bank AG Info, Neue Perspektiven für Bielefeld: Die Dresdner Bank in der Stresemannstraße, S. 1. Vgl. auch Drenkmann, Beiträge, S. 484; Stellhorn, Dresdner Bank, S. 490. Kettermann, Bielefelder Wirtschaft, S. 120-22; Der Wächter, Bielefelder Zeitung vom 1. 2. 1897, 33. Jg., Nr. 24. Hier hieß es: „Weiterhin soll der Generalversammlung die Genehmigung eines Vertrages mit dem ältesten hochangesehenen Bankhause Osthoff und Brinkhoff vorgeschlagen werden, welcher die Verschmelzung dieser Firma mit der Westfälischen Bank bezweckt und gleichzeitig die hierfür notwendig werdende Vergrößerung des Aktienkapitals … vorsieht."

[81] Kettermann, Bielefelder Wirtschaft, S. 121/22; Drenkmann, Beiträge, S. 484.

[82] Kettermann, Bielefelder Wirtschaft, S. 122/23; Dresdner Bank AG Info, Neue Perspektiven für Bielefeld: Die Dresdner Bank in der Stresemannstraße, S. 1; Drenkmann, Beiträge, S. 484; Stellhorn, Dresdner Bank, S. 490.

[83] Vgl. dazu Archiv der Commerzbank AG, Zur Geschichte der Commerzbank in Bielefeld, Unveröffentlichtes Exposé, mit freundlicher Genehmigung der Commerzbank AG; Kettermann, Bielefelder Wirtschaft, S. 123-25; Drenkmann, Beiträge, S. 484.

[84] Voß, Privates Bankwesen in Herford, S. 151/52.

[85] Voß, Privates Bankwesen in Herford, S. 158/59.

[86] Jahresbericht der Handelskammer zu Minden für das Jahr 1888, S. 23; für das Jahr 1899, S. 28, S. 154; für das Jahr 1903, S. 176/77; für das Jahr 1906/07, S. 184.

[87] Bericht der Handelskammer zu Bielefeld für das Jahr 1904, II. Teil, S. 28.

[88] Pohl, Universalbanksystem, S. 63-65.

[89] Siehe hierzu Übersicht über die Sparkassenentwicklung in: Jahresbericht der Handelskammer zu Minden für das Jahr 1888, S. 122; für das Jahr 1901, S. 181.

[90] Bericht der Handelskammer zu Bielefeld für das Jahr 1875, S. 84; für das Jahr 1912, III. Teil, S. 145; Jahresbericht der Handelskammer zu Minden für das Jahr 1902, S. 154.

[91] Siehe exemplarisch: Bericht der Handelskammer zu Bielefeld für das Jahr 1903, II. Teil, S. 103.

[92] Bericht der Handelskammer zu Bielefeld für das Jahr 1881, S. 3; J. Lichter, Die Handelskammern und der Deutsche Handelstag im Interessengruppensystem des Deutschen Kaiserreiches.(Kölner Vorträge und Abhandlungen zur Sozial- und Wirtschaftsgeschichte, Heft 40), Köln 1996, S. 7/8; W. Fischer, Unternehmerschaft, Selbstverwaltung und Staat. Die Handelskammern in der deutschen Wirtschafts- und Staatsverfassung des 19. Jahrhunderts, Berlin 1964, S. 14-43; K. van Eyll, Die Geschichte einer Handelskammer, dargestellt am Beispiel der Handelskammer Essen 1840 bis 1910, Köln 1964, S. 77-80.

[93] Allgemein zu diesem Phänomen, H.-U. Wehler, Das deutsche Kaiserreich, Göttingen 1987, S. 93; ders. Gesellschaftsgeschichte, Bd. 3, S. 662; T. Nipperdey, Deutsche Geschichte 1866-1918, Bd. 2, Machtstaat vor der Demokratie, München 1992, S. 577; aber auch K. Polanyi, The Great Transformation, Frankfurt 1995, S. 260 ff.

[94] Jahresbericht der Handelskammer zu Bielefeld für das Jahr 1882, S. 2. Lichter, Handelstag, S. 8/9; W. Fischer, Staatsverwaltung und Interessenverbände im Deutschen Reich 1871-1914, in: H.-J. Varain (Hg.), Interessenverbände in Deutschland, Köln 1973, S. 139-161.

[95] Die Handelskammer zu Bielefeld schrieb in ihrem Bericht für das Jahr 1894: „…Die Handelskammer schloß sich der Ansicht des Herrn Ministers an, daß zunächst in Hinsicht auf die Wirkungen des Gewerbesteuergesetzes vom 24. Juni 1891 ein Provisorium zu schaffen sei und eine durchgreifende Revision des Gesetzes vom 24. Februar 1970 nach verschiedener Richtung hin notwendig sei…" Bericht der Handelskammer zu Bielefeld für das Jahr 1894, S. 2.

[96] Siehe hierzu: Wehler, Gesellschaftsgeschichte, Bd. 3, S. 638-640; ders., Bismarck u. der Imperialismus, S. 99-111; I. Lambi, Free Trade and Protection in Germany 1868-1879, Wiesbaden 1963.

[97] Bericht der Handelskammer zu Bielefeld für das Jahr 1889, S. 9.

[98] Vgl. zum Beispiel Jahresbericht der Handelskammer zu Bielefeld pro 1875, S. 3; Bericht der Handelskammer zu Bielefeld für die Jahre 1876 und 1877, S. 2; W. Wilms, In Opposition zu Bismarcks Schutzzollpolitik. Conrad Bertelsmann – Präsident von Format (1875-1901), in: Mitteilungen der Industrie- und Handelskammer zu Bielefeld, 14. Jg., Nr. 11 vom 1. November 1959, S. 313/14.

[99] Bericht der Handelskammer zu Bielefeld für das Jahr 1889, S. 8/9; Lichter, Handelstag, S. 22; Wilms, Bertelsmann, S. 314.

[100] Jahresbericht der Handelskammer von Minden für 1874, S. 33. Weiter unten hieß es hier: „…Es dürfte deshalb der dringende Wunsch ein äußerst berechtigter sein, daß die Reichsregierung in der Eisenzoll-Frage eine nothwendige Reserve beobachte und die Annahme freihändlerischer Grundsätze auch bei allen anderen Staaten zu erwirken suche…" Ebenda, S. 34.

[101] Jahresbericht der Handelskammer zu Minden für 1877, S. 48.

[102] Bericht der Handelskammer zu Bielefeld für das Jahr 1878, S. 12/13.

[103] Siehe hierzu Bericht der Handelskammer zu Bielefeld für das Jahr 1879, S. 3-7. Allgemein zum Zolltarif von 1879 siehe: Kiesewetter, Industrielle Revolution, S. 108/09; Wehler, Gesellschaftsgeschichte, Bd. 3, S. 648-50; Lichter, Handelstag, S. 13.

[104] Bericht der Handelskammer zu Bielefeld für das Jahr 1887, S. 13/14, Petition der Handelskammer an den Deutschen Reichstag vom 30. November 1887; Jahresbericht der Handelskammer zu Minden für das Jahr 1887, S. 59.

[105] Bericht der Handelskammer zu Bielefeld für das Jahr 1890, S. 10/11.

[106] Bericht der Handelskammer zu Bielefeld für das Jahr 1892, S. 3/4. Zur Politik des „Bunds der Landwirte" siehe Wehler, Gesellschaftsgeschichte, Bd. 3, S. 1060-63; zum Wechsel in der Zollpolitik, Lichter, Handelstag, S. 16; R. Weitowitz, Deutsche Handelspolitik unter Reichskanzler Leo von Caprivi 1890-1894, Düsseldorf 1978, S. 300-13.

[107] Jahresbericht der Handelskammer zu Minden für das Jahr 1892, S. 10.

[108] Bericht der Handelskammer zu Bielefeld für das Jahr 1893, S. 3, S. 7; für das Jahr 1898/99, S. 15; Jahresbericht der Handelskammer zu Minden für das Jahr 1893, S. 7. Vgl. auch S. 13-15.

[109] Bericht der Handelskammer zu Bielefeld für das Jahr 1900, I. Teil, S. 30. Vgl. auch Bericht für das Jahr 1901, II. Teil, S. 19.

[110] Bericht der Handelskammer zu Bielefeld für das Jahr 1901, II. Teil, S. 12/13.

[111] Jahresbericht der Handelskammer zu Minden für das Jahr 1901, S. 5.

[112] Zum Zollgesetz von 1901/02 siehe Wehler, Gesellschaftsgeschichte, Bd. 3, S. 660/61: Kiesewetter, Industrielle Revolution, S. 108; Lichter, Handelstag, S. 11; F.-W. Henning, Vom Agrarliberalismus zum Agrarprotektionismus, in: H. Pohl (Hg.), Die Auswirkungen von Zöllen und anderen Handelshemmnissen auf Wirtschaft und Gesellschaft vom Mittelalter bis zur Gegenwart, Stuttgart 1987, S. 252-74, bes. S. 253.

[113] Zum Inhalt und Verlauf dieser Debatte siehe: Wehler, Gesellschaftsgeschichte, Bd. 3, S. 618-20; H. Harnisch, Agrarstaat oder Industriestaat?, in: H. Reif (Hg.), Ostelbische Agrargesellschaft, Berlin 1994, S. 33-50; K. D. Barkin, The Controversy over German Industrialization, 1890-1902, Chicago 1970.

[114] Bericht der Handelskammer zu Bielefeld für das Jahr 1880, S. 1.

[115] Bericht der Handelskammer zu Bielefeld für das Jahr 1889, S. 17.

[116] Bericht der Handelskammer zu Bielefeld für das Jahr 1908, I. Teil, S. 12.

[117] Jahresbericht der Handelskammer zu Minden für das Jahr 1909/10, S. 6.

[118] Bericht der Handelskammer zu Bielefeld für das Jahr 1910, I. Teil, S. 15. Vgl. auch Jahresbericht der Handelskammer zu Minden für das Jahr 1910/11, S. 6.

[119] Bericht der Handelskammer zu Bielefeld für das Jahr 1911, I. Teil, S. 20.

[120] Jahresbericht der Handelskammer von Minden für 1879, S. 44.

[121] Bericht der Handelskammer zu Bielefeld für das Jahr 1880, S. 2. Jahresbericht der Handelskammer von Minden für 1877, S. 51. Hier hieß es in einer sehr blumigen Sprache: „Den Versuch des totalen Niederwerfens auch dieser, in etwa noch blühenden Industrie, durch den Todesstoß des Tabak-Monopols! Denn das ist bekanntlich der verhüllte Kern, der die Tabaksteuer betreffenden Gesetzesvorlage. Wir müssen konstatieren, daß diese Nachricht in unserem Bezirke eine tiefe, sehr tiefe Deprimierung hervorgerufen hat – denn das Monopol brächte das Leichentuch für einen großen Teil derselben..." Vgl. auch Jahresbericht der Handelskammer von Minden für 1878, S. 19, S. 26; für 1880, S. 14.

[122] Bericht der Handelskammer zu Bielefeld für das Jahr 1881, S. 12/13; für das Jahr 1882, S. 18; Jahresbericht der Handelskammer von Minden für 1881, S. 40-51. Vgl. auch die Anträge der Handelskammer an das preußische Ministerium des Inneren vom 17. 2. 1872 sowie die Eingabe der süddeutschen Abteilung des Vereins deutscher Tabakfabrikanten an das badische Handelsministerium vom 18. 7. 1880, in: WWA, K 4 Nr. 195.

[123] Bericht der Handelskammer zu Bielefeld für das Jahr 1885, S. 13-21; für das Jahr 1886, S. 13; für das Jahr 1887, S. 3; Jahresbericht der Handelskammer von Minden für 1884, S. 52/53; Jahresbericht für 1885, S. 41.

[124] Bericht der Handelskammer zu Bielefeld für das Jahr 1892, S. 6. Vgl. auch S. 8-11.

[125] Bericht der Handelskammer zu Bielefeld für das Jahr 1892, S. 12, S. 17.

[126] Bericht der Handelskammer zu Bielefeld für das Jahr 1893, S. 15-19, S. 21; Jahresbericht der Handelskammer zu Minden für das Jahr 1892, S. 22; Jahresbericht der Handelskammer zu Minden für das Jahr 1893, S. 35-38. Vgl. auch WWA, K 4 Nr. 207.

[127] Vgl. Jahresbericht der Handelskammer zu Minden für das Jahr 1898, S. 31.

[128] Jahresbericht der Handelskammer zu Minden für das Jahr 1905/06, S. 36.

[129] Bericht der Handelskammer zu Bielefeld für das Jahr 1908, II. Teil, S. 27-67; für das Jahr 1909, I. Teil, S. 9; für das Jahr 1910, I. Teil, S. 11; Jahresbericht der Handelskammer zu Minden für das Jahr 1910/11, S. 7; Jahresbericht der Handelskammer zu Minden für das Jahr 1908, S. 70-80.

[130] Bericht der Handelskammer zu Bielefeld für das Jahr 1904, I. Teil, S. 11.

[131] Bericht der Handelskammer zu Bielefeld für das Jahr 1907, S. 10/11. Ein Jahr später schrieb die Kammer: „...Unter diesen Verhältnissen kann von einem Bewähren der vorhandenen Kartelle bei der jetzigen Konjunktur nicht mehr die Rede sein. Durch die gewaltsame Hochhaltung der Preise haben sie den Verbraucher in ganz enormer Weise besteuert und zwar in einer Zeit, in der ein maßvolles Zurückgehen der Preise von wahrhaft segensreichen Folgen gewesen wäre..." Bericht der Handelskammer zu Bielefeld für das Jahr 1908, I. Teil, S. 8.

[132] Bericht der Handelskammer zu Bielefeld für das Jahr 1908, II. Teil, S. 143/44.

[133] Bericht der Handelskammer zu Bielefeld für das Jahr 1910, I. Teil, S. 8/9.

[134] Bericht der Handelskammer zu Bielefeld für das Jahr 1909, I. Teil, S. 12/13. Allgemein zur Entwicklung der Kali-Industrie siehe K. von Delhaes-Günther, Kali in Deutschland, Gießen 1974.

[135] Zu den hier angesprochenen Fragen siehe exemplarisch die detaillierten Stellungnahmen der Handelskammer zu Bielefeld im Bericht für das Jahr 1885, S. 27-31; Bericht für das Jahr 1889, S. 18; Bericht für das Jahr 1890, S. 28; Bericht für das Jahr 1891, S. 17; Bericht für das Jahr 1892, S. 19; Bericht für das Jahr 1894, S. 30; Bericht für das Jahr 1896, S. 28-31; Bericht für das Jahr 1906, II. Teil, S. 51; Bericht für das Jahr 1907, II. Teil, S. 59; Stellungnahme der Handelskammer zu Minden im Jahresbericht für das Jahr 1910/11, S. 12-20, S. 23-26, S. 34-36; im Jahresbericht für das Jahr 1911/12, S. 12-16, S. 17-38.

[136] Jahresbericht der Handelskammer von Minden für 1878, S. 13; für das Jahr 1911/12, S. 7.

[137] Zu den Klagen über einen Mangel an qualifizierten Arbeitern siehe u. a. Bericht der Handelskammer zu Bielefeld für das Jahr 1896, S. 117; für das Jahr 1897, S. IV, S. 128; für das Jahr 1898/99, S. 120; für das Jahr 1906, S. 14.

[138] Jahresbericht der Handelskammer zu Bielefeld pro 1874, S. 8. In demselben Jahresbericht führte die Kammer weiter aus: „...Es ist eine unbestreitbare Thatsache, daß unsere Arbeiterbevölkerung seit dieser Zeit eine entschieden gesundere und körperlich kräftigere geworden ist und dieselbe sich jetzt in solchen Verhältnissen befindet, daß Mangel und Entbehrung...für jeden, der arbeiten will, zu den unbekannten Dingen gehören..."

[139] Jahresbericht der Handelskammer zu Bielefeld pro 1874, S. 12-14; für die Jahre 1876 und 1877, S. 4/5.

[140] Bericht der Handelskammer zu Bielefeld für das Jahr 1880, S. 3-14, S. 17-19.

[141] Bericht der Handelskammer zu Bielefeld für das Jahr 1883, S. 21; für das Jahr 1886, S. 5. Vgl. auch Jahresbericht der Handelskammer zu Minden für 1881, S. 14; für 1882, S. 12/13, für 1883, S. 24.

[142] Denkschrift der Handelskammer zu Bielefeld über die Alters- und Invalidenversicherung der Arbeiter nebst deren Grundzügen, für eine reichsgesetzliche Regelung, vom Februar 1888, S. 3.

[143] Jahresbericht der Handelskammer zu Minden für das Jahr 1887, S. 22.

[144] Bericht der Handelskammer zu Bielefeld für das Jahr 1889, S. 17/18, für das Jahr 1890, S. 17-24; für das Jahr 1892, S. 18/19. Jahresbericht der Handelskammer zu Minden für das Jahr 1888, S. 64, wo es hieß: „...allein Handel und Industrie drängte sich die Befürchtung auf, als ob man in schneller Folge dem Arbeitgeber neue Lasten aufbürden wolle, die er nicht tragen könne, ohne im Wettbewerb mit anderen Nationen zurückgedrängt zu werden..." Vgl. auch die Auflistung der Monita durch die Handelskammer zu Minden in deren Jahresbericht für das Jahr 1890, S. 14 ff.

[145] Bericht der Handelskammer zu Bielefeld für das Jahr 1906, I. Teil, S. 9/10. Vgl. auch Bericht der Handelskammer zu Bielefeld für das Jahr 1902, II. Teil, S. 43-45; für das Jahr 1903, I. Teil, S. 11.

[146] Bericht der Handelskammer zu Bielefeld für die Jahre 1876 und 1877, S. 22/23, für das Jahr 1878, S. 5; Jahresbericht der Handelskammer zu Minden für 1874, S. 26.

[147] Bericht der Handelskammer zu Bielefeld für das Jahr 1878, S. 5; für das Jahr 1880, S. 52; für das Jahr 1882, S. 25/26; für das Jahr 1883, S. 39/40; für das Jahr 1884, S. 34; für das Jahr 1886, S. 6, S. 39/40.

[148] Bericht der Handelskammer zu Bielefeld für das Jahr 1887, S. 5; für das Jahr 1896, S. 74; für das Jahr 1899, S. 74; für das Jahr 1901, S. 142.

[149] Bericht der Handelskammer zu Bielefeld für das Jahr 1884, S. 34; für das Jahr 1885, S. 4; für das Jahr 1888, S. 25/26; für das Jahr 1894, S. 61, für das Jahr 1903, II. Teil, S. 75.

[150] Siehe hierzu Bericht der Handelskammer zu Bielefeld für das Jahr 1899, S. 74; für das Jahr 1900, I. Teil, S. 53; für das Jahr 1902, II. Teil, S. 75.

[151] Siehe zum Beispiel Jahresbericht der Handelskammer zu Minden für das Jahr 1889, S. 28; für das Jahr 1901, S. 85; für das Jahr 1907, S. 98-102; für das Jahr 1909, S. 83; für das Jahr 1913, S. 77/78. Vgl. auch WWA, K 4 Nr. 139.

[152] Bericht der Handelskammer zu Bielefeld für das Jahr 1891, S. 35/36.

[153] Bericht der Handelskammer zu Bielefeld für das Jahr 1895, S. 99. Hier hieß es: „Infolge der geographischen Lage des Bezirks kann derselbe von dem Kanal nirgends berührt werden... Wenn die Kammer es bisher trotzdem abgelehnt hat, gegen die Ausführung des Kanals Stellung zu nehmen, so bestimmte sie dazu die Rücksichtsnahme auf die allgemeine wirtschaftliche Gesamtindustrie der Monarchie..."

[154] Jahresbericht der Handelskammer zu Minden für das Jahr 1888, S. 141. Vgl. auch Jahresbericht der Handelskammer von Minden für 1881, S. 38; für 1882, S. 27/28; für 1885, S. 32.

[155] Vgl. Jahresberichte der Handelskammer zu Minden für das Jahr 1891, S. 49; für das Jahr 1895, S. 37; für das Jahr 1899, S. 24-27; für das Jahr 1901, S. 65; für das Jahr 1905, S. 52; für das Jahr 1906, S. 36.

[156] Vgl. Jahresbericht der Handelskammer zu Minden für das Jahr 1907, S. 49-69; für das Jahr 1908, S. 30; für das Jahr 1910, S. 50; für das Jahr 1913, S. 8, S. 49 ff.

[157] Jahresbericht der Handelskammer von Minden für 1876, S. 15-17; für 1877, S. 13-15; für 1882, S. 9; Bericht der Handelskammer zu Bielefeld für die Jahre 1876 und 1877, S. 30. Vgl. auch WWA, K 4 Nr. 116.

[158] Brief von R. Döpping an Conrad Bertelsmann vom 12. Dezember 1879, WWA, K 3 Nr. 93.

[159] Siehe zu den Verhandlungen Bericht der Handelskammer zu Bielefeld für das Jahr 1880, S. 39/40; WWA, K 3 Nr. 93, Brief von R. Döpping vom 5. Aug. 1880 an die Handelskammer zu Bielefeld.

[160] Jahresbericht der Handelskammer zu Minden für das Jahr 1894, S. 24. Vgl. auch ebd., S. 22/23; Bericht der Handelskammer zu Bielefeld für das Jahr 1894, S. 5.

[161] Bericht der Handelskammer zu Bielefeld für das Jahr 1899/1900, S. 6-17.

[162] WWA, K 3 Nr. 879, Korrespondenz der Handelskammer zu Bielefeld mit der Königlichen Regierung in Minden vom November 1899 und Januar 1900; Bericht der Handelskammer zu Bielefeld für das Jahr 1900, I. Teil, S. 11; für das Jahr 1906, II. Teil, S. 3; für das Jahr 1908, II. Teil, S. 5; für das Jahr 1911, II. Teil, S. 7. Vgl. auch die Korrespondenz in WWA, K 3 Nr. 84.

[163] Siehe Bericht der Handelskammer zu Bielefeld für das Jahr 1879, S. 13-16. Vgl. auch Lichter, Handelstag, S. 17/18; F. Blaich, Staat und Verbände in Deutschland zwischen 1871 und 1945, Wiesbaden 1979, S. 12-15.

[164] Bericht der Handelskammer zu Bielefeld für das Jahr 1882, S. 2/3; für das Jahr 1884, S. 11-15; für das Jahr 1885, S. 9; Jahresbericht der Handelskammer von Minden für 1885, S. 9. Vgl. auch Lichter, Handelstag, S. 13-17.

[165] Bericht der Handelskammer für Bielefeld für das Jahr 1894, S. 2-11; Jahresbericht der Handelskammer zu Minden für das Jahr 1894, S. 16-20.

[166] Bericht der Handelskammer zu Bielefeld für das Jahr 1897, S. 1-5; Jahresbericht der Handelskammer zu Minden für das Jahr 1897, S. 21-23. Vgl. auch Jäkel, Grundlagen, S. 15.

[167] Bericht der Handelskammer zu Bielefeld für das Jahr 1881, S. 36; für das Jahr 1901, S. 5; für das Jahr 1913, S. 61.

[168] Jahresbericht der Handelskammer zu Minden für das Jahr 1901, S. 31, S. 229; für das Jahr 1913/14, S. 31, S. 209.

[169] Zur unter Historikern lange Zeit geführten Debatte über die Gründe für den Ausbruch des Ersten Weltkriegs siehe vor allem: F. Fischer, Der Griff nach der Weltmacht. Die Kriegszielpolitik des kaiserlichen Deutschlands, Hamburg, 1961; ders., Weltmacht oder Niedergang. Deutschland im Ersten Weltkrieg, Frankfurt a. M., 1965.

[170] Siehe hierzu vor allem: C.-L. Holtfrerich, Die deutsche Inflation 1914-1923. Ursachen und Folgen in internationaler Perspektive, Berlin – New York 1980, S. 50/51, S. 87/88, S. 97-114; ders., Reichsbankpolitik 1918 bis 1923 zwischen Zahlungsbilanz- und Quantitätstheorie, in: Zeitschrift für Wirtschafts- und Sozialwissenschaften, Jg. 96, 1977, S. 194; P. Czada, Ursachen und Folgen der großen Inflation, in: H. Winkel (Hg.), Währungs- und finanzpolitische Fragen der Zwischenkriegszeit, Berlin 1973, S. 12; Deutsche Bundesbank (Hg.), Deutsches Geld- und Bankwesen in Zahlen 1876-1976, Frankfurt 1976, S. 14.

[171] Siehe hierzu: G. Feldman, Die sozialen und politischen Grundlagen der wirtschaftlichen Mobilisierung Deutschlands, in: ders. (Hg.), Vom Weltkrieg zur Weltwirtschaftskrise, Göttingen 1984, S. 15-20.

[172] Mitteilungen der Handelskammer zu Bielefeld, 1. Jg. Nr. 5 vom 15. Oktober 1914, S. 1-5; Nr. 6 vom 13. November 1924, S. 1-4; Nr. 7 vom 2. Dezember 1914, S. 12/13; Nr. 8 vom 31. Dezember 1914, S. 3-9.

[173] Diese Zahlen nennt Vogelsang, Geschichte der Stadt Bielefeld, Bd. 2, S. 283.

[174] Geschäftsberichte der Ravensberger Spinnerei AG für die Jahre 1914, 1915 und 1916, Stadtarchiv Bielefeld, ZG 41, 11.

[175] Geschäftsbericht der Ravensberger Spinnerei AG für das Jahr 1917, Stadtarchiv Bielefeld, ZG 41, 11.

[176] Vogelsang, Geschichte der Stadt Bielefeld, Bd. 2, S. 266. Siehe auch diverse Artikel in der Zeitung „Volkswacht" aus dieser Zeit.

[177] Zur Novemberrevolution von 1918 siehe: E. Kolb, Die Weimarer Republik, München 1993, S. 56 ff.; G. Feldman, The Great Disorder. Politics, Economics and Society in German Inflation, 1914-1923, New York. Vgl. aber auch als impressionistische Schilderung der Verhältnisse in Ostwestfalen, C. Severing, Mein Lebensweg, Köln 1950, Bd. 1, S. 225 ff.

[178] Bericht der Handelskammer zu Bielefeld für das Jahr 1908, I. Teil, S. 11. Die Mindener Kammer ergänzte im Jahre 1911: „Wenn schließlich die Entwirrung der Marokkofrage in Frieden und in Ehre geglückt ist, so müssen wir diese Verständigung als neues, glänzendes Zeugnis der aufrichtigen Friedensliebe unseres Herrschers und Volkes gewertet wissen . . ." Jahresbericht der Handelskammer zu Minden für das Jahr 1911, S. 5.

[179] Bericht aus der Volkswacht vom 28. September 1914.

[180] Mitteilungen der Handelskammer zu Bielefeld, 1. Jg., Nr. 4 vom 25. September 1914, S. 11.

[181] WWA, K 3 Nr. 504.

[182] Mitteilungen der Handelskammer zu Bielefeld, 1. Jg., Nr. 1 vom 12. August 1914, S. 4; Nr. 2 vom 20. August 1914, S. 9; Nr. 3 vom 1. September, S. 20-23, S. 32-34; Nr. 4 vom 25. September 1914, S. 6, S. 14, S. 16-18; Nr. 5 vom 15. Oktober 1914, S. 10-16, S. 19-22; Nr. 6 vom 13. November 1924, S. 6-11, S. 34-37; Nr. 8 vom 31. Dezember 1914, S. 2.

[183] WWA, K 3 487, Kriegskreditkasse; Mitteilungen der Handelskammer zu Bielefeld, 1. Jg. Nr. 6 vom 13. November, S. 19, S. 21-23; Nr. 7 vom 2. Dezember 1914, S. 14, ebd., S. 3.

[184] WWA, K 3 Nr. 302.

[185] WWA, K 3, Nr. 302, Memorandum von Ascheraden. Zur Diskussion über die Ursachen der Inflation und ihre Folgen für das Bankensystem siehe zum Beispiel: H. Wixforth, Die Banken und der Kollaps der Mark. Zur Lage des Bankwesens während der Inflation von 1918 bis 1923, in: M. Köhler u. K. Ulrich (Hg.), Banken, Konjunktur und Politik. Beiträge zur Geschichte deutscher Banken im 19. und 20. Jahrhundert, Essen 1995, S. 55-73.

[186] WWA, K 3, Nr. 302, Memorandum von Ascheraden.

Zerrissene Zwischenkriegszeit – Die Wirtschaft in Ostwestfalen während der Weimarer Republik

I. Inflation, „Weimarer Konjunktur“ und Weltwirtschaftskrise – Die deutsche Wirtschaft von 1918 bis 1932 im Überblick

Nach dem Friedensschluß von Versailles lastete die Bürde der Kriegsfolgen – zerrüttete Staatsfinanzen, Umstellung von Kriegs- auf Friedenswirtschaft, ein überalterter Produktionsapparat und politische Instabilität – schwer auf der deutschen Wirtschaft. Hinzu kamen Probleme wie Gebietsabtretungen – 13 % der Fläche von 1913 mit 10 % der Bevölkerung, Verluste wichtiger Rohstoffbasen (68 % der Zinkerzförderung, 75 % der Eisenerzförderung, 26 % der Steinkohlenförderung) und langjähriger konstruktiver Wirtschaftsbeziehungen, Streiks und Forderungen nach Sozialisierung der Schlüsselindustrien und schließlich die Notwendigkeit, heimgekehrte Soldaten wieder in den Arbeitsmarkt einzugliedern. Über allem schwebte zudem das Damoklesschwert der Reparationsforderungen und eines fortschreitenden Währungsverfalls. Als Folge dieser Probleme sank die Industrieproduktion von 1918 bis Ende 1919 auf 40 % des Standes von 1913.[1]

Die Enwicklung der Wirtschaft wurde bis 1923 vor allem vom Verlauf der Inflation geprägt. Auf einige Ursachen dafür wie die Art der Kriegsfinanzierung und die Ausweitung der Kriegswirtschaft wurde bereits hingewiesen. Zwei weitere wichtige Gründe für den Währungsverfall müssen ebenfalls genannt werden: die Finanzpolitik der Reichsregierung und die Geldpolitik der Reichsbank. Nach Kriegsende wagte es die Reichsregierung angesichts der politischen Instabilität und der sozialen Unruhen nicht, durch eine drastische Steueranhebung und eine daraus resultierende Kaufkraftabschöpfung das Budget zu konsolidieren. Statt dessen wurden die steigenden Reichsausgaben durch die Diskontierung von Reichsschatzwechseln bei der Reichsbank finanziert. Damit erhöhten sich das kurzfristige Defizit im Reichsbudget – die sogenannte „schwebende Reichsschuld“ – und die Geldschöpfung, wodurch der Inflationsprozeß beschleunigt wurde. Ein positiver Effekt soll jedoch nicht verschwiegen werden: Durch den Währungsverfall wurden die Kriegsanleihen derart entwertet, daß ihre Tilgung einfach durchzuführen oder gar nicht mehr nötig war.[2]

Eine weitere entscheidende Inflationsquelle bildete die Diskontpolitik der Reichsbank. Sie diskontierte nicht nur weiterhin Reichsschatzwechsel und -anweisungen, sondern hielt bis Juli 1922 an dem seit 1913 gültigen Diskontsatz von 5 % fest. Auch in der Folgezeit wurde der Diskontsatz nur langsam erhöht, so daß er stets weit hinter der Geldentwertungsrate zurückblieb. Die Reichsbank hätte unbedingt die „Diskontschraube“ anziehen müssen, um die Kreditnachfrage zu drosseln, anstatt ihre Politik des billigen Geldes fortzusetzen. Ihr gravierendster Fehler war jedoch, daß sie selbst ab Herbst 1922 dazu überging, private Handelswechsel in großem Umfang zu diskontieren. Durch diese inflatorischen Kredite an die Industrie wurde in einem solchen Umfang Geldschöpfung betrieben, daß der Weg zur Hyperinflation des Jahres 1923 freigemacht wurde.[3]

Betrachtet man den chronologischen Ablauf des Währungsverfalls, so lassen sich folgende Phasen feststellen: Auf eine erste Inflationsphase vom Sommer 1918 bis zum März 1920, in der der Dollarkurs auf 99 Mark stieg, folgte eine einjährige Stabilität, die durch Wirtschaftskrisen anderer Staaten, aber auch durch Finanzreformen in Deutschland hervorgerufen wurde. Die dritte Phase der Inflation dauerte von Juli 1921 bis Juni 1922 und brachte einen Anstieg des Dollarkurses bis auf 270 Mark, was auf die drohenden Reparationsbelastungen zurückzuführen ist. Eingeleitet durch die Ausweitung der Kreditvergabe durch die Reichsbank begann ab Juli 1922 die Phase der galoppierenden Inflation: Der Dollarkurs schnellte im Januar 1923 bis auf 7 260 Mark hoch. Den traurigen Höhepunkt des Währungsverfalls bildete die Hyperinflation von Januar 1923 bis November 1923, hervorgerufen durch die Finanzierung des passiven Widerstands bei der Ruhrbesetzung. Ab Sommer 1923 wurde die Mark als gesetzliches Zahlungsmittel schließlich zurückgewiesen. Am 15. 11. 1923 stellte die Reichsbank die Diskontierung von Schatzwechseln ein; die Rentenmark als neue Währung wurde eingeführt. Für einen Dollar mußten in diesen Tagen 4 200 Milliarden Mark bezahlt werden. Das Ende der deutschen Nachkriegsinflation war erreicht.[4]

Fragt man nach den Folgen der Inflation, so ist zunächst eine gewaltige Umverteilung des Volksvermögens festzustellen. Zu den größten Inflationsgewinnern zählten das Reich, die Länder und die Kommunen, deren vorherige Schulden durch den Währungsverfall liquidiert wurden. Die Reichsschuld – sie betrug am 15. 11. 1923 191,6 Trillionen Mark – hatte nach der Währungsumstellung nur einen Wert von 191,6 Millionen Rentenmark und konnte relativ einfach getilgt werden. Ähnlich entschuldeten sich Sachwertbesitzer, die während der Inflation ihren Besitz durch Kredite vergrößert hatten. Verlierer dagegen waren breite Teile der Mittelschicht und Rentiers, die einen Großteil ihres Vermögens in Kriegsanleihen oder andere festverzinsliche Wertpapiere investiert hatten. Eine weitere negative Folge war, daß die erleichterte Kreditaufnahme eine hohe Rate an Fehlinvestitionen verursachte, begleitet von einer mangelhaften Modernisierung des Produktionsapparats, sinkender Arbeitsproduktivität und zahlreichen Gründungen von unsoliden Firmen.[5]

Die Hyperinflation hatte die Mark als Zahlungsmittel vollständig diskreditiert und machte eine umfassende Reorganisation des Währungssystems erforderlich. Pläne zur Einführung einer neuen Währung wurden bereits seit Sommer 1923 diskutiert. Die Einführung der „Rentenmark", von einer neuen Notenbank – der Deutschen Rentenbank – emittiert, stellte nur eine vorläufige Lösung der Währungsfrage dar. Infolge einer erneuten starken Kreditnachfrage griff die Reichsbank im April 1924 zu harten Restriktionen, um die Währungsstabilität zu verteidigen. Damit wurde die Basis für die endgültige Regelung der Währungsfrage gelegt. Im Bankgesetz von August 1924 wurde nicht nur die Autonomie der Reichsbank festgelegt, sondern die „Reichsmark" als gesetzliches Zahlungsmittel eingeführt (1 Rentenmark = 1 Reichsmark). Die alte Mark wurde im Verhältnis 1 Billion Mark gleich eine Reichsmark eingetauscht. Die neue Währung war zu 40 % durch Gold gedeckt, der Rest durch Devisen und gute Handelswechsel. Diese Gold/Devisendeckung war psychologisch wichtig, suggerierte sie doch die Sicherung der Währung wie vor 1914.[6]

Nach der Stabilisierung der Mark konnte 1924 auch eine vorläufige Regelung des Reparationsproblems gefunden werden und der seit Kriegsende andauernde erbitterte Streit über die Höhe der Reparationen, der mit der Besetzung des Ruhrgebietes und des Rheinlandes durch die Alliierten eskaliert war, vorerst beendet werden. Eine Kommission unter der Leitung des amerikanischen Finanzfachmannes Charles G. Dawes erarbeitete einen Plan, in dem die jährlich zu erbringende Reparationsleistung, die Aufbringung dieser Reparationen sowie die Modalitäten des Reparationstransfers festgelegt wurden. Der Nachteil des Dawes-Plans bestand darin, daß die endgültige Reparationssumme nicht festgelegt wurde und Deutschland zwar die für die jährlichen Reparationszahlungen notwendige Summe bis 1929 planmäßig aufbringen konnte, dafür aber umfangreiche ausländische Kapitalimporte benötigte. Von 1924 bis 1929 flossen ca. 21 Milliarden RM an Auslandskrediten – vor allem aus den USA – ins Land. Die heimische Industrie war nicht nur im Ausland hoch verschuldet, sondern investierte die gewährten Kredite allzu sorglos in ambitionierte Großprojekte, in denen sie für lange Zeit immobilisiert waren. Große Investitionen wurden mit Hilfe ausländischer Kredite durchgeführt, die als kurzfristige Anleihen nach Deutschland strömten und die Gefahr einer plötzlichen Kündigung mit sich brachten. Es fehlte nicht an Stimmen, die vor den Problemen einer „geborgten Konjunktur" warnten. Daß sie diese Gefahr der Auslandskredite richtig eingeschätzt hatten, zeigte sich spätestens bei der Bankenkrise von 1931.[7]

Ein weiteres Problem für die Wirtschaft der Weimarer Republik bildete das Ungleichgewicht im Außenhandel, verstärkt durch protektionistische Maßnahmen der Alliierten. Um Deutschland das Erreichen von Handelsbilanzüberschüssen und damit die Zahlung seiner Reparationen aus eigener Kraft zu ermöglichen, hätten die Gläubigerländer wie die USA oder Großbritannien deutsche Exporte in großem Umfang zulassen müssen. Gerade dazu waren sie aber nicht bereit. Im Gegenteil: Sie versuchten, ihre eigene Wirtschaft abzuschotten und höhere Exporte nach Deutschland zu erzielen. So blieb das Land von

Kinoplakat aus den frühen dreißiger Jahren

Kapitalimporten aus dem Ausland abhängig. Dennoch erlebte es zwischen Frühjahr 1925 und Herbst 1929 eine nachhaltige Wachstumsperiode, die zu einer gewissen Verklärung der „Goldenen Zwanziger" geführt hat. Nach den vorangegangenen Krisen mochte dem Großteil der Bevölkerung diese Zeit wirtschaft-

Westfälische Zeitung

BIELEFELDER TAGEBLATT

Gegr. 1811

Nr. 26 — Bielefeld, Dienstag, 31. Januar 1933 — 123. Jahrgang

Reichskabinett Hitler — Papen

Gewaltige Kundgebungen in Berlin für die neue Reichsregierung.

Der große Versuch.

Bielefeld, 30. Januar.

Das neue Kabinett.

Berlin, 30. Januar.

Erste Sitzung des Reichskabinetts.

Die neuen Männer

Erste Reihe: v. Papen — von Neurath — Generalleutnant von Blomberg
Zweite Reihe: Dr. Frick — Graf Schwerin v. Krosigk — Dr. Hugenberg
Dritte Reihe: Franz Seldte — Göring — Dr. Gereke

Reichstag am 7. Februar.

Die ersten Mißtrauensanträge.

Westfälische Zeitung aus Bielefeld vom 31. 1. 1933

licher Prosperität mit Wachstumsraten beim Volkseinkommen von durchschnittlich 4 % als „golden“ erscheinen. Gleichwohl darf nicht übersehen werden, daß die Industrieproduktion erst 1927 den Stand von 1913 wieder erreichte, ihn 1928 geringfügig überschritt und 1929 bereits wieder rückläufig war. Darüber hinaus wurde in der „Weimarer Konjunktur“ der Grundstein für Strukturschwächen gelegt, die in der Weltwirtschaftskrise auf verhängnisvolle Weise zutage traten. Durch ein umfangreiches Modernisierungs- und Rationalisierungsprogramm konnte die Wirtschaft zwar ihre Produktivität und internationale Konkurrenzfähigkeit erhöhen, doch wurden dadurch Arbeitskräfte freigesetzt bzw. bestehende Fehlentwicklungen auf dem Arbeitsmarkt nicht in erforderlichem Maße korrigiert. Die Folge war eine auch in den Jahren der Prosperität relativ hohe Sockelarbeitslosigkeit,[8] die wiederum erhebliche Nachfragedefizite hervorrief. Die hohen Nettoinvestitionen ließen die Kapazitäten in der Wirtschaft stark anwachsen, denen jedoch keine adäquate Binnennachfrage gegenüberstand. Da der Export – wie bereits erwähnt – kein Ventil bot, zeigten sich bald Überkapazitäten. Dies führte zum Nachlassen der Investitionsbereitschaft und einer verschlechterten Ertragslage vieler Unternehmen bereits im Jahre 1929 .[9]

Der Kurssturz an der New Yorker Börse vom 25. bis 29. Oktober 1929 markierte nicht nur das Ende einer seit Anfang der zwanziger Jahre in den USA andauernden wirtschaftlichen Wachstums- und Prosperitäts phase, sondern leitete den Beginn der schwersten Krise ein, die die Weltwirtschaft unter kapitalistischen Vorzeichen bis dahin erlebt hatte. Der vor allem in den USA weitverbreitete Fortschrittsglaube wurde dadurch mit einem Mal zerstört. Angesichts der Dauer und Schärfe dieser Krise sprachen Pessimisten bereits von einer „Götterdämmerung des Kapitalismus“. Es darf jedoch nicht vergessen werden, daß 1929 und 1930 noch nicht ersichtlich war, daß es sich nicht um eine „normale“ konjunkturelle Krise, sondern um eine mehrjährige starke Rezession handelte.

In Deutschland hatte sich die Krise bereits 1929 durch rückläufige Wachstumsraten angekündigt. Ursachen der Rezession waren neben der Abnahme der Nettoinvestitionen infolge von Überkapazitäten eine rückläufige Inlandsnachfrage, der Abzug ausländischer Kredite sowie ab 1930 die prozyklische Spar-und Deflationspolitik der Regierung Brüning, die durch eine aus heutiger Perspektive falsche wirtschaftspolitische Prioritätensetzung – Streichung der Reparationen, Budgetausgleich um jeden Preis – die Krise in Deutschland erheblich verschärfte.[10]

Darüber hinaus rächte sich die „Erblast“ der Auslandsverschuldung, als nämlich vor allem amerikanische Gläubiger ihre kurzfristigen Kredite in Deutschland kündigten und die Banken sich in großem Umfang wachsenden Geldabzügen ausgesetzt sahen. Diese Entwicklung mündete im Zusammenbruch des Kreditsektors im Juli 1931, der wiederum eine dramatische Krisenverschärfung verursachte.[11]

Die Strukturschwächen der Weimarer Wirtschaft dürften zwar den Handlungsspielraum der politisch Verantwortlichen eingeengt, jedoch nicht so sehr beschnitten haben, daß keine alternative Politik möglich gewesen wäre. Eher scheint die Vernachlässigung von Krisenüberwindungsstrategien ein Maß an Kurzsichtigkeit zu dokumentieren, das sich angesichts der sich zuspitzenden ökonomischen und politischen Krise als verhängnisvoll erwies. Wäre die nationalsozialistische Diktatur bei einer anderen Politik während der Weltwirtschaftskrise vermeidbar und daher Hitler als „letzte Hoffnung" zu verhindern gewesen? Darüber wird heute noch ebenso gestritten wie über die Frage, ob die Weimarer Wirtschaft „krank" und damit maßgeblich für das Scheitern der Weimarer Republik verantwortlich war. Es ist nicht zu übersehen, daß die Wirtschaft in der Weimarer Republik weder externe Belastungen verkraften noch strukturelle Probleme lösen konnte. Die ökonomische Entwicklung vermittelt eher den Eindruck relativer Instabilität, an dem die „Goldenen Zwanziger" nichts ändern können.

II. Im Sog des Währungsverfalls – Die Entwicklung der ostwestfälischen Wirtschaft während der Nachkriegsinflation

1. *Währungsverfall, Anpassungsprobleme und Rohstoffmangel: Die ostwestfälische Wirtschaft während der Nachkriegsinflation*

Im Gegensatz zu Großstädten wie Hamburg, Bremen, Berlin, München oder Essen zählte das östliche Westfalen nicht zu den Brennpunkten der Novemberrevolution von 1918 und den darauf folgenden bürgerkriegsähnlichen Auseinandersetzungen, welche die wirtschaftliche und politische Zukunft der jungen ersten deutschen Demokratie zu zerstören drohten. Insgesamt zeigte sich die Region aufgrund ihrer Wirtschafts- und Sozialstruktur wenig anfällig für revolutionäre Parolen und politischen Radikalismus. Am Abend des 8. November 1918 zog ein Trupp von Soldaten in die Bielefelder Kasernen, um Offiziere und Mannschaften aufzufordern, ihre Waffen zu übergeben, was auch ohne Widerspruch geschah. Darauf wurde ein Volks- und Soldatenrat gebildet, der es als seine Pflicht ansah, „für Ruhe, Ordnung und Sicherheit zu sorgen".[12] Ähnliche Ziele verfolgten auch die Arbeiter- und Soldatenräte, die in Bünde, Spenge, Enger, Vlotho, Gohfeld, Herford oder Lübbecke entstanden. Alle Räte arbeiteten im Prinzip mit der kaiserlichen Verwaltung eng zusammen, halfen bei der Demobilisierung heimkehrender Truppenverbände und lösten sich nach der endgültigen Etablierung des demokratischen Systems der Weimarer Republik im Frühjahr 1919 wieder auf. Damit hatte die Novemberrevolution in Ostwestfalen ihre eigene Variante gefunden.[13]

Wenn sich auch in der Region keine revolutionären Turbulenzen und keine politische Destabilisierung zeigten, so verursachten der Kriegsausgang, die Umstellung von Kriegs- auf Friedenswirtschaft sowie ein zunehmender Währungsverfall der heimischen Wirtschaft große Probleme. In- und ausländische Absatzmärkte waren verlorengegangen, die Rohstoffversorgung schwierig und die Unternehmen, die während des Krieges vorwiegend für den Heeresbedarf gearbeitet hatten, standen vor der scheinbar unlösbaren Aufgabe, ihren Produktionsapparat den veränderten wirtschaftlichen Rahmenbedingungen anzupassen. Hinzu kamen 1919 und 1920 erhebliche Transportprobleme. Aufgrund des Brennstoffmangels und der schlechten Rohstoffversorgung mußten 1919 einige Unternehmen ihre Produktion massiv drosseln. In Bielefeld wurde eine Kohlenwirtschaftsstelle eingerichtet. Diese sollte die Kohlenversorgung der größeren Betriebe im Regierungsbezirk Minden sowie in Lippe und Schaumburg-Lippe gewährleisten, was allerdings nur mit mäßigem Erfolg gelang. Im Gegenteil: Die Kohlennot nahm immer größere Ausmaße an, so daß 1921 und 1922 erneut eine Reihe von Unternehmen ihren Betrieb wegen Brennstoffmangels einstellen mußte. Das Bielefelder Elektrizitätswerk mußte im Sommer 1922 wegen unzureichender Kohlenversorgung zeitweilig stillgelegt werden, so daß die gesamte öffentliche Stromversorgung zusammenzubrechen drohte. Andere Stromversorger aus der Region sahen sich mit der gleichen Gefahr konfrontiert. Die Handelskammer zu Bielefeld skizzierte daher im August 1922 den Ernst der Lage wie folgt: „Die Kohlenversorgung Deutschlands und insbesondere innerhalb des Handelskammerbezirks Bielefeld nimmt immer bedrohlichere Formen an ... Besonders groß ist die Gefahr, die durch die drohende Stillegung von Gas-, Elektrizitäts- und gar Wasserwerken heraufbeschworen wird ..." Nicht zuletzt dem energischen Einsatz der Bielefelder Kammer bei der Kohlenwirtschaftsstelle und der Westfälischen Kohlenhandelsgesellschaft in Dortmund für eine bessere Brennstoffversorgung war es zu verdanken, daß die Kohlenlieferungen in die Region zumindest zeitweilig zunahmen und das Brennstoffproblem dadurch für einige Monate gelöst werden konnte.[14]

Angesichts der großen Kohlennot wurde sogar die Wiederaufnahme der Förderung auf dem inzwischen verfallenen, 1885 mangels Rentabilität geschlossenen Schacht „Friedrich-Wilhelms-Glück" in Dornberg erwogen. Gewerbetreibende aus Herford und Bielefeld sowie die Bielefelder Handelskammer waren entschiedene Verfechter dieses Plans. Nachdem einige geologische Gutachten erstellt worden waren, wurde auf einer Sitzung der Handelskammer im September 1919 beschlossen, in Dornberg wieder Kohlen zu fördern. Dies war jedoch ein kurzfristiges Intermezzo, da der Schacht nach dem Ende der Inflation und infolge der Normalisierung des Wirtschaftslebens mangels Absatzes wieder geschlossen wurde.[15] Auch 1921 litt die ostwestfälische Wirtschaft weiterhin unter den gleichen Problemen wie 1919 und 1920. Fast alle Unternehmen beklagten die mangelnde Rohstoffversorgung bei gleichzeitig explodierenden Preisen, schnell steigende Lohnkosten, Absatzprobleme, aber auch eine sinkende Zahlungsmoral. Die Dürkopp-Werke schrieben zum Beispiel an die Handelskammer Bielefeld am 31. Mai 1920: „Die Rohmaterialien kosten, wie ihnen bekannt, zum Teil den zwanzigfachen Betrag und mehr der Friedenspreise; außerdem kommen die enorm gestiegenen Löhne, Gehälter und Betriebskosten hinzu ...“[16] Eine Reihe anderer Firmen äußerte sich ähnlich. Besaßen sie die Rechtsform der Aktiengesellschaft, fanden viele Unternehmen aber im Verlauf des Jahres 1920 das Allheilmittel, das scheinbar einen großen Teil der Probleme lösen konnte: die Erhöhung des Aktienkapitals. Ebenso wie im Reich bedienten sich im östlichen Westfalen viele Aktiengesellschaften dieser Maßnahme, um Liquiditätsprobleme zu lösen und die eigene finanzielle Basis zu erweitern. Daher schrieb die Lohmann-Werke AG zum Beispiel an die Reichsbankstelle zu Bielefeld am 19. 4. 1920: „Zweck der Kapitalerhöhung ist die Erhöhung der Betriebsmittel ... Die Betriebsmittel und unser Aktienkapital erweisen sich eben als den heutigen Anforderungen nicht mehr gewachsen ...“[17] Kapitalerhöhungen ließen sich relativ leicht durchführen, da das Publikum angesichts des zunehmenden Währungsverfalls und der daraus resultierenden Geldflüssigkeit und der lange Zeit relativ niedrigen Rendite festverzinslicher Anlagen in Sachwerte und damit auch in Aktien flüchtete. Der Rückgriff auf den Kapitalmarkt durch Erhöhung des Eigenkapitals war daher auch für viele Unternehmen der Region ein probates Mittel, um sich zu entschulden und die Kapitalbasis zu stärken. Die Elsbach AG, die Möller-Werke, die Westfälische Metallwaren Industrie AG aus Lippstadt, die Eisenwerk Weserhütte AG, die Möbelfabrik Ottensmeyer AG in Melbergen oder die Stodiek & Co. AG aus Bielefeld erhöhten zum Beispiel 1920 und 1921 mehrfach ihr Aktienkapital. Die Gründe waren fast immer die gleichen, die in einem Brief der Stodiek AG an das Reichshandelsministerium vom Oktober 1920 benannt wurden: „... Die Ausgabe ist erforderlich, um den erheblichen Geldbedarf der Gesellschaft zu decken. Die ungemein hohen Preise für Rohmaterialien und die ungewöhnlich hohen Arbeitslöhne und Betriebskosten stehen in keinem Verhältnis zu dem jetzigen Gesellschaftskapital von 1 300 000 Mark. Die Gesellschaft wird genötigt sein, einen Bankkredit in Anspruch zu nehmen, dessen Deckung aber nur durch Erhöhung des Aktien-Kapitals erwirkt werden kann ...“[18]

Gleichwohl barg dieser Schritt Gefahren in sich. Angesichts des zunehmenden Währungsverfalls wurden leicht Kredite vergeben oder die Kapitalbasis durch Aktienemissionen vergrößert, was dazu führte, daß einige Unternehmen derart ausgiebig von dieser Möglichkeit Gebrauch machten, daß sie bald über ein inflationär aufgeblähtes Eigenkapital verfügten, das in keinerlei Beziehung zur tatsächlichen inneren Substanz stand. Die Bielefelder Handelskammer warnte daher ihre Unternehmen zurecht und erstaunlich frühzeitig davor, sich bei der Bemessung der Dividenden nicht durch nominal hohe Gewinnziffern blenden zu lassen und rief dazu auf, die Gewinne lieber zur Stärkung der eigenen Substanz zu verwenden als hohe Dividenden auszuschütten: „Trotzdem tun viele Aktiengesellschaften sehr recht daran, wenn sie selbst diese papiernen Erträgnisse noch nach aller Möglichkeit einschränken und statt der Dividendenzahlung möglichst große Beträge auf Rückstellungen und für Neuanschaffungen einbehalten ... Es besteht die Gefahr, daß oft die jetzt in Papiermark berechneten und manchmal scheinbar sehr hohen Erträgnisse als Dividenden ausgezahlt werden, während mit allem Nachdruck auf möglichst hohe Rückstellungen gehalten werden müßte...“[19]

Schwer zu beurteilen ist, wie hoch der Prozentsatz der Firmen aus Ostwestfalen war, die diesem Ratschlag folgten. Hierzu wäre ein Rückgriff auf unternehmensinternes Quellenmaterial erforderlich. Fest steht dagegen, daß der Hunger nach Waren, die vermeintlich hohen Dividenden und die Leichtigkeit der Kapitalbeschaffung in einigen Branchen eine Welle von Firmengründungen auslösten. Vor allem in der Wäscheindustrie oder der metallverarbeitenden Industrie schossen 1921 neue Unternehmen wie Pilze aus dem Boden. Die Bielefelder Handelskammer äußerte sich daher in einem Memorandum über die Lage der ostwestfälischen Wirtschaft im Jahre 1921 wie folgt: „... In der Textil- und Bekleidungsindustrie hat sich die rapide Entwertung der Mark in ganz außergewöhnlicher Weise bemerkbar gemacht ... so ist seitdem doch auf der ganzen Linie eine lebhafte Kauflust erwacht, die umso mehr zunahm, je mehr die Zerrüttung unserer Währung vorwärts ging ... In der Wäscheindustrie begegnete aus dem schon erwähnten Grunde der Rohstoffbezug aus dem Inlande erheblichen Schwierigkeiten. Die Nachfrage in der Wäscheindustrie ist nach wie vor ungeheuer stark. Die meisten Fabriken sind für lange Zeit reichlich mit Aufträgen versehen ...“[20] Viele dieser Firmen fristeten jedoch nur eine kurze Existenz und verschwanden wieder, nachdem der „Schleier der Inflation“ zerrissen war. Spätestens seit 1922 litt die ostwestfälische Wirtschaft tendenziell eher unter einem erheblichen Mangel an Kapital und Zahlungsmitteln, als daß sie von der viel zitierten Geldflüssigkeit hätte profitieren können.

Mit dem Einsetzen der sogenannten „galoppierenden Inflation" 1922 verschlechterte sich die Lage der ostwestfälischen Wirtschaft erheblich. Neben ungelösten Problemen wie Brennstoffmangel, steigende Lohnkosten und Preisanstieg für Rohstoffe belasteten die außenpolitische Instabilität, Streiks und vor allem der rapide zunehmende Wertverfall der Mark das Wirtschaftsleben sowohl im Reichsgebiet als auch im östlichen Westfalen. Anfang des Jahres zahlte man für einen Dollar in Bielefeld noch 187 Papiermark, während im November der Dollarkurs einen Höchststand von 9 150 Mark erreichte und im Dezember bei 7 500 Mark lag. Der Index der Lebenshaltungskosten des statistischen Reichsamtes, der sich im Januar 1922 auf 1 825 Punkte belief, erreichte Ende Dezember 1922 68 506 Punkte. Die fortschreitende Zerrüttung der Wirtschaft auch im östlichen Westfalen wird allein durch diese Zahlen dokumentiert. Mit dem Währungsverfall machte sich immer mehr eine Zahlungsmittelknappheit bemerkbar, die zu wachsenden Schwierigkeiten bei Lohnzahlungen und großen Geldtransaktionen führte. Handel- und Gewerbetreibende im östlichen Westfalen forderten daher ab Ende 1921 wiederholt die Einführung einer stabilen Währung auf Goldmarkbasis, die wieder einen vernünftigen Zahlungs- und Geldverkehr ermöglichen sollte. Die Handelskammer zu Bielefeld als Sprachrohr von Industrie und Handel richtete mehrfach derartige Eingaben an die Reichsbank und das Reichswirtschaftsministerium: „... Zu erstreben ist die alsbaldige Umstellung des gesamten Geschäftsverkehrs auf eine einheitliche Goldmarkbasis, die das Wagnis der Geldentwertung auf ein Mindestmaß zurückschraubt, und die auch den Lohn- und Gehaltsempfängern ein wertbeständiges Einkommen sichert..."[21] Der Prozeß der Geldentwertung schritt statt dessen fort. Immer mehr verlor die Mark ihre Funktion als Wertmaßstab und diente nur noch als Zahlungsmittel, bis sie 1923 auch diese Rolle nicht mehr wahrnehmen konnte. Sie wurde im Zahlungsverkehr zurückgewiesen. Die Handelskammer zu Bielefeld schrieb daher im Mai 1923 mit alarmierendem Unterton an das Reichsfinanzministerium: „Die plötzliche Freigabe der Interventionspolitik der Reichsbank und die seitdem zu beobachtende Aufwärtsbewegung der Devisenkurse hat in der Geschäftswelt lebhafteste Beunruhigung hervorgerufen. In zahlreichen Zuschriften und persönlichen Unterredungen wird die unterzeichnete Kammer auf das dringendste ersucht, sich Klarheit darüber zu verschaffen, ob mit einer Wiederaufnahme der Interventionspoltik überhaupt zu rechnen sei, und welche Aussichten für die demnächstige Entwicklung der Devisenkurse bestehen. Die Unsicherheit, die durch die Vorgänge der letzten drei Wochen hervorgerufen wurde, lähmt Handel und Industrie auf das empfindlichste und birgt vor allem die große Gefahr in sich, daß jegliches Vertrauen an der Politik der Reichsregierung und der Reichsbank schwindet..."[22] Der rasante Kurssturz der Mark und ihre Zurückweisung als Zahlungsmittel ließen sich jedoch nicht aufhalten. An ihre Stelle trat Notgeld, das vor allem von den Kommunen oder kommunalen Kreditinstituten wie den Sparkassen der Region emittiert wurde.[23] Aber auch die Handelskammern beteiligten sich an der Herausgabe von Notgeld. Für die Bezirke der Bielefelder und der Mindener Kammer wurde Notgeld von der Vereinigung der Niedersächsischen Handelskammern, in der die beiden Korporationen seit 1920 Mitglieder waren, in Umlauf gebracht.[24] Alle diese Maßnahem konnten den immens steigenden Bedarf nach Zahlungsmitteln jedoch nicht decken. Im Spätsommer 1923 war er derart angewachsen, daß Lohnzahlungen nicht mehr möglich waren und die Gefahr größerer Unruhen unter den Arbeitern wuchs. Die Bielefelder Handelskammer schrieb daher Mitte August in höchstem Maß alarmiert folgenden Brief an die Reichsbank: „Im Hinblick auf die Tatsache, daß die Herstellung städtischen Notgeldes zurzeit noch hinter dem Bedarf zurückbleibt, drahteten wir Ihnen, mit der Bitte um Rückantwort, daß die sofortige Bereitstellung von Zahlungsmitteln für Bielefeld unbedingt erforderlich sei... bitten wir auf das dringendste, nichts unversucht zu lassen, um den hiesigen Bedarf zu decken, da wir angesichts der starken Erregung in den Kreisen der Arbeiter und Angestellten somit keine Gewähr für Aufrechterhaltung der öffentlichen Ruhe und Ordnung übernehmen können..."[25]

Der explodierende Dollarkurs und der exorbitante Preisauftrieb machten eine solide Kalkulation und Rechnungsführung für die Betriebe und Unternehmen unmöglich. An die Stelle von konzeptionellen und langfristig ausgerichteten Unternehmensentscheidungen trat der oftmals zum Scheitern verurteilte Versuch, mit den wachsenden Schwierigkeiten des Tagesgeschäfts fertig zu werden. Die Reparationsfrage und die Ruhrbesetzung im Januar 1923 hatten die Hyperinflation bis zum Exzeß weiter angeheizt. An „normales" Wirtschaften war nicht mehr zu denken. Statt dessen drohten soziale Unruhen und chaotische Zustände im Geldverkehr. Die Zerrüttung des Wirtschaftslebens steuerte auch im östlichen Westfalen ihrem traurigen Höhepunkt entgegen.

2. Rolle und Aufgaben der ostwestfälischen Handelskammern während der Nachkriegsinflation

Nach dem Kriegsende und der Revolution von 1918 schien es zunächst, als würde das Prinzip der Selbstverwaltung in Industrie und Handel keine Zukunft mehr haben. Der Gedanke, in der gesamten Wirtschaft ein Rätesystem nach sowjetischem Vorbild zu errichten, wurde 1918 und 1919 auch von einigen politischen Entscheidungsträgern propagiert und mit der Verabschiedung der Reichsverfassung in die Tat umgesetzt. In der deutschen Wirtschaft wurde ein mehrstufiges System etabliert, in dem paritätisch besetzte Räte die wichtigsten Aufgaben der Wirtschaftslenkung übernehmen sollten. Die Handelskammern sahen sich daher zunächst mit einem formalen Bedeutungsverlust konfrontiert. Die beiden ostwestfälischen Kammern schätzten diese Sachlage richtig ein und fanden sich damit ab – wenn auch schweren Herzens. Der Syndicus der Bielefelder Korporation, von Ascheraden, beschrieb die Aufgaben der Kammern in der „neuen Wirtschaftsordnung“ so: „Die Aufgabe der Industrie- und Handelskammer ist bisher gewesen, die gesamten wirtschaftlichen Interessen ihres Bezirkes wahrzunehmen, insbesondere die Behörden in der Förderung von Industrie, Handel und Gewerbe durch Mitteilungen, Anträge und Erstattung von Gutachten zu unterstützen ... Eingreifend in die Entwicklung von Handelskammern war zunächst das Entstehen der großen Fachverbände ... Weiter haben die Industrie- und Handelskammern an Arbeitsgebiet verloren durch die Schaffung der Arbeitsgemeinschaften, die die Aufgabe haben, das Verhältnis zwischen Unternehmern und Arbeitnehmern zu regeln ...“ Wenn die Kammern auch eine Beschneidung ihrer Aufgaben hinnehmen mußten, so waren sie dennoch davon überzeugt, daß ihre Existenz für eine funktionierende Wirtschaft absolut notwendig sei. Im Vordergrund müsse jetzt auf Bezirksebene neben der Vertretung der wirtschaftlichen Gesamtinteressen die Beratung von Behörden und Firmen stehen, die angesichts der Fülle von neuen wirtschaftspolitischen Verordnungen und Erlassen erforderlicher denn je sei: „Unbestritten verblieben ist den Handelskammern dagegen die Vertretung der wirtschaftlichen Gesamtinteressen ihres Bezirkes auf den verschiedensten Gebieten ... Die Kammern sind nach wie vor Zentralstellen, an die sich die Behörden des Bezirks in allen wirtschaftlichen Fragen wenden ...“[26]

Nicht nur die beiden ostwestfälischen, sondern auch viele andere Handelskammern in Preußen und im gesamten Reichsgebiet hatten versucht, sowohl eine massive Umgestaltung der Wirtschaftsordnung als auch die Eingrenzung ihrer Kompetenzen zu verhindern. Dies richtete sich nicht nur gegen die Bildung von Wirtschaftsräten, sondern auch gegen die Einführung weitgreifender planwirtschaftlicher Elemente. Nach den Erfahrungen mit der Wirtschaftslenkung während der Kriegsjahre hielt eine Reihe von politischen Kräften die privatkapitalistische Wirtschaftsordnung für überholt und wollte sie durch eine „gebundene“, dem gemeinwirtschaftlichen Wohl verpflichtete Wirtschaft ersetzen. Vor allem Reichswirtschaftsminister Wissell und sein Staatssekretär von Möllendorf propagierten diese Pläne, denen sich der Deutsche Handelstag und die Handelskammern scharf widersetzten. In einem ausführlichen Memorandum des Deutschen Handelstags hieß es dazu: „... Die Wiederaufrichtung unseres Vaterlandes aus der wirtschaftlichen Anarchie wird auf dem Wege der Planwirtschaft niemals gelingen. Dazu ist heute mehr als je unbedingte Voraussetzung, daß der Zwang mit seinen unheilvollen Wirkungen auf fast allen Erzeugungs- und Verteilungsgebieten der freien Tätigkeit des Unternehmers in Industrie und Handel Platz macht ...“[27] Die Bielefelder Kammer und ihr Syndicus von Ascheraden spielten bei der Agitation gegen die „Gemeinwirtschafts-Pläne“ Wissells und von Möllendorfs eine besondere Rolle. Auch nach den traumatischen Erfahrungen des Ersten Weltkriegs zeigte sich wieder einmal, daß die Kammer ihr Ideal einer freien und möglichst nicht reglementierten Wettbewerbswirtschaft nicht aufgegeben hatte. Auf einer Konferenz der Hauptgeschäftsführer aller deutschen Handelskammern im Juni 1919 in Berlin äußerte sich von Ascheraden dazu wie folgt: „... Das Rätesystem dürfen wir uns unter keinen Umständen gefallen lassen, wenn wir nicht in die Lage versetzt werden wollen, die einen Wiederaufbau unseres Wirtschaftslebens unmöglich macht ...“ In den folgenden Tagen und Monaten versuchte von Ascheraden durch einen Rundbrief an alle deutschen Handelskammern, deren Widerstand gegen die Pläne aus dem Reichswirtschaftsministerium zu organisieren und zu koordinieren. Er sah in den Plänen nicht nur eine Gefahr für die funktionierende Wirtschaftsordnung, sondern auch für die Existenz der Handelskammern schlechthin: „... Gelingt es nicht, die Bildung der Organisationen nach dem Plane von Möllendorfs zu verhindern, so besteht die große Gefahr, daß die bewährten Körperschaften unseres Wirtschaftslebens beseitigt oder doch in ihrer Wirksamkeit ganz erheblich herabgemindert werden. Je schneller und wirksamer der Protest von ihrer Kammer erhoben wird, desto größer ist die Aussicht auf Erfolg ...“[28] Hinter allen Plänen zur Einführung der „Gemeinwirtschaft“ witterten von Ascheraden und die Bielefelder Kammer die Gefahr einer weitreichenden Sozialisierung der Wirtschaft und das Ende von wirtschaftlichem Wettbewerb und freiem Unternehmertum – Ideale, für welche die Kammer lange gekämpft hatte. In einer Eingabe an das Reichswirtschaftsministerium vom 1. Juli 1919 hieß es deshalb: „... Was heißt es denn sonst, als den Boden für die allgemeine Sozialisierung der Betriebe zu bereiten, wenn Selbstverwaltungskörper mit staatlichen Hoheitsrechten ausgestattet werden und die Tätigkeit dieser Körper unter Staatsaufsicht gestellt wird ... Somit ist die Planwirtschaft des Herrn von Möllendorf sowohl in ihrer Organisation als auch wegen des Zwecks, dem sie dient, im nationalen Interesse entschieden zurückzuweisen ...[29]

Bei allem Widerstand gegen die Pläne von Möllendorfs und Wissells unterbreitete von Ascheraden und mit ihm die Bielefelder Kammer auch konstruktive Vorschläge zur Neugestaltung der Wirtschaftsordnung. Zum Beispiel wurde von der Kammer begrüßt, daß Arbeitgeber und Arbeitnehmer gemeinsam in Arbeitsgemeinschaften Regelungen über Lohnsätze und Arbeitsbedingungen aushandeln sollten, sah sie doch darin die Tradition einer korporatistischen Wirtschaftsverfassung verwirklicht. Die Handelskammern sollten dabei nach Ansicht von Ascheradens die eigentlichen „Kerne" der neuen Arbeitsgemeinschaften werden, wodurch ihre Bedeutung fraglos aufgewertet worden wäre. Die Bielefelder Kammer schrieb daher im Juli 1919 an das Reichswirtschaftsministerium: „... Dem in der Kundgebung vom 15. März zum Ausdruck gebrachten Gedanken, die Arbeiter und Angestellten in Gemeinschaft mit den Unternehmern an der Regelung der Lohn- und Arbeitsbedingungen, sowie an der wirtschaftlichen Entwicklung der produktiven Kräfte mitwirken zu lassen, haben wir uns nicht widersetzt... Will man aber auf wirtschaftlichem Gebiete brauchbare, gemeinsame Körperschaften bilden, so müssen diese in engster Anlehnung an die bestehenden wirtschaftlichen Arbeitgeberorganisationen (Handelskammern und Handwerkskammern) eingerichtet werden..."[30] In der Tat scheint das Konzept der Arbeitsgemeinschaften in den wichtigsten Branchen der ostwestfälischen Wirtschaft sehr gut funktioniert zu haben, wie von Ascheraden in der Konferenz der Handelskammergeschäftsführer betonte.[31] Auch mit der Bildung von Betriebsräten erklärte sich die Bielefelder Kammer einverstanden, wenn ihr auch einige Regelungen in dem Gesetzentwurf zur Errichtung von Betriebsräten zu weit gingen. Vor allem die Mitbestimmung dieser Räte bei Einstellungen und Entlassungen von Arbeitnehmern wurde kritisiert, denn darin sah sie einen weitreichenden Eingriff in die Handlungsautonomie der Unternehmer. Auf jeden Fall forderte die Bielefelder Kammer eine weitgehende Mitsprache aller Korporationen von Gewerbetreibenden bei der Erstellung des Betriebsrätegesetzes, um zu weitgehende Bestimmungen im Gesetzentwurf zu eliminieren. Auf der Geschäftsführerkonferenz äußerte von Ascheraden: „Mit den Betriebsräten müssen wir uns abfinden. Unsere Aufgabe muß es sein, einzelne Bestimmungen dieses Gesetz-Entwurfes zu entfernen oder abzuändern..."[32] Trotz weiterer Protestaktionen der westfälischen und rheinischen Handelskammern im Herbst und Winter 1919 wurde das Betriebsrätegesetz mit leichten Modifikationen verabschiedet. Diesen Eingriff in die unternehmerische Handlungsautonomie schienen die ostwestfälischen Handelskammern jedoch noch verkraften zu können, was ihnen umso leichter gefallen sein dürfte, als die weitreichenden „Gemeinwirtschaftspläne" nicht weiterverfolgt wurden. Dennoch: Beide Kammern mußten angesichts der Wirtschaftsordnung in der Weimarer Republik erkennen, daß die Zeit der liberalen Wettbewerbswirtschaft – wenn sie denn in Deutschland in reiner Form jemals bestanden hat – endgültig vorüber war. In der Inflationszeit immer wieder auftauchende Überlegungen und Pläne, den Handelskammern mehr Bedeutung bei der Wirtschaftslenkung zuzubilligen, wurden von diesen in der Hoffnung aufgegriffen, an ihre frühere Stellung im Wirtschaftsleben anknüpfen und von einer gestärkten Basis aus für ihre wettbewerbspolitischen Ideale kämpfen zu können.[33]

Für die Gestaltung der Außenwirtschaftspolitik und die weitere binnenwirtschaftliche Entwicklung war die Lösung der Reparationsfrage natürlich von großer Bedeutung. Die beiden ostwestfälischen Kammern hielten sich jedoch hierbei im Gegensatz zu anderen Interessengruppen oder Parteien mit scharfen Attacken zurück. Die Reparationen wurden charakterisiert als „Lasten, die von keiner im bisherigen Lauf der Weltgeschichte jemals verhängten Kriegsentschädigung auch nur entfernt erreicht worden sind, Lasten, von denen zudem keineswegs feststeht, ob wir sie in ihrem ganzen Umfang überhaupt werden tragen können..."[34] Verglichen mit den schrillen Tönen , die von anderen politischen Gruppierungen oder Institutionen zu hören waren, waren die Verlautbarungen der beiden Handelskammern auch dann noch moderat, als französische und belgische Truppen das Ruhrgebiet besetzten. Die „Okkupation von Rhein und Ruhr" wurde zwar als widerrechtlicher Akt verurteilt, doch befürworteten die Kammern eher eine Politik der Verständigung, um später eine Revision des Versailler Vertrages und eine für die deutsche Seite akzeptable Lösung der Reparationsfrage zu erreichen: „Nichtsdestoweniger gebietet uns der Zwang der Verhältnisse und die eigene Vernunft, unsererseits an der Schaffung einer Atmosphäre des Vertrauens und der Bereitschaft zu gegenseitiger Verständigung der europäischen Völker mitzuwirken, aus der schließlich auch die für die Festigung der europäischen Verhältnisse und des Weltfriedens unerläßliche Revision des Versailler Friedensvertrages entspringen muß..."[35] Nicht Konfrontation bis zur Selbstzerfleischung, sondern vernünftige Lösungen im Hinblick auf eine bessere Zukunft hieß für die beiden Kammern die Lösung, um das Konfliktpotential in der Reparationsfrage zu entschärfen.

Im Vergleich zur Neugestaltung der bisherigen Wirtschaftsordnung und der Reparationsfrage waren andere Probleme und Herausforderungen, mit denen sich die beiden Kammern während der Inflationszeit konfrontiert sahen, von etwas geringerer Bedeutung. Ende 1918, Anfang 1919 propagierten einige Handelskammern aus dem Rheinland unter der Führung der Kölner Kammer und ihres Präsidenten Louis Hagen die Bildung einer Westdeutschen Republik aus der Rheinprovinz und der Provinz Westfalen. Mit diesem Schritt sollte eine schnelle Verständigung mit Frankreich erreicht und eine Beeinträchtigung des Wirtschaftslebens in dieser Region infolge der Besetzung des Rheinlandes durch französische Truppen verhindert werden. Diesen Separationsbestrebungen erteilten die beiden ostwestfälischen Kammern eine eindeutige Absage. Auf einer Tagung der preußischen Handelskammern im Berliner Hotel Adlon im Februar 1919 erklärte der seit 1914 amtierende Präsident der Bielefelder Handelskammer, Paul Delius, unmißverständlich: „Die Handelskammer zu Bielefeld erklärt sich einstimmig gegen jede Zerstückelung und Verkleinerung Preußens und erblickt in der Gründung einer westdeutschen Republik eine große Gefahr für die Gesamtinteressen Deutschlands ..."[36]

Innerhalb ihres angestammten Tätigkeitsfelds – der Außenhandelspolitik – mußten die Kammern aufgrund massiver Einfuhrbeschränkungen und Außenhandelskontrollen sowie einer Flut neu erlassener Richtlinien über den Warenverkehr mit den abgetretenen Gebieten die ostwestfälische Wirtschaft über die neuen Bestimmungen unterrichten. Diese Informationstätigkeit dominierte eindeutig gegenüber dem bisherigen Eintreten für außenhandelspolitische Zielsetzungen.[37] Wesentlich aktiver zeigten sich die Kammern dagegen auf dem Gebiet der Steuerpolitik. Gegen die Anhebung der Gewerbesteuer- und Umsatzsteuer und die Einführung einer Luxussteuer machten beide Korporationen massiv Front, sahen sie doch dadurch die Ertragslage der ostwestfälischen Wirtschaft bedroht und den Wirtschaftsstandort Ostwestfalen gefährdet. Neben Eingaben an die Kommunen der Region, in denen gefordert wurde, von Steuererhöhungen abzusehen, organisierte die Bielefelder Kammer 1922 Protestversammlungen gegen Gewerbesteuererhöhungen. In einer Resolution der Kammer hieß es dazu: „Die von der Handelskammer für heute einberufene Versammlung sieht sich gezwungen, die maßgebenden Stellen auf die katastrophalen Folgen hinzuweisen, die bei weiterer Steigerung der vom Gewerbe aufzubringenden Lasten für das Bielefelder Wirtschaftsleben eintreten müßten ..." Der Protest blieb jedoch ohne Erfolg, da die Gewerbesteuer mehrfach erhöht wurde. Für die Bielefelder Kammer bedeutete dies, daß sie in weiteren Eingaben und Petitionen gegen diese Maßnahmen Stellung bezog, um eine übermäßige Steuerbelastung der heimischen Wirtschaft zu verhindern.[38]

Auf dem Gebiet der Sozialpolitik gab der „Gesamtumbau der Sozialversicherung" mit der beabsichtigten Zusammenfassung der Versicherungssparten, der Stärkung der Ortskrankenkassen und der Errichtung von Pflichtverbänden für die Krankenkassen regelmäßig Anlaß zur Kritik der Handelskammern, die jedoch keine positive Wirkung hatte. Gleiches galt für die vielen Verbesserungsvorschläge der Kammern im Bereich der Infrastrukturpolitik. Angesichts der unsicheren Wirtschaftslage wurden weder neue Eisenbahnprojekte durchgeführt noch umfangreiche Verbesserungen auf Bahnhöfen und Bahnanlagen vorgenommen. Allenfalls mit ihren Vorschlägen zur besseren Abstimmung der Fahrpläne hatten die Kammern Erfolg.[39]

Schließlich wurde Anfang der 1920er erneut der Plan diskutiert, die Lippische Handelskammer zu Detmold mit einer größeren Kammer zu vereinigen. Vor allem die Mindener Kammer setzte sich für dieses Vorhaben ein, sah sie darin doch eine Stärkung ihrer Position gegenüber ihrem Bielefelder Pendant. Diese wurde jedoch sofort aktiv, um den Mindener Absichten entgegenzutreten. Die wegen der Größe des Kammerbezirkes bestehende Rivalität zwischen der Bielefelder und der Mindener Kammer blieb auch in der Weimarer Republik bestehen. In einem Memorandum des 2. Syndicus der Bielefelder Kammer, Wilms, hieß es dazu: „Daß die Handelskammer Minden sich um die Angliederung Lippes besonders bemüht, ist begreiflich, bestand doch im preußischen Handelsministerium wenigstens bis vor kurzem die Absicht, den Mindener Bezirk zu der Handelskammer Bielefeld zu schlagen ... so dürfte doch feststehen, daß für die Orientierung der lippischen Handelskammer nicht Minden, sondern Bielefeld das natürlichste und zweckmäßigste ist. Ich bin überzeugt, daß die lippische Kammer zu demselben Ergebnis wie es hier festgestellt ist, gelangen wird ..."[40] Da angesichts der unsicheren politischen Lage keine reichsgesetzliche Regelung zur Verschmelzung von Handelskammern verabschiedet werden konnte, wurde die Vereinigung der lippischen Kammer mit einer größeren Korporation vertagt. Dennoch wuchs der Umfang des Bielefelder Kammerbezirkes, da im Jahr 1919 das Amt Warstein dem Kreis Lippstadt und damit auch dem Bielefelder Sprengel zugeschlagen wurde.[41] Die Bedeutung der Mindener Kammer nahm ebenfalls zu. Im benachbarten Schaumburg-Lippe war nämlich 1915 eine Handelskammer aus dem Handels- und Industrieverein Schaumburg-Lippe entstanden. 1921 übertrug man die Geschäftsführung mit Zustimmung der Schaumburg-Lippischen Landesregierung in Bückeburg und mit Genehmigung des preußischen Ministers für Handel und Gewerbe der Handelskammer zu Minden. Die Verbindung beider Kammern und die Personalunion in Gestalt des Hauptgeschäftsführers blieb auch bestehen, als 1925 der Beschluß gefaßt wurde, eine eigene Handelskammer für Schaumburg-Lippe zu errichten. Den Vorsitz dieser Kammer erhielt der Brauereibesitzer Ludwig Koch aus Stadthagen, der bereits dem Industrieverein präsidiert hatte.[42]

Die Nachkriegsinflation war für die Handelskammern und damit auch für die beiden ostwestfälischen Korporationen eine Zeit der Umorientierung. Die Wirtschaftsordnung sollte neu gestaltet werden, neue Organe der Wirtschaftslenkung geschaffen und dadurch die Kompetenzen der Handelskammern vermindert werden. Alte Handels- und Wirtschaftsbeziehungen waren verlorengegangen, neue Kontakte ließen sich aufgrund der Kontrollbestimmungen für den Handelsverkehr nur schwer herstellen. Politische Instabilität und ein zunehmender Währungsverfall kamen hinzu. Vor diesem Hintergrund verhielten sich die beiden ostwestfälischen Kammern gegenüber der jungen Weimarer Republik zwar loyal, indem sie Separationsbestrebungen anderer Kammern eine Absage erteilten; gleichwohl lehnten sie die neuen wirtschaftspolitischen Konzeptionen und Institutionen der Weimarer Wirtschaftsverfassung ab, oder es fiel ihnen schwer, sich mit ihnen zu arrangieren. Aufgrund der wachsenden Zerrüttung des Wirtschaftslebens zeigten beide Kammern zunehmende Skepsis gegenüber der Funktionsfähigkeit des Wirtschaftssystems. Ihre Hoffnungen auf eine liberale Wettbewerbswirtschaft und die Wiederherstellung alter Handelsbeziehungen blieben angesichts außenpolitischer Turbulenzen, außenwirtschaftlicher Restriktionen und vor allem des Währungsverfalls in den Anfangsjahren der ersten deutschen Demokratie unerfüllt.

III. Im Schatten der großen Politik – Die Entwicklung der ostwestfälischen Wirtschaft während „Weimarer Konjunktur" und Weltwirtschaftskrise

1. Zwischen Hoffnung und Verhängnis: Die ostwestfälische Wirtschaft von 1924 bis 1933

Das Ende der Nachkriegsinflation und die Einführung der Rentenmark im November 1923 bzw. die Etablierung der Reichsmark als gesetzliches Zahlungsmittel im August 1924 hatte für die meisten Unternehmen der ostwestfälischen Wirtschaft ambivalente Folgen. Einerseits konnte man jetzt wieder mit festen Rechnungseinheiten kalkulieren und auf eine stabile Währung zurückgreifen, andererseits mußten viele Betriebe bei der Eröffnung der Goldmarkbilanz im Jahre 1924 feststellen, wie sehr ihre innere Substanz durch die Geldentwertung zerstört worden war. Der „Schleier der Inflation" war zerrissen, so daß Überkapazitäten, Fehlinvestitionen und unterlassene Modernisierungsmaßnahmen als Erblast deutlich zutage traten. Die „Anpassungskrise" der Jahre 1924 und 1925 belastete auch die Wirtschaft der Region erheblich. Eine Reihe von Firmenzusammenbrüchen war die unausweichliche Folge. Allein im Bezirk der Bielefelder Kammer wurden 1924 71 Konkurse und 69 Geschäftsaufsichten gezählt. Im folgenden Jahr änderte sich an dieser Situation wenig. Jetzt wurden mit 64 annähernd gleich viele Geschäftsaufsichten, jedoch mit 94 deutlich mehr Konkurse als im Vorjahr registriert.[43] Außer den genannten Faktoren waren vor allem die exorbitant hohen Zinssätze und die rigide Geldverknappung durch die Reichsbank für die vielen Zusammenbrüche verantwortlich. Für Tagesgeld mußte bei Bielefelder Banken Anfang 1924 ein Zinssatz von 35 % (!) entrichtet werden. Der Reichsbankdiskontsatz betrug Anfang 1924 18 %, bevor er sich Ende 1924 bei 10 % einpendelte. Hinzu kam ein Mangel an neu emittierten Rentenbankscheinen und Refinanzierungsmöglichkeiten. Vor diesem Hintergrund überrascht es nicht, daß die Industrie- und Handelskammer zu Bielefeld am 30. November 1923 zum ersten Mal und in der Folge wiederkehrend, Briefe mit dem Wortlaut an das Reichsbankdirektorium sandte: „Aus den Kreisen der hiesigen Gewerbetreibenden in Handel und Industrie sind in diesen Tagen vielfach Beschwerden an uns ergangen ... Man steht unter dem Eindruck, daß der wegen seiner hochentwickelten Industrie wirtschaftlich besonders wichtige Platz Bielefeld in durchaus ungenügender Weise bisher mit Rentenmark versorgt worden ist. Für Zwecke der Löhnung und der Erschaffung lebenswichtiger Rohstoffe ist dieser Betrag vollkommen unzulänglich ..."[44]

Angesichts dieser Verhältnisse bezeichneten die Kammern die Wirtschaftslage im östlichen Westfalen in den Jahren 1924 und 1925 als trostlos. Die Krisensymptome erreichten nach ihrer Ansicht ein solches Ausmaß, daß selbst die in ihrem Kern gesunde heimische Wirtschaft davon hart getroffen wurde: „Die deutsche Wirtschaft erlebt die Jahreswende 1925/26 im Zeichen tiefster Entmutigung. Die schwere und anhaltende Wirtschaftskrise hat sich zu einer Katastrophe ausgewachsen, die immer weitere Kreise zieht ... Obwohl sich die vielseitige und im Kern gesunde Industrie des Kammerbezirkes verhältnismäßig lange gegen den Ansturm der allgemeinen Krise behaupten konnte, ließen doch Symptome der deutschen Krankheit schon vor Jahr und Tag keinen Zweifel, daß sich auf die Dauer ein einzelner Wirtschaftsbezirk nicht gewissermaßen wie eine Oase in der Wüste in Saft und Blüte erhalten kann, wenn ringsherum das Leben verdorrt ..."[45]

Dennoch sahen die Kammern in dieser prekären Lage einen Hoffnungsschimmer. Die meisten Firmenzusammenbrüche betrafen Betriebe, die unter den Bedingungen des Währungsverfalls aufgrund spekulativer Überlegungen gegründet worden waren und nicht über eine ausreichende finanzielle Basis verfügten. Die älteren Unternehmen konnten sich trotz aller Schwierigkeiten am Markt behaupten. Die Krise von 1924 und 1925 war daher auch eine „Reinigungskrise", in der vor allem die unsoliden Betriebe liquidieren mußten. So konstatierten die Kammern 1925: „Solange wir uns im Zeichen der scheinbaren Blüte befanden, schien der Erfolg diesen Leuten recht zu geben. In die rauhe Wirklichkeit des scharfen Konkurrenzkampfes und des Zwanges zur genauesten Kalkulation gestellt, haben sie aber versagt ... Der auf diesem Gebiete unbedingt notwendige Reinigungsprozeß kann noch nicht als abgeschlossen gelten ..."[46]

Dieser Prozeß setzte sich bis in das Jahr 1926 fort. Anzeichen einer konjunkturellen Besserung ließen sich erst deutlich erkennen, als, nicht zuletzt bedingt durch den englischen Bergarbeiterstreik, die deutsche und damit auch die heimische Wirtschaft wieder besser beschäftigt wurde. Die Kammer zu Bielefeld stellte fest: „Im Laufe des Jahres 1926 gingen die Zusammenbrüche wirtschaftlicher Unternehmungen mehr und mehr zurück, so daß man schließlich von einem gewissen Abschluß der sogenannten Reinigungskrise sprechen konnte. Die Kammer hält sich aber für verpflichtet, auch heute noch vor einem übertriebenen Optimismus zu warnen..."[47] Mit dieser Einschätzung der wirtschaftlichen Lage im östlichen Westfalen lag die Kammer sicherlich richtig, läßt sich doch nicht verkennen, daß alle wichtigen Industriezweige nicht nur durch die Wirtschaftskrise der Jahre 1924 und 1925 hart getroffen wurden, sondern auch in der Folgezeit nur schwer wieder zu einer gesunden und wettbewerbsfähigen Basis zurückfinden konnten. Die Zahl der Konkurse im Kammerbezirk Bielefeld stieg 1926 immerhin auf 115, während sich die Zahl der Geschäftsaufsichten auf 52 verringerte.[48]

Erst das Jahr 1927 brachte einen konjunkturellen Aufschwung, den viele Zeitgenossen angesichts der vorherigen Krise nicht für möglich gehalten hatten.[49] Die wirtschaftliche Erholung erfaßte jedoch nicht alle Branchen gleichermaßen intensiv. Während die Textilindustrie, die Nähmaschinenindustrie, die Bauindustrie und die Nahrungs- und Genußmittelindustrie eine starke Belebung der Geschäftstätigkeit verzeichnen konnten, blieb die Lage im Werkzeugmaschinenbau eher ungünstig. Diese konjunkturelle Belebung hielt jedoch nur kurze Zeit an, denn spätestens ab Herbst 1928 klagten die Unternehmen aus allen Wirtschaftszweigen wieder über sinkende Auftragseingänge und eine schlechtere Ertragslage. 1929 war nicht zu übersehen, daß die ostwestfälische Wirtschaft in eine erneute Krise hineinschlitterte, und zwar lange bevor der Kurssturz an der New Yorker Börse den eigentlichen Beginn der Weltwirtschaftskrise markierte. Die Verschlechterung der Lage läßt sich zum Beispiel deutlich an der Zahl der Konkurse ablesen: Während 1927 die Zahl der Konkurse im Bezirk der Industrie- und Handelskammer zu Bielefeld auf 36 zurückgegangen war, stieg sie 1928 bereits wieder auf 62 an, um sich 1929 mit 110 nahezu zu verdoppeln.[50] Der Ausbruch der Weltwirtschaftskrise intensivierte den konjunkturellen Abschwung in der ostwestfälischen Wirtschaft erheblich. 1930 und 1932 mußten alle Branchen mit der bis dahin größten Rezession in diesem Jahrhundert, wenn nicht sogar seit der Industrialisierung kämpfen. Ein kurzer Überblick über die Entwicklung der wichtigsten Industriezweige im östlichen Westfalen während dieser Zeit verdeutlicht diesen Sachverhalt.

1.1 Die Textilindustrie

Die Textilindustrie litt besonders unter der Krise, die nach der Stabilisierung der Mark auftrat. Neben konjunkturellen trugen auch strukturelle Ursachen hierzu bei. Vor allem die Konkurrenz billiger Baumwollprodukte aus dem Ausland sowie steigende Rohstoffpreise wurden zu einer wachsenden Belastung für die heimische Leinenindustrie. Die großen Spinnereien, bei denen 1925 etwa 30 Prozent der im Bezirk der Bielefelder Kammer Beschäftigten in Lohn und Brot standen, mußten im Herbst 1925 zeitweise stillgelegt werden. Nachdem schon im September 1925 etwa 45 Prozent der Spinner arbeitslos geworden waren, mußten Mitte Dezember alle Beschäftigten entlassen oder beurlaubt werden. Besonders hart traf es die Spinnerei Vorwärts, die bereits am 1. Oktober ihren Betrieb einstellte. Als sich in der zweiten Hälfte des Jahres 1926 die Konjunktur der Textilindustrie deutlich belebte, wurde der Betrieb erneut aufgenommen. Dies war möglich, da die Hauptaktionäre erhebliche finanzielle Mittel zur Verfügung gestellt hatten, um die Rentabilität zu sichern. All diese Maßnahmen nützten jedoch wenig; die Spinnerei Vorwärts arbeitete auch im nächsten Jahr kaum erfolgreich. Zudem konnte der Verlust des Vorjahres nicht aufgefangen werden, und das Werk mußte 1929 erneut geschlossen werden.[51]

Ein ähnliches Schicksal blieb dem großen Konkurrenten – der Ravensberger Spinnerei – erspart, auch wenn sie 1925 hart um ihre Existenz kämpfen mußte. 1924 äußerte sich das Unternehmen noch hoffnungsvoll, daß angesichts der nun vollzogenen Stabilisierung der Mark auch die Entwicklung in der Leinenindustrie wieder positiv verlaufe. Diese Hoffnungen wurden jedoch bitter enttäuscht: 1925 litt die Ravensberger Spinnerei wie alle übrigen Betriebe der Branche unter wachsender Konkurrenz ausländischer Baumwollprodukte, Absatzmangel sowie hohen Rohstoffpreisen. Ende 1925 mußte die Produktion deshalb für mehr als ein halbes Jahr ausgesetzt werden. Erst im August 1926 konnte die Arbeit wieder aufgenommen werden, wenn auch in geringerem Umfang als vor der Stillegung des Betriebs. Die Ravensberger Spinnerei profitierte in der Folgezeit vom Konkurs zahlreicher inländischer Wettbewerber, wodurch sich ihr Marktanteil erhöhte. Gleichzeitig gelang es, die Qualität der Produkte zu steigern und auf dem Weltmarkt wieder konkurrenzfähig zu werden. Dennoch belasteten hohe Rohstoffpreise, Steuern und Sozialabgaben weiter das Betriebsergebnis. Die Ravensberger Spinnerei investierte von 1927-32 nicht unerhebliche Summen in die Modernisierung ihres Maschinenparks und der Betriebsanlagen. Dadurch gelang es, der Weltwirtschaftskrise zu trotzen, wenn auch von 1929 bis 1931 mit Verlust gearbeitet wurde. Das Unternehmen war 1932 mit 20 000 Spindeln immer noch die größte und modernste Spinnerei in ganz Deutschland.[52]

In prekärer Lage befand sich 1925 und 1926 auch die Mechanische Weberei. Während des Ersten Weltkriegs und der Inflation hatte die Betriebsleitung kaum Modernisierungsmaßnahmen durchgeführt; das Unternehmen mußte mit veralteten Webstühlen produzieren und war angesichts des harten Wettbewerbs auf den Märkten nicht mehr konkurrenzfähig. Die wenigen betrieblichen Verbesserungen nach der Stabilisierung der Mark – der Anschluß an das Elektrizitätswerk der Stadt Bielefeld, der Neubau eines Websaales und die teilweise Auswechslung der Webstühle – konnten an dieser Situation nichts ändern. 1926 schien auch für die Mechanische Weberei das Ende gekommen zu sein. In dieser Situation übernahm Ludwig Reh als organisatorischer und technischer Direktor die Unternehmensleitung. Gleichzeitig wurde der Bielefelder Unternehmer Gustav Windel, Inhaber der Hermann Windel GmbH in Windelsbleiche, in den Aufsichtsrat gewählt. Windel hatte sich in der Inflationszeit in den Besitz der Aktienmehrheit der drei großen Bielefelder Unternehmen der Leinenindustrie gebracht und war einer der entscheidenden Männer der Branche geworden.[53]

Reh und Windel leiteten umfangreiche Rationalisierungs- und Modernisierungsmaßnahmen ein. Die Betriebsanlagen wurden erneuert und die Produktpalette weiter diversifiziert. Das für diese Maßnahmen notwendige Kapital besorgte Gustav Windel. Zu der Roßkur, die der Mechanischen Weberei verordnet wurde, gehörte auch, daß das Aktienkapital herabgesetzt wurde. Die Maßnahmen zahlten sich jedoch aus, da sich Produktivität und Ertragslage der Mechanischen Weberei deutlich erhöhten. Ab 1929 litt das Unternehmen natürlich unter den Folgen der Weltwirtschaftskrise. Infolge nachlassender Aufträge, Absatzmangels und schwindender Anteile auf den Exportmärkten waren Verluste nicht zu vermeiden. Dennoch konnte sich die Mechanische Weberei behaupten und die Weltwirtschaftskrise überstehen.[54] Nicht nur die großen Firmen der heimischen Leinenspinnerei und -weberei sahen sich mit Absatzproblemen und sinkenden Erträgen konfrontiert. Den kleineren Betrieben ging es ähnlich. Die Mechanische Weberei Ravensberg, die Weberei der Gebrüder Kobusch oder die Westfälische Weberei M. H. Stahel hatten mit Schwierigkeiten zu kämpfen, die auch in der Baumwollspinnerei und -weberei sowie in der Seidenweberei an der Tagesordnung waren. Die Baumwollwebereien Niemöller & Abel oder Greve & Güth in Gütersloh litten ebenso wie die Gütersloher Seidenweberei Wilhelm Bartels unter der Stabilisierungskrise von 1925, durchliefen von 1926 bis 1928 eine Erholungsphase, um sich ab 1929 mit den Auswirkungen der Weltwirtschaftskrise konfrontiert zu sehen.[55]

Es versteht sich von selbst, daß der Auftragseinbruch und die schwache Ertragslage der Spinnereien und Webereien 1925 auch gravierende Folgen für die Leinenveredelungsbetriebe wie Bleichereien und Appreturanstalten sowie für die Wäscheindustrie hatten. Vor allem letztere wurde von den Krisenfolgen hart getroffen. Während der Inflation hatte die Branche noch von einer regen Nachfrage nach Wäscheerzeugnissen aller Art aus dem In- und Ausland profitieren können, die einen regelrechten „Gründungsboom" neuer Betriebe ausgelöst hatte. Mit der Stabilisierung der Mark fielen zahlreiche dieser Neugründungen wie Kartenhäuser in sich zusammen. Verbindlichkeiten konnten von überschuldeten Unternehmen der Wäscheindustrie nicht mehr beglichen werden, wodurch auch andere, noch zahlungsfähige Firmen mit in den Abgrund gerissen wurden. Ab Frühjahr 1926 machte sich zwar auch in der Wäscheindustrie eine Besserung bemerkbar, die 1927 in einem enormen Aufschwung kulminierte, doch zeigten sich Ende 1928 wieder zunehmend Schwierigkeiten, die während der Weltwirtschaftskrise zu einer verheerenden Welle von Betriebsstillegungen und Konkursen führten. 1930 kam die Produktion in fast allen Betrieben zum Erliegen. Am Vorabend des Ersten Weltkriegs wurden in der Region um Bielefeld 180 Unternehmen der Wäscheindustrie gezählt. 1932 war die Hälfte von ihnen, zumeist kleinere und mittlere Betriebe, aus dem Markt ausgeschieden. Geht man von der nicht exakt zu ermittelnden Zahl der Ende 1923 in der Wäscheindustrie existierenden Firmen aus, so dürfte die Pleitewelle in der Branche von 1924 bis 1932 noch um einiges umfangreicher gewesen sein.[56]

Bei allen Problemen und Krisen der Textilindustrie während der Weimarer Republik wird leicht vergessen, daß die Branche durchaus mit der Gründung neuer, innovativer und am Markt erfolgreicher Unternehmen aufwarten konnte. Eine der erfolgreichsten Firmengründungen war sicherlich die von Burghardt Vossen. Der Sohn eines Brennereibesitzers aus Gütersloh gründete 1920 zunächst eine Schraubenfabrik, bevor er 1925 eine der ersten Frottierwebereien in Europa errichtete. Frottee war in den zwanziger Jahren noch Luxusware und wurde kaum in größeren Mengen hergestellt. Mit seinem Unternehmen betrat Burghardt Vossen also Neuland. Vielleicht ist es bezeichnend, daß er als branchenfremder „Einsteiger" in die Textilindustrie die Absatzmöglichkeiten des Schlingengewebes besser einschätzen konnte als alteingesessene und während der Weimarer Republik wenig risikofreudige Unternehmer aus der Leinen- oder Baumwollweberei. Aufgrund der regen Nachfrage nach Frottee zu günstigen Preisen mußten die Betriebsanlagen der Weberei in Gütersloh bald erweitert werden. 1930 wurden bei Vossen die modernsten Webautomaten installiert und 1934 eine zweite große Fabrikhalle errichtet. Der anhaltend gute Absatz des neuen Gewebes bildete den Garanten dafür, daß Vossens Unternehmen nicht nur die Weltwirtschaftskrise gut überstehen, sondern bis zum Ausbruch des Zweiten Weltkriegs auch eine rasche Expansion verzeichnen konnte. Die Firma exportierte zu dieser Zeit ihre Waren bereits bis nach Übersee.

Das Verdienst Burghardt Vossens war es, durch eine wagemutige Produktinnovation der Textilindustrie in Krisenzeiten nicht nur neue Marktsegmente erschlossen, sondern auch den Grundstein für den weiteren Aufstieg seines Unternehmens gelegt zu haben, das sich nach dem Zweiten Weltkrieg zur größten Frottierweberei Europas entwickelte.[57]

Walter Seidensticker, Bielefelder Unternehmer und Gründer der gleichnamigen Hemdenfabrik

Auch in der Wäscheindustrie lassen sich erfolgreiche Neugründungen belegen, die sowohl die Turbulenzen von 1925 als auch die Weltwirtschaftskrise relativ gut überstehen und sich am Markt behaupten konnten. Die Palette der Bielefelder Herrenwäschefabriken wurde 1918 um die Deutsche Herrenwäschefabrik Dornbusch & Co. erweitert. Hier handelte es sich um den Zusammenschluß von vier Bielefelder (E. F. Banck, Baumhöfener & Heyse, Oertman & Heyer u. Gebr. Wintzer) und zwei Berliner Firmen zu einer offenen Handelsgesellschaft. Mit modernen Erzeugnissen wie Sporthemden (Hemden mit weichem Kragen) konnte sich das neue Unternehmen wesentliche Marktanteile sichern und zu einem der größten Bielefelder Hemden- und Wäscheproduzenten aufschwingen.

Die Erweiterung der Produktpalette um Nachtwäsche und die Fertigung von Hemden nach neuen Schnitten und aus neuen Materialien bildete neben einem hohen Qualitätsstandard den Garanten für die positive Entwicklung des Unternehmens von Walter Seidensticker. Dieser hatte sich nach dem Ersten Weltkrieg vergeblich um eine Stelle als Konfektionär bei Dornbusch & Co. bemüht. Am 1. 1. 1919 machte sich Seidensticker mit einer kleinen Fabrik in Brackwede selbständig. Aufgrund der guten Qualität seiner Produkte bekam Seidensticker schnell Großaufträge, so daß seine Firma beständig expandieren konnte und Mitte der zwanziger Jahre bereits 300 Mitarbeiter beschäftigte. 1928 wurde die Fließbandarbeit eingeführt, 1935 die Produktion nach Bielefeld verlegt. Als Seidensticker 1963 den Bielefelder Konkurrenten Dornbusch aufkaufte, war das Unternehmen zu einem der größten der Branche gewachsen. Nicht im Bereich der Produktion, sondern des Textilhandels markiert die Gründung der KATAG (Katz Textil AG) durch den Besitzer des Bielefelder Kaufhauses Alsberg, Benno Katz, im Jahre 1929 den Einstieg in neue Dimensionen. Katz schaffte durch den zentralen Ein- und Verkauf von Textilerzeugnissen in ganz Europa den Schritt zum Großhandel und wurde damit zum wichtigsten Lieferanten des Textileinzelhandels in der Region.[58]

Diese positiven Beispiele dürfen nicht darüber hinwegtäuschen, daß die Textilindustrie in der Zeit der Stabilisierung bis 1932 eher eine Krisenbranche war. Die Zahl der Konkurse und Betriebsstillegungen ist dafür ein deutlicher Beweis. Weniger Fehlentscheidungen der Unternehmensleitung als die wirtschaftlichen Rahmenbedingungen waren für diese Entwicklung verantwortlich. Dennoch läßt sich nicht verkennen, daß die Branche ihren Ruf, Führungssektor der Industrialisierung zu sein, im östlichen Westfalen während der Weimarer Republik einbüßte.

1.2 Die metallverarbeitende Industrie und der Maschinenbau

Auch die metallverarbeitende Industrie und der Maschinenbau wurden von der Krise 1924 und 1925 getroffen. Alle Bereiche litten unter Absatzmangel, einer schlechten Ertragslage und stark eingeschränkter Produktion. Hinzu kamen die Folgen eines Streiks, der 1925 die größeren Unternehmen der Branche lahmlegte. Die Gewerkschaften wollten durch diese Kampfmaßnahme den Achtstundentag auch in der heimischen Metallindustrie festschreiben, was ihnen jedoch nicht gelang.[59] Ab 1926 profitierten vor allem die Nähmaschinenindustrie und Haushaltsgerätehersteller mit ihrer umfangreichen Produktpalette vom konjunkturellen Aufschwung, während andere Sparten der metallverarbeitenden Industrie wie die Werkzeugmaschinenindustrie oder die Landmaschinenproduktion auch weiterhin unter einem eher lustlosen Geschäft litten. Als hochgradig innovativ erwies sich in der metallverarbeitenden Industrie das von Carl Miele und Reinhard Zinkann geführte Unternehmen, das nicht nur den hohen Qualitätsstandard seiner Produkte behaupten konnte, sondern die Palette

Miele-Werbeplakat aus den zwanziger Jahren

seiner Erzeugnisse beständig erweiterte. 1924 wurde mit der Fahrradproduktion, 1926 mit der Herstellung von Melkmaschinen und 1927 mit der Fertigung von Staubsaugern begonnen. 1929 baute Miele bereits die erste elektrisch betriebene Geschirrspülmaschine Europas. Ab 1931 begann Miele außerdem mit der Produktion von Motorrädern. Als die Gründer-Söhne Carl Miele jun. (1897–1986) und Kurt Christian Zinkann (1904–1985) im Jahre 1939 nach dem Tode ihrer Väter die Geschäftsleitung übernahmen, konnten sie vermelden, daß die Stellung des Unternehmens als Marktführer für Haushaltsgeräte und landwirtschaftliche Maschinen in einem schwierigen Markt ausgebaut worden war. Der Konkurrent Cordes aus Lette konnte ebenfalls seine Position behaupten, auch wenn das Unternehmen weniger stark expandierte und Produktinnovationen nicht im gleichen Umfang wie bei Miele durchführte.[60]

Zwar belasteten Zollschranken und die ausländische Konkurrenz weiterhin die Ertragslage in der Nähmaschinenindustrie, doch konnten die heimischen Unternehmen dieses Industriezweiges ab 1926 infolge einer steigenden Inlandsnachfrage eine positive Entwicklung verzeichnen. Den großen „Vier“ – Anker-Werke, Baer & Rempel, Dürkopp-Werke und Koch's Adler – gelang es, durch Rationalisierungsmaßnahmen, durch eine Modernisierung und Erweiterung ihrer Betriebsanlagen und die Einführung neuer Produkte ihre Wettbewerbsposition zu behaupten. Dürkopp brachte in den Jahren von 1925 bis 1929 jährlich bis zu 535 000 RM auf, um neue Maschinen anzuschaffen, die Fabrikationsanlagen zu erweitern und neue Produkte zu entwickeln. Während Baer & Rempel sowie Dürkopp vor allem ihre Palette an Haushaltsnähmaschinen ausbauten, spezialisierte sich Koch's Adler auf Industrienähmaschinen. Die Anker-Werke erweiterten dagegen ihre Sparten Büromaschinen und Registrierkassen. Als Neuheit wurde 1927 eine Francotyp-Frankiermaschine vorgestellt, die sofort auf rege Nachfrage stieß. In ihrem Kerngeschäft konnte das Unternehmen mit Industrieschnellnähern große Erfolge erzielen. Eine Musik-Nähmaschine – ein Modell mit eingebauter Spieldose – entwickelte sich zeitweilig zu einem Exportschlager, konnte sich langfristig aber auf dem Markt nicht behaupten. Während die Anker-Werke und die Koch's Adler Nähmaschinenwerke AG ihre Fahrradproduktion stark zurückschraubten bzw. ganz aufgaben, profi-

Ansicht des Miele-Werkes in Gütersloh

tierten die beiden anderen Nähmaschinenproduzenten vom Boom in der Fahrradindustrie während der Inflationszeit. Nach einem Nachfragerückgang während der „Weimarer Konjunktur" konnten Dürkopp sowie Baer & Rempel mit der Fahrradproduktion in der Weltwirtschaftskrise Ertragsminderungen in anderen Unternehmensbereichen ausgleichen. Die Krisenzeit überstanden alle heimischen Nähmaschinenhersteller relativ glimpflich, wenn auch einige Produktsparten wie z.B. der Automobilbau bei Dürkopp aufgegeben werden mußten. Pläne, die Bielefelder Nähmaschinenindustrie in einem neuen Unternehmen – den Vereinigten Bielefelder Nähmaschinenfabriken – zusammenzufassen und durch Synergieeffekte Kosteneinsparungen zu erzielen, brauchten daher nicht in die Tat umgesetzt zu werden.[61]

Die steigende Nachfrage nach Fahrrädern während der Weltwirtschaftskrise war eine der Folgen der rasch anwachsenden Arbeitslosigkeit. Das Gros der Millionen Arbeitslosen konnte sich ein anderes Fortbewegungsmittel nicht mehr leisten. Da außerdem der Preis für Fahrräder aufgrund einer zunehmenden Typenstandardisierung und der Einführung neuer Produktionsmethoden fiel, wichen große Teile der Bevölkerung auf das Fahrrad aus. Nicht alle heimischen Fahrradproduzenten konnten jedoch von dieser Entwicklung profitieren. Die Göricke-Werke gerieten bereits 1929 in Schwierigkeiten und retteten sich nur durch eine einschneidende Unternehmensreorganisation über die Krisenzeit. Dennoch: Im Gegensatz zu anderen Bereichen der metallverarbeitenden Industrie blieb die Fahrradproduktion für die meisten Hersteller während der Weimarer Republik ein lohnendes Geschäft.[62]

Nach der Stabilisierung der Mark und dem Ende des Streiks von 1925 blieb die Lage im Maschinenbau schwierig. Rationalisierungsmaßnahmen wurden nur begrenzt durchgeführt. Entscheidende Produktivitätsfortschritte und die Festigung der Wettbewerbsposition wurden daher nicht erzielt. Nur wenigen Unternehmen wie Gildemeister & Co. gelang es, durch systematische Typenbereinigung, Ausbau der Serienfertigung und Produktinnovationen vorher verlorengegangene Marktanteile zurückzuerobern. Bis 1929 herrschte daher bei Gildemeister Vollbeschäftigung. Erst 1930 wurden aufgrund der Weltwirtschaftskrise Betriebseinschränkungen erforderlich. Der Erfolg von weiterentwickelten oder gänzlich neuen Produkten sicherte dem Unternehmen die Existenz über die Weltwirtschaftskrise hinaus. Nicht alle Firmen der Branche konnten diese Zeit gut überstehen. Während der Krise kam es zu zahlreichen Konkursen oder Zahlungsschwierigkeiten. Eines der prominentesten Opfer war die traditionsreiche Maschinenfabrik K. & Th. Möller in Brackwede. Das Unternehmen wurde aufgeteilt und vom Eisenwerk Baumgarte KG und der Maschinenfabrik B. Maier KG übernommen. Dennoch: Der Standort Ostwestfalen blieb im Maschinenbau auch während und nach der Weltwirtschaftskrise erhalten. Trotz aller Krisen darf nicht vergessen werden, daß in den heimischen Unternehmen der Branche neue Produkte entwickelt wurden, welche die Wettbewerbsfähigkeit selbst in schwieriger Zeit garantierten. Ein Beispiel dafür bietet der Aufstieg des von August Claas geleiteten Landmaschinenunternehmens. 1921 erhielt der Tüftler und Erfinder Claas sein erstes Patent auf einen Knotenapparat, mit dessen Hilfe Strohgarben besser zusammengebunden werden konnten. Der eigentliche Durchbruch für das Unternehmen gelang Claas 1930 mit der Entwicklung des ersten Mähdreschers. In den folgenden Jahren wurde sowohl an der Weiterentwicklung der Maschine als auch des Herstellungsverfahrens so lange gefeilt, bis die Mähdrescher 1937 in Serienfertigung gehen konnten. Zusammen mit der Serienproduktion anderer Landmaschinen wie Strohpressen oder Drillmaschinen hatte Claas das Fundament gelegt, auf dem sein Unternehmen nach dem Zweiten Weltkrieg zum größten Landmaschinenhersteller Europas wurde.[63]

Insgesamt gesehen konnten die metallverarbeitende Industrie und der Maschinenbau ihre wichtige Rolle in der ostwestfälischen Wirtschaft auch während der Weimarer Konjunktur und der Weltwirtschaftskrise verteidigen. Ob sich diese Branche aber zum neuen Führungssektor der heimischen Wirtschaft aufschwingen konnte, wie zum Teil behauptet wird, bleibt ungeklärt. Profunde Studien über den Werdegang der wichtigsten Unternehmen der Branche liegen bisher nicht vor, so daß Aussagen über ihre Ertragslage und die Wettbewerbsfähigkeit nur mit Vorbehalt möglich sind. Feststeht jedoch, daß sich einzelne Sparten dieses Industriezweigs von 1924-32 unterschiedlich entwickelten. Während die Unternehmen der Nähmaschinenindustrie mit ihrer diversifizierten Produktpalette und die Haushaltsgerätehersteller noch am ehesten auf eine befriedigende Ertragslage zurückblicken konnten, hatten viele Betriebe des Maschinenbaus mit großen Schwierigkeiten zu kämpfen. Feststeht auch, daß die Branche, gemessen an der Beschäftigtenzahl, weiterhin zu den wichtigsten Wirtschaftszweigen der Region zählte. Die große Bedeutung der metallverarbeitenden Industrie und des Maschinenbaus für die wirtschaftliche Entwicklung der Region während der Weimarer Republik läßt sich daher nicht in Frage stellen.

1.3 Die Nahrungs- und Genußmittelindustrie

Kaum eine andere Branche der ostwestfälischen Wirtschaft bot während der Weimarer Republik ein so genaues Abbild der konjunkturellen Bewegungen wie die Nahrungs- und Genußmittelindustrie. Konjunkturelle Abschwünge und Wirtschaftskrisen bedeuteten steigende Arbeitslosigkeit, schwindende

Kaufkraft und nachlassenden Verbrauch, während in Aufschwungsphasen die zunehmende Konsumneigung zu einer besseren Ertragslage der Branche führte. Es ist den Unternehmen der ostwestfälischen Nahrungs- und Genußmittelindustrie hoch anzurechnen, daß sie sich trotz der schwierigen Situation behaupten konnten. Allerdings muß hier differenziert werden: Während sich viele der kleineren Brauereien, Brennereien und Likörfabriken nach der Stabilisierung der Mark als nicht mehr wettbewerbsfähig erwiesen,[64] gelang es Firmen aus dem Bereich der Backwaren und -hilfen, eine systematische Expansion einzuleiten. Darüber hinaus konnten sich Firmen in völlig neuen Sparten der Nahrungsmittelindustrie mit neuen Produkten am Markt behaupten. Veränderte Konsumgewohnheiten bildeten für diese Entwicklung die Grundlage.[65]

Die Firma Oetker mußte während des Ersten Weltkriegs einen schweren Verlust hinnehmen: Der einzige Sohn des Firmengründers war 1916 gefallen, so daß die Frage der Nachfolge in der Unternehmensleitung schnell gelöst werden mußte. In dieser Situation übernahm Richard Kaselowsky, der die verwitwete Schwiegertochter August Oetkers geheiratet hatte, die Leitung der Firma. Ihm gelang es, den Betrieb durch die schwierige Inflationszeit zu manövrieren, in der amerikanische Unternehmen wiederholt, aber erfolglos versuchten, Oetker aufzukaufen. Nach der Währungsstabilisierung konnte Oetker systematisch expandieren. In Danzig, Hamburg und im Saarland wurden neue Produktionsstätten erbaut, die Auslandsbeziehungen intensiviert und in 26 Städten Vertriebslager für Oetker-Produkte eingerichtet. Sowohl der inländische als auch der ausländische Markt wurden systematisch von Vertriebsorganisationen und Außendienstmitarbeitern betreut. Rasch stieg daher der Export der Oetker-Produkte in zahlreiche europäische Länder – ja selbst in die USA und nach Lateinamerika. Der steigende Absatz erforderte nicht nur eine Erweiterung der Betriebsstätten in Bielefeld, sondern auch den Bau einer eigenen Firma für Verpackungsmaterial. Der „helle Kopf" war für die Hausfrauen nicht nur endgültig ein Markenzeichen geworden, sondern strahlte auch während der Weltwirtschaftskrise mit ungebrochener Kraft.[66]

Eine solche Aufwärtsentwicklung konnte Stratmann & Meyer nicht vorweisen. Versuche, ebenfalls in das aufblühende Back- und Puddingpulvergeschäft einzusteigen, mußten aufgrund des „ruinösen Preiswettbewerbs" mit dem Marktführer Oetker aufgegeben werden. Dank Rationalisierung der Produktion und einer Konzentration auf das Stammgeschäft der Backwarenherstellung („Bielefelder Hausgebäck") konnte das Unternehmen die Weltwirtschaftskrise jedoch gut überstehen.[67] Auf eine erfolgreiche Entwicklung seiner Bäckerei während der Weimarer Republik konnte auch die Firma Mestemacher zurückblicken, deren spezielles Schwarzbrot, der „Pumpernickel", sich wachsender Beliebtheit bei den Verbrauchern erfreute.

Veränderte Kosumgewohnheiten und das Bestreben der Hausfrauen, die Hausarbeit zu vereinfachen, begründeten den Erfolg von Unternehmen, die in der Nahrungs- und Genußmittelindustrie völlig neue Sparten abdeckten. Ein Beispiel dafür ist die Firma Melitta. Bereits 1908 hatte sich Melitta Bentz in Dresden ihre Erfindung des Kaffeefilters zum Patent anmelden lassen und dort einen Betrieb gegründet. 1929 siedelte die Firma nach Minden um. Hier begann auch ihr Aufstieg zu einem der führenden Konzerne der Nahrungs- und Genußmittelindustrie und der Haushaltshilfen in Deutschland. Auch auf Molkereien wie zum Beispiel die Molkerei Strothmann in Gütersloh, die bereits in den 1920ern die Milchveredlung forcierten und neue Milchprodukte wie Joghurts auf den Markt brachten, muß in diesem Zusammenhang hingewiesen werden.[68]

Verfolgt man die Entwicklung der Nahrungs- und Genußmittelindustrie im östlichen Westfalen nach der Währungsstabilisierung, so läßt sich bei aller Beeinflussung durch die Konjunkturbewegungen für viele Unternehmen konstatieren, daß sie den Krisenfolgen trotzen und ihre Wettbewerbsposition behaupten konnten. Verantwortlich hierfür waren nicht zuletzt die Durchführung von Rationalisierungsmaßnahmen, die zielgerichtete Anwendung von Werbungs- und Verkaufsstrategien und der Markterfolg neuer, qualitativ hochwertiger Produkte.

1.4 Die Zigarren- und Tabakindustrie

Die Tabakindustrie blieb dagegen während der Zeit von der Stabilisierung der Mark bis zum Ende der Weimarer Republik ein „Sorgenkind" der ostwestfälischen Wirtschaft. Im Ersten Weltkrieg hatte die Branche noch eine Hochkonjunktur durchlaufen, die erst 1918 durch den starken Preisanstieg für Rohtabak zu Ende ging. Während der Inflation wurden noch viele Strukturprobleme der ostwestfälischen Zigarrenindustrie überdeckt, ja selbst die Einführung der Banderolensteuer – eine Fabrikatssteuer, die durch den Verkauf von Steuerzeichen (Banderolen) erhoben wurde – ließ sich durch die inflationären Verzerrungen im Preisgefüge zunächst noch kompensieren. Erstaunlicherweise konnte die Branche auch direkt nach der Einführung der Rentenmark bis zum Sommer 1924 noch eine gute Ertragslage und volle Auftragsbücher vorweisen. Danach setzte ein Ertragseinbruch ein, der nur ein Jahr später kurzfristig von einer steigenden Nachfrage im Weihnachtsgeschäft unterbrochen wurde. Neben der allgemeinen konjunkturellen Abschwächung 1924 und 1925 und der dadurch bedingten nachlassenden Inlandsnachfrage wurden folgende Gründe für die schlechte Ertrags-

Die Firma Steinmeister & Wellensiek um 1920

Teil des Kreises Herford hatte 1926 die meisten Arbeitslosen in ganz Preußen. Im Bezirk der Bielefelder Kammer lagen die Verhältnisse ähnlich.[69]

Was dies für den Bezirk der Mindener Kammer bedeutete, läßt sich leicht ermessen. Mitte der zwanziger Jahre entfiel auf die drei Kreise des Kammerbezirkes 1/9 der gesamten deutschen Zigarrenproduktion. In der ländlichen und gegenüber den anderen industriellen Zentren im östlichen Westfalen immer mehr zurückfallenden und strukturschwachen Region des Mindener Kammerbezirkes bildete die Zigarrenherstellung weiterhin die wichtigste Erwerbsquelle. Dabei verstärkte sich die Tendenz zu größeren Betriebseinheiten. Nach Angaben der Mindener Kammer beschäftigte 1/6 aller Betriebe mit mehr als 100 Arbeitern 1925 3/4 der gesamten Arbeiterschaft, während der Rest bei Klein- und Mittelbetrieben in Lohn und Brot stand. Entließen die größeren Betriebe die Hälfte ihrer Belegschaft, bedeutete dies für den gesamten Kammerbezirk rapide steigende Arbeitslosigkeit und soziale Not großer Bevölkerungsteile.[70]

lage der Zigarrenindustrie genannt: die Erhöhung des Tabakzolls von 30 auf 80 RM, der eingeschränkte Export ins Ausland infolge drastisch gestiegener Einfuhrzölle, die von vielen Staaten auf deutsche Tabakwaren erhoben wurden, die extreme Verteuerung des Rohtabaks, die steigende Steuerbelastung sowie nach Meinung der Zigarrenhersteller unangemessene Lohnforderungen der Arbeiter, die zum Beispiel im Frühjahr 1925 eine zehnprozentige Lohnerhöhung forderten. Wenn sich diese Forderung auch trotz eines dreitägigen Streiks nicht realisieren ließ, blieb die im Rahmen des Schlichtungsverfahrens festgesetzte Lohnerhöhung von 7,5 % eine erhebliche Belastung für die ohnehin schlechte Ertragslage der meisten Unternehmen. Als Folge all dieser Probleme sahen sich viele Betriebe 1925 gezwungen, Arbeiter zu entlassen oder ihre Produktion ganz einzustellen. Im Bezirk der Industrie- und Handelskammer Minden arbeiteten die meisten Betriebe im Jahr 1925 nur mit 50 % der sonst beschäftigten Arbeiter. Der nördliche

Der Wirtschaftsaufschwung 1926 und 1927 brachte auch für die Zigarrenherstellung eine kurzfristige Besserung, wofür vor allem die steigende Inlandsnachfrage verantwortlich war. Die vorübergehende Erholung wurde jedoch sogleich durch erneute massive Lohnforderungen der Zigarrenarbeiter belastet. Infolge eines Arbeitskampfes im April 1927 wurden alle Beschäftigten ausgesperrt. Im November des gleichen Jahres wiederholte sich dieses Verfahren. Die Zigarrenarbeiter konnten den Unternehmern eine Erhöhung ihrer Löhne um 7,5 % bzw. 12 % sowie eine Verlängerung des Urlaubes von 4 auf 6 Tage abtrotzen, was von den Produzenten natürlich als weitere Belastung der Branche für die Zukunft und Schwächung der Konkurrenzfähigkeit angesehen wurde.[71]

Ob hierin der entscheidende Grund für die „fatale Lage der Zigarrenindustrie" – so die Mindener Kammer in ihrem Bericht für das 1. Vierteljahr 1930 – zu suchen ist, bleibt fraglich. Feststeht jedoch, daß sich ab Herbst 1928 die Situation der Branche wieder erheblich verschlechterte. Die ungünstige Gesamtkonjunktur mit einer steigenden Arbeitslosigkeit und sinkender Nachfrage nach Tabakerzeugnissen wurde als Ursache dafür ebenso genannt wie die weiterhin existierenden Exportprobleme und die Verteuerung der Rohtabake. Die Lage verschlechterte sich dramatisch, als zum 1. 1. 1931 im Rahmen einer Notverordnung der Eingangszoll und die Steuern auf Tabak nochmals erhöht wurden. Der Eingangszoll für Rohtabak kletterte von 80 RM auf 180 RM pro Doppelzentner. Die Unternehmer aus der heimischen Zigarrenindustrie sowie die Mindener Kammer protestierten zwar energisch gegen diese Maßnahmen, jedoch ohne Erfolg. Die Krise spitzte sich derart zu, daß „die Tätigkeit in der Zigarrenindustrie fast vollkommen brach lag“, wie die Mindener Kammer in ihrem Bericht über die Branche für das 1. Vierteljahr 1931 konstatierte. Fast alle Betriebe mußten geschlossen und die Belegschaft entlassen werden. Für den Bezirk der Mindener Kammer bedeutete dies natürlich einen harten Schlag. Erst Mitte des Jahres 1931 machte sich eine leichte Geschäftsbelebung bemerkbar, so daß ein geringer Teil der zuvor freigesetzten Arbeiter wieder eingestellt wurde. Diese Tendenz setzte sich 1932 zeitweilig fort, ohne daß die Branche wirklich gesunden konnte, was angesichts der Weltwirtschaftskrise und der gesunkenen Inlandsnachfrage auch nicht zu erwarten war.[72]

Trotz der Steuer- und Zollerhöhung zum 1. 1. 1931 waren staatliche Maßnahmen wie diese nicht das eigentliche Problem der Branche. Vielmehr litt sie zum einen – wie viele andere Wirtschaftszweige im östlichen Westfalen – unter den Wirtschaftskrisen, zum anderen unter brancheninternen Schwierigkeiten wie Arbeitskämpfen und zum Teil überzogenen Lohnforderungen. Hinzu kam die wachsende Konkurrenz ausländischer Unternehmen und neuer Produkte, vor allem der Zigarette. Veränderte Konsumgewohnheiten sowie neue Herausforderungen an die Produktion und das Marketing stellten viele Betriebe ebenfalls vor erhebliche Probleme. Als 1931 durch die Notverordnung die Zigarettenpreise um bis zu 40 % angehoben wurden, stiegen viele Verbraucher auf Zigarillos um, die in diesem Jahr eine Hochkonjunktur erlebten. Für die Produzenten hieß das, schnell auf verändertes Nachfrageverhalten und Kundenwünsche reagieren zu müssen. Eine Möglichkeit, dieser Herausforderung zu begegnen, schien eine zunehmende Mechanisierung zu sein. Die großen Firmen in der Region wie Blase in Lübbecke oder Kessing & Thiele in Bünde gingen daher schnell dazu über, Wickelmaschinen und Vollautomaten für die Zigarilloherstellung zu installieren. Dieser Trend forcierte jedoch nur noch den Konkurrenzkampf unter den Produzenten. Um die Maschinen rentabel arbeiten zu lassen, mußten sie rund um die Uhr laufen, wodurch der Ausstoß an Tabakprodukten nur weiter stieg. Erhebliche Überkapazitäten waren daher Anfang der 1930er ein markantes Kennzeichen der Branche auch im östlichen Westfalen.

1.5 Andere Industriezweige

Auch andere Branchen wurden von der Krise nach der Stabilisierung der Mark schwer getroffen. Betriebsschließungen und Arbeiterentlassungen waren auch in der Zement-, Kalk- und Bauindustrie in den Jahren 1924 und 1925 an der Tagesordnung.[73] Das Anziehen der Baukonjunktur ab 1926, nicht zuletzt als Folge von größeren Bauaufträgen der öffentlichen Hand, verschaffte den Unternehmen nicht nur dieser Industriezweige, sondern auch der im Kreis Minden ansässigen Tonwaren- und Klinkerindustrie wieder eine bessere Ertragslage. Mit dem Ausbruch der Weltwirtschaftskrise wurde diese Entwicklung jedoch jäh gestoppt.[74] Das gleiche Bild bot sich auch in der Möbelindustrie. Nach einem Aufschwung ab Mitte 1926 hatte die Branche seit 1929 wieder mit erheblichen Absatzschwierigkeiten zu kämpfen.

Eine Branche, die auch während der Weimarer Republik trotz aller wirtschaftlichen Schwierigkeiten eine positive Entwicklung verzeichnen konnte, war die chemische und pharmazeutische Industrie. Auf der Basis intensiver Forschung in eigenen Labors gelang es den Firmen dieses Industriezweigs auch im östlichen Westfalen, neue Produkte zu entwickeln und sich ihre Wettbewerbsposition zu sichern. Die chemische Industrie hatte endgültig den Geruch des „Herumexperimentierens“ verloren und konnte durch spezifische Forschungs- und Produktionsverfahren die Palette der Erzeugnisse erheblich erweitern. Dabei konzentrierten sich viele Unternehmen auf bestimmte Bereiche: Die August Wolff KG spezialisierte sich zum Beispiel auf die dermatologische Forschung und die Herstellung von kosmetischen Produkten, wie Haarwassern oder Mittel gegen Ekzeme und Schuppenflechte. Die 1919 in Brackwede gegründeten ASTA-Werke konzentrierten sich dagegen auf die Schmerzmittelforschung und konnten mit ihrem Präparat „Quadronal“ einen bemerkenswerten Markterfolg erzielen. Komplettiert wurde die Reihe der heimischen Chemie- und Pharmaunternehmen durch Betriebe, die den Handel mit Chemikalien forcierten wie zum Beispiel das Unternehmen Stockmeier & Möller oder die von Sidney Goldmann in Bielefeld betriebene Chemikalienhandlung. Alle diese Firmen trugen wesentlich dazu bei, daß Ostwestfalen auch nach dem Ersten Weltkrieg ein wichtiger Standort für die chemische und pharmazeutische Industrie blieb.[75]

Blicken wir kurz auf die Entwicklung im Verlagswesen und graphischen Gewerbe. Hier läßt sich während der gesamten Weimarer Republik eine gewisse Konsolidierungsphase beobachten. Der Aufschwung, den diese Branche im östlichen Westfalen im Kaiserreich erlebte, war ins Stocken geraten. Der Bertelsmann-Verlag in Gütersloh konzentrierte sich weiterhin auf die Sparten Missions- und Erbauungsliteratur. Gegen Ende der 1920er wurde jedoch auch Unterhaltungsliteratur in das Verlagsprogramm aufgenommen, wodurch die Aktivitäten des Verlagshauses erweitert wurden. Bei Velhagen & Klasing sowie Gundlach sah man ebenfalls von größeren Expansionsschritten ab. Gleiches gilt auch für die meisten Betriebe des graphischen Gewerbes, die teilweise unter den hohen Rohstoffpreisen und unter mangelnden Absatzmöglichkeiten litten. Dennoch war das Bestehen dieser Branche auch während der Weimarer Republik ein Beweis für die Vielseitigkeit der ostwestfälischen Wirtschaft.[76]

1.6 Die Kreditwirtschaft

Die Hoffnung auf Gewinne im inflationär aufgeblähten Emissionsgeschäft veranlaßte nicht nur einige Kreditinstitute wie zum Beispiel die Darmstädter- und Nationalbank, in Ostwestfalen Filialen zu errichten, sondern führte auch zur Gründung kleinerer Bankhäuser, die nach dem Währungsverfall jedoch schnell wieder verschwanden.[77] Nach dem Ende der Inflation machten die meisten Banken die traurige Erkenntnis, daß ein großer Teil ihrer Substanz zerstört worden war, während sich viele, zu ihrer Kundschaft zählende Firmen durch die günstigen Finanzierungsverhältnisse entschulden konnten.

Die Einführung der Reichsmark bedeutete für die Kreditwirtschaft eine Zeit der Konsolidierung und Zurückgewinnung verläßlicher Orientierungsdaten für das Kredit- und Effektengeschäft. Für das deutsche und damit auch das ostwestfälische Bankwesen markierte dies auch den Beginn einer erneuten Konzentrationsbewegung, da viele kleinere Institute nach der Stabilisierung der Mark aufgrund gestiegener Kosten und geringerer Verdienstmöglichkeiten nicht mehr konkurrenzfähig waren. Das renommierte Bielefelder Privatbankhaus Paderstein suchte daher die Anlehnung an die Deutsche Bank, die das ehemals führende lokale Kreditinstitut 1925 übernahm. Mit der Fusion der Deutschen Bank und der Discontogesellschaft im Oktober 1929 wurden auch deren beide Bielefelder Filialen zusammengelegt. Die Deutsche Bank war durch diesen Schritt im privaten Bankwesen auch im östlichen Westfalen zum Marktführer aufgestiegen.[78]

Durch die Bankenkrise von 1931, die wie in ganz Deutschland bei allen Kreditinstituten der Region einen Run auf die Einlagen auslöste, reduzierte sich die Zahl der Banken. Aufgrund einer Verordnung der Reichsregierung mußte die Dresdner Bank mit der Darmstädter- und Nationalbank fusionieren, während der Barmer Bankverein von der Commerz- und Privatbank übernommen wurde. Die Filialen der „Danatbank“ und des Barmer Bankvereins verschwanden damit vom Bielefelder Platz.[79] Die Konturen des privaten Kreditgewerbes, so wie sie bis in die jüngste Vergangenheit hinein existierten, begannen sich damit abzuzeichnen: Alle drei Großbanken waren in Bielefeld mit Filialen vertreten, während alteingesessene Privatbankhäuser oder lokale Aktienbanken nicht mehr weiterbestanden.

Die Sparkassen konnten ihre Aufwärtsentwicklung unter den Bedingungen der Inflation nur so lange fortsetzen, bis das Ende des Währungsverfalls auch bei ihnen die tatsächliche Verminderung der Aktiva und Passiva offenbarte. Erst nach der Einführung der Reichsmark 1924 konnten die durch Krieg und Währungsverfall erlittenen Verluste wieder wettgemacht werden. Bis zum Ausbruch der Weltwirtschaftskrise 1929 verlief die Geschäftsentwicklung beim Großteil der Institute positiv, was sich in einer wachsenden Zahl von Sparkonten und Einlagen niederschlug.[80] Die Bankenkrise im Jahre 1931 verursachte bei den Sparkassen zwar ebenfalls einen „Run“ auf die Einlagen, doch konnten die meisten Institute diese Krise meistern. Zur Überwindung der Schwierigkeiten trug wesentlich auch die Sparkassenverordnung von 1932 bei, die den Sparkassen nach Einführung einer Mustersatzung eine eigene Rechtsfähigkeit und die Eigenschaft von Körperschaften des öffentlichen Rechts zusprach. Das Sparkassenvermögen ging damit auf die nunmehr rechtsfähigen Institute über, wobei die Gewährträger weiterhin für die Verbindlichkeiten hafteten.[81]

Die Genossenschaftsbanken durchliefen in der Zwischenkriegszeit ähnliche Entwicklungsschritte wie die Sparkassen. Nach einem Ertragseinbruch nach dem Ende der Inflation stabilisierte sich die Geschäftsentwicklung dieser Institute in den folgenden Jahren recht schnell. Eine Reihe dieser Geldinstitute konnte die Bankenkrise von 1931 ebenfalls überwinden, so daß diese auch weiterhin ein unverzichtbarer Bestandteil der ostwestfälischen Kreditwirtschaft blieben und zur Kreditversorgung vor allem der mittelständischen Wirtschaft und des Handwerks einen wichtigen Beitrag leisteten.[82]

2. Neue Herausforderungen, alte Probleme: Die Rolle und Entwicklung der Handelskammer in der ostwestfälischen Wirtschaft nach der Inflation bis 1933

Das Ende der Nachkriegsinflation, die Bilanzierung der Verluste des Währungsverfalls sowie die unübersehbaren Schwächen der deutschen Wirtschaft bedeuteten für die Handelskammern nicht nur einen Neuanfang, sondern auch gestiegene Herausforderungen an ihre Tätigkeit. Die beiden ostwestfälischen Korporationen waren sich 1924 darüber im klaren, welch schwerer Weg sowohl für die heimische ostwestfälische Wirtschaft als auch für sie selber zu beschreiten war. Nüchtern beurteilte daher die Industrie- und Handelskammer zu Bielefeld 1924 die Wirtschaftslage: „Unter solchen Umständen ist der Ausblick in die Zukunft nicht rosig. Der Silberstreifen am Horizont ist immer noch überaus dünn." Dennoch appellierten beide Kammern nicht nur an den Selbstbehauptungswillen, die Einsatzbereitschaft und den Fleiß der heimischen Wirtschaft, um die Malaise zu überwinden, sondern gelobten rastlosen Einsatz und nimmermüdes Engagement für die ostwestfälische Industrie, um damit verlorenes Terrain auf den internationalen Märkten zurückzugewinnen: „... Umso mehr wird die Industrie- und Handelskammer ihre Aufgabe darin erblicken, in klarer Erkenntnis der großen Ziele rastlos und unverdrossen wie bisher ihre Kraft dafür einzusetzen, daß der heimischen Wirtschaft und damit dem deutschen Volk und Vaterland der einstweilen noch mit Hindernissen übersäte Weg frei gemacht wird zu einer besseren Zukunft..."[83] Inwieweit es den beiden Kammern gelang, dieser Verpflichtung nachzukommen und ihr selbstgestecktes Ziel zu verwirklichen, soll wiederum anhand der Analyse ihrer wichtigsten Tätigkeitsbereiche überprüft werden. Es überrascht nicht, daß die Kammern auch während der Weimarer Republik vornehmlich in den gleichen Problemfeldern wie während des Kaiserreiches aktiv werden mußten, wenn auch häufig unter anderen Vorzeichen. Allein der Bereich der Sozialpolitik besaß für die Kammertätigkeit nicht mehr den gleichen Stellenwert wie vor dem Ersten Weltkrieg. Arbeitszeitregelungen, Kranken- und Unfallversicherung oder betriebliche Sozialleistungen waren nunmehr Bereiche, die vor allem in den neu geschaffenen Wirtschaftsräten oder zwischen den Interessengemeinschaften der Arbeitgeber und Arbeitnehmer verhandelt wurden. Die anderen Gebiete verschafften den Kammern angesichts der immensen Problemfülle umfangreiche Aufgaben, aber auch Herausforderungen und Schwierigkeiten, die gelöst werden mußten, wollte die ostwestfälische Wirtschaft ihre Stellung im nationalen und internationalen Wettbewerb nicht einbüßen.[84]

2.1 Außenwirtschaftspolitik

Von den Tätigkeitsfeldern der beiden ostwestfälischen Kammern wurde wohl kein Bereich derart von der „großen internationalen Politik" geprägt wie die Außenwirtschaftspolitik. Angesichts internationaler Vereinbarungen über die Reparationsfrage, eines gravierenden Ungleichgewichtes in den Warenströmen, protektionistischer Maßnahmen, aber auch wachsender Verflechtung der Kapitalmärkte überrascht ein solcher Befund nicht. Die Verständigung in der Reparationsfrage in Form des Dawes-Plans wurde von den Kammern begrüßt, legte sie ihrer Ansicht nach doch die Grundlage sowohl für einen sinnvollen Umgang mit den Alliierten als auch für die Wiederaufnahme von konstruktiven Handelsbeziehungen Deutschlands mit anderen Staaten. Die Revision des Dawes-Plans zu gegebener Zeit hielten sie gleichwohl für erforderlich. Darüber hinaus verkannten die Kammern nicht, daß durch den Dawes-Plan der deutschen Wirtschaft immense Lasten auferlegt worden waren. Diese wurden zwar als schwere Bürde für die Zukunft gewertet, doch vertraten die Kammern die Meinung, sie in der Hoffnung auf eine bessere Zukunft lieber tragen zu wollen, als einen Verlust nationaler Souveränität oder die Zerstückelung des Deutschen Reiches hinnehmen zu müssen. Allen Separationsbestrebungen in der Rheinprovinz wurde erneut eine entschiedene Absage erteilt und die andauernde Besetzung des Rheinlandes kritisiert.[85] Die nationale Souveränität und die Einheit Deutschlands wurden als derart wichtige „Güter" eingestuft, daß sich die Bielefelder Kammer 1924 dazu folgendermaßen äußerte: „Lieber schwer arbeiten im deutschen Vaterlande, damit unsere Kinder und Kindeskinder wieder als freie Menschen in einem freien Vaterland leben können, als mißhandelter und mißachteter Kulturdünger für fremde Nationen zu sein!"[86]

Vor diesem Hintergrund und angesichts der trüben Aussichten für die Wirtschaft in den Jahren 1924 und 1925 traten die Kammern für moderate Schutzzölle ein, um der deutschen Wirtschaft den Weg auf die internationalen Märkte zu erleichtern. Damit rückte die Bielefelder Kammer eindeutig von ihrem freihändlerischen Credo aus dem Kaiserreich ab, was von ihr angesichts der völlig veränderten Wirtschaftslage in Deutschland als unumgänglich bezeichnet wurde: „Die Industrie- und Handelskammer hat sich einmütig auf den Standpunkt gestellt, daß die deutsche Wirtschaft eines mäßigen und ausreichenden Zollschutzes bedarf... Die Politik der offenen Tür kann sich nur ein Land leisten, dem die Welt für seine Waren gleichfalls offensteht, und dessen Wirtschaft jeder freien Konkurrenz gewachsen ist..."[87]

Die Hinwendung zu einer moderaten Schutzzollpolitik bedeutete jedoch nicht, daß die Kammern ihre Idealvorstellung einer arbeitsteiligen, miteinander verflochtenen Weltwirtschaft und ihre Hoffnung auf möglichst weitgespannte und konstruktive Handelsbeziehungen gänzlich aufgegeben hätten. Im Gegenteil: Unter der Parole „Hinein in die Weltwirtschaft" versuchten 1924 sowohl der Deutsche Handelstag als auch die Industrie- und Handelskammern den Mythos der positiven Wirkungen internationaler Handelsströme auf dem Weltmarkt aufrechtzuerhalten. Als einen wichtigen Schritt hin zu einer funktionierenden Weltwirtschaft nach den Turbulenzen der frühen 1920er betrachteten die Kammern die Konferenz von Locarno im Jahre 1925 und die dort abgeschlossenen Verträge zur Friedenssicherung und friedlichen Koexistenz in Europa, die zwischen Deutschland, Großbritannien, Frankreich, Belgien, Italien, Polen und der

Tschechoslowakei abgeschlossen wurden. Gleichwohl sahen die Kammern in dem deutschen Verzicht, erneut territoriale Fragen zum Streitpunkt unter den europäischen Völkern zu machen, eine Vorleistung, der Zugeständnisse anderer Länder an die deutsche Wirtschaft beim Abschluß von Handelsverträgen zu folgen hätten.[88] Würde dies geschehen, so bestand nach Ansicht der Kammern sogar die begründete Hoffnung auf eine starke Annäherung der europäischen Volkswirtschaften mit dem Endziel eines europäischen Staatenbundes. Vor allem die Bielefelder Kammer trat sehr für diesen Gedanken ein, bedeutete er nach ihrer Meinung doch die einzige Möglichkeit, die „wirtschaftspolitische Vereinsamung Europas" zu beenden und den Konkurrenzkampf mit anderen aufstrebenden Handelsmächten wie den USA erfolgreich zu bestehen. Ein gemeinsames Europa war also bereits in den 1920ern eine der außenwirtschaftlichen Visionen der Bielefelder Industrie- und Handelskammer.[89]

Angesichts dieser Hoffnungen überrascht es nicht, daß sich die Kammern nicht nur an der Vorbereitung neuer Handelsverträge beteiligten, indem sie den Behörden umfangreiches Material über die Lage der heimischen Industrie zur Verfügung stellten, sondern jedes neue Vertragswerk freudig begrüßten, sofern darin die deutschen Interessen und damit auch die der ostwestfälischen Wirtschaft berücksichtigt wurden. Da seit Mitte 1925 eine Reihe von Handelsverträgen mit europäischen und außereuropäischen Ländern abgeschlossen wurde, schien sich eine wieder funktionstüchtige Weltwirtschaft zunächst auch zu verwirklichen.[90]

Die „Weimarer Konjunktur" und das vermeintliche Wiedererstarken Deutschlands im Konzert der wichtigsten Industrienationen führten wohl dazu, daß die Kammern die Revision des Dawes-Vertrages und die Verhandlungen über den Abschluß des Young-Plans 1929 begrüßten. Wie andere Entscheidungsträger in der deutschen Politik und Wirtschaft sahen auch sie nicht die Gefahren, die durch den Wegfall von Regelungen im Dawes-Plan – Abschaffung des Transferschutzes, Wegfall der internationalen Kontrollen – für die deutsche Wirtschaft entstehen konnten. Statt dessen erhofften sie sich durch die vertragliche Fixierung der Reparationssumme und die Festsetzung der Annuitätenzahlung die endgültige Wiederherstellung der außenwirtschaftlichen Handlungsautonomie Deutschlands und dadurch die Voraussetzung für steuerliche Entlastungen der deutschen Wirtschaft. Der 1930 amtierende Präsident der Bielefelder Industrie- und Handelskammer, Wilhelm Bitter, machte dies deutlich: „Wir haben als im Kriege unterlegenes Volk die schweren Folgen unseres Zusammenbruchs zu tragen und müssen im übrigen jeden Schritt begrüßen, der uns aus der Atmosphäre einer einseitigen diktatorischen Gewaltpolitik der Siegermächte dem Zustand eines vertraglich gesicherten und dem Geist der Zwangspolitik entrückten Frieden näherbringt... Wenn die Verhandlungen im Haag ihren Abschluß gefunden haben, so ist unabweisbar der Augenblick gekommen, in dem endlich die Versprechungen wegen der steuerlichen Entlastung der deutschen Wirtschaft erfüllt werden müssen . . ."[91]

Umso schmerzlicher war auch für die beiden ostwestfälischen Kammern die Erkenntnis, daß nach Ausbruch der Weltwirtschaftskrise alle Hoffnungen auf konstruktive und Nutzen bringende Handelsbeziehungen ebenso zerstoben wie auf eine Wiederherstellung der alten Position Deutschlands im Welthandel. An ihrer Wunschvorstellung eines möglichst ungestörten Welthandels als Mittel zur Behebung der wirtschaftlichen Schwierigkeiten hielt vor allem die Bielefeler Kammer dennoch fest. Gleichzeitig unternahm sie einen Feldzug gegen den Protektionismus und hatte Pläne für eine europäische Großraumwirtschaft. Damit übernahm sie eine vollkommen andere Position als sie von verschiedenen Parteien und Interessengruppen während der Weltwirtschaftskrise artikuliert wurde. Angesichts der sich dramatisch verschlechternden Wirtschaftslage forderten viele Institutionen und Parteien Schutzzölle und protektionistische Maßnahmen zur Abschottung Deutschlands vor ausländischen Waren, um eine bessere Beschäftigung der deutschen Wirtschaft zu erreichen. Gerade dies hielt die Bielefelder Kammer für den falschen Weg, wie sie Ende 1930 nochmals betonte: „Die deutsche Handelspolitik muß weiter von der Erkenntnis getragen sein, daß die deutsche Volkswirtschaft nicht ohne eine starke Ausfuhr und demgemäß ohne einen starken Außenhandel bestehen kann. Eine Politik, die irgendwie auf die Abschließung der deutschen Wirtschaft von der Weltwirtschaft abzielt, erfordert deshalb entschlossene Abwehr . . ."[92]

Eine entschiedene Absage erteilte die Bielefelder Kammer dementsprechend jeglichen Autarkiebestrebungen, die von bestimmten Interessengruppen der deutschen Politik, vor allem der Landwirtschaft, propagiert wurden. Autarkie sei für Deutschland eher selbstmörderisch, als daß sie in irgendeiner Form Nutzen bringe, erklärte die Bielefelder Kammer im Mai 1932: „Autarkie heißt: Verengung des Lebensraums und Erhöhung der Kosten ... Das Schlagwort: Durch Autarkie zur Weltwirtschaft heißt in gutes Deutsch übersetzt: durch Selbstmord zum Leben . . ."[93]

Das in schwieriger Zeit mutige Eintreten vor allem der Bielefelder Kammer für die Prinzipien einer möglichst unreglementierten Außenwirtschaft und eines möglichst umfassenden Welthandels erwies sich letztendlich als nutzlos. Angesichts der wirtschaftlichen Krise und der politischen Instabilität war in der deutschen Politik Weltoffenheit und internationale Verständigung nur noch wenig gefragt. Unter dem Motto „Rette sich, wer kann“ wurde dem Schutz der „nationalen Arbeit“ ein immer größerer Stellenwert eingeräumt – eine bittere Erkenntnis für alle Verfechter von konstruktiven Handelsbeziehungen.

2.2 Gewerbe- und Steuerpolitik

Auf keinem anderen Tätigkeitsfeld blieben die beiden ostwestfälischen Kammern ihrer – seit dem Kaiserreich immer wieder geäußerten – Grundüberzeugung vom Ideal einer liberalen Wettbewerbswirtschaft so treu wie im Bereich der Gewerbe- und Steuerpolitik. Als der „Schleier der Inflation“ zerrissen war, sahen die beiden Korporationen auch wieder die Stunde gekommen, um permanent an alte Tugenden des Wirtschaftens zu erinnern: Sparsamkeit, Fleiß, Einsatz und Hingabe an die gestellte Aufgabe. Nur durch die Beherzigung dieser Eigenschaften war es nach Ansicht der Kammern möglich, Deutschland wieder den Weg zurück in die Weltwirtschaft zu bahnen. In ihrem Geschäftsbericht von 1925 schrieb die Bielefelder Kammer: „... Industrie und Handel haben ihr Blut, ihr Kapital verloren und können es unter dem Druck der ungeheuren Lasten, wozu auch die hohen Zinssätze zu rechnen sind, nur durch größte Sparsamkeit und Fleiß wieder erwerben ...“[94] Als probates Mittel für die Gesundung der deutschen Wirtschaft plädierten die Kammern daher für eine Senkung der Produktionskosten (vor allem eine Reduzierung der Lohnkosten), für eine drastische Steuersenkung (Abschaffung der Börsenumsatzsteuer und der Luxussteuer, Ermäßigung der Gewerbesteuer), für eine Flexibilisierung der Arbeitszeit je nach Bedarf der Unternehmen sowie für eine Exportoffensive auf den internationalen Märkten. Durch Exportüberschüsse sollte die passive Handelsbilanz verringert und die Abhängigkeit von ausländischem Kapital beseitigt werden – Argumente, die auch in der gegenwärtigen Debatte über den Wirtschaftsstandort Deutschland oft zu hören sind. Der Achtstundentag und fixierte Arbeitszeiten wurden ebenso abgelehnt wie ein Ausbau der bestehenden Kranken- und Arbeitslosenversicherung.[95]

Aus der Sicht der Kammer behinderten vor allem zwei Faktoren die Wiederherstellung der deutschen Wirtschaftskraft: die „verschwenderische“ Haushaltspolitik der öffentlichen Hand und die zu starke Belastung der Wirtschaft durch überhöhte Sozialabgaben und Löhne als Folge einer „verantwortungslosen“ Lohnpolitik der Gewerkschaften. Immer wieder wurden diese beiden Faktoren von den Kammern scharf kritisiert und als großes Übel für die deutsche Industrie gebrandmarkt: „Es kann also nicht dringend genug immer wieder die Forderung erhoben werden, daß in Reich, Ländern und Gemeinden endlich mit der allergrößten Entschiedenheit an einem radikalen Abbau aller nicht unbedingt notwendigen Ausgaben und damit auch der Steuerlasten herangegangen wird ...“[96] Der Ausbau des öffentlichen Sektors in der deutschen Wirtschaft und die daraus resultierenden hohen Soziallasten wurden von den Kammern zudem als gewollte, wachsende Unterminierung der liberalen Wettbewerbsordnung und damit auch des Fundaments einer funktionstüchtigen, international konkurrenzfähigen Wirtschaft, ja sogar der Verfügungsgewalt über das Privateigentum betrachtet. Durch diese Entwicklung sahen sie die tragenden Säulen von Wirtschaft und Staat bedroht: „Es ergibt sich aus dem Wesen der Revolution, ist aber volkswirtschaftlich betrachtet grober Unfug, daß Deutschland nach dem verlorenen Krieg nun erst recht auf dem Gebiete der sozialen Fürsorge führend sein will ... Die beste soziale Fürsorge ist die Schaffung von Arbeitsgelegenheiten ...“[97]

Auch in den folgenden Jahren blieb der Kampf der Kammern für eine liberale Wirtschaftsordnung, die freie Verfügung über das Privateigentum und gegen die Ausdehnung der öffentlichen Hand ein markantes Merkmal ihrer Geschäftstätigkeit. Immer wieder wurde die Beschränkung der Aufgaben des öffentlichen Sektors und eine massive Beschneidung der Konkurrenz durch die öffentlichen Unternehmen gefordert. Die Garantie des Privateigentums und der freie Wettbewerb wurden statt dessen als die eigentlichen Triebkräfte des wirtschaftlichen Fortschritts gefeiert: „Vielfach haben Reich, Staat und Kommunen die aus der privaten Wirtschaft herausgepreßten Steuermittel dazu mißbraucht, geschäftliche Unternehmungen an sich zu bringen, mit denen sie nunmehr der privaten Wirtschaft Konkurrenz bieten, den Markt belasten und so die Erträgnisse der privaten Unternehmungen weiter herabdrücken. Die Kammer hat diese Erscheinungen mit Recht als das bezeichnet, was sie sind: als einen groben Mißbrauch der Machtmittel der öffentlichen Hand ... Es darf jedoch nicht vergessen werden, daß nur der freie Wettbewerb der stärkste Antrieb zum technischen und wirtschaftlichen Fortschritt ist ...“[98] Der Ausbau des öffentlichen Sektors, die daraus resultierenden zu hohen Steuerlasten und Sozialabgaben waren nach Meinung der Kammern dafür verantwortlich, daß die deutsche Wirtschaft in der Weimarer Republik bedenkliche „Krankheitssymptome“ aufwies, die den gesamten „Organismus“ des Staates zu zerstören drohten – Argumente, die von namhaften Historikern bis in die jüngste Zeit hinein als Ursachen für die Instabilität des „Systems von Weimar“ ausgemacht wurden. Politisch stabile Verhältnisse und ein funktionierendes Staatswesen waren nach Ansicht der Kammer nur bei einer gesunden Wirtschaft möglich: „Die Wirtschaft ist in ihrer Gesamtheit die Trägerin des Staates. Ist die Wirtschaft krank, ist es auch der Staat, und seine gesetzgebenden Faktoren haben die Pflicht, der Wirtschaft die Wege zu ihrer Gesundung und Gesunderhaltung zu ebnen ...“[99]

Gerade dies geschah nach Meinung der Kammern während der Weimarer Republik jedoch nicht. Ungleich mehr als im Kaiserreich blieb der Feldzug der Kammer für eine liberale Marktwirtschaft, für eine völlige Verfügbarkeit über das Privateigentum und gegen den Ausbau des öffentlichen Sektors ohne Erfolg. Daher verwundert es nicht, wenn vor allem nach Ausbruch der Weltwirtschaftskrise die Kritik am Verhalten der Parteien und der öffentlichen Institutionen ebenso wuchs wie der generelle Unmut über das „System von Weimar". Die Bielefelder Kammer versuchte daher 1929, in einer Art konzertierter Aktion verschiedene Interessenverbände und Arbeitgeberorganisationen dazu zu bewegen, dem weiteren Ausbau des öffentlichen Sektors, dem „Angriff" auf die Privatwirtschaft und der „Unterhöhlung" der staatlichen Ordnung massiv entgegenzutreten. Der 1930 amtierende Präsident der Bielefelder Kammer, Wilhelm Bitter, rechtfertigte dieses Vorgehen, indem er das Verhalten des Staates scharf kritisierte: „Der Unternehmergeist und die unverdrossene Arbeitslust des deutschen Kaufmanns und Industriellen, wie auch jedes anderen Gewerbetreibenden drohen jetzt zu erlahmen, wenn man sieht, daß der Staat bewußt eine Politik betreibt, die die Privatwirtschaft aushöhlt und zum Verdorren bringt. Es ist kürzlich im Handelskammerverband Niedersachsen-Kassel davon die Rede gewesen, daß statt der notwendigen Förderung der Privatwirtschaft, die die Grundlage unseres persönlichen und staatlichen Seins ist, unsere Generation es erleben müsse, daß in fast konzentrischem Angriff echt deutsche Ideologen einen in gleicher Erbitterung bislang nicht gesehenen Kampf gegen Privatwirtschaft und Privateigentum entfesseln, der den Erfolg deutscher Arbeit und die Freiheit deutschen Geistes zu zerschlagen drohe und die Grundfesten unserer staatlichen Ordnung bereits zu unterhöhlen begonnen habe. Von unserer Kammer ist die Anregung ausgegangen, nunmehr angesichts des nicht mehr wegzuleugnenden großen Ernstes der Gefahr dem Generalangriff auf die Privatwirtschaft eine geschlossene Generalabwehr entgegenzustellen. Dieser Plan hat in den dazu berufenen Organisationen starken Widerhall gefunden und schon zu gewissen erfreulichen Anstrengungen geführt..."[100]

Angesichts einer sich rapide verschärfenden Wirtschaftskrise, deren Bekämpfung die gesamte Aufmerksamkeit der Unternehmer sowie der Industrie- und Handelskammer erforderte, blieben diese Anstrengungen jedoch ohne greifbaren Erfolg. Nicht zuletzt aus diesem Grund wuchs unter den Kammern die Ablehnung des Parteiensystems: „Weite Kreise unseres Volkes sind von den heutigen parteipolitischen Verhältnissen unbefriedigt. Sie haben keine Freude am kleinlichen politischen Gezänk, das die Lebensaufgabe mancher Politiker zu sein scheint. Daß es in unseren Parteien kriselt, daß neue Parteibildungen aufkommen und daß man nach neuen Formen des politischen Lebens überhaupt sucht, ist ein Beweis dafür, daß die Parteiwirtschaft in ihrer heutigen Form auf schwachen Füssen steht. Mögen die verantwortungsbewußten Parlamentarier den Mut finden, sich über die trennenden Schranken der Parteien hinweg zu einer gemeinsamen Einheitsfront zusammenzufinden, die in gemeinsamer Abwehr die ernsten Gefahren bekämpft, von denen die deutsche Volkswirtschaft zurzeit bedroht ist..."[101]

Die Ablehnung des Parteienstaats und der zu großen staatlichen Reglementierung der Wirtschaft blieb auch auf dem Höhepunkt der Weltwirtschaftskrise das Leitmotiv für die Forderungen der Kammern zur Gewerbe- und Steuerpolitik. Als die Regierung Brüning dazu überging, die Krise in Form von Notverordnungen sowie Lohn- und Preisstops zu bekämpfen, die ein noch größeres Maß an staatlicher Intervention bedeuteten, protestierten die Kammern massiv. Sie wiederholten selbst angesichts der dramatischen Krisenverschärfung fast schon gebetsmühlenartig ihr Credo vom Idealtypus der möglichst ungestörten liberalen Wettbewerbswirtschaft. Während andere Parteien und Interessengruppen eine aktive staatliche Wirtschaftspolitik, Arbeitsbeschaffungsmaßnahmen und „deficit spending" forderten, beharrte die Bielefelder Kammer strikt auf ihren wirtschaftsliberalen Kurs. Nach ihrer Meinung war die eigentliche Ursache für die Krisenverschärfung die staatliche, interventionistische Wirtschaftspolitik, die durch ihre Verordnungen und Vorschriften auf der einen und die zu hohe Abgabenbelastung für die Wirtschaft auf der anderen Seite eine Wiederherstellung der „naturgesetzlichen" Entwicklungsdynamik und damit eine Gesundung der Wirtschaft verhindere: „Alle Erfahrung hat gelehrt, daß sich wirtschaftliche Entwicklung mit der Kraft von Naturgesetzen zu vollziehen pflegt, ohne daß es dazu einer staatlichen Reglementierung bedarf... Wichtiger und aussichtsreicher als staatliche Versuche, durch Gesetz oder Verordnung die Warenpreise zu regulieren, würde es daher sein, wenn von der Seite des Staates her endlich ernsthaft an den Abbau der öffentlichen Ausgaben und damit der öffentlichen Lasten herangegangen würde. Wenn man der Wirtschaft den erforderlichen Lebensspielraum wiedergibt, den sie zu ihrer Entfaltung, zur Überwindung der Dauerkrise und zu einer sicheren und zweckmäßigen Befriedigung der wirtschaftlichen Bedürfnisse des ganzen Volkes unbedingt braucht, dann wird die Wirtschaft aus sich selbst heraus auch die Kraft aufzubringen wissen, alle anderen Schwierigkeiten zu überwinden, die sich ihr entgegenstellen..."[102] Angesichts einer steigenden Arbeitslosigkeit, der zunehmenden sozialen Verelendung und der wachsenden politischen Instabilität stellt sich die Frage, ob das Credo der Kammer an die Wirkung der Naturgesetze als naiv oder als bewußte Verkennung der wirtschaftlichen Verhältnisse einzustufen ist.

Letzteres erscheint unwahrscheinlich, wenn man den Kampfruf des 1. Syndicus Otto Sartorius im Sommer 1932 auf einer Vollversammlung der Kammer hört: „Was wir brauchen, ist eine durch die notwendige Rücksicht auf das Wohl der Gesamtheit gezügelte freie Marktwirtschaft ...“[103]

Im Schatten der „großen“ politischen Fragen mußten sich die beiden ostwestfälischen Kammern aber auch weiterhin mit Problemen beschäftigen, die aus den spezifischen wirtschaftlichen Bedingungen in ihrem Bezirk resultierten. Das besondere Augenmerk der Mindener Kammer galt zum Beispiel weiterhin der notleidenden Tabakindustrie. Besonders alarmiert zeigte sie sich 1924, als wiederholt Pläne in die Öffentlichkeit drangen, den gesamten Industriezweig in einem reichseigenen Tabakmonopol zusammenzufassen, um auf diese Weise das Steueraufkommen zum Zwecke der Reparationsleistungen besser kontrollieren zu können. In einer Petition an das Reichsfinanzministerium vom 22. April 1924 schrieb die Kammer: „Die Vorschläge bedeuten eine vollständig durchgeführte Planwirtschaft: Begrenzung der Fabrikation nach Umfang und Ort, unter Ausschaltung des freien Wettbewerbs und der freien Kalkulation, Bindung an zentral festgelegte Herstellungspreise für bestimmte Fabrikstypen ... Die gesamte Herstellung wird reglementiert und in feste Organisationsformen hineingezwängt ...und im Hintergrund droht die zunehmende Errichtung von Staatsbetrieben, der Übergang zum Fabrikationsmonopol ... Das Staatsmonopol ist die denkbar teuerste Betriebsform ... Nachdem die deutsche Regierung aufgrund eingehender Studien und Erwägungen die Unzweckmäßigkeit einer Reglementierung und Monopolisierung des deutschen Tabakgewerbes erkannt hat, wird hiermit nochmals die ergebene und dringende Bitte an sie gerichtet, alle in dieser Hinsicht an sie herangetragenen Anregungen bestimmt abzulehnen ...“[104] Wenn auch die Gefahr einer Monopolisierung der Tabakindustrie abgewendet werden konnte, so lauerte doch die nächste im Hintergrund: die Produktionsumstellung auf das System von Fabrikmarken. Auch hiergegen wandte sich die Mindener Kammer energisch: „Es ist zu bemerken, daß es in den wichtigsten Zweigen der deutschen Tabakindustrie, der Zigarrenindustrie, das System der Fabrikmarken nicht gibt ... Jede Beeinträchtigung des Verbrauchs durch die von den Sachverständigen vorgeschlagene Umgliederung des Tabakgewerbes vermindert die Arbeitsmöglichkeit, bringt Arbeitslosigkeit und Not ...“[105]

Ein Bereich der Gewerbepolitik, der für die Tätigkeit der Kammern immer mehr an Bedeutung gewann, war die Ausbildung und Förderung des kaufmännischen Nachwuchses. Immer wieder forderten die beiden Institutionen außer der notwendigen Ausbildung in den Elementarfächern die gründliche betriebliche, praxisbezogene Unterrichtung und die Schulung des Nachwuchses in Fortbildungskursen. Vorausblickend hatten die Kammern erkannt, daß in Zukunft nur ein gut ausgebildeter Nachwuchs den Anforderungen des modernen Berufslebens würde gerecht werden können.[106]

2.3 Maßnahmen zur Verbesserung der Infrastruktur

Nach dem Ende der Inflation wurde ebenfalls sichtbar, wie sehr die Infrastruktur durch Überbeanspruchung während des Krieges und unterlassene Modernisierungsmaßnahmen während des Währungsverfalls gelitten hatte. Jetzt schien der Zeitpunkt gekommen, die notwendigen Maßnahmen durchzuführen und Verbesserungen in der Infrastruktur einzufordern. Die beiden ostwestfälischen Kammern machten sich daher zum Sprachrohr der heimischen Wirtschaft, um gegenüber staatlichen oder kommunalen Behörden darauf zu bestehen, die Infrastruktur Ostwestfalens gegenüber anderen Wirtschaftsregionen konkurrenzfähig zu erhalten. Dabei gerieten sie aber in eine Zwickmühle: Einerseits forderten sie von der öffentlichen Hand – wie oben gezeigt – strikte Sparsamkeit, andererseits verlangten sie, daß Gelder bereitgestellt würden, um Verbesserungen auf dem Gebiet des Verkehrswesens, der Telegraphie oder des Telefonierens vornehmen zu können. Dieser vermeintliche Widerspruch blieb in der Realität jedoch ohne Folgen. Für große und ambitionierte Projekte fehlte das Geld, so daß zum Beispiel der Bau neuer Bahnlinien in der Region erst gar nicht in Angriff genommen wurde. Die beiden Kammern mußten sich auf dem Gebiet des Eisenbahnwesens darauf beschränken, zum einen Verbesserungen der Fahrpläne und einen höheren Takt im Zugverkehr einzufordern, zum anderen die Herabsetzung von Gütertarifen zu verlangen. Vor allem auf dem Gebiet der Fahrplangestaltung konnten sie Erfolge erzielen, wurden ihre Vorschläge zum Zugverkehr auf den wichtigsten Bahnstrecken doch zum größten Teil berücksichtigt. Ebenso unermüdlich setzten sie sich für Fortschritte in der Postzustellung in den ländlichen Bezirken und für den Ausbau des Telegramm- und Fernsprechwesens ein, wo sie ebenfalls mit ihren Petitionen und Stellungnahmen Gehör fanden.[107]

Zwar blieben Eisenbahnen und Post auch in den zwanziger Jahren die wichtigsten Verkehrs- und Kommunikationsmittel, doch zeigte sich bereits, daß neue Verkehrsmittel an Bedeutung gewannen und daher weitere Infrastrukturmaßnahmen notwendig wurden. Im östlichen Westfalen wurde diese Entwicklung frühzeitig von der Bielefelder Kammer erkannt, die nachhaltig nicht nur den Ausbau des Straßenverkehrsnetzes verlangte, sondern auch den Plan propagierte, in Bielefeld einen Flugplatz zu bauen. Schon in ihrem Geschäftsbericht für 1925 schrieb die Kammer: „Die ständig wachsende Bedeutung des Luftverkehrs gab der Kammer Veranlassung, ihr Augenmerk darauf zu richten, daß der Kammerbezirk bei der Linienführung der großen Luftverkehrslinien nicht ausgeschaltet oder stiefmütterlich behandelt werde ... Ein Ausschuß hat im Laufe des Jahres mehrfach getagt mit dem Ergebnis, daß die Stadt Bielefeld sich grundsätzlich zur Bereitstellung eines geeigneten Geländes zur Anlage eines Flughafens bereit erklärte ...“[108] Die Weitsicht der Bielefelder Kammer verpuffte jedoch ergebnislos. Bekanntlich besitzt Bielefeld trotz immer wieder unternommener Vorstöße bis heute keinen Flughafen. Solche Pläne wurden bei der Mindener Kammer nicht diskutiert. Sie konzentrierte sich vielmehr auf zwei größere Projekte: Den Weiterbau des Mittellandkanals bis zur Elbe sowie die Regulierung und den Ausbau der Weser zu einem Großschiffahrtsweg. Das Beharren der Mindener Kammer auf beiden Projekten war von Erfolg gekrönt, wurden sie doch noch vor Ausbruch der Weltwirtschaftskrise realisiert.[109]

Ihrer Meinung nach unsinnige Infrastrukturprojekte zur Bekämpfung der Arbeitslosigkeit wurden dagegen von beiden Kammern abgelehnt. Als die Reichsregierung 1926 den Plan veröffentlichte, durch die Kultivierung von Ödland oder den Bau von weiteren Kanälen die Arbeitslosigkeit zu verringern, sprachen sie sich dagegen aus. Weder die Kultivierung der Senne, der Bau eines Stichkanals von Bielefeld zur Weser noch Umbauten auf einigen Bahnhöfen der Region hielt die Bielefelder Kammer für geeignet, um das ins Auge gefaßte Ziel zu erreichen. Allein der Bau einer direkten Bahnverbindung von Bielefeld nach Münster und die Errichtung einer zentralen Reparaturwerkstatt für Postautos in Bielefeld wurden von der Kammer befürwortet, doch gerade diese Projekte stießen bei den staatlichen Behörden und der Reichspostverwaltung auf wenig Gegenliebe und wurden nicht realisiert.[110] Ob durch die ablehnende Haltung der Kammer bei diesen Arbeitsbeschaffungsprojekten Chancen zur Verbesserung der Infrastruktur im östlichen Westfalen vertan wurden, läßt sich heute schwer beurteilen.

2.4 Eigene Angelegenheiten und innere Organisation der Kammern

Die Stabilisierungskrise der Jahre 1924 und 1925 offenbarte nicht nur den Substanzverlust und die Kapitalarmut der ostwestfälischen Wirtschaft, sondern ließ deutlich zutage treten, daß die Handelskammern in ihrer alten Form mit finanziellen Schwierigkeiten – als Folge der gesunkenen Beiträge der Mitgliedsfirmen – und einem Bedeutungsverlust gegenüber anderen Interessenverbänden und Wirtschaftskorporationen zu kämpfen hatten. Der Zusammenschluß von Kammern zu Zweckverbänden erschien daher als probates Mittel, dieser Entwicklung entgegenzuwirken. Die beiden ostwestfälischen Kammern befürworteten diese Maßnahmen, bestanden jedoch darauf, ihre Eigenständigkeit und Handlungsautonomie uneingeschränkt zu behalten. Nachdem dies vom preußischen Handelsministerium zugesagt und die Satzung gebilligt worden war, traten sie der „Vereinigung der Niedersächsischen Industrie- und Handelskammern und Industrie- und Handelskammer Cassel“ bei, die aus dem Zusammenschluß der „Vereinigung Niedersächsischer Handelskammern“ und der Kasseler Kammer entstanden war. Die Orientierung auf das niedersächsische Wirtschaftsgebiet war übrigens sowohl in der Bielefelder als auch in der Mindener Kammer an der Tagesordnung.

Bereits 1920 faßte die Bielefelder Kammer den Beschluß, bei der Schaffung größerer Wirtschaftseinheiten das östliche Westfalen mit den Gebieten Schaumburg-Lippe, den Ländern Oldenburg, der Grafschaft Waldeck, der Provinz Hannover und dem Kreis Tecklenburg zum Wirtschaftsgebiet Niedersachsen zusammenzuschließen. Diese Ausrichtung wurde auch später immer wieder gefordert und in die Tat umgesetzt.[111]

Zusammenschlüsse von Industrie- und Handelskammern zu größeren Zweckverbänden dienten nicht nur ihrer Stärkung, sondern sollten auch Versuchen entgegenwirken, die Bedeutung und Kompetenz der Korporationen weiter zu beschneiden. Eine solche Gefahr wurde auch von der Bielefelder Kammer erkannt, weshalb der 1926 amtierende Präsident Baumhöfener warnte: „Es sind immer noch Kräfte am Werk, welche darauf ausgehen, aus den Handelskammern reine Debattierklubs zu machen. Kräfte sowohl aus jenen Kreisen, die sogenannte paritätische Kammern anstreben, als auch aus jenen Kreisen, die den Handelskammern ihre wichtigste Aufgabe, nämlich die Einflußnahme auf die wirtschaftliche Gesetzgebung nehmen wollen ...“[112]

Eine weitere Maßnahme, den Kammern im Konzert der widerstreitenden Interessen von politischen Parteien, Interessenverbänden, Wirtschaftsräten und Wirtschaftsbünden wieder mehr Gehör zu verschaffen, wurde in der Neueinteilung der Kammerbezirke gesehen. Die Frage nach dem Umfang der Kammerbezirke im östlichen Westfalen war daher auch nach der Stabilisierung der Mark wiederholt ein kontrovers diskutiertes Thema. Zum Beispiel verlangte die IHK Arnsberg mehrfach, ihrem Bezirk den Kreis Lippstadt zu inkorporieren. Die Industrie- und Handelskammer zu Bielefeld lehnte dieses Ansinnen jedoch ab und forderte statt dessen, den Kreis Paderborn endlich ihrem Sprengel zuzuschlagen. Dabei setzte sie auf eine generelle Neuordnung der Kammerbezirke im östlichen Westfalen. Der Syndicus der Bielefeler Kammer, Sartorius, schrieb daher im Mai 1924 an den Geschäftsführer des Paderborner Handelsamtes, das die Interessen der Gewerbetreibenden im ehemaligen

Hochstift vertrat: „Herr Wigand, Geschäftsführer des Bielefelder Arbeitgeberverbandes, gab mir Kenntnis von dem Inhalt ihres Schreibens vom 12.4., in dem sie u.a. die Möglichkeit andeuten, daß die Wirtschaft ihres Bezirkes aufgrund der Verordnung über die Abänderung des Handelskammergesetzes vom 1. April des Jahres in Bezug auf die Zugehörigkeit zur Handelskammer zu einer Änderung des bestehenden Verhältnisses bereit sein werde. Die Angelegenheit interessiert mich und die von mir vertretene Kammer natürlich sehr lebhaft ...“[113]

Alle Initiativen und Neugliederungspläne verliefen jedoch während der „Weimarer Konjunktur“ zunächst im Sande. Auch der noch immer schwebende Versuch der Handelskammer zu Minden, sich den südlichen Teil des Kreises Herford zu inkorporieren, schlug fehl.[114] Die dramatische Verschlechterung der Wirtschaftslage während der Weltwirtschaftskrise sowie Mißstände und Schwierigkeiten bei einigen Handelskammern führten dazu, daß 1932 eine „große Lösung“ bei der Neugliederung der Kammerbezirke vollzogen wurde: die Verschmelzung der Mindener Kammer mit der Bielefelder im Jahre 1932. Formalrechtlich wurde der Zusammenschluß ermöglicht durch eine Notverordnung vom 23. Dezember 1931. Danach wurde der Passus des Handelskammergesetzes außer Kraft gesetzt, wonach kleinere Kammern, die sich einem Handelskammerzweckverband angeschlossen hatten, nicht ohne deren Zustimmung aufgelöst werden durften. Diese Verordnung war im Falle der Mindener Kammer aber nur der letzte Tropfen, der das „Faß zum Überlaufen brachte“. Blickt man auf ihre Durchsetzungskraft und die Effizienz ihrer Organisationsstruktur, so befand sich die Industrie- und Handelskammer zu Minden bereits seit geraumer Zeit in einer Krise und war deshalb mehrfach Gegenstand von Zusammenschlußplänen.[115]

Hierbei dürften zuletzt vor allem Veruntreuungen des I. Syndicus der Mindener Kammer, Hoffmann, gegenüber der Industrie- und Handelskammer Schaumburg-Lippe und dem Westfälischen Zigarrenfabrikanten-Verband eine Rolle gespielt haben. Hoffmann hatte viel Geld in Erfindungen gesteckt, die der Zigarrenindustrie die günstige Gewinnung von hellen Deckblättern ermöglichen sollte. Diese brachten jedoch nicht den erhofften Erfolg. Darüber hinaus dürfte Hoffmann seine Arbeitskraft und Zeit in unverantwortlichem Maße seiner Tätigkeit als Geschäftsführer des Westfälischen Zigarrenfabrikanten-Verbandes gewidmet und damit seine Kammeraufgaben vernachlässigt haben. Kritik an der Art der Kammerführung ließ sich daher seit Mitte der zwanziger Jahre häufiger vernehmen, vor allem aus den Kreisen des Arbeitgeberbundes Minden. Kurz: Auch vor der Affäre „Hoffmann“ war das Verhältnis zwischen zahlreichen Unternehmen und der Mindener Kammer nicht mehr das beste.[116]

Diese Situation war für die Kammer umso problematischer, als ihr Konkurrenz im eigenen Bezirk durch erstarkende Interessenverbände erwuchs wie zum Beispiel im Westfälisch-Lippischen Wirtschaftsbund. Diese Vereinigung, deren Geschäftsführer der seit 1922 amtierende I. Syndicus der Bielefelder Handelskammer, Otto Sartorius, war, entfaltete rege Aktivitäten im Hinblick auf Beratung in Fragen der Unternehmensführung oder der Wirtschaftspolitik, organisierte viele Vortragsveranstaltungen und intensivierte die Berichterstattung über die Wirtschaftslage. Dadurch konnte der Wirtschaftsbund zahlreiche Unternehmen als Mitglieder gewinnen. Nicht auszuschließen ist, daß durch seine Tätigkeit die Autorität der Handelskammern unterhöhlt wurde, was sich für die Mindener Korporation zusätzlich verhängnisvoll auswirkte. Nach der „Affäre Hoffmann“ schien sie nämlich geradezu wie gelähmt zu sein. Daher überrascht es nicht, daß in der Vollversammlung der Kammer vom 24. August 1931 zum ersten Mal das Thema „Verschmelzung mit einer anderen Kammer“ intensiv diskutiert wurde. Vorab hatten Vertreter des Handelsministeriums auf einer Sitzung vom 3. Mai 1931 in Bad Pyrmont, an der außer Regierungsbeamten die Vorsitzenden der Bielefelder und Mindener Kammer, Bitter und Schütte, teilnahmen, beiden Kammern empfohlen, sich freiwillig zu vereinigen. Die Verhandlungen wurden im September 1931 in Minden fortgesetzt; darin versuchte die Kammer als letzte Rettung, vom Ministerium die Zustimmung zu erhalten, hren Bezirk durch niedersächsische Landesteile zu

Kommerzienrat Fritz Leonhardi, letzter Vorsitzender der Mindener Handelskammer

ivergrößern und dadurch ihre Leistungsfähigkeit zu verbessern.[117] Dieses Ansinnen wurde jedoch strikt abgelehnt. Statt dessen verlangten die Vertreter des Handelsministeriums nochmals, die Vereinigung freiwillig herbeizuführen, da der Minister sonst eingreifen würde. Angesichts solcher Töne mehrten sich in der Vollversammlung der Mindener Kammer die Stimmen, die für eine Vereinigung mit dem Bielefelder Pendant eintraten. Nachdem auf einer Sitzung im November 1931 noch keine Mehrheit für diesen Schritt zustande gekommen war, stimmten in einer weiteren Vollversammlung am 28. Dezember 1931 dreizehn Mitglieder für eine Vereinigung und sechs dagegen. Das Ende der Mindener Kammer war damit besiegelt. Am 1. April 1932 nahm die neue Kammer, von der einige Mindener Mitarbeiter übernommen wurden, als „Industrie- und Handelskammer Ostwestfalen zu Bielefeld" ihre Tätigkeit auf. Der Fabrikant Wilhelm Bitter wurde zum ersten gemeinsamen Vorsitzenden, der bisherige Vorsitzende der Mindener Kammer, Fritz Leonhardi, zu seinem Stellvertreter gewählt.[118]

IV. Resümee

Die Zeit der Weimarer Republik bedeutete für die ostwestfälische Wirtschaft sowie für die beiden Industrie- und Handelskammern eine Zeit grundlegender Neuorientierung. Mit dem Ende des Ersten Weltkriegs war die erste große Blütezeit des Kapitalismus in Deutschland endgültig vorbei. Nach der Novemberrevolution sahen sich sowohl die Unternehmen der Region als auch ihre Interessenvertretungen mit veränderten Rahmenbedingungen und Orientierungsmustern konfrontiert, die einerseits ökonomische Spätfolgen des Kriegsausgangs, andererseits das Resultat politischer Willensakte der neuen Reichsregierung waren. Während die Unternehmen mit Rohstoffbeschaffungsproblemen, Produktionsumstellung und einer veränderten Rechnungsführung infolge des Währungsverfalls zu kämpfen hatten, mußten sich die Industrie- und Handelskammern gegen den schleichenden Bedeutungsverlust zur Wehr setzen, der durch die politisch gewollte Errichtung von Wirtschaftsräten zu entstehen drohte. Darüber hinaus zerrütteten ab 1922 die „galoppierende Hyperinflation" und die Ruhrbesetzung das Wirtschaftsleben.

Erst mit Einführung der Rentenmark im November 1923 bzw. der Stabilisierung der Reichsmark im Sommer 1924 wurde wieder eine vermeintlich solide finanzielle Basis für die deutsche und damit auch die ostwestfälische Wirtschaft geschaffen. Als der „Schleier der Inflation" zerrissen war, wurde aber auch in der ostwestfälischen Wirtschaft offenkundig, wie groß Substanzverlust und Kapitalarmut tatsächlich waren. Dieser Tatbestand wurde durch die von 1925 bis Sommer 1926 dauernde Stabilisierungskrise noch verstärkt. Zahlreiche Konkurse und Geschäftsaufsichten waren sichtbarer Ausdruck für die tiefgreifende Krise in Handel und Industrie Ostwestfalens. Die kurzfristige „Weimarer Konjunktur" schien eine Wende zum Besseren einzuläuten; sie wurde jedoch durch den Ausbruch der Weltwirtschaftskrise im Oktober 1929 wieder jäh beendet. Trotz zahlreicher weiterer Zahlungseinstellungen und Geschäftsaufsichten scheint es, als ob die ostwestfälische Wirtschaft die Krisenjahre bis 1933 besser meistern konnte als die vorhergehende Stabilisierungskrise. Offenbar waren Produktionsumstellungen und Strukturwandel seit Mitte der zwanziger Jahre in einem solchen Umfang erfolgt, daß viele Unternehmen diese Zeit leidlich überstehen konnten. Daß aufgrund hoher Arbeitslosigkeit, sinkender Realeinkommen und wirtschaftlicher Destabilisierung bis 1933 auch in Ostwestfalen eine tiefgreifende Krisenstimmung herrschte, kann natürlich nicht bestritten werden.

Dieses wirtschaftliche Szenario bildete auch den Rahmen für die Tätigkeit der beiden ostwestfälischen Kammern. Den drohenden Bedeutungsverlust durch konkurrierende wirtschaftliche Interessenorganisationen konnten sie nur bedingt abwehren. Dennoch bemühten sie sich unverdrossen, weiterhin als Sachverwalter und Sprachrohr der ostwestfälischen Wirtschaft zu fungieren. Trotz aller veränderten ökonomischen und politischen Rahmenbedingungen hielt dabei vor allem die Bielefelder Kammer an ihrem Credo von liberaler Wettbewerbswirtschaft, Eigenverantwortlichkeit des wirtschaftenden Individuums und möglichst verflochtenen internationalen Handelsströmen fest. Und noch mehr: Jede Ausdehnung des Interventionsstaates und der politischen Reglementierung des Wirtschaftslebens wurde scharf bekämpft. Der Glaube an die „ehernen Naturgesetze" der Wirtschaft und die Segnungen einer liberalen Wirtschaftsverfassung lebte unverdrossen weiter. Selbst auf dem Höhepunkt der Weltwirtschaftskrise 1931 wurde seitens der Kammer nicht nach staatlicher Stützung gerufen, sondern an Tatkraft und Eigenverantwortlichkeit der ostwestfälischen Unternehmer appelliert. Ob es sich dabei um bewundernswerte Standhaftigkeit und Prinzipientreue oder eine bewußte Verkennung der Realität handelte, kann nicht endgültig entschieden werden. Die Schwierigkeiten in der ostwestfälischen Wirtschaft sowie in benachbarten Kammerbezirken dürften auch in Bielefeld bekannt gewesen sein. Schließlich wurde die Vereinigung der beiden ostwestfälischen Korporationen von der Bielefelder Kammer massiv befürwortet, wenn auch nicht direkt betrieben. Mit dem Zusammenschluß der beiden Kammern im April 1932 sollte der Einfluß der wirtschaftlichen Interessenorganisation in Ostwestfalen erhöht werden. Angesichts der wirtschaftlichen Lage schien dies auch notwendig zu sein. Daß das angestrebte Ziel jedoch nicht erreicht wurde, hatte seine Ursache in der völlig veränderten politischen Landschaft nach 1933.

[1] R. Wagenführ, Die Industriewirtschaft. Entwicklungstendenzen der deutschen und internationalen Industrieproduktion 160-1932, in: Vierteljahreshefte zur Konjunkturforschung, Sonderheft 31, Berlin 1933, S. 26-28; Walter, Wirtschaftsgeschichte, S. 136; D. Petzina, Deutsche Wirtschaft in der Zwischenkriegszeit, Wiesbaden 1977, S. 28.

[2] Holtfrerich, Inflation, S. 65-67; Czada, Ursachen und Folgen, S. 23/24; H. Haller, Die Rolle der Staatsfinanzen für den Inflationsprozeß, in: Deutsche Bundesbank (Hg.), Währung und Wirtschaft in Deutschland 1876-1976, Frankfurt a. M. 1976, S. 141.

[3] Holtfrerich, Inflation, S. 85; Czada, Ursachen und Folgen, S. 26; Haller, Staatsfinanzen, S. 149/50; O. Pfleiderer, Die Reichsbank in der großen Inflation und der Stabilisierung der Mark, in: Deutsche Bundesbank (Hg.), Währung und Wirtschaft in Deutschland, Frankfurt a. M. 1976, S. 167/68.

[4] Holtfrerich, Inflation, S. 96; L. Köllner, Chronik der deutschen Wirtschaftspolitik 1871-1971, Frankfurt a. M. 1976, S. 53 ff.

[5] Czada, Ursachen und Folgen, S. 32-34; P. C. Witt, Die Auswirkungen der Inflation auf die Finanzpolitik des Deutschen Reiches 1924-1935, in: Gerald D. Feldman (Hg.), Die Nachwirkungen der Inflation auf die deutsche Geschichte 1924-1933, München 1985, S. 41-44. Vgl. auch H.-A. Winkler, Weimar 1918-1933. Die Geschichte der ersten deutschen Demokratie, München 1993, S. 285 ff.

[6] H.-O. Schötz, Der Kampf um die Mark 1923/24, Berlin 1987, S. 176-183; C.-D. Krohn, Helfferich contra Hilferding. Konservative Geldpolitik und die sozialen Folgen der Inflation, in: Vierteljahresschrift für Sozial- und Wirtschaftsgeschichte, 62. Jg., 1975, S. 62-92; K. Elster, Von der Mark zur Reichsmark. Die Geschichte der deutschen Währung in den Jahren 1914 bis 1924, Jena 1925, S. 215-73.

[7] W. Fischer, Deutsche Wirtschaftspolitik, Opladen 1968, S. 30; G. Hardach, Weltmarktorientierung und relative Stagnation. Reichsbank und Währungspolitik in Deutschland 1924-1931, Berlin 1976, S. 43-121; K. Lehmann, Wandlungen in der Industriefinanzierung mit Anleihen in Deutschland (1923/24-1938/39), Stuttgart 1996, S. 50-81; A. Weber, Hat Schacht recht? Die Abhängigkeit der deutschen Wirtschaft vom Ausland, München-Leipzig 1928.

[8] G. Haberler, Die Weltwirtschaft und das internationale Währungssystem in der Zeit zwischen den beiden Weltkriegen in: Deutsche Bundesbank (Hg.), Währung und Wirtschaft in Deutschland 1876-1975, Frankfurt a. M., S. 205-248. Zur Entwicklung der Industrieproduktion: Wagenführ, Die Industriewirtschaft, S. 26-28. Zentral für die Debatte von Strukturschwächen in der Weimarer Republik: K. Borchardt, Zwangslagen und Handlungsspielräume in der großen Weltwirtschaftskrise der frühen dreißiger Jahre. Zur Revision des überlieferten Geschichtsbildes, in: ders. (Hg.), Wachstum, Krisen, Handlungsspielräume der Wirtschaftspolitik. Studien zur Wirtschaftsgeschichte des 19. und 20. Jahrhunderts, Göttingen 1982, S. 165-82. Auf die Erwiderungen zu Borchardts Aufsatz und die nachfolgende Diskussion über die Ursachen des Scheiterns der Weimarer Republik kann hier im einzelnen nicht hingewiesen werden.

[9] C.-L. Holtfrerich, Alternativen zu Brünings Wirtschaftspolitik in der Weltwirtschaftskrise?, in: Historische Zeitschrift, Jg. 1982, 235, S. 605-31; C. D. Krohn, „Ökonomische Zwangslagen" und das Scheitern der Weimarer Republik, in: Geschichte und Gesellschaft, 8. Jg. 1982, S. 415-26.

[10] Borchardt, Zwangslagen, S. 182; G. Plumpe, Wirtschaftspolitik in der Weltwirtschaftskrise. Realität und Alternativen, in: Geschichte und Gesellschaft, 11. Jg., 1985, S. 229-32; Ch. Kindleberger, Die Weltwirtschaftskrise, München 1973, aber auch F. Blaich, Der Schwarze Freitag. Inflation und Weltwirtschaftskrise, München 1990, S. 11. Auf die weitere umfangreiche Literatur zur Weltwirtschaftskrise kann hier im einzelnen nicht eingegangen werden.

[11] K. E. Born, Die deutsche Bankenkrise 1931, München 1967; R. E. Lüke, 1. Juli 1931. Das Geheimnis der deutschen Bankenkrise, Frankfurt 1981; T. Balderston, The banks and the gold standard in the German financial crisis of 1931, in: Financial History Review, Vol. 1, Part 1, April 1994, S. 43-68; H. James, The Causes of the German Banking Crisis of 1931, in: Economic History Review, Vol. 37 (1989); H. Priester, Das Geheimnis des 13. Juli, Berlin 1931.

[12] Severing, Lebensweg, S. 225.

[13] Abelshauser, Vorbeugung der Armuth, S. 134/35.

[14] Mitteilungen der Handelskammer zu Bielefeld, 3. Jg., Nr. 13 vom 1. 8. 1922, S. 1-2.

[15] Siehe hierzu die Gutachten und Verhandlungen in WWA, K 3 Nr. 233. Zur Kohlenwirtschaftsstelle in Bielefeld siehe Mitteilungen der Handelskammer zu Bielefeld, 2. Jg., Nr. 1 vom 22. 1. 1921, S. 11.

[16] WWA, K 3 Nr. 478.

[17] WWA, K 3 Nr. 478.

[18] WWA, K 3 Nr. 478. Vgl. auch WWA, K 4 Nr. 82.

[19] Mitteilungen der Handelskammer zu Bielefeld, 1. Jg., Nr. 11 vom 1. Dezember 1920, S. 7/8.

[20] WWA, K 3 Nr. 1002, Die Lage der Wirtschaft im Jahre 1921. Auch andere Branchen meldeten in diesem Jahr eine positive Entwicklung. So hieß es zum Beispiel in diesem Überblick weiter: „Recht erheblich im Bezirk der Handelskammer zu Bielefeld ist die Schokoladenindustrie und die Zuckerwarenindustrie. Diese Industrie ist flott beschäftigt und verzeichnet noch eine sehr rege Nachfrage im In- und Ausland..." WWA, ebd.

[21] WWA, K 3 Nr. 1075, Notiz der Handelskammer zu Bielefeld vom 8. 8. 1921.

[22] WWA, K 3 Nr. 1075, Brief der Handelskammer zu Bielefeld an das Reichsfinanzministerium vom 2. Mai 1923.

[23] Das Wirtschaftsjahr 1922, in: Mitteilungen der Handelskammer zu Bielefeld, 4. Jg., Nr. 1 vom 17. Februar 1923, S. 1/2. Zur Rolle des Notgelds siehe H. Wixforth, Spagat, S. 503, und vor allem C. Kaleschke, „Der Ruf nach Zahlmitteln will kein Ende nehmen". Die Rolle der Sparkassen in der Inflation, in: H. Wixforth (Hg.), Geld und Kapital, Bd. 2: Sparkassen in Mitteleuropa im 19. u. 20. Jahrhundert (Jahrbuch der Gesellschaft für mitteleuropäische Banken- und Sparkassengeschichte, 1998), Wien 1998, S. 170 ff.

[24] Das Konsortium, welches für die Vereinigung der Niedersächsischen Handelskammern die Notgeldausgabe besorgte, setzte sich wie folgt zusammen: Vereinigung der Niedersächsischen Handelskammern mit einer Quote von 60 %, die Landwirtschaftskammer Hannover mit einer Quote von 10 %, die Handwerkskammern der Provinz Hannover mit einer Quote von 5 %, die Landesbank der Provinz Hannover mit einer Quote von 10 %, Girozentrale Hannover mit einer Quote von 15 %. WWA, K 3 Nr. 1078. Vgl. auch WWA, K 4 Nr. 178.

[25] WWA, K 3 Nr. 1078, Brief der Handelskammer zu Bielefeld an die Reichsbank am 13. August 1923.

[26] M. Schoultz, Freiherr von Ascheraden, Die Aufgaben der Industrie- und Handelskammern innerhalb der neuen Wirtschaftsordnung, in: Mitteilungen der Handelskammer zu Bielefeld, 1. Jg., Nr. 8 vom 8. Oktober 1920, S. 1/2.

[27] Entschließung des Deutschen Handelstages vom Juli 1919, in: WWA, K 3 Nr. 307.

[28] WWA, K 3 Nr. 307. Die Resonanz auf den Brief von Ascheradens war durchweg positiv. Die Handelskammer zu Leipzig schrieb zum Beispiel am 8. August 1919: „... Auf Ihr uns unter dem 25. 6. des Jahres übersandtes Schreiben erwidern wir Ihnen, daß wir Ihren Vorschlag dem Reichswirtschaftsministerium gegenüber unterstützt haben. Auch wir stehen auf dem Standpunkt, daß es keineswegs notwendig ist, um unser Wirtschaftsleben wieder in Gang zu bringen, zahlreiche Neuorganisationen zu bilden..." WWA, ebd.

[29] WWA, K 3 Nr. 307.

[30] WWA, K 3 Nr. 307, Brief der Handelskammer zu Bielefeld an das Reichswirtschaftsministerium vom 1. Juli 1919. Vgl. auch Memorandum von Ascheradens über die Neuorganisation des Wirtschaftslebens vom 6. Juni 1919, WWA, ebd.

[31] Auf dieser Konferenz äußerte von Ascheraden, „daß für die Behandlung der sozialpolitischen Fragen dagegen schon jetzt vorzügliche Organisationen vorhanden seien in den Arbeitgeberverbänden und den Gewerkschaften, die sich zu Arbeitsgemeinschaften vereinigt hätten. Die Erfahrungen, die mit diesen Arbeitsgemeinschaften gemacht worden sind, seien sehr gute gewesen, wie er in der Bielefelder Metall- und Textilindustrie habe beobachten können..." WWA, K 3 Nr. 307.

[32] WWA, K 3 Nr. 307.

[33] Siehe zum Beispiel die Überlegungen, anstatt Bezirkswirtschaftsräten die Handelskammern zu Organen mit einer Arbeitnehmervertretung auszubauen, welche 1922 propagiert wurden. Mitteilungen der Handelskammer zu Bielefeld, 3. Jg., 1922, Nr. 14 vom 14. August 1922, S. 7.

[34] Geschäftsbericht der Industrie- und Handelskammer zu Bielefeld für das Geschäftsjahr 1924, S. 1.

[35] ebd., S. 1.

[36] WWA, K 3 Nr. 370, Niederschrift über eine Sitzung der preußischen Handelskammern im Berliner Hotel Adlon vom 5. 2. 1919. Die Handelskammer zu Köln hatte ihrem Bielefelder Pendant zuvor geschrieben: „Wir haben die Handelskammern des besetzten Gebietes zu einer gemeinsamen Vertretung der wirtschaftlichen Interessen zu einem Zusammenschluß aufgefordert und werden hierüber am 28. Januar beschließen. Wir beabsichtigen die Ausdehnung dieser wirtschaftlichen Zusammenarbeit auf das gesamte Gebiet einer geplanten westdeutschen Republik, wobei weder zur politischen Frage noch zur Abgrenzung endgültig Stellung genommen werden soll..." WWA, K 3 Nr. 370.

[37] Vgl. zum Beispiel Mitteilungen der Handelskammer zu Bielefeld, 1. Jg., 1920, Nr. 1/2, S. 3-5; Nr. 4, S. 2; Nr. 6, S. 1; 2. Jg., 1921, Nr. 6, S. 7; Nr. 7, S. 4/5.

[38] Siehe hierzu Mitteilungen der Handelskammer zu Bielefeld, 2. Jg. 1921, Nr. 12, S. 1; Nr. 15, S. 1-4. Vgl. auch WWA, K 4 Nr. 180.

[39] Siehe hierzu zum Beispiel: Mitteilungen der Handelskammer zu Bielefeld, 2. Jg., Nr. 5, S. 3; Nr. 10/11, S. 9/10; Nr. 15, S. 5; Nr. 17, S. 2. Die Handelskammer zu Minden setzte sich zwar mit Nachdruck für die Realisierung der Bahnbauprojekte Bünde-Borgholzhausen oder Minden-Lemgo-Paderborn ein, doch konnte sie keinerlei Erfolg in dieser Hinsicht verbuchen.

[40] WWA, K 3 Nr. 93, Memorandum die Handelskammerfrage in Lippe, von Dr. Wilms, 2. Syndicus. Siehe auch den Schriftwechsel zwischen Wilms und dem Syndicus der Lippischen Handelskammer.

[41] WWA, K 3 Nr. 977. Hier heißt es in einer Abhandlung der Handelskammer zu Bielefeld über die Frage der Kammergrenzen: „Am 18. September 1919 hat die Amtsverwaltung des Amtes Warstein einstimmig beschlossen, an zuständiger Stelle für die Abtretung des Amtes vom Kreise Arnsberg und für die Angliederung an den Kreis Lippstadt einzutreten..."

[42] Siehe hierzu die Verhandlungsniederschriften und Notizen in: WWA, K 4 Nr. 153.

[43] Geschäftsbericht der Industrie- und Handelskammer zu Bielefeld für das Jahr 1924, S. 3; Geschäftsbericht der Industrie- und Handelskammer zu Bielefeld für das Jahr 1925, S. 25.

[44] WWA, K 3 Nr. 1078.

[45] Geschäftsbericht der Industrie- und Handelskammer zu Bielefeld für das Jahr 1925, S. 3.

[46] Geschäftsbericht der Industrie- und Handelskammer zu Bielefeld für das Jahr 1925, S. 8.

[47] Geschäftsbericht der Industrie- und Handelskammer zu Bielefeld für das Jahr 1926, S. 3. Die Kammer räumte mit Blick auf die Wirtschaftslage in diesem Jahr jedoch ein: „Immerhin hat das Jahr 1926 einen besseren Verlauf genommen, als man bei seinem Beginn zu hoffen wagte..." ebd., S. 4.

[48] Geschäftsbericht der Industrie- und Handelskammer zu Bielefeld für das Jahr 1926, S. 35.

[49] Die Handelskammer zu Bielefeld schrieb in einem Lagebericht dazu: „... Das Jahr 1926 wies noch keine durchgreifende Belebung auf. Größere Beschäftigungsmöglichkeiten traten nur vereinzelt und vorübergehend auf... Das Jahr 1927 brachte dann einen wirtschaftlichen Wiederaufstieg in einem vorher kaum für möglich gehaltenen Ausmaß..." WWA, K 3 Nr. 1002.

[50] Kettermann, Bielefelder Wirtschaft, S. 164/65.

[51] Kettermann, Bielefelder Wirtschaft, S. 79; G. Engel, 100 Jahre Spinnerei Vorwärts. Bielefeld 1956, S. 78.

[52] Kettermann, Bielefelder Wirtschaft, S. 78; Engel, Ravensberger Spinnerei, S. 110-13.

[53] Kettermann, Bielefelder Wirtschaft, S. 165; E. Hülsmann, Struktur und Verflechtung Bielefelds als Wirtschaftsraum, Bleicherode 1938, S. 78.

[54] Im Bericht des Vorstands der Mechanischen Weberei AG für das Geschäftsjahr 1932 hieß es: „Der Bedarf an Leinen und Wäsche ist zwar groß, kann aber nur in mäßigem Umfang gedeckt werden, weil die Kaufkraft der Abnehmer zu stark gelitten hat..."

[55] Siehe Geschäftsbericht der Industrie- und Handelskammer zu Bielefeld für das Jahr 1926, S. 6/7.

[56] Geschäftsbericht der Industrie- und Handelskammer zu Bielefeld für das Jahr 1925, S. 10/11. Geschäftsbericht der Industrie- und Handelskammer zu Bielefeld für das Jahr 1926, S. 7/8; Kühne, Wäsche- und Bekleidungsindustrie, S. 126/27; P. Jäger u. M. Wemhöner, Die Bielefelder Wäsche- und Bekleidungsindustrie, in: D. Düsterloh (Hg.), Industrie in Bielefeld. Struktur und Entwicklung, Bielefeld 1981, S. 82/83; Hülsmann, Struktur und Verflechtung, S. 84, S. 89.

[57] Burghardt Vossen, in: Renk u. Ruhe, Männer der Wirtschaft, S. 222-227.

[58] Ketterman, Bielefelder Wirtschaft, S. 156.

[59] In einem Brief der Industrie- und Handelskammer zu Bielefeld an die Reichsbank vom 12. März 1925 hieß es: „... zur Zeit die Arbeiterunruhen (Streik und Aussperrung) in der Metallindustrie dem geschäftlichen Leben in ziemlich erheblichem Umfang ihren Stempel aufdrücken. Von Streik und Aussperrung ist die gesamte Bielefelder Metallindustrie mit rund 20.000 Arbeitern betroffen..." WWA, K 3 Nr. 1002.

[60] Miele & Cie. (Hg.), Miele: Immer besser. S. 26/27; Carl Miele, in: Renk u. Ruhe, Männer der Wirtschaft, S. 98.

[61] Tönnishoff, Sticheleien, S. 560-562.

[62] Matties, Veloziped, S. 566.

[63] IHK Ostwestfalen zu Bielefeld (Hg.), Entdeckungen. Dokumente aus firmengeschichtlichen Sammlungen in Ostwestfalen, Bielefeld 1994, S. 54.

[64] Die Bielefelder Kammer schrieb an die Reichsbank im März 1925: „... Die Genußmittelindustrie klagt über schlechten Geschäftsgang, desgleichen hat sich ein erheblicher Rückgang im Verbrauch von Spirituosen (Schnäpse und Liköre) bemerkbar gemacht, den die Brennereien und Likörfabriken in unserm Bezirk stark spüren..." WWA, K 3 Nr. 1002.

[65] Grebe, Pulver, S. 640.

[66] Grebe, Pulver, S. 640; Kettermann, Bielefelder Wirtschaft, S. 179.

[67] Grebe, Pulver, S. 640.

[68] Melitta-Unternehmersgruppe: Zahlen, Daten, Fakten.

[69] WWA, K 4 Nr. 4 u. Nr. 5. Siehe jeweils die Berichte der Industrie- und Handelskammer Minden und Bielefeld über die Lage der Zigarrenindustrie im Rahmen der Berichterstattung über einzelne Industriezweige für die Vereinigung der Niedersächsischen Handelskammern. Siehe auch Pankoke, Zigarren, S. 10.

[70] WWA, K 3 Nr. 847, Petition der Industrie- und Handelskammer Minden an das Reichsfinanzministerium vom 22. April 1924.

[71] WWA, K 4 Nr. 6.

[72] WWA, K 4 Nr. 8, Nr. 9, Nr. 10; Pankoke, Zigarren, S. 10.

[73] Siehe hierzu zum Beispiel den Brief des Direktors Huesmann der Zementwerke „Monopol" über die Lage der Zementindustrie an die Industrie- und Handelskammer zu Bielefeld vom 21.2.1924: „... möchte ich in kurzen Zügen über die schlechte Lage der Kalk- und Zementindustrie berichten. Nicht nur hier in Geseke, sondern allgemein im Westen haben die Kalk- und Zement-Werke ihre Betriebe wenigstens vorübergehend schließen müssen, nur wenige können zur Zeit mit einer wesentlich geringeren Belegschaft arbeiten..." WWA, K 3 Nr. 1002.

[74] Siehe hierzu die Berichte in: WWA, K 3 Nr. 1002.

[75] Kuhn, Schwefelsäure und Insulin, S. 624.

[76] Siehe hierzu: Johannes Mohn, in: Renk u. Ruhe, Männer der Wirtschaft, S. 179-81; Sundermann, Das kleine Leipzig, S. 660.

[77] Darmstädter- und Nationalbank, in: Schoneweg, Buch der Stadt, S. 500; Kettermann, Bielefelder Wirtschaft, S. 123/24.

[78] Zur Übernahme des Bankhauses Paderstein durch die Deutsche Bank siehe M. Pohl, Konzentration im deutschen Bankwesen, Frankfurt a. M. 1982, S. 224; Wixforth, Spagat, S. 503. Zur Fusion zwischen der Deutschen Bank und der Discontogesellschaft siehe Pohl, Konzentration im deutschen Bankwesen, S. 234, sowie ders., Entstehung und Entwicklung des Universalbanksystems, S. 91-97.

[79] Zur Fusion der Dresdner Bank mit der Darmstädter- und Nationalbank siehe K. E. Born, Die deutsche Bankenkrise von 1931, München 1967, S. 178-182, sowie Wissenschaftlicher Beirat des Instituts für Bankhistorische Forschung (Hg.), Deutsche Bankengeschichte, Bd. 3, Frankfurt a. M. 1982, S. 107-115.

[80] Bemerkenswert ist vor allem, daß bei der Stadt-Sparkasse Bielefeld die Zahl der Konten bis 1930 auf 30 214 anstieg, auf denen 18,9 Millionen RM verwaltet wurden.

[81] 125 Jahre im Dienst der Wirtschaft, S. 24.

[82] Wixforth, Spagat, S. 503.

[83] Geschäftsbericht der Industrie- und Handelskammer zu Bielefeld für das Geschäftsjahr 1924, S. 3.

[84] Vgl. hierzu: ebd., S. 10.

[85] Die Handelskammer zu Bielefeld äußerte sich in ihren Mitteilungen vom Februar 1924 dazu wie folgt: „Die Handelskammer sprach ihre Sympathie aus für unsere vergewaltigten Volksgenossen an der Ruhr und am Rhein und gelobte, daß das Rheinland deutsch bleiben müsse, und daß wir mit ihm zusammenhalten wollten für alle Zeiten... Die Verbrecherbanden – landfremdes Gesindel –, die unter dem Namen Separatisten mit Raub und Mord die Loslösung vom Mutterlande betreiben, sind überall von der Bevölkerung mit erfreulicher Deutlichkeit abgewiesen..." Mitteilungen der Handelskammer zu Bielefeld, 5. Jg., 1. Februar 1924, Nr. 2, S. 11. Vgl. Geschäftsbericht der Handelskammer zu Bielefeld für das Geschäftsjahr 1924, S. 1.

[86] Geschäftsbericht der Industrie- und Handelskammer zu Bielefeld für das Geschäftsjahr 1924, S. 2.

[87] Geschäftsbericht der Industrie- und Handelskammer zu Bielefeld für das Geschäftsjahr 1924, S. 2 f. Geschäftsbericht der Industrie- und Handelskammer zu Bielefeld für das Jahr 1925, S. 13; Mitteilungen der Industrie- und Handelskammer zu Bielefeld, 6. Jg., Nr. 4, 1. April 1925, S. 45.

[88] Geschäftsbericht der Industrie- und Handelskammer zu Bielefeld für das Jahr 1925, S. 14. Siehe auch die Anlage „Hinein in die Weltwirtschaft" zu den Mitteilungen der Industrie- und Handelskammer zu Bielefeld, 5. Jg., Nr. 13, nach S. 143. Vgl. auch Mitteilungen der Industrie- und Handelskammer zu Bielefeld, 8. Jg., Nr. 5, 25. Juni 1927, S. 41.

[89] ebd., S. 14/15. Die Kammer schrieb hier: „Eine starke Annäherung der europäischen Volkswirtschaften, ein Heraustreten aus der gegenseitigen wirtschaftlichen Isolierung und eine starke Förderung des gegenseitigen Warenaustausches wird aber sicherlich auch von Deutschland tatkräftig begrüßt..."

[90] Geschäftsbericht der Industrie- und Handelskammer zu Bielefeld für das Jahr 1926, S. 26/27.

[91] WWA, K 3 Nr. 1002, Bericht des IHK-Präsidenten Bitter zur Wirtschaftslage 1929. Vgl. auch Mitteilungen der Industrie- und Handelskammer zu Bielefeld, 10. Jg., Nr. 7, 21. September 1929, S. 106.

[92] Mitteilungen der Industrie- und Handelskammer zu Bielefeld, 11. Jg., Nr. 10/11 November 1930, S. 134.

[93] Mitteilungen der Industrie- und Handelskammer Ostwestfalen zu Bielefeld, 12. Jg., Nr. 3, 10. Mai 1932, S. 28.

[94] Geschäftsbericht der Industrie- und Handelskammer zu Bielefeld für das Jahr 1925, S. 4. Vgl. auch Geschäftsbericht der Industrie- und Handelskammer zu Bielefeld für das Jahr 1926, S. 14; Mitteilungen der Industrie- und Handelskammer zu Bielefeld, 6. Jg., Nr. 4, 1. April 1925, S. 46.

[95] Geschäftsbericht der Industrie- und Handelskammer zu Bielefeld für das Jahr 1925, S. 4/5; Geschäftsbericht der Industrie- und Handelskammer zu Bielefeld für das Jahr 1926, S. 14.

[96] Geschäftsbericht der Industrie- und Handelskammer zu Bielefeld für das Jahr 1925, S. 6, S. 9. Ein Jahr zuvor schrieb die Bielefelder Kammer: „... Es geht auf die Dauer nicht an, daß sich die öffentliche Hand auf Kosten einer schwer darniederliegenden und in heftigen Wiederaufbaukrisen steckenden Wirtschaft ungebührlich bereichert..." Geschäftsbericht der Industrie- und Handelskammer zu Bielefeld für das Jahr 1924, S. 3.

[97] Geschäftsbericht der Industrie- und Handelskammer zu Bielefeld für das Jahr 1925, S. 9/10; Geschäftsbericht der Industrie- und Handelskammer zu Bielefeld für das Jahr 1926, S. 16.

[98] Geschäftsbericht der Industrie- und Handelskammer zu Bielefeld für das Jahr 1926, S. 14, S. 19.

[99] Mitteilungen der Industrie- und Handelskammer zu Bielefeld, 7. Jg., 15. März 1926, Nr. 3, S. 30.

[100] WWA, K 3 Nr. 1002, Präsident Wilhelm Bitter zur Wirtschaftslage im Jahre 1929. Vgl. auch Mitteilungen der Industrie- und Handelskammer zu Bielefeld. 10. Jg., Nr. 8, 15. Dezember 1929, S. 122.

[101] WWA, K 3 Nr. 1002, ebd.

[102] Mitteilungen der Industrie- und Handelskammer zu Bielefeld, 11. Jg., Nr. 8, 25. August 1930, S. 113; 13. Jg., Nr. 8. vom 30. September 1932, S. 93.

[103] Mitteilungen der Industrie- und Handelskammer Ostwestfalen zu Bielefeld, 12. Jg., Nr. 3 vom 10. Mai 1932, S. 32.

[104] WWA, K 3 Nr. 847, Petition der Industrie- und Handelskammer zu Minden an das Reichsfinanzministerium vom 22. April 1924.

[105] WWA, K 3 Nr. 847, ebd.

[106] Mitteilungen der Industrie- und Handelskammer zu Bielefeld, 9. Jg., Nr. 6, 1. September 1928, S. 54/55.

[107] Geschäftsbericht der Industrie- und Handelskammer zu Bielefeld für das Geschäftsjahr 1924, S. 5-7; Geschäftsbericht der Industrie- und Handelskammer zu Bielefeld für das Jahr 1926, S. 36-38.

[108] Geschäftsbericht der Industrie- und Handelskammer zu Bielefeld für das Jahr 1925, S. 27/28.

[109] WWA, K 4 Nr. 9.

[110] Geschäftsbericht der Industrie- und Handelskammer zu Bielefeld für das Jahr 1926, S. 39.

[111] Siehe hierzu zum Beispiel: O. Sartorius, Minden-Ravensberg im Rahmen der Neugliederung Preußens und des Reichs, Bielefeld 1929, S. 6/7. In einem Protokoll der Bielefelder Kammer aus dem Jahre 1920 heißt es zu dieser Frage: „Handel und Industrie halten vielmehr an ihrem Standpunkt fest, daß der Handelskammerbezirk seinen Anschluß an das Wirtschaftsgebiet Niedersachsen finden müsse…" ebd., S. 6.

[112] Geschäftsbericht der Industrie- und Handelskammer zu Bielefeld für das Jahr 1926, S. 13.

[113] WWA, K 3 Nr. 976, Brief Sartorius an Dr. Friedel, Geschäftsführer des Paderborner Handelsamtes vom 17. Mai 1924. Siehe auch den Brief Wigands an Sartorius vom 14. 4. 1924, WWA, ebd. Zur generellen Neuordnung der Kammerbezirke und zu den Plänen, eine ostwestfälisch-niedersächsische „Wirtschaftsprovinz" zu schaffen, siehe den Brief der Vereinigung Niedersächsischer Handelskammern an die Industrie- und Handelskammer zu Bielefeld vom 22. 12. 1921, in dem es u. a. hieß: „In der Presse wurde in der letzten Zeit verschiedentlich das inzwischen dementierte Gerücht verbreitet, eine neue Provinz oder Wirtschaftsprovinz zu bilden, die außer den Handelskammern Minden, Detmold, Stadthagen auch Teile der Handelskammern Bielefeld, Hannover, Osnabrück und Verden umfassen soll. Auf Anregung der Handelskammer Minden, die Wert darauf legt, Klarheit in diesen Dingen zu schaffen, laden wir hierdurch zu einer Besprechung ein…" WWA, K 3 Nr. 847.

[114] Siehe hierzu u. a. das Protokoll einer Sitzung in der Handelskammer zu Minden vom 30. 12. 1921 in dem es u. a. heißt: „… Die erste Unfreundlichkeit erblicke er (der Syndicus Hoffmann der Mindener Kammer) darin, daß Herr von Ascheraden am 11. Dezember beim Herrn Regierungspräsidenten Dr. Hagemeister darüber Beschwerde geführt habe, daß sich die Handelskammer Minden den zur Handelskammer Bielefeld gehörenden Teil des Kreises Herford angliedern wolle… WWA, K 3 Nr. 966.

[115] Siehe zum Beispiel den Schriftverkehr zwischen dem Syndicus der Bielefelder Handelskammer, Sartorius, und dem Mindener Fabrikanten Heinrich Noll vom Winter 1930 bis Frühjahr 1931. Am 24. April 1931 schrieb Noll zum Beispiel an Sartorius: „… Ich persönlich vertrete ja schon seit längerer Zeit den Standpunkt, daß eine Auflösung der hiesigen Kammer für die Industrie nur von Nutzen sein kann, da eine große Vertretung natürlich ganz andere Erfolge zu erzielen vermag, als dieses bei den kleinen Gebilden möglich ist…" WWA, K 3 Nr. 966.

[116] In einem Protokoll einer Untersuchungskommission, die die Unterschlagungen von Hoffmann aufklären sollte, heißt es im Dezember 1930: „… Es handelt sich darum, daß Herr Dr. Hoffmann zunächst unbefugt aus der Kasse der Kammer für Schaumburg-Lippe Beträge in runder Höhe von 10 000 RM durch den Kassierer auszahlen ließ und zweitens desgleichen aus der Kasse des W.C.V. in Bünde in Höhe von rund 7 000 RM. Sodann hat er am 1. 12. ohne Genehmigung den Dienst verlassen…." WWA, K 3 Nr. 966.

[117] Siehe hierzu den Brief von Sartorius an den Ministerialrat Frielinghaus vom 17. 8. 1931, WWA, K 3 Nr. 966.

[118] Siehe hierzu die Aktennotizen von Sartorius vom 26. 11. 1931. In einem Brief der Industrie- und Handelskammer zu Bielefeld an den preußischen Minister für Handel und Gewerbe vom 30. 12. 1931 heißt es: „… Nachdem die Vollversammlung der Mindener Industrie- und Handelskammer am Montag den 28. Dezember 1931 der Zusammenlegung der Kammer Minden mit der Kammer Bielefeld grundsätzlich zugestimmt hat, hat gestern in Bad Oeynhausen eine Besprechung zwischen Vertretern der beiden Kammern stattgefunden, in der die einzelnen Bedingungen der Zusammenlegung vereinbart wurden. Das Ergebnis der gestrigen Besprechung ist folgendes: 1. die Zusammenlegung der Kammer erfolgt mit Wirkung ab 1. April 1932. 2. Der Name der Einheitskammer wird sein: „Industrie- und Handelskammer Ostwestfalen zu Bielefeld…" WWA, K 3 Nr. 967.

Zwischen Marktwirtschaft und Dirigismus – Die Wirtschaft im östlichen Westfalen während des Nationalsozialismus

I. „Neue Wirtschaft“ im „neuen Staat“ – Die wirtschaftliche Entwicklung in Deutschland während des Nationalsozialismus im Überblick

Nicht zu bestreiten ist, daß mit der Machtübernahme durch die Nationalsozialisten und der Ernennung Hitlers zum Reichskanzler das dunkelste Kapitel der neueren deutschen Geschichte begann. Die Frage, ob Hitlers Aufstieg zu verhindern gewesen wäre, ob das „System von Weimar“ angesichts der wirtschaftlichen Depression und der politischen Instabilität zum Untergang verurteilt war, kann hier nicht eingehend erörtert werden. Welche Versuche auch immer unternommen worden sind oder unternommen werden, den Aufstieg des deutschen Hyperfaschismus mit all seinen Folgen zu analysieren, zu erklären oder gegebenenfalls zu relativieren: Mit der Zeit des nationalsozialistischen Regimes bleiben stets Repressalien und Terror gegen Andersdenkende, die Massenvernichtung von Juden, Zigeunern oder anderen Minderheiten, ein kaum vorstellbarer, blindwütiger Zerstörungskrieg, Hunger und Elend, millionenfaches Leid, aber auch Flucht und Vertreibung verbunden.[1]

Trotz erheblicher Anstrengungen und zahlreicher Publikationen bildet die Zeit des Nationalsozialismus für die wirtschafts- und sozialhistorische Forschung noch immer eine „terra incognita“. Genaue Erkenntnisse über die Entwicklung der wichtigsten Branchen in der deutschen Wirtschaft, über die Funktionsweise des nationalsozialistischen Wirtschaftssystems sowie über die Praktiken und Folgen von „Entjudung“ und „Arisierung“ in Industrie, Handel und Kreditwirtschaft liegen bis heute entweder gar nicht oder nur in Ansätzen vor. Vorschnelle Urteile können daher immer noch kursieren sowie falsche Schlußfolgerungen gezogen werden. Vor allem gilt dies für die Jahre der Kriegswirtschaft bis zum Zusammenbruch des Nazi-Regimes im Frühjahr 1945. Viele Aussagen und Urteile zur Entwicklung der deutschen Wirtschaft in der Zeit von 1933 bis 1945 sind daher nur unter gewissen Vorbehalten möglich.[2]

Die Machtübernahme der Nationalsozialisten im Januar 1933 bedeutet für die neuere deutsche Geschichte zweifellos eine Zäsur. Unstrittig ist auch, daß die Nationalsozialisten, die kein eigenes ausgefeiltes Wirtschaftsprogramm besaßen, 1933 von den Maßnahmen zur Krisenbekämpfung profitierten, die bereits unter den Regierungen der Reichskanzler Franz von Papen und Kurt von Schleicher in Gang gesetzt worden waren. Das mit den ausländischen Gläubigern geschlossene Stillhalteabkommen über die zu zahlenden Reichsschulden, die Einstellung der Reparationen, die Einführung von Devisenkontrollen sowie die durch Notverordnungen der Kabinette Brüning und von Papen erzwungene Lohn- und Preissenkung befreiten die deutsche Wirtschaft von einigem „Ballast“ und waren Instrumente, die in den Händen der Nationalsozialisten die Grundlage für einen Wirtschaftsaufschwung schafften. Ebenso waren Mittel zur Finanzierung von Arbeitsbeschaffungsmaßnahmen bereitgestellt worden. Das waren Maßnahmen, die von den Nationalsozialisten benutzt wurden, um einen Konjunkturaufschwung hervorzurufen. Auch die Pläne für später unter großem propagandistischem Aufwand durchgeführte Verkehrsinvestitionen wie dem Autobahnbau lagen vor 1933 schon vor.[3]

Die Wirtschaftspolitik besaß in der Prioritätenskala der neuen Machthaber keinesfalls eine exponierte Stellung. Vielmehr kam ihr die Funktion eines Schrittmachers zu, der dazu beitragen sollte, die eigentlich wichtigen Ziele der Nationalsozialisten zu realisieren: Wiederaufrüstung durch Ausbau der Rüstungswirtschaft zwecks „Erweiterung des Lebensraumes“, was nur mit einem erneuten Krieg zu erreichen war. Ein Angriffskrieg gegen die europäischen Nachbarn konnte nur bei weitgehender Beschränkung des Konsums der Bevölkerung und massiver staatlicher Eingriffe in die Wirtschaft geführt werden.[4]

Der erste Schritt auf diesem Weg bildete der im Juni 1933 begonnene Reinhardt-Plan, benannt nach seinem Initiator Fritz Reinhardt, Staatssekretär im Reichsfinanzministerium. Mit Hilfe von Steuervergünstigungen, Darlehen und Zuschüssen in Höhe von 1 Milliarde RM sollten Infrastrukturmaßnahmen und Wohnungsbau gefördert werden. Im September 1933 wurden nochmals 500 Millionen RM für Instandsetzungsarbeiten und als Steuererleichterungen für die Landwirtschaft zur Verfügung gestellt. Ebenfalls im Herbst 1933 setzte das Autobahnprogramm ein. Alle diese Maßnahmen bewirkten einen spürbaren Rückgang der Arbeitslosigkeit. Bereits im Jahre 1934 verloren die Arbeitsbeschaffungsmaßnahmen jedoch gegenüber den Rüstungsausgaben, die der Kriegsvorbereitung dienten, an Bedeutung. Von 1933 bis zum Ausbruch des Zweiten Weltkriegs wurden etwa 61 Milliarden RM direkt für die Rüstung ausgegeben, für Arbeitsbeschaffungsmaßnahmen nur 5–6 Milliarden RM. Diese Zahlen zeigen, daß die gesamte Wirtschaftsstruktur auf die Erfordernisse der Rüstungsindustrie zugeschnitten war, während zum Beispiel die Konsumgüterindustrie im Vergleich zu anderen Branchen an Bedeutung verlor.[5]

Um diesen Strukturwandel abzusichern, war die Umschichtung eines wachsenden Anteils des Bruttoinlandsprodukts vom privaten Vebrauch hin zu staatlichen Investitionen notwendig. Begleitet wurde diese Entwicklung von einer expansiven Kreditpolitik des Staates und der Reichsbank. Unter dem seit März 1933 amtierenden Reichsbankpräsident Schacht wurden sowohl die Arbeitsbeschaffungsmaßnahmen als auch die forcierte Rüstungsindustrie durch „deficit spending", das heißt durch eine wachsende Verschuldung der öffentlichen Haushalte, finanziert. Eine besondere Rolle spielte dabei die Mittelaufbringung durch sogenannte „Mefo-Wechsel". Firmen, die Anspruch auf Zahlung aus Rüstungsaufträgen des Staates hatten, zogen Wechsel auf eine 1933 gegründete Scheinfirma, die „Metallurgische Forschungsanstalt". Die Reichsbank diskontierte diese anschließend, wodurch die Rüstungsaufträge bezahlt wurden. Da die Wechsel bis zu fünf Jahren prolongiert werden konnten, blieben sie im Portefeuille der Reichsbank, die dadurch dem Reich praktisch mittel- bis langfristige Kredite in erheblichem Umfang zur Verfügung stellte. Nach neueren Schätzungen wurden ca. 12 Milliarden RM auf diese Weise für die Rüstung aufgebracht, was ca. 20 % der gesamten Rüstungsausgaben entsprach. Als im Frühjahr 1939 das Reich die ersten 2 Milliarden RM an fälligen Wechseln nicht einlösen konnte, kam es zu Konflikten zwischen der Reichsregierung und der Reichsbank, die zum Rücktritt Schachts führten. Außer den „Mefo-Wechseln" griff das Reich seit 1938 auch auf Schatzanweisungen zur Finanzierung der Rüstungsausgaben zurück. Als Folge der verschiedenen Finanzierungsmethoden stieg die gesamte Staatsschuld von 14 Milliarden Reichsmark 1933 auf 41,7 Milliarden Reichsmark 1938, wobei der Anteil der kurzfristigen nicht gedeckten Schulden überproportional zunahm.[6]

Durch Arbeitsbeschaffungsmaßnahmen und die Forcierung der Rüstungspolitik wurden nicht nur Millionen von Arbeitslosen wieder in das Erwerbsleben eingegliedert, sondern es zeigten sich auch verstärkt Anzeichen einer Binnenkonjunktur. Dennoch bildeten die passive Handelsbilanz und ein gravierender Devisenmangel permanente Gefahren für den Wirtschaftsaufschwung. Erst mit dem „Neuen Plan" des Reichsbankpräsidenten Schacht gelang es, diese Gefahren abzubauen, ohne die expansive Rüstungspolitik einschränken zu müssen. Mit dem „Neuen Plan" vollzog sich vor allem in der deutschen Außenwirtschaftspolitik ein grundlegender Wandel. Importbeschränkungen, Außenhandelskontrollen, Exportförderungsmaßnahmen und Bilateralisierung des Außenhandels wurden zu spezifischen Kennzeichen dieses Politikwechsels, dessen Ziel ein möglichst großes Maß an Autarkie war. Mit dem Inkrafttreten des Vierjahresplans im Frühjahr 1936 wurde nicht nur der Außenhandel, sondern die gesamte Wirtschaft umfassenden staatlichen Kontrollen unterworfen. Ziel dieses Plans war, die deutsche Wirtschaft innerhalb von vier Jahren kriegsfähig und die deutsche Armee im gleichen Zeitraum einsatzfähig zu machen. Es sollte zum einen durch eine massive Steigerung der Autarkie bei einer Förderung der inländischen Ersatzstoffproduktion, zum anderen durch die vollständige Ausrichtung der Wirtschaft auf die Rüstungsindustrie erreicht werden. Wenn auch diese Autarkie bei Ausbruch des Zweiten Weltkrieges noch nicht sichergestellt war, bestand der wirtschaftliche Erfolg des Vierjahresplanes doch in einer erheblichen Steigerung der Rohstoffproduktion und einer Produktivitätszunahme der deutschen Wirtschaft. Die Privatwirtschaft sah sich mit Beginn des Plans jedoch zunehmend staatlicher dirigistischer Interventionen ausgesetzt. Die Frage, ob der Vierjahresplan noch wirksamer gewesen wäre, wenn es zu weniger Kompetenzstreitigkeiten zwischen den bereits bestehenden Ministerien und Organisationen und der neuen Vierjahresplanbehörde unter ihrem Leiter Hermann Göring gekommen wäre, kann hier nicht beantwortet werden.[7]

Bei Kriegsausbruch am 1. September 1939 war die deutsche Wirtschaft keineswegs für einen länger dauernden Krieg gerüstet. Die Lebensmittelversorgung war nur zu gut 80 % gesichert. Besonders gravierend war außerdem die Unterversorgung mit industriellen Rohstoffen wie Mineralöl, Eisenerz, Buntmetallen sowie mit Textilien. Auch in der Rüstungsindustrie selber war man zunächst nicht auf eine längere Kriegsführung vorbereitet. Vielmehr war das Ziel der deutschen Strategen, durch einen „Blitzkrieg" die geplanten Eroberungen und Okkupationen zu realisieren. Diese Strategie ging in den ersten Kriegsjahren auch voll auf. Die eroberten Gebiete in West-, Mittel- und Südeuropa wurden zudem schnell in die deutsche Wirtschaftsstruktur eingegliedert. Vor allem die Grundstoffindustrien erhielten hierdurch eine breitere Basis. Solange die deutschen Armeen militärische Erfolge erzielten, wollten Reichsregierung und Heeresleitung diese Entwicklung beibehalten. Erst durch die Rückschläge im Rußlandfeldzug im Winter 1941/42 wurde deutlich, daß sich dieses Konzept nicht mehr aufrechterhalten ließ. Im Frühjahr 1942 begann daher eine neue Phase für die deutsche Rüstungsindustrie – der Beginn einer umfassenden Kriegswirtschaft.[8]

Unter Albert Speer wurde die deutsche Rüstungsindustrie massiv umgestaltet. Noch bestehende konkurrenzwirtschaftliche Elemente wurden zugunsten von planwirtschaftlichen Direktiven abgeschafft. Die Rüstungsindustrie samt allen Zulieferbranchen wurde in Ausschüsse und Ringe zusammengefaßt. Eine konkurrenzwirtschaftliche Preisgestaltung oder der Wettbewerb um Marktanteile mußten weitgehend aufgegeben werden. Ziel der Maßnahmen war es, die Produktion deutlich zu erhöhen und dabei gleichzeitig Material und Rohstoffe einzusparen, was bis 1943 auch gelang. Die Rüstungsproduktion ließ sich bis zu diesem Zeitpunkt nahezu verdoppeln. Mit der schwieriger werdenden militärischen Lage im Winter 1943/44 zeigten sich jedoch in aller Deutlichkeit Produktionseinbrüche und Versorgungsprobleme. Im Konsumgütersektor mußten weniger wichtige Erzeugnisse aus der Produktion herausgenommen und die Betriebe auf Rüstung umgestellt werden. Durch diese Einführung einer totalen Kriegswirtschaft ließ sich noch einmal ein weiterer kurzfristiger Anstieg der Rüstungsproduktion erreichen, bis die deutsche Rüstungswirtschaft ab Herbst 1944 mit dem Zusammenbruch der Rohstoffversorgung und den immer fühlbarer werdenden Mängeln in der Infrastruktur an ihre Grenzen stieß. Damit war auch der Zusammenbruch des nationalsozialistischen Regimes besiegelt. Die Fronten brachen in allen Kampfabschnitten zusammen, in Ostpreußen, Pommern und Schlesien bedeuteten Flucht und Vertreibung für die Zivilbevölkerung millionenfaches Leid. Aber auch in anderen Reichsgebieten brachten Versorgungsengpässe, Bombenterror und Zerstörung für die Einwohner Hunger, Elend und Verzweiflung. Der totale Zusammenbruch Anfang Mai 1945 beendete nicht nur die zwölfjährige Herrschaft der Nationalsozialisten, sondern hinterließ ein in vielen Teilen zerstörtes Land sowie eine apathische und erschöpfte Bevölkerung. Die Kosten des Zweiten Weltkriegs werden nach Schätzungen für Deutschland auf einen Betrag zwischen 510 bis 640 Milliarden RM beziffert, wovon mehr als die Hälfte durch eine im Krieg rapide zunehmende Verschuldung des Reiches aufgebracht wurde. Die Verluste an Leben, an materiellen und ideellen Werten unter der Zivilbevölkerung lassen sich dagegen kaum ermessen.[9]

II. Zwischen Gleichschaltung und Ausschaltung – Die Wirtschaft im östlichen Westfalen während des Nationalsozialismus

1. Die ostwestfälische Wirtschaft nach der Machtergreifung bis zum Ausbruch des Zweiten Weltkriegs

Im ersten Halbjahr 1932 steuerte die Wirtschaftskrise im östlichen Westfalen ihrem Höhepunkt entgegen. Bis auf wenige Ausnahmen wie der Fahrradindustrie waren alle Branchen von ihren Folgen hart getroffen. Leichte Anzeichen einer Besserung waren jedoch im zweiten Halbjahr in einigen Wirtschaftszweigen zu beobachten. Diese Tendenz verstärkte sich im Jahre 1933, was einige Institutionen – auch die Industrie- und Handelskammer zu Bielefeld – als Folge der Machtergreifung durch die Nationalsozialisten ansahen, in Wirklichkeit aber die Intensivierung der konjunkturellen Aufwärtsentwicklung war, die bereits im Vorjahr begonnen hatte.[10] Die Wirtschaftsentwicklung der folgenden Jahre war im östlichen Westfalen ähnlich wie im Reich. Auch sie war 1933 gekennzeichnet durch einen Abbau der Arbeitslosigkeit und die Belebung der Wirtschaftstätigkeit, hervorgerufen durch öffentliche Arbeiten und Aufträge von Behörden und NS-Organisationen wie der SA, der SS oder dem Arbeitsdienst. Von Bestellungen dieser Organisationen an Uniformen, Unterwäsche oder anderer Bekleidungsstücke profitierten vor allem die Leinen- und Baumwollspinnereien und -webereien, aber auch die Wäsche- und Konfektionswarenindustrie. Diese Branche konnte auch aus einem anderen Grund eine steigende Nachfrage verzeichnen: Die von der nationalsozialistischen Regierung gewährten Ehestandsdarlehen erleichterten nicht nur die Eheschließungen, sondern sorgten auch für zahlreiche Bestellungen an Aussteuer und Wäsche.[11]

Während die ostwestfälische Textilindustrie 1933 und 1934 wieder eine Aufwärtsentwicklung infolge staatlicher Nachfrage verbuchen konnte, blieben einige Sparten der metallverarbeitenden Industrie und des Maschinenbaus von dieser Belebung vorerst ausgeschlossen. Nur die Fahrradindustrie und die Nähmaschinenindustrie konnten wieder volle Auftragsbücher verzeichnen. Die Herstellung von Registrierkassen litt dagegen unter den von der neuen Regierung erlassenen Bestimmungen, welche die Betreibung und Eröffnung von Ladengeschäften restriktiven Regelungen unterwarf. Aber auch andere Bereiche des Maschinenbaus wie die Landmaschinenproduktion oder Werkzeugmaschinenfabrikation konnten noch nicht wieder richtig Tritt fassen. Gleiches galt auch für die Fleischwarenhersteller, während sich in anderen Sparten der Nahrungs- und Genußmittelindustrie infolge der zurückgehenden Arbeitslosigkeit und des steigenden Konsums wieder eine Aufwärtstendenz bemerkbar machte. 1934 berichteten sowohl die Brauereien und Brennereien als auch die Unternehmen aus der Keks- und Schokoladenherstellung wieder von einer befriedigenden Ertragslage.[12]

Ein Hindernis für die Gesundung auch der ostwestfälischen Wirtschaft bildeten 1933 und 1934 fraglos die Beeinträchtigungen im Exportgeschäft, die durch Devisenbewirtschaftung, Einfuhr- und Ausfuhrbeschränkungen, aber auch durch Zollerhöhungen in anderen europäischen Ländern hervorgerufen wurden.[13] Für die lange Zeit exportorientierten Zweige der ostwestfälischen Wirtschaft wie die Textilindustrie oder den Maschinenbau bedeutete diese Situation fraglos eine Belastung, wenn auch infolge von Rohstoffbewirtschaftung und Devisenverknappung keine Feierschichten eingelegt werden mußten, wie anfangs von der Industrie- und Handelskammer befürchtet worden war. An die zuständigen Dienststellen konnte die Kammer daher vermelden: „... Soweit es uns in der verhältnismäßig kurzen Zeit möglich war, haben wir in den in Frage kommenden Industriezweigen Ermittlungen darüber angestellt, ob und gegebenenfalls wann mit der Notwendigkeit der Einlegung von Feierschichten infolge der Devisenverknappung zu rechnen ist. Wir haben aber in keinem Fall einen zuverlässigen Anhalt dafür gewinnen können, daß diese Gefahr in absehbarer Zeit, also etwa schon in Wochen oder Monaten, bevorsteht..."[14]

Im Verlaufe des Jahres 1934 zeigten sich in der ostwestfälischen Textilindustrie aber auch negative Auswirkungen der vom NS-Regime verhängten Boykottmaßnahmen gegen jüdische Geschäfte. Gerade die Tischzeug- und Leinenwäschehersteller beklagten die rapide zurückgehenden Aufträge jüdischer Textileinzelhändler, die oft jahrelang gute Kunden der ostwestfälischen Textilfirmen gewesen waren. Die Industrie- und Handelskammer gab die Unzufriedenheit dieser Firmen in ihrem Bericht über die Wirtschaftslage im Jahre 1934 wieder: „... Die seit Beginn des Sommers wieder in lebhafte Bewegung geratene Behandlung der Judenfrage führt in steigendem Umfange zu Schwierigkeiten bei den nichtarischen Geschäften. Die Mahnung „Wer beim Juden kauft, ist ein Volksverräter", hat ihre Wirkung nicht verfehlt. Bestellte Ware kann nicht abgenomen werden, neue Aufträge bleiben aus... Im Bereiche des Wäscheeinzelhandels finden sich zahlreiche jüdische Häuser, die seit jeher hochwertige Ware führten und daher zu den besten Abnehmern der Hersteller von Qualitätsware zählten. Die Tatsache, daß die Bezüge dieser Firmen mehr oder minder ausfallen, wirkt sich um so mehr aus, als sich eine Verlagerung des wegfallenden Absatzes auf arische Geschäfte bisher nur in wenigen Fällen erkennen läßt..."[15]

Die wirtschaftliche Aufwärtsentwicklung hielt 1935 sowohl im Reiche als auch im östlichen Westfalen an. Außer der gestiegenen Inlandsnachfrage war hierfür vor allem der erhöhte Bedarf an Investitionsgütern der öffentlichen Hand verantwortlich, der durch die wachsende Rüstungswirtschaft und den Autobahnbau hervorgerufen wurde. Von einem sich selbst tragenden Konjunkturaufschwung konnte also keine Rede sein. Vielmehr blieb die Wirtschaftsentwicklung weiter eng an die Bedürfnisse und Prioritäten öffentlicher Institutionen gekoppelt. Dennoch: Fast alle wichtigen Branchen der ostwestfälischen Wirtschaft konnten von dieser Konstellation profitieren. Die Wäsche- und Bekleidungsindustrie war dermaßen gut beschäftigt, daß ein Mangel an Facharbeitern auftrat. Auch die Leinen- und Baumwollspinnereien und -webereien konnten auf eine steigende Nachfrage nach ihren Produkten verweisen. Der „klassische" Mechanismus eines konjunkturellen Aufschwungs im östlichen Westfalen machte sich auch 1935 wieder verstärkt bemerkbar: Vom Aufschwung der Textilindustrie profitierte in großem Umfang auch die Nähmaschinenindustrie, deren gute Ertragslage auch auf den Maschinenbau und die Werkzeugmaschinenindustrie zurückwirkte. Schließlich wurden vom Wirtschaftsaufschwung dieser Jahre auch die Branchen erfaßt, die nach der Machtergreifung zunächst Sorgenkinder der ostwestfälischen Wirtschaft geblieben waren: Die Landmaschinenhersteller profitierten von der wieder gestiegenen Kaufkraft der Landwirte und deren wachsender Investitionsbereitschaft, die Nahrungs- und Genußmittelindustrie generell von der steigenden Kaufkraft weiter Bevölkerungsteile. Die Bauwirtschaft konnte dagegen vor allem als Folge von staatlichen Aufträgen auf volle Auftragsbücher blicken.[16]

Getrübt wurde die positive Entwicklung der ostwestfälischen Wirtschaft weiterhin nur durch die schwierige Lage des Außenhandels. Der chronische Devisenmangel und die passive Handelsbilanz bildeten den Anlaß zur Errichtung von Einfuhrüberwachungsstellen, welche die gesamte Wareneinfuhr behördlich regeln und das weitere Anwachsen des Handelsbilanzdefizites verhindern sollte.[17] Darüber hinaus wurde angeordnet, daß die deutsche Wirtschaft auf einheimische Roh- und Ersatzstoffe zurückgreifen und wenn eben möglich ausländische Rohstoffe nicht verwenden sollte. Für die ostwestfälische Textilindustrie hatte diese Maßnahme unmittelbare Folgen: Der Flachsanbau in der Region wurde wieder intensiviert, so daß die Leinenspinnereien und -webereien ähnlich wie zu Beginn der Industrialisierung auf diesen Rohstoff aus heimischem Anbau zurückgreifen konnten.[18]

Die steigenden Rüstungsanstrengungen und die wachsende Bedeutung der Rüstungsindustrie seit der Einführung des Vierjahresplans 1936 waren auch für die ostwestfälische Wirtschaft ein wichtiger Impuls für eine günstige Entwicklung. Dieser Sachverhalt wurde auch von der Industrie- und Handelskammer freimütig konstatiert: „... Die günstige Entwicklung ist darauf zurückzuführen, daß der Staat nach wie vor als Auftraggeber stark hervortrat; so erwuchsen durch die Wiedereinführung der Wehrhoheit und die Einführung der Wehrpflicht doch bedeutende neue Aufgaben, die der Wirtschaft Impulse gaben... In Bielefeld wurden umfangreiche Kasernenbauten errichtet. Ein Teil der industriellen Betriebe profitierte unmittelbar oder mittelbar von den mit der deutschen Aufrüstung verbundenen großen Aufträgen..."[19] Nicht zu verkennen ist jedoch, daß außer dem rüstungswirtschaftlichen Bedarf auch die private Nachfrage 1936 eine Stütze für die heimische Wirtschaft darstellte. Allerdings litt die Textilindustrie in diesem Jahr wieder unter Rohstoffmangel, so daß die Spinnereien und Webereien, aber auch die Kleider- und Wäschefabriken nicht voll beschäftigt waren – ein Umstand, der sich auch auf die Ertragslage der Nähmaschinenindustrie negativ auswirkte.

Der Beginn des Vierjahresplans beeinflußte fraglos den Auftragsbestand der ostwestfälischen metallverarbeitenden Industrie und des Maschinenbaus. Mit dem Plan ging auch eine weitgehende Militarisierung der reichsdeutschen und damit auch der ostwestfälischen Wirtschaft einher. Firmeninhaber oder Unternehmensleiter wurden nun zu Betriebsführern ernannt, die wie militärische Führer von ihrer „Gefolgschaft" – den Arbeitern – Disziplin, Gehorsam, Unterordnung und Opferbereitschaft verlangen konnten und sollten, um die „Erzeugungsschlacht" im Rahmen des Vierjahresplans erfolgreich zu bestehen. Dieser Militarisierung entsprach, daß jegliche Abweichung oder Nachlässigkeit hart geahndet wurde. Jeder Betrieb sollte soweit wie möglich für die Verwirklichung der rüstungswirtschaftlichen Ziele der Nationalsozialisten eingespannt werden. Das staatliche Lenkungs- und Kontrollorgan für die Einbindung jedes Betriebs in die NS-Rüstungsmaschinerie war der „Treuhänder der Arbeit", der die gesamte Wirtschaft im Sinne der Planziele zu lenken hatte – von der Geschäftsführung bis hin zur Regelung des Verhältnisses von Unternehmern und Arbeitern. Jeder Betrieb war damit der Lenkung und Kontrolle der NS-Wirtschaftsbürokratie unterworfen.[20]

Eduard Wertheimer, Bielefelder Seidenfabrikant, Arisierungsopfer, starb durch Freitod

Mit der Militarisierung des Wirtschaftslebens begann auch die systematische Ausschaltung der Juden aus diesem Bereich. Seit 1933 sahen sich jüdische Geschäftsleute und Unternehmer zielgerichteten Boykottaufrufen durch die SA oder andere Parteiorganisationen ausgesetzt, konnten jedoch in den meisten Fällen ihre Betriebe noch weiterführen. Nach der Verabschiedung der Nürnberger Rassengesetze 1935 verstärkte sich der Druck auf die jüdische Bevölkerung und insbesondere die Geschäftsleute. Ab 1936 wurden schließlich jüdische Unternehmer, leitende Angestellte in Firmen, Geschäftsleute, aber auch kleinere Gewerbetreibende aus der Wirtschaft ausgeschaltet. Durch eine Reihe von Verordnungen wurden ihnen im Geschäftsleben derart große Repressalien auferlegt, daß sich viele gezwungen sahen, ihre

Deportation von Bielefelder Juden

Firmen aufzugeben oder an Nichtjuden zu verkaufen. Über das Ausmaß und die Modalitäten dieser sogenannten Arisierungen im Bezirk der Industrie- und Handelskammer zu Bielefeld gibt es bis heute keine verläßlichen Angaben. Einige Quellen sprechen von insgesamt 29 Betrieben aus Industrie und Großhandel, die im Kammerbezirk arisiert wurden. Fest steht dagegen, daß es zum Beispiel in Bielefeld Ende 1938 kein jüdisches Einzelhandelsgeschäft mehr gab. Die „Reichspogromnacht" vom 9. auf den 10. 11. 1938 gab schließlich das Zeichen für die endgültige Eliminierung der Juden aus der deutschen und damit auch ostwestfälischen Wirtschaft. Ihrer ökonomischen Grundlage beraubt, entschloß sich in Ostwestfalen ein Großteil der Juden zur Auswanderung. Wer seine Heimat nicht so schnell aufgeben wollte, wurde in den folgenden Jahren deportiert und in den Vernichtungslagern liquidiert. Nur wenige Juden, wie der Inhaber der Chemikalienhandlung Goldmann, Sidney Goldmann, haben dieses dunkelste Kapitel der neueren deutschen Geschichte überlebt und sind nach Ende des Zweiten Weltkriegs in ihre ostwestfälische Heimat zurückgekehrt.[21]

Für die ostwestfälische Wirtschaft bedeutete das Jahr 1938 eine Phase der „Wartestellung“. Einerseits war die Wirkung der Maßnahmen zur Ankurbelung der Konjunktur etwas abgeklungen, andererseits mußten sich einige Branchen wie die metallverarbeitende und die Textilindustrie trotz forcierter Autarkiebemühungen weiterhin mit den Problemen einer unzureichenden Rohstoffversorgung auseinandersetzen. Hinzukamen Verschiebungen in der Produktionsstruktur, die durch die intensivierte Kriegswirtschaft verursacht wurden. Beschäftigung und Ertragslage blieben zwar in den meisten Branchen gut, doch zeigte sich immer mehr, daß auch die ostwestfälische Wirtschaft fast ausschließlich von der Entwicklung auf dem Inlandsmarkt und vor allem der staatlichen Nachfrage abhängig war. Wenn sich auch in Ostwestfalen kein „militärisch-industrieller Komplex“ wie im Ruhrgebiet befand, so wirkten sich die Vorboten des Krieges doch auf Industrie, Handel und Gewerbe aus. Es muß offen bleiben, ob die meisten Unternehmer tatsächlich von der bevorstehenden Kriegsgefahr wußten. Doch die Schatten des Zweiten Weltkriegs waren 1939 auch auf die ostwestfälische Wirtschaft gefallen.[22]

2. Die Industrie- und Handelskammer im Herrschaftssystem des Nationalsozialismus bis zum Ausbruch des Zweiten Weltkriegs

Vorstand und Vollversammlung der Industrie- und Handelskammer verfolgten die Machtübernahme durch die Nationalsozialisten mit gemischten Gefühlen. Einerseits hofften sie, daß eine starke Regierung endlich eine durchgreifende Besserung der Wirtschaftslage herbeiführen würde, andererseits erkannten sie, daß wesentliche Punkte des nationalsozialistischen Wirtschaftsprogramms im Widerspruch zu ihrem Credo einer Wettbewerbswirtschaft standen, deren Säulen unternehmerische Eigenverantwortung, Dispositionsgewalt über das Eigentum, marktwirtschaftliche Ordnungspolitik und Einbettung in ein möglichst weitgreifendes Netz von internationalen Handelsbeziehungen waren. Einige dieser Säulen sah die Kammer nun bedroht, so daß sie sich im Frühjahr 1933 veranlaßt sah, ihre Grundüberzeugungen für das Funktionieren einer wettbewerbsfähigen Volkswirtschaft darzulegen und auf Unterschiede zur gegenwärtigen Wirtschaftspolitik hinzuweisen. Bei allem Verständnis für eine Änderung der bisherigen Wirtschaftspolitik und die Notwendigkeit eines nationalwirtschaftlichen Interessenausgleichs bestanden sowohl der Deutsche Industrie- und Handelstag als auch die Bielefelder Kammer, die beide noch bis März 1933 in ihrer alten Form existierten, auf den Grundprinzipien der Wettbewerbswirtschaft. In einer Verlautbarung hieß es damals: „... Überragend wichtig ist die Frage, ob die individualistische Wirtschaftsordnung aufrechterhalten bleiben wird, die durchaus nicht ein Eingreifen des Staates gegen Mißstände und Machtmißbrauch ausschließt, das Wirtschaften aber bis dahin Sache der eigenen persönlichen Verantwortung sein läßt, oder ob irgendwelche Formen des Sozialismus an dessen Stelle treten sollen ...“[23]

Die Zeiten, in denen solche eigenständigen und unabhängigen Äußerungen der Kammer möglich waren, gehörten jedoch bald der Vergangenheit an. In ihrer Vollversammlung vom 11. April 1933 beschloß die Bielefelder Kammer auf politischen Druck hin, sich aufzulösen und Neuwahlen für die Vollversammlung durchzuführen. Zu diesem Zweck mußte die bestehende Wahlordnung geändert und den Wünschen der neuen politischen Machthaber angepaßt werden. Gleichzeitig wurde der Vorstand der Kammer um einen Vetrauensmann der NSDAP, den Bielefelder Kaufmann Hermann Pielsticker, ergänzt.[24]

Als Ergebnis der Neuwahlen wurde ein neuer Vorstand der Industrie- und Handelskammer gebildet. Vorsitzender wurde der Braker Fabrikant Heinrich Oberschelp, dem fünf Stellvertreter zur Seite standen. Der Vollversammlung gehörten 47 Mitglieder an, die sich aus Wahlvorschlägen einzelner Bezirke und Wählerabteilungnen ohne eigentlichen Wahlakt rekrutierten. 22 Mitglieder der neuen Vollversammlung waren auch schon vorher in diesem Gremium vertreten. Der bisherige Präsident Wilhelm Bitter war für die Nationalsozialisten nicht tragbar, da er mehrfach deren Wirtschaftsprogramm hart kritisiert hatte. Bitter hatte stets auf eine Wiedergeburt der wirtschaftspolitischen Verhältnisse wie vor dem Ersten Weltkrieg gehofft. Ihm, der sein Credo von Wettbewerbswirtschaft und internationalem Handel verteidigt hatte, mußten staatlicher Dirigismus und Autarkiebestrebungen ein Greuel sein. Der überzeugte Demokrat Bitter, der sich 1930 und 1931 einige Male kritisch zum Parteiprogramm der NSDAP geäußert hatte, wurde daher seitens der NSDAP gedrängt, sein Amt niederzulegen. Als Trost wurde er zum Ehrenpräsidenten der Kammer ernannt.[25]

Den neuen Mitgliedern der Vollversammlung generell ein engeres Verhältnis zur NSDAP unterstellen zu wollen, wäre verfehlt. In der Regel waren sowohl die alten als auch die neuen Mitglieder der Vollversammlung Inhaber oder Führungskräfte von Industrieunternehmen oder größeren Einzelhandelsfirmen, die aufgrund ihrer Funktion und nicht ihrer Mitgliedschaft in der NSDAP in die Vollversammlung gewählt worden waren. Die Industrie- und Handelskammer blieb also vorerst weiterhin die Interessenvertretung von Industrie, Handel und Gewerbe aus der Region. Auch lassen sich Beispiele dafür finden, daß Industrielle aus Ostwestfalen die Politik der Nationalsozialisten ablehnten. Der Gütersloher Unternehmer Carl Miele wurde z.B. von den örtlichen Parteiorganen und Polizeibehörden verhört, da er sich angeblich kritisch über das nationalsozialistische Regime geäußert hatte.[26]

Dennoch änderten sich Vokabular und Tonfall in der Kammer ebenso wie die Sichtweise der Probleme, wie die Rede des neuen Vorsitzenden Oberschlep zur Eröffnung der ersten Vollversammlung nach der Wahl erkennen läßt. Hier hieß es zum Beispiel: „... Die vor uns liegenden Aufgaben des neuen Staates werden gewaltig sein. Ich hoffe aber, daß Sie, meine Herren, mit mir einig sind in der unerschütterlichen Treue zu den genialen Führern unseres neuen Staates, und ich zweifle nicht, daß es unserer, vom Geiste selbstloser Hingabe getragenen Gemeinschaftsarbeit gelingen wird, die bevorstehenden schweren Aufgaben zu lösen zum Segen unserer heimischen Wirtschaft, zum Segen von Volk und Nation ...“[27]

Solch ein übersteigertes nationales Pathos, aber auch eine solch unkritische Verherrlichung der politischen Machthaber hatten lange Zeit nicht zum Repertoire der Bielefelder Kammer gehört. Zwar konnte diese zunächst in ihrer konkreten Arbeit den Charakter einer unabhängigen Selbstverwaltungskorporation von Industrie und Handel bewahren, doch paßte sie sich im Laufe der folgenden Jahre immer mehr dem Druck der neuen politischen Machthaber an und ließ sich in einigen Fällen zum Vollzugsorgan der NS-Wirtschaftsbürokratie instrumentalisieren. Damit stand sie jedoch keineswegs alleine, sondern verhielt sich so, wie es von ihr gefordert und von anderen Kammern oder dem inzwischen gleichgeschalteten Industrie- und Handelstag ebenfalls praktiziert wurde.[28] Deutlich wurde dies zum Beispiel in den seit 1934 permanent wiederkehrenden, von der Industrie- und Handelskammer mitgetragenen Aufrufen zur Beteiligung der Wirtschaft am Winterhilfswerk oder an der Adolf-Hitler-Spende. Dieser Pflichtübung mußten sich alle Kammern und der Deutsche Industrie- und Handelstag unterziehen, weshalb sie nicht überbewertet werden sollte. Auch daß sie sich im Kampf gegen die Arbeitslosigkeit unter dem Schlagwort „Arbeitschlacht“ engagierten, wird man ihnen kaum anlasten können.[29] Bedenklicher war eher, daß sich die Bielefelder Kammer in einer gemeinsamen Erklärung mit anderen Kammern aus Rheinland und Westfalen Ende 1933 für eine massive Wiederaufrüstung aussprach.

Werbeplakat für das Winterhilfswerk

Am gravierendsten war jedoch, daß die Bielefelder Kammer – wie alle ihre Pendants – im April 1934 zum Führerprinzip übergehen mußte. Die Vollversammlung löste sich auf und übertrug alle Rechte und Pflichten dem Vorsitzenden und seinen Stellvertretern. Zwar geschah dies völlig legal auf der Grundlage einer Gesetzesnovelle über die preußischen Industrie- und Handelskammern vom 28. 12. 1933, doch bedeutete dies de facto das definitive Ende der Kammer als freigewählte Interessenvertretung von Industrie und Handel. Es muß allerdings berücksichtigt werden, daß diese Entscheidung auf politischen Druck zustande kam.[30] Angesichts dieser Entwicklung ist es kaum verwunderlich, daß sich die Assimilation der Interessen von Partei und Staat auf der einen und der IHK auf der anderen Seite in den folgenden Jahren weiter fortsetzte. Folgerichtig wurde die Personalunion von Reichspräsident und Reichskanzler durch Hitler ebenso befürwortet wie die Kontrollen im Devisenhandel und im Export. Beide Schritte wurden als wichtig für die Wiedergewinnung „nationaler Größe“ interpretiert. Das Führerprinzip wurde in der Kammer ebenfalls ausdrücklich gutgeheißen und in ihrer neuen Satzung vom September 1934 sanktioniert.[31]

Die politischen Machthaber suggerierten den Kammern, daß sie nach dem Verlust ihrer Funktion als frei gewählte Interessenvertretung von Industrie und Handel nun vor allem die Aufgabe zu erfüllen hätten, divergierende Interessen zwischen einzelnen Branchen sowie zwischen Unternehmern und Arbeitern wieder zusammenzuführen und damit einen wesentlichen Beitrag zum Aufbau der „neuen“ Wirtschaft zu leisten. Einige Autoren verstiegen sich damals sogar zu der absurden Behauptung, die Kammern hätten durch ihre ausgleichende Arbeit auch schon früher ein Stück „vorweggenommenen Nationalsozialismus" praktiziert. Ihre Funktion bestehe in der Wirtschaft des „neuen" Staates vor allem darin, so wurde argumentiert, als Hüter und Wahrer des Grundsatzes „Gemeinnutz geht vor Eigennutz" zu fungieren. Wahrung der Berufs- und Standesehre, Erziehung des beruflichen Nachwuchses und Überwachung der Berufserziehung wurden neben der Interessenharmonisierung als die eigentlichen Aufgaben der Kammern angesehen und nicht mehr die gezielte Interessenvertretung zu spezifischen Problemen des Wirtschaftslebens.[32]

Diese Aufgabenstellung ist auch der Grund dafür, daß die Bielefelder Kammer im Gegensatz zu früheren Jahrzehnten kaum noch eigenständig Stellungnahmen und Memoranden zu spezifischen Wirtschaftsfragen verfaßte oder sich für die Lösung bestimmter Probleme ihres Wirtschaftsbezirks einsetzte. Statt dessen übte sich ihr Präsident in schwülstigem Pathos, als er 1936 die Gewerbetreibenden des Kammerbezirks zum Gang an die Wahlurne verpflichtete. Zu diesem Zweck wurde ein Aufruf verfaßt, in dem es u. a. hieß: „Es ist nicht nur eine selbstverständliche Dankespflicht für die Aufbauarbeit der Vergangenheit, sondern zugleich ein zwingendes Gebot für die Zukunft, wenn Deutschlands gewerbliche Wirtschaft sich am 29. März geschlossen zum Führer und zu seiner Regierung bekennt. In diesem Sinne rufen wir die Betriebsführer der gewerblichen Wirtschaft auf, am Tage der Reichstagswahl als wahre Führer der Betriebe an der Spitze ihrer Gefolgschaftsmitglieder Mann für Mann ihre Pflicht für Deutschlands Ehre und Freiheit, für Deutschlands soziales, wirtschaftliches und kulturelles Wohlergehen zu tun ..."[33]

Angesichts dieser Entwicklung verwundert es nicht, daß sich die nationalistisch-pathetischen Töne in der Rhetorik der Bielefelder wie auch aller anderen Kammern noch steigerte, als durch eine Volksabstimmung der „Anschluß" Österreichs und die Schaffung des neuen „Großdeutschen Reiches" sanktioniert werden sollten. Am 10. April 1938 startete die Kammer erneut einen Aufruf unter den Betrieben ihres Bezirkes, in dem sie für die unbedingte Zustimmung zu diesem Schritt warb: „... Es kann keinem Zweifel unterliegen, daß jeder deutsche Volksgenosse und jede deutsche Volksgenossin, die der Ehre teilhaftig sein dürfe am 10. April ihre Stimme abzugeben, sich mit ihrem „ja" eindeutig und freudig und von Dankbarkeit erfüllt vor aller Welt zu unserem Führer und Reichskanzler Adolf Hitler bekennt. Im Kreise der freudig Bekennenden werden die Männer und Frauen der gewerblichen Wirtschaft aus Handel, Industrie, Bank- und Verkehrsgewerbe nicht fehlen. Die gewerbliche Wirtschaft stimmt hunderprozentig mit „Ja!"[34]

Gerade nach dem Inkrafttreten des Vierjahresplans und der damit verbundenen Intensivierung der Rüstungswirtschaft läßt sich eine erheblich nachlassende Distanz der Kammer gegenüber Ideologie, Zielen und Maßnahmen der NSDAP konstatieren. Dieses Verhalten schlug sich zum einen in den sich immer mehr am NS-Jargon orientierenden Verlautbarungen, Stellungnahmen und Aufrufen der Kammer nieder, zum anderen in zahlreichen Festivitäten und Feierlichkeiten, in denen die Politik der Reichsregierung und die Erfolge der „nationalen Erhebung" gefeiert wurden. Der Vierjahresplan wurde als wichtiger „Kampfabschnitt" auf dem Weg zur völligen nationalen Freiheit und Größe interpretiert, für dessen Realisierung man nicht mehr in der Kategorie des profitorientierten Einzelinteresses, sondern des Gemeinwohls denken und handeln müsse. Festlich inszenierte Freisprechungen von Facharbeitern, Kaufmannsgehilfen und Gesellen aus anderen Branchen wurden zusammen mit der Deutschen Arbeitsfront dazu benutzt, die NS-Ideologie einer „gesunden Wirtschaft" zum Wohl eines „gesunden Volkes" zu verbreiten.[35]

Als die Industrie- und Handelskammer am 21. Mai 1938 ihr neues Domizil an der Herforderstr. 28 im ehemaligen Gebäude der Discontogesellschaft bezog, wurde eine feierlich-pseudoklerikale Hausweihe unter Beteiligung der SA und des Gauleiters Meyer abgehalten, in der auch die NS-Ideologie über die Rolle der Wirtschaft im „neuen Staat" proklamiert wurde. Der Kammerpräsident Oberschelp rief den Anwesenden dabei zu: „... Alle beruflich und ehrenamtlich im Dienste der Kammer stehenden Männer und Frauen werden und müssen bereit sein, die ihnen gestellten Aufgaben in diesem echt nationalsozialistischen Geiste zu erfüllen. Ihre Zusammenarbeit muß getragen sein von der Erkenntnis, daß die Kammer Dienerin der Wirtschaft ist, die ihrerseits nur dienendes Glied unserer Volksgemeinschaft zu sein hat... Anständige Wirtschaftsgesinnung und ein Bekenntnis zu einem freudigen Sozialismus der Tat und zu einem unerschütterlichen Tatwillen für Blüte und Wohlfahrt unserer Nation sollen die Leitsterne all unseres Handelns sein ..." [36]

Angesichts dieses Bekenntnisses zur neuen Wirtschaftsordnung und der überschwappenden nationalistisch-völkischen Rhetorik, die in schroffem Gegensatz zu den vom Geiste internationaler Verständigung und konstruktiver zwischenstaatlicher Wirtschaftsbeziehungen geprägten Verlautbarungen der Kammer in den Jahrzehnten zuvor standen, überrascht es nicht, daß die Kammer sowohl die Angliederung des Memellandes als auch die Annexion der Tschechoslowakei als wichtige Schritte zur Errichtung des Großdeutschen Reiches bezeichnete. In welchem Maße NS-Rhetorik und -Gedankengut auch in die Kammer eingezogen war, zeigte sich besonders in deren Erklärung zum Thema „Wirtschaft im Krieg", die anläßlich des Überfalls auf Polen und des Ausbruchs des Zweiten Weltkrieges verbreitet wurde: „... Die Ereignisse haben uns mit eindringlichstem Ernst gezeigt, daß der deutsche Friedenswille von unseren Gegnern schmählich mißachtet wurde ... In einer unerhörten Verständigung hat der polnische Staat sich durch das Garantieversprechen Englands und Frankreichs in eine maßlose Selbstüberschätzung hineingesteigert, geglaubt, das Deutsche Reich und das deutsche Volk durch eine unablässig sich steigernde Kette von Herausforderungen schlimmster Art brüskieren zu sollen ...“[37]

Auch die Bielefelder Kammer wurde von den nationalsozialistischen Machthabern – wie viele andere ehemals unabhängige Korporationen – in der deutschen Wirtschaft instrumentalisiert und für die NS-Ideologie mißbraucht. Sie wurde damit ein Teil des nationalsozialistischen Herrschaftssystems und damit in gewisser Weise auch Sprachrohr für das NS-Gedankengut gegenüber der ostwestfälischen Wirtschaft. Die personellen und organisatorischen Veränderungen der Jahre 1933 und 1934 leiteten diesen Prozeß ein, der mit Ausbruch des Krieges sein erfolgreiches Ende fand. Um Mißverständnissen vorzubeugen: Die Kammer war durch die Nationalsozialisten bewußt „gleichgeschaltet“ worden, damit sie ihre Eigenständigkeit verlieren sollte – wie viele andere Organisationen und Institutionen in der deutschen Gesellschaft nach 1933. Dem Totalitätsanspruch von Partei und Staat konnte sie sich ebensowenig entziehen wie andere Korporationen. Handlungsspielräume zur Opposition gab es nicht, Reste von Eigenständigkeit wurden systematisch eingeschränkt. Ob und inwieweit die Mitglieder der Vollversammlung eher apolitische oder preußisch-national gesinnte Industrielle, eher „Mitläufer“ oder überzeugte Nationalsozialisten waren, kann hier nicht entschieden werden. An der Tatsache aber, daß die Kammer bei Ausbruch des Zweiten Weltkriegs ihren ursprünglichen Charakter verloren hatte und von den NS-Machthabern für ihre Zwecke instrumentalisiert wurde, kann jedoch kein Zweifel bestehen.

3. Die Industrie- und Handelskammer während des Zweiten Weltkriegs

3.1 Die ersten Kriegsjahre

Nach Ausbruch des Zweiten Weltkrieges kamen auf die Kammer umfangreiche Aufgaben zu, die aus der Umstellung der Wirtschaft auf die Bedürfnisse des Krieges resultierten. Hierzu zählten vor allem die Koordination und Versorgung von Arbeitskräften, Transportmitteln, Maschinen und Brennstoffen für die kriegswichtigen Betriebe sowie die Kontrolle kriegswichtiger Vorräte an Rohstoffen und Lebensmitteln. Aufgrund einer Verordnung vom 27. August 1939 wurden die Präsidenten der Industrie- und Handelskammern für den Bereich der wehrwirtschaftlichen Aufgaben zu Reichskommissaren bestellt und die Hauptgeschäftsführer zu ihren Stellvertretern ernannt. Auf dem Gebiet der Kriegswirtschaft verloren die Kammern dadurch vollständig den bis dahin noch formal existierenden Charakter von Selbstverwaltungskörperschaften und mutierten zu Organen staatlicher Wirtschaftsverwaltung. Für Industrie und Handel bedeutete dies, daß sie nicht mehr in erster Linie deren Interessen vertraten, sondern sich nun nach den Anordnungen der mit der Kriegswirtschaft befaßten Ministerialbürokratie richten mußten. Diese Veränderungen sowie die Auswirkungen des Krieges zeigten sich auch im Aufgabenbereich der Bielefelder Kammer. Abgesehen von ihrem weiterhin bestehenden großen Engagement für berufliche Bildung und Schulwesen sowie für parteiliche Hilfsaktionen wie das Winterhilfswerk oder die Adolf-Hitler-Spende gewannen Fragen der Exportregelung und der Einfuhrbestimmungen in oder aus den besetzten Gebieten, der Lebensmittelversorgung oder der Transportraumbewirtschaftung eine immer größere Bedeutung. Aber auch andere kriegsbedingte Probleme standen auf der Tagesordnung: die Schutzmaßnahmen in den Betrieben bei Fliegeralarm sowie die Wiedereinglie-

Trauerfeier für die Toten des verheerenden Bombenangriffs auf Bielefeld vom 30. 9. 1944

derung von Kriegsversehrten in den Arbeitsprozeß. Gerade zu diesen beiden Punkten rief die Kammer wiederholt die Wirtschaft auf, die hierzu notwendigen Maßnahmen zu treffen.[38]

Mit Fortdauer des Krieges wurden nicht nur wichtige Mitarbeiter der Kammer an die Front berufen, so daß im Bereich der inneren Organisation personelle Lücken entstanden, sondern das Arbeitspensum wuchs auch kontinuierlich, da Partei und staatliche Behörden immer größere Anstrengungen von der Wirtschaft verlangten, um die Kriegsmaschinerie am Laufen zu halten. Das Personal der Kammer litt nicht nur unter Arbeitsüberlastung, sondern wurde ebenso wie die gesamte deutsche Zivilbevölkerung durch Luftangriffe und nächtlichen Bombenalarm zermürbt. Allein in Bielefeld gab es von Mai 1940 bis zum April 1945 1742 mal Bombenalarm. Vor diesem Hintergrund verwundert es nicht, daß die Kammerarbeit während des Krieges trotz aller Anstrengungen immer mehr an Effizienz verlor.[39]

Dennoch wurde die Politik des NS-Regimes nach außen hin weiter befürwortet. Die deutsche Finanz- und Steuerpolitik sowie die Art der Kriegsführung wurden ebenso gutgeheißen wie die Eroberungen im Osten zum Zwecke der Lebensraumbeschaffung. Der Rußlandfeldzug wurde als Schlag gegen die drohende bolschewistische Gefahr charakterisiert, der den deutschen Armeen „unvergänglichen" Ruhm einbringen würde. Angesichts der ersten Erfolge der deutschen Wehrmacht im „Unternehmen Barbarossa" während des Sommers 1941 spekulierten Präsident und Syndicus der Bielefelder Kammer bereits über die Gestaltung und Funktionsfähigkeit eines europäischen Großwirtschaftsraumes in Ost- und Mitteleuropa. Betrachtet man ihre offiziellen Verlautbarungen, so bestand für die Kammer zu diesem Zeitpunkt am deutschen „Endsieg" kein Zweifel. Trotz aller Opfer und Entbehrungen, trotz aller Auswirkungen der Kriegswirtschaft blieb auch die Bielefelder Kammer treu auf der ihr von Partei und Staat verordneten Linie.[40]

3.2 Die Umwandlung zur Wirtschaftskammer

Angesichts des „totalen Kriegs", wachsender Kriegsmaschinerie und eines immer unkontrollierter um sich greifenden Totalitätsanspruchs der nationalsozialistischen Machthaber forderte die NSDAP mehr und mehr die Beseitigung des letzten Restes an Selbständigkeit der Industrie- und Handelskammern. Sie sollten fortan vollständig den Zielvorgaben des Reichswirtschaftsministeriums, der Partei und ihrer Funktionäre untergeordnet werden.[41] Die Kriegswirtschaft verlangte eine straffe und vermeintlich effiziente Wirtschaftsführung, angefangen vom „Generalbevollmächtigten für die Wirtschaft", zu dem der Reichswirtschaftsminister ernannt worden war, bis hinunter in die einzelnen Gaue. Ziel dieser Maßnahme war, alle Kammern und Fachverbände der gewerblichen Wirtschaft in den Gauen zusammenzufassen und sie der Befehlsgewalt der Gauleitung zu unterstellen. Durch die „Verordnung über die Vereinfachung und Vereinheitlichung der Organisation der gewerblichen Wirtschaft" vom 20. April 1942 wurde das Reichswirtschaftsministerium ermächtigt, die „zur Vereinheitlichung des Rechtes der Organisation der gewerblichen Wirtschaft erforderlichen Vorschriften" zu erlassen. In einer ersten Durchführungsbestimmung vom gleichen Tage wurde angeordnet, daß die gewerbliche Wirtschaft bezirklich in Gauwirtschaftskammern zusammenzufassen seien, deren Grenzen sich grundsätzlich mit den Grenzen der politischen Gaue decken sollten. Nach Bedarf konnten im Bezirk einer Gauwirtschaftskammer Zweigstellen oder Wirtschaftskammern errichtet werden. Die bisherigen Industrie- und Handelskammern, Handwerkskammern oder andere Wirtschaftskorporationen sollten in die Gauwirtschaftskammern bzw. in die Wirtschaftskammern überführt werden und deren Aufgaben übernehmen. Weitere Durchführungsbestimmungen regelten Gestalt und Aufbau der Gauwirtschaftskammern, deren Aufgabenkreis und Budget.[42]

Aufgrund dieser neuen Rechtslage erließ das Reichswirtschaftsministerium ein knappes Jahr später eine Anordnung über Aufbau und Bezirksumfang der Gauwirtschaftskammer Westfalen-Nord mit Sitz in Münster. Es wurde bestimmt, daß am 31. März 1943 die Industrie- und Handelskammer zu Münster und die Handwerkskammer zu Münster zu bestehen aufhören sollten, wobei deren Rechte und Pflichten auf die Gauwirtschaftskammer Münster übertragen wurden. In einer weiteren Anordnung vom gleichen Tage wurde bekanntgegeben, daß eine Wirtschaftskammer Bielefeld errichtet werde, die mit Ablauf des 31. 3. 1943 die Aufgaben der Industrie- und Handelskammer zu Bielefeld, der Handwerkskammer zu Bielefeld sowie der bereits vorher aufgelösten Industrie- und Handelskammern Lippe und Schaumburg-Lippe übernehmen sollte. Der Bezirk der Wirtschaftskammer Bielefeld sollte aus allen – nicht unmittelbar von der Gauwirtschaftskammer Westfalen-Nord erfaßten – Gebieten bestehen. Die Wirtschaftskammer „betreute" damit den Regierungsbezirk Minden, die Länder Lippe und Schaumburg-Lippe sowie den Landkreis Grafschaft Schaumburg. Gegenüber dem früheren Kammerbezirk bedeutete dies einen Zuwachs um die beiden lippischen Staaten und die Grafschaft Schaumburg sowie die Kreise Büren, Paderborn und Warburg. Während der südliche Teil Ostwestfalens damit endlich der Bielefelder Kammer zugeschlagen wurde, mußte der Kreis Lippstadt an die Gauwirtschaftskammer Westfalen-Süd mit Sitz in Dortmund abgetreten werden. Zum Präsidenten wurde vom Reichswirtschaftsministerium Dr. Theo Kaselowsky,

Kreiswirtschaftsberater und Leiter der Bielefelder Firma Wittkopp & Co., zum Stellvertreter der bisherige Präsident der Handwerkskammer, der Bäckermeister Otto Greiner aus Bielefeld, berufen. Am 1. April 1943 nahm die Wirtschaftskammer Bielefeld ihre Arbeit auf. Die zuvor von der Handwerkskammer wahrgenommenen Aufgaben wurden nun in der sogenannten „Handwerksabteilung" der Wirtschaftskammer erfüllt. Da das Personal der Handwerkskammer übernommen worden war, änderte sich trotz des neuen Namens an deren Aufgaben nicht viel.[43]

Hinter der unproblematisch erscheinenden Umwandlung in eine Wirtschaftskammer verbergen sich jedoch schwere Auseinandersetzungen über das Fortbestehen der Bielefelder Kammer als selbständiges Organ. Der Leiter des Gaus Westfalen-Nord, Alfred Meyer, vertrat den Standpunkt, sie vollständig in der Münsteraner Gauwirtschaftskammer aufgehen zu lassen. In Bielefeld solle lediglich eine Zweigstelle der Zentrale aus Münster bestehen bleiben. Mit der Realisierung eines solchen Schritts wäre die gesamte Wirtschaft im östlichen Westfalen und in Lippe mit ihrer vielseitigen Industrie- und Gewerbestruktur unmittelbar den Direktiven der Gauwirtschaftskammer und damit auch der Gauleitung unterstellt worden. Die Errichtung selbständiger Wirtschaftskammern neben den Gauwirtschaftskammern war nur vorgesehen, wenn in großen Gauen industrielle Zentren nicht genügend repräsentiert waren. Sowohl die Bielefelder Industrie- und Handelskammer als auch führende Persönlichkeiten aus Industrie und Handel der Region setzten sich dafür ein, die Selbständigkeit der Bielefelder Korporation zu erhalten – ein Unterfangen, das 1942/43 nicht ganz ungefährlich war.

Der Geschäftsführer der Kammer, Sartorius, brachte den Unmut der ostwestfälischen Industriellen in einem Brief vom Februar 1943 an den Präsidenten der Münsteraner Gauwirtschaftskammer, Francke, deutlich zum Ausdruck: „... Die Forderung, daß Bielefeld gleichermaßen wie Detmold und Paderborn lediglich eine Zweigstelle der Gauwirtschaftskammer werden soll, ist schon um der gegebenen Größenordnung willen absurd ... Jedenfalls entspricht es einem auf rein sachlichen Gründen beruhenden, eindeutigen Verlangen der Wirtschaftskreise des hiesigen Bezirks, wenn wir sie auf das Dringlichste bitten, sich nachdrücklich für die Errichtung der Wirtschaftskammer Bielefeld innerhalb der Gauwirtschaftskammer und für die Zuweisung des Landes Lippe und des Kreises Paderborn ... an diese Wirtschaftskammer einzusetzen." Es überrascht nicht, daß diese Kritik aus dem Mund von Sartorius kam, der als überzeugter Katholik aus dem Rheinland ohnehin in Opposition zu der Politik der Nationalsozialisten stand.[44]

Nach zahlreichen Gesprächen und zähen Verhandlungen gelang es, Vertreter des Reichswirtschaftsministeriums für eine Unterstützung der Bielefelder Wünsche zu gewinnen. Reichswirtschaftsminister Walther Funk drückte mit seiner Anordnung vom 22. 3. 1943 die Errichtung der Wirtschaftskammer durch. Angesichts der Weisung aus dem Berliner Ministerium gab auch der Gauleiter seinen Widerstand gegenüber einer selbständigen Bielefelder Kammer auf. Diese hatte er anfangs aus parteipolitischer Disziplin für überflüssig und schädlich gehalten. Der Weg für die Errichtung einer Bielefelder Wirtschaftskammer war damit geebnet.[45]

Die Ressentiments der Gauleitung ihr gegenüber ließen sich jedoch nicht verbergen, wie Gauleiter Meyer auf der Eröffnungssitzung der Wirtschaftskammer zu erkennen gab: „... Als die Vorbereitung für die Errichtung der Gauwirtschaftskammern in Gang kam, wurde auch die Frage geprüft, ob es nicht im Interesse einer strafferen, einheitlicheren Führung richtiger wäre, auf die Errichtung einer Wirtschaftskammer in Bielefeld zu verzichten und statt dessen nur eine Zweigstelle zu schaffen, die Münster unmittelbar unterstehe. Dieser Gedanke hat vom führungsmäßigen Standpunkt vieles für sich. Wenn ich aber trotzdem meine Zustimmung zur Errichtung einer mit größeren Befugnissen ausgestatteten Wirtschaftskammer Bielefeld gegeben habe, so war für mich die Auffassung bestimmend, daß in Bielefeld nicht nur eine besonders traditionsgebundene und in ihrer Arbeit bestbewährte Kammer besteht, sondern daß in diesem Gebiet auch eine vielgestaltige Wirtschaft, kraftvolle Unternehmer und eine hochqualifizierte Arbeiterschaft einen wesentlichen Beitrag zur wirtschaftlichen Entwicklung meines Gaues leisten ..."[46]

Meyer erwartete für seine Zustimmung aber auch eine Gegenleistung, wie er unverhohlen äußerte. An den Präsidenten Kaselowsky und seine Mitarbeiter in der Wirtschaftskammer gewandt, sagte er unmißverständlich: „... Eine ihrer höchsten Verpflichtungen muß es daher sein, dazu beizutragen, daß die ostwestfälische Wirtschaft immer mehr an die Partei herangeführt wird und ihre Träger sich als vorbehaltlose Nationalsozialisten bekennen ..."[47] Diese Äußerung verdeutlicht schlagartig, was mit der Errichtung der Wirtschaftskammer Bielefeld durch die Partei beabsichtigt war: Die ostwestfälische Wirtschaft sollte vollends unter die Kontrolle der NSDAP und ihrer Organisationen kommen, um einerseits auch in Ostwestfalen ein möglichst großes Maß an effizienter Kriegswirtschaft zu erreichen, andererseits noch vorhandene unternehmerische Freiräume zu beschneiden. Damit war die Selbstverwaltung von Industrie, Handel und Gewerbe, die allerdings in den Jahren zuvor schon beständig unterhöhlt worden war, auch in Ostwestfalen endgültig gestorben.[48]

Am Gängelband von Staat und Partei mußte die Wirtschaftskammer Bielefeld bis zum Zusammenbruch im

Frühjahr 1945 versuchen, auch die ostwestfälische Wirtschaft auf die Erfordernisse einer „totalen" Kriegswirtschaft „hinzutrimmen". Immer wieder wies sie in ihren Verlautbarungen auf die Notwendigkeit einer „gestrafften Rüstungswirtschaft" oder einer „Konzentration in der Kriegswirtschaft" hin und hielt die Unternehmen an, „kriegsversehrte Volksgenossen wieder in den Produktionsprozeß einzugliedern, um den Ausstoß aller Betriebe zum „Zwecke des Endsieges" zu erhöhen."[49]

Ab 1944 sah sich die Kammer jedoch gezwungen, auch auf unangenehme Folgen des Krieges hinzuweisen. Die Unternehmen ihres Bezirks informierte sie zum Beispiel darüber, wie Fragen des Arbeits- und Lohnausfalls bei wiederholtem Fliegeralarm zu regeln seien, oder daß Betriebe oder Betriebsteile, die zum Zwecke der Kriegsproduktion nicht unmittelbar notwendig waren, stillgelegt und von der Rüstungsindustrie benutzt werden sollten. Alle diese Maßnahmen dienten dazu, so die Kammer, daß auch „das werktätige Volk in der Heimat seine Pflicht im Kriegseinsatz bis zum äußersten erfüllen könne ..."[50] Trotz der Invasion alliierter Truppen und der sich immer mehr abzeichnenden Niederlage, trotz Generalmobilmachung und Volkssturm blieb die Wirtschaftskammer den ihr von der Partei verordneten Aufgaben treu. Sie konnte wohl auch nicht anders. Auf einer der letzten Sitzungen im Juli 1944 räumte ihr Präsident Kaselowsky aber auch ein, daß der Krieg „hart und rücksichtslos sei" und die deutsche Öffentlichkeit die Entschlossenheit „englischer und russischer Arbeiterheere unterschätzt habe". Dennoch versuchte er, die versammelten ostwestfälischen Unternehmer auf das richtige Verhalten in den nächsten Monaten einzuschwören: „... Das Erfordernis der Stunde heißt: Wirtschaftsdisziplin und blinder Gehorsam, wobei wir den Willen zum Sozialismus nicht aufzugeben brauchen und in jeder Weise Veranlassung haben, unserem deutschen Wesen jederzeit und allerorten treu zu bleiben ..."[51]

Die Kammer nahm diese Parole formal durchaus ernst, was sich daran erkennen läßt, daß sie sich in Zusammenarbeit mit der Gauwirtschaftsberatung einschalten ließ, „die Kriegswirtschaft dahin zu führen, ihr Letztes für den Endsieg einzusetzen". Trotz aller verzweifelter Bemühungen sah die Realität anders aus. Die Niederlage der deutschen Armeen und der Zusammenbruch des nationalsozialistischen Regimes waren nicht mehr aufzuhalten. Das Bestehen der Wirtschaftskammer Bielefeld fand damit ihr Ende.

III. Resümee: Die ostwestfälische Wirtschaft während der nationalsozialistischen Diktatur

Es fällt schwer, ein gesichertes Urteil über die Entwicklung der ostwestfälischen Wirtschaft während des Nationalsozialismus abzugeben. Zu viele Fragen sind noch offen, zu viele Forschungsprobleme noch unbehandelt. Fest steht, daß sich ebenso wie im Reich die Ertragslage in einigen Branchen bereits vor der Machtübernahme der Nationalsozialisten besserte. Fest steht aber auch, daß die meisten Industriesektoren in Ostwestfalen von den konjunkturstimulierenden Maßnahmen, vor allem zur Arbeitsbeschaffung, profitierten. Spätestens seit 1934 konnten alle Branchen wieder über eine gute Beschäftigung und Ertragslage berichten. Dabei darf jedoch nicht übersehen werden, daß diese Entwicklung vor allem das Resultat staatlicher Aufträge war. Der Abbau der Arbeitslosigkeit und die dadurch wieder steigende Nachfrage nach Konsumgütern verstärkten diesen Prozeß. Die Wirtschaft in Ostwestfalen wurde dennoch immer mehr von den Direktiven und Bedürfnissen des Staates und seinen Institutionen abhängig. Das zeigte sich in aller Deutlichkeit, als der Staat infolge permanenter Handelsbilanzdefizite die Autarkiepolitik forcierte und gleichzeitig zum Zweck der Kriegsvorbereitung den Sektor der Rüstungsindustrie stärkte, was auch für die Unternehmen aus Ostwestfalen mit neuen Zielvorgaben und Absatzverhältnissen verbunden war. Von einer Marktwirtschaft im eigentlichen Sinne konnte spätestens ab 1936 mit dem Beginn des Vierjahresplans keine Rede mehr sein. Wie im übrigen Reich sah sich die Wirtschaft in Ostwestfalen mit stärker werdendem staatlichem Dirigismus konfrontiert. Er mündete 1939 in eine moderate, ab 1942 jedoch verstärkte Kriegswirtschaft.

Staatlicher Dirigismus und wachsender Totalitätsanspruch prägten auch die Entwicklung von Selbstverwaltungskörperschaften wie den Industrie- und Handelskammern. Bereits kurz nach der Machtübernahme wurden diese Organe durch parteitreue Personen infiltriert. Vor allem aber nach der Etablierung des Führerprinzips hatten die Industrie- und Handelskammern ihren vorherigen traditionellen Charakter eines Selbstverwaltungsorgans der Wirtschaft verloren. Immer mehr mußten sie mit ansehen, wie sie ans „Gängelband" von NSDAP und Staat genommen wurden. Freiräume in der Gestaltung der Kammerarbeit wurden dadurch zusehends eingeengt, eine Erfahrung, die auch die Industrie- und Handelskammer Bielefeld machen mußte. Vor diesem Hintergrund verwundert es nicht, wenn die Kammer ihre über Jahrzehnte verteidigten Prinzipien über das Funktionieren einer modernen Volkswirtschaft aufgeben mußte. Unter staatlichem Druck wurde sie immer mehr als Sprachrohr wirtschaftspolitischer Direktiven instrumentalisiert. Dieser Prozeß fand seinen Höhepunkt in der Umwandlung zur Wirtschaftskammer im Jahre 1943. Von diesem Zeitpunkt an war auch die ehemalige, international ausgerichtete und wettbewerbsorientierte Bielefelder Kammer zu einem nationalistisch-propagandistischen Organ im Herrschaftssystem des Nationalsozialismus mutiert. Angesichts des totalen Kriegs, Bombenangriffen und zunehmender Zerstörung der Infrastruktur war eine normale Kammerarbeit auch nicht mehr möglich. Der Zusammenbruch des NS-Regimes beendete dieses dunkle Kapitel in der Geschichte der Kammer.

---

[1] Die Debatte über die Ursachen des deutschen Hyperfaschismus flammte erst unlängst wieder heftig auf. Auslöser dafür war vor allem das Buch D. Goldhagens, Hitlers willige Vollstrecker. Ganz gewöhnliche Deutsche und der Holocaust, Berlin 1996. Immer noch lesenswert die ältere Studie von E. Kogon, Der SS-Staat. Das System der deutschen Konzentrationslager, München 1974. Auf die Fülle an Literatur zu verschiedenen Problemen des nationalsozialistischen Regimes kann hier nicht näher eingegangen werden.

[2] Überblicksartig konzipierte Studien sind: A. Barkai, Das Wirtschaftssystem des Nationalsozialismus, Frankfurt 1988; W. A. Boelcke, Die deutsche Wirtschaft 1930-1945, Düsseldorf 1983; M. Broszat, Der Staat Hitlers, München 1974.

[3] R. Erbe, Die nationalsozialistische Wirtschaftspolitik 1933-1939 im Lichte der neueren Theorie, Zürich 1958, S. 24; Barkai, Wirtschaftssystem, S. 152.

[4] Barkai, Wirtschaftssystem, S. 205; L. Herbst, Der Totale Krieg und die Ordnung der Wirtschaft. Die Kriegswirtschaft im Spannungsfeld von Politik, Ideologie und Propaganda 1939-1945, Stuttgart 1982.

[5] Barkai, Wirtschaftssystem, S. 155/56; R.-D. Müller, Die Mobilisierung der Wirtschaft für den Krieg – eine Aufgabe der Armee? Wehrmacht und Wirtschaft 1933-1942, in: W. Michalka (Hg.), Der Zweite Weltkrieg. Analysen. Grundzüge. Forschungsbilanz. Im Auftrag des Militärgeschichtlichen Forschungsamtes, Weyarn 1997, S. 349-362.

[6] Barkai, Wirtschaftssystem, S. 156/57.

[7] D. Petzina, Autarkiepolitik im Dritten Reich – Der nationalsozialistische Vierjahresplan, Stuttgart 1968, S. 19 f.

[8] G. Mollin, Montankonzern und „Drittes Reich". Der Gegensatz zwischen Monopolindustrie und Befehlswirtschaft in der deutschen Rüstung und Expansion 1936-1944, Göttingen 1988; R. Wagenführ, Die deutsche Industrie im Kriege 1939-1940, Berlin 1963, S. 24; Barkai, Wirtschaftssystem, S. 235.

[9] F. Federau, Der Zweite Weltkrieg. Seine Finanzierung in Deutschland, Tübingen 1962, S. 35 f.

[10] Die Industrie- und Handelskammer zu Bielefeld schrieb in einem Bericht über die Wirtschaftslage des Jahres 1933: „...Erst mit der Ernennung Adolf Hitlers zum Reichskanzler am 30. 1. 1933 wurde der Grundstein zu einer stetigen politischen Führung gelegt und damit die Voraussetzung für eine gedeihliche wirtschaftliche Enwicklung auf weitere Sicht geschaffen..." WWA, K 3 Nr. 1002.

[11] Siehe den IHK-Bericht ebd.; Die Zahl der in der gewerblichen Wirtschaft beschäftigten Personen nahm nach Angaben der Mitgliederstatistik der Krankenkassen im Arbeitsamtsbezirk Bielefeld von März 1933 bis März 1935 von 70 053 auf 88 421 zu, bis März 1938 sogar bis auf 113 937 Personen zu. Die Vergleichszahlen für den Arbeitsamtsbezirk Minden lauteten: März 1933: 27 733; März 1935: 38 224; März 1938: 47 766; und für den Arbeitsamtsbezirk Herford: März 1933: 34 847; März 1935: 49 737; März 1938: 60 624. Angaben aus: H. Oberschelp: Die wirtschaftliche Entwicklung im östlichen Westfalen, Rede vom April 1938, in: WWA, K 3 Nr. 1044.

[12] WWA, K 3 Nr. 1002; Industrie und Handel im Gebiet der Industrie- und Handelskammer Ostwestfalen zu Bielefeld im ersten Halbjahr 1934. Beilage zu den Mitteilungen der Industrie- und Handelskammer Ostwestfalen zu Bielefeld Nr. 5/6 vom 25. Juni 1934.

[13] WWA, K 3 Nr. 1002. Die Industrie- und Handelskammer schrieb in ihrem Bericht über die Wirtschaftslage im Berichtsjahr 1933/34: „... Die Beschäftigung wäre noch besser gewesen, wenn das Auslandsgeschäft nicht infolge von Einfuhrerschwerungen wie Zollerhöhungen, Kontingentierungen, Devisenbewirtschaftung und Boykottmaßnahmen immer schwieriger geworden wäre..."

[14] WWA, K 3 Nr. 1044, Brief der IHK an die Staatspolizeistelle für den Regierungsbezirk Minden vom 31. Mai 1934.

[15] WWA, K 3 Nr. 1002.

[16] WWA, K 3 Nr. 1002, Bericht der Industrie- und Handelskammer über die Wirtschaftslage während des Berichtsjahres 1934/35, Bericht über die Wirtschaftslage während des Berichtsjahres 1935/36; Kettermann, Bielefelder Wirtschaft, S. 198, S. 200.

[17] Im Bericht der IHK Bielefeld über die Wirtschaftslage 1935 hieß es dazu: „...Leider war der deutsche Außenhandel immer noch stark behindert. Devisen- und Rohstoffsorgen stellten Staat und Wirtschaft vor schwierige Aufgaben. Zu der Überwachung des Zahlungsverkehrs mit dem Auslande trat im letzten Jahr auch die Überwachung der Einfuhr. Es wurden allmählich 25 Überwachungsstellen eingerichtet, die die gesamte Wareneinfuhr behördlich regeln..." WWA, K 3 Nr. 1002; Kettermann, Bielefelder Wirtschaft, S. 200.

[18] WWA, K 3 Nr. 1002.

[19] WWA, K 3 Nr. 1002, Bericht über Industrie und Handel in Bielefeld während des Berichtsjahres 1935/36; Siehe auch WWA, K 3 Nr. 1051, Bericht über die Lage des Bankensektors unter dem Vierjahresplan.

[20] Barkai, Wirtschaftssystem, S. 117-120.

[21] Ausführlich zu den Schicksalen zahlreicher jüdischer Familien aus Ostwestfalen, vor allem aus Bielefeld, die hier nicht detailliert nachgezeichnet werden können, siehe: M. Mininger, Einwohner, Bürger, Entrechtete. Sieben Jahrhunderte jüdisches Leben im Raum Bielefeld, Bielefeld 1988; M. Minninger, J. Meynert u. F. Schäffer, Antisemitisch Verfolgte, registriert in Bielefeld 1933–1945. Eine Dokumentation jüdischer Einzelschicksale, Bielefeld 1985; U. Niemann, Liste der um 1933 in Bielefeld ansässig gewesenen Juden und ihre Einzelschicksale, Bielefeld 1972.

[22] Siehe hierzu die Lageberichte der Bielefelder Industrie- und Handelskammer in WWA, K 3 Nr. 1014.

[23] Mitteilungen der Industrie- und Handelskammer Ostwestfalen zu Bielefeld, 14. Jg., Nummer 3, vom 31. März 1933, S. 20. Siehe auch die Ansprache des IHK-Präsidenten Wilhelm Bitter auf der Vollversammlung der IHK am 14. März, auf der er u. a. sagte: „...Ich begrüße aufrichtig...die Wendung der Dinge in nationaler Hinsicht. Vor welchen Aufgaben die Wirtschaft und damit auch die Industrie- und Handelskammer in der nächsten Zeit gestellt werden, wissen wir nicht. Ich kann aber erklären, daß alle Kreise von Industrie und Handel ihre ganze Kraft einsetzen werden, um an dem Wiederaufbau unserer Wirtschaft mitzuarbeiten..." IHK-Mitteilungen, ebd., S. 21.

[24] Mitteilungen der Industrie- und Handelskammer Ostwestfalen zu Bielefeld, 14. Jg., Nummer 5, vom 31. Mai 1933.

[25] Die fünf Stellvertreter des Vorstands waren: Ernst Buddeberg aus Bielefeld, Dr. Richard Kaselowsky aus Bielefeld, Hermann Pielsticker aus Bielefeld, Albrecht Steinmeister aus Bünde und Dr. Ulrich Uekermann aus Herford. Mitteilungen der Industrie- und Handelskammer Ostwestfalen zu Bielefeld, 14. Jg., Nr. 6 vom 30. Juni 1933, S. 40/41.

[26] Diese Information verdankt der Verfasser einem telefonischen Gespräch mit Herrn Rudolf Miele vom 30. 7. 1998.

[27] Mitteilungen der Industrie- und Handelskammer Ostwestfalen zu Bielefeld, 14. Jg., Nr. 6 vom 30. Juni 1933, S. 42.

[28] Siehe hierzu zum Beispiel Mitteilungen der Industrie- und Handelskammer Ostwestfalen zu Bielefeld, 14. Jg., Nr. 6 vom 30. Juni 1933, S. 42-47.

[29] Mitteilungen der Industrie- und Handelskammer Ostwestfalen zu Bielefeld, 14. Jg., Nr. 8, vom 31. August 1933, S. 67/68; Nr. 10 vom 31. Oktober 1933, S. 78; 15. Jg., Nr. 1 vom 10. Februar 1934, S. 99; Nr. 2 vom 14. März 1934, S. 9; Nr. 7/8 vom 11. August 1934, S. 61; Nr. 10 vom 23. Oktober 1934, S. 94; 16. Jg., Nr. 10 vom 31. 10. 1935, S. 84; 17. Jg., Nr. 9/10 vom 18. Oktober 1936, S. 69.

[30] Über diesen Schritt veröffentlichte die IHK folgende Verlautbarung: „... Auch die Vollversammlung der Industrie- und Handelskammer Ostwestfalen zu Bielefeld hat beschlossen, sich aufzulösen, beim Preußischen Minister für Wirtschaft und Arbeit den Antrag zu stellen, von der Ausschreibung neuer Wahlen abzusehen und den Präsidenten der Kammer und seine Stellvertreter mit den entsprechenden Vollmachten einzusetzen ... Demzufolge hat der Herr Minister im Namen des Staatsministeriums die Industrie- und Handelskammer Ostwestfalen zu Bielefeld mit sorfortiger Wirkung zum Zwecke des Übergangs aufgelöst und die Wahlen zur neuen Kammer bis auf weiteres hinausgeschoben ...“ Mitteilungen der Industrie- und Handelskammer Ostwestfalen zu Bielefeld, 15. Jg., Nr. 3, 16. April 1934, S. 15.

[31] Siehe hierzu: Ansprache des Vorsitzenden Oberschelp auf der ersten Versammlung des Beirats der Industrie- und Handelskammer vom 25. September 1934 sowie Satzung der Industrie- und Handelskammer Ostwestfalen zu Bielefeld, beides abgedr. in: Mitteilungen der Industrie- und Handelskammer Ostwestfalen zu Bielefeld, 15. Jg., Nr. 10, vom 25. Oktober 1934, S. 95-100.

[32] Siehe hierzu: O. Most, Der Sinn der Industrie- und Handelskammern, in: Mitteilungen der Industrie- und Handelskammer Ostwestfalen zu Bielefeld, Nr. 7/8 vom 11. August 1934, S. 77. Siehe auch U. Klug, Die Industrie- und Handelskammern im neuen Staat, in: Mitteilungen der Industrie- und Handelskammer Ostwestfalen zu Bielefeld, 16. Jg., Nr. 7 vom 27. Juli 1935, S. 81.

[33] Mitteilungen der Industrie- und Handelskammer Ostwestfalen zu Bielefeld, 17. Jg., Nr. 3, 24. März 1936, S. 21.

[34] Mitteilungen der Industrie- und Handelskammer Ostwestfalen zu Bielefeld, 19. Jg., Nr. 3/4 vom 7. April 1938, S. 29.

[35] Mitteilungen der Industrie- und Handelskammer Ostwestfalen zu Bielefeld, 17. Jg., Nr. 12, 9. Dezember 1936, siehe hier vor allem die Ansprachen des Präsidenten Oberschelp und des Syndicus Sartorius, S. 101-04. Siehe auch Mitteilungen der Industrie- und Handelskammer Ostwestfalen zu Bielefeld, 19. Jg., Nr. 3/4 vom 7. April 1938, S. 30.

[36] Rede des Kammerpräsidenten Oberschelp anläßlich der Hausweihe des Heims der ostwestfälischen Wirtschaft, abgedr. in: Mitteilungen der Industrie- und Handelskammer Ostwestfalen zu Bielefeld, 19. Jg., Nr. 5 vom 31. Mai 1938, S. 43.

[37] Wirtschaft im Krieg, abgedr. in: Mitteilungen der Industrie- und Handelskammer Ostwestfalen zu Bielefeld, 20. Jg., Nr. 8-10 vom 5. Dezember 1939, S. 65.

[38] Siehe hierzu zum Beispiel: Mitteilungen der Industrie- und Handelskammer Ostwestfalen zu Bielefeld, 22. Jg., Nr. 1/2 vom 15. Februar 1941, S. 2; O. Sartorius, Leistungssteigerung durch Erfahrungsaustausch, in: Sonderbeilage zu den Mitteilungen der Industrie- und Handelskammer Ostwestfalen zu Bielefeld, 22. Jg., Nr. 7-8, September 1941.

[39] Sartorius, 100 Jahre Handelskammer Bielefeld, S. 56/57.

[40] Mitteilungen der Industrie- und Handelskammer Ostwestfalen zu Bielefeld, 22. Jg., Nr. 9-12 vom 15. Dezember 1941; 23. Jg., Nr. 3-6 vom Juli 1942.

[41] Bereits im Dezember 1940 hatte es vereinzelt Stimmen aus der NSDAP gegeben, die eine noch stärkere Anbindung der Kammern an die Partei forderten. Siehe zum Beispiel: Die Tagung der deutschen Industrie- und Handelskammern, in: Mitteilungen der Industrie- und Handelskammer Ostwestfalen zu Bielefeld, 22. Jg., Nr. 12, vom 15. Februar 1941, S. 1.

[42] Siehe hierzu: Die Wirtschaftskammer Bielefeld, in: Mitteilungen der Wirtschaftskammer Bielefeld, 1. Jg., Folge 1, 1. Juli 1943, S. 1, S. 13; Sartorius, 100 Jahre Handelskammer Bielefeld, S. 50; A. Pietzsch, Der Aufbau der Gauwirtschaftskammer, Berlin 1942.

[43] Die Wirtschaftskammer Bielefeld, S. 1; Die Satzung der Wirtschaftskammer Bielefeld ist abgedruckt in: Mitteilungen der Wirtschaftskammer Bielefeld, 1. Jg., 2. Folge vom 16. August 1943, S. 17/18; Sartorius, 100 Jahre Handelskammer Bielefeld, S. 50. Vom Juli 1942 bis Anfang Mai 1943 war Richard Kaselowsky, Leiter des Bielefelder Oetker-Konzerns, Präsident der noch bestehenden Industrie- und Handelskammer. An seiner Person, vor allem an seiner Zugehörigkeit zum Freundeskreis Heinrich Himmler, einer Vereinigung von Wirtschaftsführern um den Reichsführer der SS, entzünden sich bis heute zahlreiche, in der Öffentlichkeit teilweise hitzig und polemisch geführte Diskussionen. Bis heute ist hierbei vieles jedoch Spekulation, da eine auf profundes Quellenmaterial gestützte Untersuchung zur Person Kaselowskys nicht vorliegt. In seiner Tätigkeit als Präsident der Industrie- und Handelskammer hat Kaselowsky im Gegensatz zu seinem Nachfolger und Namensvetter jedoch keine größeren Spuren hinterlassen.

[44] WWA, K 3 Nr. 993, Brief von Sartorius an den Gauwirtschaftsberater Francke vom 20. Februar 1943.

[45] Funk erließ am 22. 3. 1943 folgende Anordnung: „... Nachdem mit meiner Anordnung vom heutigen Tage die Wirtschaftskammer Bielefeld errichtet worden ist, bestimme ich, daß mit Ablauf des 31. 3. 1943 die Industrie- und Handelskammer Bielefeld und die Handwerkskammer Bielefeld sowie die bereits ... aufgelösten Industrie- und Handelskammern Detmold und Stadthagen zu bestehen aufhören. Die Rechte und Pflichten dieser Kammern gehen auf die Wirtschaftskammer Bielefeld über. Der Bezirk der Wirtschaftskammer Bielefeld umfaßt das von der Gauwirtschaftskammer Westfalen-Nord nicht unmittelbar betreute Gebiet des Gaues Westfalen-Nord ...“ WWA, K 3 Nr. 993.

[46] Rede des Gauleiters Dr. Alfred Meyer anläßlich der ersten Arbeitstagung der Wirtschaftskammer Bielefeld am 15. Mai 1943 in Bad Oeynhausen, abgedr. in: Die Wirtschaftskammer Bielefeld, S. 6.

[47] Rede des Gauleiters Meyer, ebd., S. 6. Zur Person des Gauleiters und seine Karriere im nationalsozialistischen Herrschaftssystem siehe P. Hüttenberger, Die Gauleiter. Studie zum Wandel des Machtgefüges in der NSDAP, Stuttgart 1969.

[48] Siehe hierzu: O. Most, Abschied von der Industrie- und Handelskammer, in: Mitteilungen der Wirtschaftskammer Bielefeld, S. 11.

[49] Mitteilungen der Wirtschaftskammer Bielefeld, 1. Jg., Folge 3 vom 25. September 1943, S. 1; Folge 5 vom 1. Dezember 1943, S. 1; 2. Jg., Folge 3 vom 1. März 1944, S. 17.

[50] Mitteilungen der Wirtschaftskammer Bielefeld, 2. Jg., Folge 4 vom 1. April 1944, S. 25; Folge 6 vom 1. Juni 1944, S. 41.

[51] Wirtschaftsdisziplin und blinder Gehorsam, in: Mitteilungen der Wirtschaftskammer Bielefeld, 2. Jg., Folge 8 vom 1. August 1944, S. 57.

Neuanfang und Neuorientierung – Die wirtschaftliche Entwicklung im östlichen Westfalen während des „Wirtschaftswunders“

I. Rekonstruktion, „Wirtschaftswunder“, Ölkrise – Die deutsche Wirtschaft von 1945 bis 1973 im Überblick

Der totale Zusammenbruch Deutschlands im Frühjahr 1945, die enorme Zerstörung von Bausubstanz und Infrastruktur, die alliierte Besetzung, die Demontage von Industrieanlagen sowie Hunger und Not in den Wintern 1946/47 und 1947/48 ließen die wirtschaftliche Zukunft in den vier Besatzungszonen eher trostlos erscheinen. Trotz aller Bemühungen, die Bombenschäden zu beseitigen und wieder ein halbwegs leistungsfähiges Verkehrssystem aufzubauen, lag die weitere wirtschaftliche Entwicklung Deutschlands im Nebel. Dieser lichtete sich erst, als durch die Währungsreform von 1948, die Einführung der sozialen Marktwirtschaft und die Gründung der Bundesrepublik Deutschland im Jahr 1949 die Triebkräfte des Wiederaufstiegs freigesetzt wurden, die schließlich das „Wirtschaftswunder“ der 1950er hervorriefen. Endlich konnten sich Unternehmen erneut auf ein stabiles Netz wirtschaftspolitischer Rahmenbedingungen stützen, um weitreichende und zukunftsweisende Investitionen durchzuführen. Die Rückkehr der Bundesrepublik Deutschland in den Kreis der führenden Industrienationen und die Wiedereingliederung in den Weltmarkt konnte beginnen, begleitet von einem steigenden Massenkonsum und einem permanenten Strukturwandel, deren Resultat die Dienstleistungsgesellschaft der 1980er und 1990er ist.[1]

Dieser Prozeß verlief jedoch keineswegs geradlinig und ohne Brüche. Daß die wirtschaftliche Entwicklung der Bundesrepublik in den 1950ern und 1960ern eine solche Wachstumsdynamik entfalten würde, daß man diese Zeit bis heute als „Wirtschaftswunder“ charakterisiert, war zum Zeitpunkt der Gründung der Bundesrepublik Deutschland nicht abzusehen. Lange Zeit war den politisch Verantwortlichen weder klar, wie die notwendige Währungsreform durchgeführt werden sollte, noch hatten sie ordnungspolitische Konzepte für die Wirtschaft des geteilten Deutschlands. Mit dem Zusammenschluß der amerikanischen und englischen Besatzungszone zur Bi-Zone am 1. Januar 1947, die im Frühjahr 1948 durch den Anschluß der französischen Zone zur Tri-Zone erweitert wurde, nahm das Gebiet der späteren Bundesrepublik Gestalt an. Der erste entscheidende Schritt auf dem Weg zum „Wirtschaftswunder“ war die in den drei westlichen Besatzungszonen am 20. Juni 1948 durchgeführte Währungsreform. Nach Meinungsverschiedenheiten unter den Alliierten wurde diese Maßnahme unter Führung der Amerikaner nur hier und nicht in der sowjetischen Zone getroffen; diese erhielt kurze Zeit später ihre eigene neue Währung. Die bevorstehende Teilung Deutschlands kam hierin bereits zum Ausdruck.[2]

Über die Bedeutung der Währungsreform als entscheidende Ursache für das „Wirtschaftswunder“ wurde lange gestritten. Inzwischen wurde die Sichtweise relativiert. Als Grund gilt eine Vielzahl von Faktoren. Diese reichen von der Einführung und Durchsetzung der sozialen Marktwirtschaft über die Effizienz wieder oder neu entstandener oder neugebildeter nationaler und internationaler Institutionen, von der Wiederherstellung eines funktionsfähigen Weltmarktes bis zum Siegeszug neuer Produktionsmechanismen und zur Durchsetzung der Massenproduktion. Sie alle trugen gewiß ihren Teil zum wirtschaftlichen Wiederaufstieg Deutchlands bei. Strittig ist nur, wie hoch ihr Anteil tatsächlich zu veranschlagen ist. Im Ergebnis verliert das „Wirtschaftswunder“ bei näherem Hinsehen jedoch dadurch seine „mysteriösen“ Eigenschaften.[3]

Zeitgleich mit der Währungsreform wurden auch die bis dahin existierenden Bewirtschaftungsmaßnahmen abgeschafft und die Preise wieder freigegeben. Nur noch einige Grundnahrungsmittel unterlagen staatlicher Reglementierung. Darüber hinaus wurden einige direkte Steuern gesenkt. Diese Maßnahmen sollten der Wirtschaft einen entscheidenden Impuls für Wettbewerb und Marktwirtschaft vermitteln. Diese Absicht schien sich jedoch nach der Währungsreform zunächst nicht verwirklichen zu lassen, da die Preise in die Höhe kletterten, wodurch Unmut und Proteste in der Bevölkerung entstanden. In einigen Industriezweigen kam es jedoch von Sommer bis Winter 1948 zu beachtlichen Produktionssteigerungen. Auch das Warenangebot nahm rasch zu. Als die Reallöhne allmählich stiegen und dadurch die Kaufkraft wuchs, spielten sich marktwirtschaftliche Mechanismen in der westdeutschen Wirtschaft ein. Durch eine Abwertung der DM um 20 % gegenüber dem Dollar am 19. September 1949 wurde die Konkurrenzfähigkeit der deutschen Wirtschaft auch im Bereich der Außenwirtschaft erhöht.[4]

Den entscheidenden Durchbruch hin zum sogenannten Wirtschaftswunder markierte jedoch der Ausbruch des Korea-Krieges. Während nach Beginn der

Kriegshandlungen durch Preissteigerungen und höhere Importe die Handels- und Zahlungsbilanz sehr schnell passiv wurde und damit die Stabilität der jungen Währung gefährdete, profitierte die deutsche Exportwirtschaft im Jahre 1951 von den Kriegsfolgen, so daß ein Aktivsaldo in der Zahlungsbilanz erreicht wurde. Die DM hatte ihre „Kinderkrankheiten" überwunden und konnte auf dem Weltmarkt wieder Fuß fassen. Ausdruck der wirtschaftlichen Gesundung war auch, daß die Arbeitslosenquote von 1950 auf 1951 deutlich sank, nämlich von 12,2 % im ersten Quartal 1950 auf 7,7 % im dritten Quartal 1951. Die Wiedereingliederung der westdeutschen Wirtschaft in die Weltwirtschaft erfolgte auch auf institutioneller Ebene, als die Bundesrepublik am 18. April 1951 als gleichberechtigter Partner Mitglied in der Europäischen Gemeinschaft für Kohle und Stahl (EGKS) wurde. Die Bundesrepublik war ein wichtiger Bestandteil der westeuropäischen Staatengemeinschaft geworden. Der Grundstein für die europäische Integration war dadurch gelegt.[5]

Nach den eigentlichen Jahren des Wiederaufbaus setzte ab 1952 eine Phase der Wirtschaftsentwicklung ein, die durch hohe Wachstumsraten des Bruttoinlandsprodukts, niedrige Arbeitslosigkeit und steigende Exportüberschüsse gekennzeichnet war. Durch die bis Ende der 1950er andauernde Wachstumsdynamik gelangte die Bundesrepublik mit an die Spitze der führenden Industrienationen der Welt. Deutsche Produkte wurden international wieder stark nachgefragt. In einigen Branchen herrschte aufgrund der guten Auftragslage sogar ein Arbeitskräftemangel. Zu einem besonderen Exportschlager entwickelte sich dabei der VW-Käfer, der geradezu ein Markenzeichen des deutschen wirtschaftlichen Wiederaufschwungs wurde. Aber auch andere Branchen konnten ihre internationale Wettbewerbsfähigkeit wiedererlangen. Die „Ära Adenauer" entpuppte sich nicht nur als eine Zeit wirtschaftlicher Stabilität und wachsenden Wohlstands für große Bevölkerungsteile, sondern auch als wichtige Etappe zur Wiedererlangung der staatlichen Souveränität. Mit der 1952 erfolgten Unterzeichnung des Deutschlandvertrages wurde die Bundesrepublik größtenteils aus der Kontrolle der Alliierten entlassen. Der Integration des jungen westdeutschen Staates in internationale Organisationen wie die EVG, die Montanunion oder schließlich die EWG standen dadurch völkerrechtlich keine Hindernisse mehr im Wege. Die Bundesrepublik Deutschland galt gegen Ende der 1950er als demokratisch gefestiges Staatsgebilde und war wirtschaftlich überaus erfolgreich. Demokratie und soziale Marktwirtschaft als Ordnungsprinzipien des Staates wurden von der überwiegenden Mehrheit der Bevölkerung nicht mehr in Frage gestellt.[6]

Das harmonische Bild des wirtschaftlichen Aufschwungs erhielt Anfang der 1960er jedoch die ersten Risse. Immer deutlicher zeigte sich, daß die deutsche Kohlenwirtschaft durch die Konkurrenz billiger Importkohle und vor allem des Erdöls zunehmend in eine schwere Strukturkrise geriet. Große Mengen Kohle lagen auf Halde, was angesichts der Rohstoffknappheit 15 Jahre zuvor schier undenkbar erschien. Der deutsche Bergbau konnte nur mit Hilfe staatlicher Subventionsmaßnahmen notwendige Rationalisierungen und Modernisierungen durchführen. Dennoch: Zechenschließungen und Entlassungen von „Kumpels" mehrten sich Anfang der 1960er in den deutschen Kohlenrevieren. Der heimische Bergbau steckte in einer bis heute andauernden Krise, die auch durch die Gründung der Einheitsgesellschaft der Ruhrkohle AG nicht behoben werden konnte.[7]

Andere Branchen, wie zum Beispiel der Automobilbau, die elektrotechnische Industrie oder die Bauwirtschaft zeigten sich von diesen Schwächesymptomen zunächst noch unbeeindruckt. Hier herrschte Vollbeschäftigung, und die Kapazitäten wurden kontinuierlich ausgebaut. Preise und Löhne stiegen ebenfalls – eine Entwicklung, die sich auch durch Maßhalteappelle des seit 1961 amtierenden Bundeskanzlers Erhard nicht stoppen ließ. 1965/66 trat dann ein Konjunkturumschwung ein. Ausgelöst durch die Kohlekrise wurden auch andere Industriesektoren von Abschwächungstendenzen erfaßt. Das durch eine starke Binnennachfrage und steigende Exporterfolge induzierte Wirtschaftswachstum der 1950er und frühen 1960er erlahmte, und die Krisensymptome machten sich in allen Teilen der Wirtschaft bemerkbar. Die Arbeitslosigkeit stieg seit langer Zeit zum ersten Mal wieder beträchtlich an und erreichte die Millionengrenze. Gleichzeitig sank das Bruttoinlandsprodukt 1966 leicht unter den Wert des Vorjahres. Die deutsche Bevölkerung mußte zur Kenntnis nehmen, daß die eigentliche Wiederaufbau- und Nachholphase der 1950er, die sogenannten „Langen Fünfziger", endgültig vorüber war.[8]

Diese Entwicklung bedeutete aber auch das Ende der „reinen Lehre" von der Sozialen Marktwirtschaft. Mit dem Regierungswechsel in Bonn und der folgenden Großen Koalition von CDU/CSU und SPD unter Bundeskanzler Kiesinger wurden zwar die marktwirtschaftlichen Ordnungsprinzipien beibehalten, jedoch um Elemente einer gesamtwirtschaftlichen Rahmenplanung ergänzt. Das als Reaktion auf die Wirtschaftskrise 1967 verabschiedete Stabilitätsgesetz forderte in Anlehnung an die keynesianische Wirtschaftstheorie eine globale Wirtschaftssteuerung zur Herstellung oder Aufrechterhaltung des gesamtwirtschaftlichen Gleichgewichts. Als vorrangige Ziele der staatlichen Wirtschaftspolitik wurden jetzt Vollbeschäftigung, Preisstabilität und außenwirtschaftliches Gleichgewicht definiert. Zu deren Realisierung sollten neue wirtschaftspolitische Instrumente dienen, zu denen eine antizyklische Konjunkturpolitik, die Bildung einer „konzertierten Aktion“ von Politik, Unternehmern und Arbeitnehmern, eine konjunkturpolitische „Globalsteuerung“ durch die Bundesregierung und die Schaffung von Prognoseverfahren durch Jahreswirtschaftsberichte und Sachverständigengutachten gehörten. Während es 1967 der Bundesregierung, vor allem dem eigentlichen Initiator der wirtschaftspolitischen Trendwende, dem damaligen Wirtschaftsminister Karl Schiller, gelang, die konjunkturelle Schwächephase zu überwinden und einen neuen Wirtschaftsaufschwung mit teilweise hohen Wachstumsraten herbeizuführen, erwies sich das neue wirtschaftspolitische Instrumentarium in den 1970ern als eher stumpfe Waffe zur Bekämpfung der nun anstehenden wirtschaftlichen Probleme.[9]

Ab Anfang der 1970er zählten eine erheblich wachsende Staatsverschuldung und steigende Inflationsraten zu den unangenehmen Begleiterscheinungen der keynesianisch inspirierten Wirtschaftspolitik der sozialliberalen Koalition unter Bundeskanzler Willy Brandt. Bis zum Sommer 1973 blieb die Wachstumsdynamik der westdeutschen Wirtschaft dennoch ungebrochen. Die drohende Gefahr von Wirtschaftskrisen schien durch die Anwendung des neuen konjunkturpolitischen Instrumentariums endgültig gebannt zu sein. Mit dem Ausbruch eines neuen Nahost-Krieges im Herbst 1973 zeigte sich jedoch die Anfälligkeit der inzwischen wieder intensiv verflochtenen führenden westlichen Volkswirtschaften in aller Deutlichkeit: Als die Erdöl exportierenden Länder als Reaktion auf die Unterstützung Israels durch die westlichen Industriestaaten eine drastische Reduktion der Erdölförderung beschlossen, kam es in allen Industrienationen nicht nur zu einer empfindlichen Energiekrise, sondern auch zu einer scharfen Rezession. Der „Boom“ in den westlichen Massenkonsumgesellschaften, der vom Ende der 1940er bis zu diesem Zeitpunkt gedauert hatte, schien definitiv beendet zu sein. Auch die Bundesrepublik Deutschland wurde von dieser Entwicklung hart getroffen. Das Bruttosozialprodukt sank um 1,8 %, und die Arbeitslosigkeit kletterte in die Höhe.[10]

Trotz aller staatlichen Maßnahmen zur Konjunkturbelebung, die von der Bundesregierung ab 1974 durchgeführt wurden, blieben eine beträchtliche Arbeitslosigkeit und erheblich reduzierte Wachstumsraten das Kennzeichen der Wirtschaftsentwicklung in Deutschland während der siebziger Jahre. Die Energiekrise war nicht nur Anlaß für lebhaft geführte energiepolitische Debatten und Energiesparappelle, sondern bildete auch den Auslöser für eine sparsamere Haushaltspolitik der öffentlichen Hand. Gleichzeitig beherrschten ökologische Probleme vorübergehend die Wirtschaftspolitik. Es war nicht zu übersehen, daß die westdeutsche Massenkonsumgesellschaft mit ihrer Parole „Wohlstand für alle“ Mitte der siebziger Jahre in eine Krise geraten war.

Die Wachstumseuphorie und der Glaube an die Beherrschung von konjunkturellen Rückschlägen waren verschwunden. Die westdeutsche Wirtschaft mußte sich fortan auf veränderte Rahmenbedingungen und eine wachsende Konkurrenz auf dem Weltmarkt einstellen, auf die sie mit fortschreitendem Strukturwandel und Konzentrationstendenzen reagierte – eine Entwicklung, die bis heute andauert und sich unter dem Schlagwort „Globalisierung“ in den letzten Jahren zusehends intensiviert hat.[11]

II. Wiederaufbau und Strukturwandel: Die Wirtschaft Ostwestfalens während des Wirtschaftswunders bis zur Energiekrise von 1973

1. *Die Ausgangslage nach dem Zweiten Weltkrieg bis zur Währungsreform*

Anfang April 1945 rückten amerikanische Truppen in das östliche Westfalen vor und konnten es ohne größeren Widerstand besetzen. Die Kampfhandlungen und nervenzermürbenden Bombenangriffe hatten damit ihr Ende erreicht. Die Bevölkerung war durch nächtliche Fliegerangriffe, die Zerstörung eines großen Teils der städtischen Bausubstanz und die Anstrengungen zur Sicherung des täglichen Überlebens

Preis 10 Pfg.

Westfälische Zeitung

Bielefeld, den 10. April 1945
135. Jahrgang

Bielefelder Tageblatt

Druck und Verlag J. D. Küster Nachf.
Verleger Dr. Reinhard Kaeller
Hauptschriftleiter Carl Kühne

Einwohner Bielefelds!

In dieser ernsten Stunde wird die Bevölkerung aufgerufen, höchste Ruhe und Besonnenheit zu wahren und äusserste Disziplin zu üben, damit unnötige Leiden für unsere Heimatstadt vermieden werden. Die Stadtverwaltung wird alles tun, was in ihren Kräften steht, um einen geordneten Gang der Verwaltung aufrecht zu erhalten. Ein jeder trage durch sein Verhalten dazu bei, daß Reibungen und Spannungen auf ein Mindestmaß herabgedrückt werden.

Die Lenkung der Lebensmittelversorgung und die Bewirtschaftung der Spinnstoff- und Schuhwaren sowie der Haushaltsgegenstände erfolgt in bisheriger Weise planmäßig. Dem Kleinhandel ist es schärfstens untersagt, Lebensmittel ohne Marken abzugeben. Die Ausgabe von Spinnstoffen, Schuhwaren usw. muß vorläufig bis zum 20. April gesperrt werden.

Alle Personen, die in den letzten Tagen Lebensmittel oder Textil- und Schuhwaren sowie Haushaltsgeräte aller Art aus öffentlichen Beständen oder Versorgungslägern ohne behördlichen Ausweis empfangen oder in Besitz genommen haben, sind verpflichtet, sie zurückzugeben, damit sie der allgemeinen Planbewirtschaftung zugeführt werden können.

Die Rückgabe hat vom Mittwoch, dem 11. bis Freitag, dem 13. April in der vorgeschriebenen Ausgehzeit zu erfolgen. Es sind abzuliefern:

Lebensmittel in der Turnerstraße 49 (Hauptzollamt)
Textil- u. Schuhwaren, Leder u. Haushaltsgeräte im Stadttheater

Die Straßen dürfen nur in den für den Geschäftsverkehr freigegebenen Zeiten betreten werden.

Es wird weiter darauf hingewiesen, daß von 18 Uhr bis 7 Uhr morgens auf Anordnung der Besatzungsmacht die Häuser in keinem Falle verlassen werden dürfen, da sich jeder, der in dieser Zeit auf der Straße angetroffen wird, der Gefahr aussetzt, ohne Anruf erschossen zu werden.

Bielefeld, den 10. April 1945.

Der Stadthauptmann
Niestroy

Bekanntmachung der Bielefelder Stadtverwaltung nach der Kapitulation der Stadt im April 1945

erschöpft, ausgepumpt und demoralisiert und daher froh, daß der Schrecken des Krieges beendet war. Niemand wußte genau, was nun kommen würde. Wirtschaft und Gesellschaft verharrten im östlichen Westfalen wie in den anderen Regionen des untergegangenen Deutschen Reiches eine Zeitlang in Agonie.[12] Der tägliche Überlebenskampf in den zerbombten Städten erforderte jedoch die baldige Ingangsetzung der Nahrungsmittelindustrie sowie der chemisch-pharmazeutischen Betriebe. Mit Genehmigung der alliierten Militärregierung in Bad Oeynhausen durften am 26. April 1945 die ersten drei Betriebe, die Westfalenfleiß GmbH in Bielefeld, die Asta-Werke GmbH in Brackwede sowie Gassel, Reckmann & Co. in Bielefeld, die Fertigung wieder aufnehmen. Der größte Teil der Bevölkerung war jedoch gezwungen, seinen Bedarf an Lebensmitteln und Brennstoffen selbst zu organisieren. Auch im östlichen Westfalen konnten sich die Bauern auf dem Lande des Ansturms von hungernden Menschen kaum erwehren, die aus dem Ruhrgebiet hierher kamen, um Nahrungsmittel zu erwerben oder gegen andere Gebrauchsgegenstände zu tauschen. Infolge der Mangelsituation und der nicht existenten Marktbeziehungen bildete sich bald eine Schattenwirtschaft heraus. Der Schwarzmarkt blühte, und die „Zigarrettenwährung“ erfreute sich wachsender Beliebtheit.[13]

Bis Ende Juli 1945 hatten weitere 114 Unternehmen des Kammerbezirks die Betriebsgenehmigung erhalten. Darüber hinaus wurden in den Kreisen wie zum Beispiel Herford, Minden oder Wiedenbrück örtliche Organisationen gebildet, die mit den Militärverwaltungen über die weitere Wiederaufnahme von Betrieben verhandelten. Während in der Folgezeit kleinere Firmen mit bis zu 10 Beschäftigten relativ schnell diese Genehmigung erhielten, brauchten größere Unternehmen dazu die Erlaubnis der Militärregierung. Im Oktober 1946 wurden Bezirkswirtschaftsämter eingerichtet, welche die Anträge der Industriebetriebe auf Produktionserlaubnis (permits) an das inzwischen entstandene NRW-Wirtschaftsministerium in Düsseldorf weiterleiteten. Ohne „permit“ bekamen die Betriebe keinen Strom, keine Brennstoffe, keine Rohstoffe und keine Arbeitskräfte. Über die Modalitäten der permit-Vergabe ist seitens der Gewerbetreibenden viel geklagt worden. Dennoch ist ihre steigende Zahl als Indikator für die langsame Wiederherstellung des Wirtschaftslebens auch im östlichen Westfalen heranzuziehen. Hieran konnte auch die Bekanntgabe der Demontageliste im Oktober 1947 nichts ändern. Im Bereich der Bielefelder Kammer waren hiervon 16 Betriebe betroffen, von denen 9 bereits demontiert oder für die Demontage vorbereitet worden waren.[14]

Trotz aller Schwierigkeiten bei der Rohstoffbeschaffung, trotz Hunger und Unterernährung großer Bevölkerungsteile, trotz zerbombter Produktionsstätten und trotz vielfältiger administrativer Schwierigkeiten läßt sich für die Jahre 1946 und 1947 eine Tendenz zur wirtschaftlichen Wiederbelebung in Ostwestfalen konstatieren. Nicht nur die Zahl der Unternehmen, die ihre Produktion wieder aufnahmen, sondern auch der neu gegründeten Betriebe stieg an. Von Mai 1945 bis Herbst 1948 entstanden im Kammerbezirk 454 Betriebe des produzierenden Gewerbes, wovon allein 121 auf die Textilindustrie, 90 auf die Metallverarbeitung und 50 auf das Baugewerbe entfielen. Schwerpunkte der Betriebsgründung waren vor allem die alten gewerblichen Zentren: 102 im Stadt- und Landkreis Bielefeld, 89 im Kreis Herford und 58 im Kreis Minden. Im Vergleich dazu schnitten die Kreise Paderborn mit 13, Höxter mit 12 und Büren mit 10 Betriebsgründungen relativ schlecht ab. Allerdings konnte die Stadt Höxter mit der Stahlbaufirma Gollnow & Sohn, die ihren Sitz von Stettin aus hierher verlagert hatte, eine beachtenswerte Industrieneuansiedlung vorweisen. Das Unternehmen spezialisierte sich rasch auf die Wiederherstellung von größeren Brücken wie zum Beispiel über die Weser und beschäftigte 1946 bereits 600 Arbeiter. Auch in den folgenden Jahren konnte es aufgrund des immensen Wiederaufbaubedarfs eine gute Ertragslage vorweisen. Aber auch in anderen Bereichen wie der Herforder Wäscheindustrie profitierte die ostwestfälische Wirtschaft vom Zuzug einer Reihe von Betrieben aus der russischen Zone, welche die Palette der heimischen Firmen mit neuen Techniken und neuen Produkten bereicherten.[15]

Diese Entwicklung darf jedoch nicht darüber hinwegtäuschen, daß von normalen und geordneten Wirtschaftsverhältnissen in Ostwestfalen 1946 und 1947 nicht die Rede sein konnte. Zu groß war der Rohstoffmangel, zu belastend die unzureichende Belieferung mit Vor- und Halbprodukten. Die Bielefelder Industrie- und Handelskammer konstatierte daher in einem Lagebericht vom November 1946: „... Wachsende Resignation in den Kreisen der Wirtschaft und eine zunehmende Stimmung der Lethargie und der Verzweiflung in breiten Kreisen der Bevölkerung kennzeichnen die Lage zu Beginn des zweiten Winters nach dem Zusammenbruch. Auf fast allen Gebieten herrschen Mangel, Schwierigkeiten und Unordnung. Die wirtschaftspolitischen Maßnahmen lassen keine einheitliche Linie und kein klares Ziel erkennen ...“[16]

Trotz dieser düsteren Lage herrschte keineswegs in allen Branchen eine derart trübe Stimmung. Während zum Beispiel die heimische Fahrrad-, aber auch die Möbelindustrie 1947 bereits über eine Besserung ihrer Absatzlage und der Beschäftigung berichteten, litt die gesamte Textilindustrie weiterhin unter Rohstoffmangel und unter einer ungenügenden Zuteilung von Arbeitskräften. Der eigentliche Hinderungsgrund für einen Wirtschaftsaufschwung war für viele

Industrielle des Bezirks neben den Problemen bei der Rohstoffbeschaffung die Auswirkungen der zahlreichen Bewirtschaftungsmaßnahmen, die von den Militärbehörden und dem Zentralamt für Wirtschaft in Minden bzw. dessen Nachfolger, der Verwaltung für Wirtschaft des Vereinigten Wirtschaftsgebiets in Frankfurt durchgeführt wurden. Vor allem die ostwestfälische Tabakindustrie beklagte eine völlig unzureichende Versorgung mit Rohstoffen, die eine Gesundung der Branche unmöglich mache, wie Zigarrenfabrikanten aus den Kreisen Minden und Lübbecke Ende 1947/Anfang 1948 mehrfach bemängelten.[17]

Bei allen Ansätzen zur Normalisierung des Wirtschaftslebens bleibt daher zu konstatieren, daß im östlichen Westfalen wie auch im gesamten Gebiet der vier Besatzungszonen der Mangel an Rohstoffen und die Bevormundung durch Behörden ein gravierendes Problem für einen potentiellen Wirtschaftsaufschwung darstellten. Als sich Anfang 1948 die Gerüchte über eine bevorstehende Währungsreform verdichteten, setzte der Großteil der Gewerbetreibenden seine Hoffnung in diesen Schritt, von dem man eine baldige „Entfesselung der Wirtschaftskräfte" erwartete, wie es die Bielefelder Kammer im Februar 1948 zum Ausdruck brachte: „... Ein Wandel bezüglich der Kompensation und des Festhaltens der Ware ist erst nach Durchführung der immer dringlicher werdenden Geldreform zu erwarten. Erst dann werden auch die jetzt in großem Umfang brach liegenden Kräfte wieder tätig werden und volkswirtschaftlich falsch eingesetzte Arbeitskräfte wieder an die richtige Stelle gebracht werden können..."[18] Auch Industrie und Handel im östlichen Westfalen warteten 1948 auf den ominösen Tag X – den Tag der Währungsreform.

2. Die Währungsreform in Ostwestfalen

Mit dem Ende des nationalsozialistischen Regimes war auch dessen Geldwirtschaft zusammengebrochen. Die immensen Kriegsausgaben hatten den Wert der Reichsmark permanent unterhöhlt, was nur durch Lohn- und Preisstops und die Devisenbewirtschaftung verschleiert wurde. Nach 1945 setzte sich dieser Prozeß fort, weil auch die Alliierten an der Bewirtschaftungspolitik festhielten. Zudem war das Warenangebot äußerst knapp, so daß ein massiver Geldüberhang entstanden war, der nur durch eine umfassende Reform des Geldwesens beseitigt werden konnte. Sollte die deutsche Wirtschaft wieder gesunden, war dieser Schritt unumgänglich. Sowohl internationale Experten als auch die Westalliierten teilten diese Meinung. Nur die sowjetische Militäradministration sperrte sich gegen diesen Schritt. Als sich keine Einigung unter den Alliierten abzeichnete, setzten die drei Westmächte allein das Datum für eine Währungsreform auf den 20. Juni 1948 fest. Am Freitag den 18. Juni wurde dieser Schritt von den drei westlichen Militärregierungen in ihren Besatzungszonen verkündet. Wie überall in „Trizonesien" erhielten auch die Bewohner im östlichen Westfalen am 20. Juni ihre „Kopfquote" von 40 DM an neuem Geld. An den Ausgabeschaltern, die in Finanzämtern, Rathäusern, aber auch in Gaststätten eingerichtet worden waren, bildeten sich lange Schlangen von Menschen, die ihr Geld umtauschen wollten. Aus Gründen der Praktikabilität und um unnötig lange Wartezeiten zu vermeiden, zahlte man die neue Währung immer nur an ein Haushaltsmitglied gegen Vorlage eines Haushaltsausweises aus. Die alten Reichsbanknoten wurden sofort gebündelt und zum Einstampfen in Papiermühlen gebracht, womit auch dieses Relikt aus der Zeit der Weimarer Republik und des Nationalsozialismus verschwand.[19]

Um die Währungsreform ranken sich bis heute Legenden. Wenn auch an ihrer Bedeutung als wichtiges Ereignis der Nachkriegsgeschichte kein Zweifel besteht, so spricht doch der Mythos, mit der Währungsreform habe das deutsche Wirtschaftswunder schlagartig eingesetzt und alle Deutschen in den drei Westzonen seien nun mit einem Kapital von 40 DM praktisch gleich gewesen, nicht der Wahrheit. Besitzer umfangreicher Sachwerte verfügten in Wirklichkeit über ein ungleich größeres Vermögen als die „Kopfquote". Auch der wirtschaftliche Wiederaufstieg begann sich bereits vor der eigentlichen Währungsreform abzuzeichnen. Richtig ist jedoch, daß im östlichen Westfalen wie im gesamten späteren Bundesgebiet die Währungsreform den Einwohnern quasi über Nacht wieder volle Schaufenster bescherte. Für das neue Geld war fast alles zu haben. In Ostwestfalen konnte man wieder kaufen, was das Herz begehrte und der Geldbeutel erlaubte. Waren, die lange Zeit vom Markt und sogar vom „Schwarzmarkt" verschwunden waren, wurden nun wieder angeboten – für die Menschen, die über Jahre hinweg ein System von Bezugsscheinen und Warenrationierung gewohnt waren, eine völlig neue Erfahrung.[20]

Als am 25. Juni der Direktor der Zwei-Zonen-Wirtschaftsverwaltung, Ludwig Erhard, die Preiskontrolle in großem Umfang aufhob, erhöhte sich das Warenangebot weiter. Allerdings kam es vielfach zu ungerechtfertigten Preissteigerungen – eine Entwicklung, die auch im östlichen Westfalen zu beobachten war, auch wenn sie nicht das Ausmaß wie in den städtischen Ballungsräumen des Ruhrgebiets oder des Rheinlands erreichte. Dennoch wurde ab Mitte Juli 1948 zunehmend über zu hohe Preise geklagt. Erzürnte Hausfrauen aus Bielefeld bewarfen aus Verärgerung über zu hohe Eierpreise Markthändler sogar mit Eiern. Die Menschen mußten wieder lernen, genau zu rechnen, um mit dem knappen Geld auszukommen – eine der ersten und für manchen auch schmerzliche Lektion der sozialen Marktwirtschaft.[21]

Als weitere Auswirkung der Währungsreform und Preisfreigabe stieg auch die Arbeitslosigkeit wieder an. Im Arbeitsamtsbezirk Bielefeld verdoppelte sich deren Quote von 1948 auf 1949 und nahm bis Sommer 1950 weiter zu. Dennoch war die Lage auf dem Arbeitsmarkt im östlichen Westfalen im Vergleich zu anderen Regionen noch erträglich: Die Arbeitslosenquote in Bielefeld lag zum Beispiel mit 2,6 % deutlich unter dem Durchschnitt in der Provinz Westfalen mit 5,1 %.[22] Im Verlaufe des Jahres 1949 hatte die D-Mark ihre Geburtswehen endgültig überstanden. Die D-Mark hatte das Vertrauen auch der ostwestfälischen Bevölkerung erobert. Ein wichtiger Teil des Fundaments für den wirtschaftlichen Wiederaufstieg war damit geschaffen worden.[23]

3. Die Wiedergründung der Industrie- und Handelskammer Ostwestfalen

Nach dem Zusammenbruch des nationalsozialistischen Regimes ruhte auch die Arbeit der Wirtschaftskammer Bielefeld. Die Verbindung zwischen Kammer und Wirtschaft – bereits vorher durch politische Zielsetzungen erheblich getrübt – war nun gänzlich unterbrochen. Zum einen litt nach Kriegsende der Kontakt zu den Firmen im Kammerbezirk unter dem Zusammenbruch der Infrastruktur und den schlechten Verkehrsverbindungen. Da weder öffentliche Verkehrsmittel noch private Verbindungsmöglichkeiten ausreichend zur Verfügung standen, ergab sich für Gewerbetreibende die Notwendigkeit, direkt in den einzelnen Städten und Kreisen ihre Angelegenheiten mit den jeweiligen Vertretern der Militärbehörden zu regeln. Zum anderen herrschte eine gewisse Skepsis gegenüber der weiteren Entwicklung der Bielefelder Kammer, die aufgrund ihrer Politik während der letzten Kriegsjahre bei einigen Industriellen und Gewerbetreibenden in Mißkredit geraten war. Als Alternative zur Bielefelder „Zentrale" wurde daher die Bildung von Kreiswirtschaftskammern oder lokalen Handelskammern zur Diskussion gestellt, was von den britischen Militärbehörden durchaus begrüßt wurde. Es drohte also eine atomisierte Interessenvertretung für die ostwestfälische Wirtschaft.[24]

Nach dem Einzug der Alliierten in Ostwestfalen löste sich die Wirtschaftskammer Bielefeld samt ihren Organen von selbst auf. Da Präsidium und Beirat nicht mehr bestanden – ihre Neubildung war zunächst offenbar auch nicht gewünscht –, lag die Abwicklung bzw. Fortführung der Kammerarbeit allein in Händen der beiden Geschäftsführer Sartorius und Wilms. Die Dienstaufsicht über die Kammer übertrug der britische Militärgouverneur dem Bielefelder Oberbürgermeister. Eine der ersten Maßnahmen, die von der kommissarischen Geschäftsführung durchgeführt wurde, war die Loslösung von der formal immer noch existierenden Gauwirtschaftskammer Münster. Im Zuge dieses Schrittes gab die Bielefelder Kammer auch den Namen Wirtschaftskammer wieder auf und kehrte zur ursprünglichen Bezeichnung Industrie- und Handelskammer zurück. Die Geschäftsführung war sich von Anfang an darüber im klaren, daß die alte Funktionsfähigkeit dieser Institution nur dann wiederherzustellen sei, wenn sie ihren Charakter als Selbstverwaltungskörperschaft für Industrie, Handel und Gewerbe wieder erhalten würde. Die freie Wahl einer Vertretung aus den Reihen der zum Kammerbezirk zählenden Handel- und Gewerbetreibenden war unverzichtbar. In ersten Gesprächen mit Vertretern der Militärbehörden, aber auch mit den Bürgermeistern und Landräten aus dem Kammerbezirk, versuchten die beiden Geschäftsführer, die Möglichkeiten einer Wahl zu sondieren. Im September 1945 hatte sich die Lage aufgrund zahlreicher Einzelgespräche soweit geklärt, daß die Berufung eines vorläufigen Präsidiums und Beirats erlaubt wurde. Von der Durchführung einer freien Wahl konnte jedoch noch keine Rede sein. Mit der Berufung des Leiters der Bielefelder Armaturenfabrik Wilhelm Bitter, Friedrich Wilhelm Spiekerkötter, zum kommissarischen Präsidenten der Bielefelder Industrie- und Handelskammer und der Etablierung eines vorläufigen Beirates wurde zumindest eine Übergangslösung gefunden.[25] Mehr als ein Jahr später, am 27. November 1947, erlaubte die britische Militärregierung per Verfügung die Durchführung von Wahlen zur Vollversammlung von Industrie- und Handelskammern. Der Wahlakt für die Vollversammlung der Bielefelder Kammer fand im Juni 1947 statt. Am 16. Juli 1947 konstituierte sich die erste frei gewählte Vollversammlung der Industrie- und Handelskammer seit 1933. Zum ersten Präsidenten der Bielefelder Kammer wurde Eduard Wolf, Besitzer der Gütersloher Hanf- und Drahtseilwerke Gustav Wolf, gewählt.[26]

Mit der Rückkehr zu den Rechtsgrundlagen einer Selbstverwaltungskörperschaft wurden auch die Kammergrenzen neu bestimmt. Der Kreis Grafschaft Schaumburg sowie Schaumburg-Lippe wurden der Industrie- und Handelskammer Hannover zugeordnet, während für das ehemalige Fürstentum Lippe wieder eine eigene IHK errichtet wurde. Die Kreise Büren, Paderborn und Warburg blieben dagegen beim Sprengel der Bielefelder IHK. Auch die während der Zeit der Wirtschaftskammer existierende Verschmelzung mit der Handwerkskammer wurde wieder aufgehoben. Die frühere Handwerksabteilung der Wirtschaftskammer erhielt die gleichen Funktionen wie vor ihrer Inkorporierung und wurde damit wieder zum Selbstverwaltungsorgan des Handwerks in Ostwestfalen. All diese Maßnahmen, die ohne größere Konflikte und Schwierigkeiten durchgeführt werden konnten, führten dazu, daß Industrie, Handwerk und Handel in Ostwestfalen wieder die Institutionen zurückerhielten, die vor der Machtübernahme durch die Nationalsozialisten existiert hatten.[27]

Blicken wir noch kurz auf die Tätigkeit der Bielefelder Kammer in der Zeit vom Zusammenbruch bis zur Währungsreform: Zunächst bleibt festzuhalten, daß der Geschäftsbetrieb nach der Zerstörung des Kammergebäudes in der Herforderstraße außerordentlich schwierig war, da die Dienststellen in fünf verschiedenen Domizilen untergebracht werden mußten. Dennoch setzte die Geschäftsführung ab Sommer 1945 alles daran, der Flut der anstehenden Probleme Herr zu werden. Auf die vielen Gespräche und Verhandlungen, die mit den Vertretern der Militärbehörden geführt wurden und die dazu dienen sollten, das Wirtschaftsleben im östlichen Westfalen wieder in Gang zu setzen, kann hier nur summarisch verwiesen werden. Die Organisation der Lebensmittelversorgung, die Lösung von Problemen bei der Erteilung von Produktionsgenehmigungen und die Regelung der Bewirtschaftungsmaßnahmen bildeten die wichtigsten Punkte in diesen Gesprächen.

Einen hohen Stellenwert besaß für die wieder erstandene Bielefelder Kammer die „Opposition" gegen die beabsichtigten Demontage-Pläne der Alliierten. In einer Reihe von Denkschriften und Stellungnahmen setzte sie sich dafür ein, daß von umfangreichen Demontagen abgesehen wurde, um die ohnehin darniederliegende ostwestfälische Wirtschaft nicht noch weiter durch Substanzverluste zu schwächen.[28]

Ein anderer Bereich, dem die Kammer in den Nachkriegsjahren zunehmend ihre Aufmerksamkeit schenkte, war das Ausbildungswesen. Die mit der Einstellung und Ausbildung von Lehrlingen in der gewerblichen Wirtschaft zusammenhängenden Fragen mußten grundlegend überdacht und vom nationalsozialistischen Ballast gesäubert werden. Gemeinsam mit anderen Kammern und der neu gebildeten Vereinigung von Westfälischen Industrie- und Handelskammern befaßte sich die Bielefelder Korporation mehrfach mit diesem Komplex. Außerdem versuchte sie, eine Verständigung zwischen Unternehmern und Gewerkschaften herbeizuführen. Ihr eigentliches Ziel war jedoch, an ihre frühere Rolle als Sprachrohr der gesamten gewerblichen Wirtschaft im östlichen Westfalen anzuknüpfen. Neben einer verstärkten Kontaktpflege zu den wieder in Gang gesetzten oder neu gegründeten Firmen griff die Kammer die Sorgen und Nöte von Industrie und Handel auf und profilierte sich wie vormals als Verfechterin einer möglichst wenig reglementierten Wirtschaftsordnung. Vor allem im Frühjahr 1948, als sich ordnungspolitische Weichenstellungen sowie eine Neuregelung des Geldwesens abzuzeichnen begannen, entfaltete die IHK Bielefeld eine rege Publikationstätigkeit. Dabei trat sie wieder massiv für Grundsätze des Wirtschaftens ein, die schon während des Kaiserreiches und der Weimarer Republik Richtschnur für ihr Handeln gewesen waren: Marktwirtschaft statt Zwangswirtschaft, Freiheit und Wettbewerb anstelle von Reglementierung und staatlicher Gängelung, Export und Ausbau der internationalen Handelsbeziehungen anstelle von Autarkiebestrebungen und Handelsbeschränkungen. Der 1948 amtierende Geschäftsführer der Kammer, Wilms, faßte diese Ziele in einem Memorandum zusammen, das er wie folgt beendete: „... Unser Wirtschaftskarren sitzt fest. Wir müssen die Pferde wechseln und vollblütige und zugkräftigere an die Deichsel schirren: Freiheit und Wettbewerb. Nur mit ihrer Hilfe können wir den Wagen wieder flott machen und zu einer gesunden Wirtschaft gelangen..."[29]

Es versteht sich von selbst, daß die Währungsreform von der Kammer begrüßt und als bedeutende wirtschaftspolitische Zäsur betrachtet wurde. Der IHK-Präsident Wolf appellierte daher auch an alle Unternehmer, die nun herrschende Wettbewerbsordnung zu nutzen und mit aller Kraft ihren Beitrag zum Wiederaufbau der Wirtschaft zu leisten: „... Jetzt können unsere Kaufleute und Fabrikanten zeigen, daß sie wirkliche, sich ihrer Verantwortung bewußte Unternehmer sind und durch ihre Taten beweisen, daß ein sozial ausgerichtetes freies Unternehmertum am ehesten in der Lage ist, einer gesunden und friedlichen Entwicklung der Wirtschaft den Weg zu ebnen..."[30]

Selbst der Preisauftrieb nach der Währungsreform und der anfängliche Druck auf die DM infolge einer passiven Handelsbilanz und sinkender Wechselkurse konnten das Vertrauen der IHK in die Stabilität der Währung und die getroffenen ordnungspolitischen Maßnahmen nicht erschüttern. Unablässig warb sie für die neue Währung und die marktwirtschaftliche Wirtschaftspolitik. In einem Bericht vom Oktober 1948 über die Auswirkungen der Währungsreform kam sie zu der Schlußfolgerung: „Bei aller berechtigten Kritik an den Mängeln und bedauerlichen Erscheinungen der heutigen Wirtschafts- und Versorgungslage darf der grundlegende Wandel nicht übersehen werden, der gegenüber der Zeit vor der Währungs- und Wirtschaftsreform eingetreten ist. Das Geld hat wieder eine Kaufkraft und die Arbeit wieder einen Sinn erlangt. Es wird wieder mehr gearbeitet, mehr produziert und mehr Ware angeboten. Es gibt wieder einen allgemein zugänglichen Markt mit Preisen, die öffentlich bekanntgegeben werden..."[31] Im gleichen Atemzug forderte die Kammer aber auch den Abbau von ineffizienten und überbesetzten Verwaltungen, die Reduzierung der Besatzungskosten und die Verbesserung der Rohstoffversorgung. Die alten wirtschaftspolitischen Forderungen und Grundsätze schienen nichts an Aktualität eingebüßt zu haben. Die IHK Bielefeld war bereits Ende des Jahres 1948 wieder zu dem kämpferischen Sprachrohr für eine wettbewerbsorientierte Wirtschaftsverfassung und zum Opponenten gegen überzogene staatliche Reglementierung und Verwaltung geworden, wie man es von ihr in den Jahrzehnten vor der Machtergreifung der Nationalsozialisten gewohnt war.[32]

4. *Neue Produkte, neue Branchen, neue Standorte: Der Strukturwandel der ostwestfälischen Wirtschaft von 1948 bis 1973*

Kriegszerstörungen, Bewirtschaftungsmaßnahmen und die Ungewißheit über die weiteren wirtschaftspolitischen Entscheidungen belasteten zunächst auch den Wiederaufbau der ostwestfälischen Wirtschaft. Dennoch wurde schon seit 1945 damit begonnen, Bombenschutt und Kriegsschäden zu beseitigen und den Produktionsprozeß wieder in Gang zu setzen. Nach der Währungsreform und der Weichenstellung für das Konzept der sozialen Marktwirtschaft verbreitete sich rasch Zuversicht. Die Industrie- und Handelskammer schürte diesen Optimismus, indem sie im Frühjahr 1949 schrieb: „... Das verflossene Jahr hat uns mit der Geld- und Wirtschaftsreform endlich wieder festen Boden unter die Füsse gegeben. Die Arbeit hat wieder einen Sinn!“[33]

Die folgenden Jahre zeigten deutlich, daß dieser Optimismus auch für Ostwestfalen durchaus berechtigt war. Die Zahl der neugegründeten Firmen oder der bereits existierenden Unternehmen, die wieder mit der Produktion begannen, stieg kontinuierlich. Die Nachfrage, ja geradezu der Hunger nach Waren, verschaffte den Firmen gut gefüllte Auftragsbücher. Das „Wirtschaftswunder“ hielt auch in der Region Einzug. Dennoch zeigte sich für einige Unternehmen und Branchen, daß sich angesichts des harten internationalen Wettbewerbs und der Spielregeln des Weltmarktes nicht alle positiven Zukunftserwartungen erfüllten. Traditionsreiche Unternehmen scheiterten an notwendigen Umstrukturierungsmaßnahmen, ehemals bedeutende Wirtschaftszweige in Ostwestfalen verloren zusehends an Terrain gegenüber aufstrebenden „neuen“ Industrien. Ende der 1950er, Anfang der 1960er wurde offenkundig, daß internationaler Wettbewerbsdruck, wirtschaftlicher Strukturwandel und die Anpassung an veränderte Rahmenbedingungen auch die Entwicklung der ostwestfälischen Wirtschaft in den nächsten Jahren bestimmen würden. Der Strukturwandel ließ sich auch in der Region nicht aufhalten. Traditionsreiche Unternehmen fielen ihm zum Opfer, während neue Firmen mit innovativen Produkten von ihm profitierten. Ein Markenzeichen der ostwestfälischen Wirtschaft blieb dennoch erhalten: ihre Vielseitigkeit und ihr hohes Maß an Wettbewerbsfähigkeit.[34]

Werbefahrzeuge für Produkte der Mechanischen Weberei Ende der fünfziger Jahre

4.1 *Der endgültige Abschied als Führungssektor der ostwestfälischen Wirtschaft: Die Textilindustrie*

Will man die Entwicklung der ostwestfälischen Textilindustrie nach dem Zweiten Weltkrieg angemessen beschreiben, so sind Krise, Strukturwandel und Innovation die hervorstechenden Merkmale. Bombenschäden, Rohstoffmangel sowie Beschlagnahmung von Produktionsstätten und Werksanlagen waren die Probleme, mit denen sich die großen Spinnereien und Webereien nach Kriegsende auseinandersetzen mußten. Hinzu kam in den meisten Betrieben ein veralteter Maschinenpark, da in der Zwischenkriegszeit notwendige Investitionen ausgeblieben und direkt nach dem Krieg neue Maschinen nicht zu beschaffen waren. Bei der Mechanischen Weberei waren 1950 zum Beispiel 80 % der Webstühle über 70 Jahre alt. Investieren, modernisieren und sich den veränderten Produktionstechniken und Marktverhältnissen anpassen, hieß daher die Devise für die Leinen- und Baumwollspinnereien und Webereien, aber auch für die Seiden- und Plüschwebereien.[35] Die Notwendigkeit derartiger Maßnahmen wurde Anfang der 1950er durchaus erkannt, ihre Durchführung aber mit höchst unterschiedlicher Intensität angegangen. Während die Mechanische Weberei 1955 bereits verlautbaren ließ, „daß das Werk in Bielefeld reorganisiert, modernisiert und rationalisiert und der Neuaufbau im wesentlichen abgeschlossen sei“,[36] dauerte der Modernisierungsprozeß bei der Ravensberger Spinnerei wesentlich länger. Die Mechanische Weberei konnte 1954 bereits wieder Dividenden zahlen und rentabel wirtschaften, die Ravensberger Spinnerei dagegen erst im Jahre 1960. Nach Investitionen in Höhe von 11 Mio. DM konnte das Unternehmen 1964 jedoch vermelden, daß es mit 20 000 Spindeln in Betrieb wieder eine der größten Leinenspinnereien in Deutschland sei. Außer diesen Erfolgsmeldungen gab es ab Mitte der 1950er aber auch die ersten Hiobsbotschaften aus der Leinenindustrie: 1955 stellte die Spinnerei Vorwärts im Hinblick „auf das Ausmaß der benötigten Investierungsbeträge" ihre Produktion ein. Die Drell- und Inlettweberei Delius & Sohn mußte sich 1959 zu diesem Schritt entschließen.[37]

Auch die Mechanische Weberei Ravensberg AG (WERA) geriet Ende der 1950er in eine schlechte Ertragslage und konnte keine Dividenden mehr zahlen. Zudem fehlte das Kapital für notwendige Investionen. 1961 wurde die WERA daher von der Mechanischen Weberei übernommen. Das neue Unternehmen firmierte fortan unter dem Namen Bielefelder Webereien AG (BIWAG).[38]

Nach einer kurzen Aufschwungsphase für die Leinenindustrie Anfang der 1960er sah sich diese Branche spätestens seit dem Ausbruch der ersten Wirtschaftskrise der Bundesrepublik Mitte der 1960er mit drastischen Umsatzrückgängen und einer erheblichen Verschlechterung der Ertragslage konfrontiert. Zuerst mußten die kleineren Betriebe wie die Webereien Gebr. Kobusch, Strunkmann & Meister oder die Herforder Weberei Knemeyer Konkurs anmelden. Die größeren Betriebe versuchten dagegen, sich durch Übernahmen und Zusammenschlüsse am Markt zu behaupten und der immer stärker werdenden Konkurrenz aus Billiglohnländern Paroli zu bieten. Am 1. Januar 1970 übernahm die Ravensberger Spinnerei die Flachsspinnerei der Carl Weber & Co. in Oerlinghausen. Der Haushaltswäschebereich dieser Firma, der BIWAG und der Weberei A. W. Kisker wurden in ein neues Unternehmen eingebracht, das unter dem Namen Bielefelder Textilwerke (BTW) am 1. Januar 1970 gegründet wurde, sich jedoch keiner allzu langen Existenz erfreuen konnte. Nach einem Großbrand 1971 in seinen Produktionsstätten in Schildesche befand es sich in erheblichen finanziellen Schwierigkeiten und mußte 1973 Vergleich anmelden. Nicht viel besser erging es der BIWAG: Nach dem Verkauf der Aktienmehrheit an auswärtige Investoren und nach diversen Versuchen der Umstrukturierung wurde der Betrieb 1973 eingestellt, die Produktionsstätten wurden systematisch „ausgeschlachtet". Im alten Stammwerk der BIWAG an der Teutoburgerstraße in Bielefeld befindet sich heute ein Supermarkt. Die Ravensberger Spinnerei versuchte als letztes verbliebenes Traditionsunternehmen der Bielefelder Leinenindustrie durch Diversifizierung der Produktpalette und Fertigung neuer Garnsorten sich den veränderten Marktbedingungen anzupassen, was auch bis Mitte der 1980er gelang. Am 5. Februar 1988 mußte es freilich auch Konkurs anmelden.[39]

Auch den traditionsreichen Webereien in Gütersloh blieb ein ähnliches Schicksal nicht erspart. Ab Ende der 1960er gerieten sie ebenfalls immer tiefer in die Krise der bundesdeutschen Textilindustrie. In den 1970ern stellten die Webereien Wilhelm Bartels, Greve & Güth, Güth & Wolf sowie Niemöller & Lütgert ihre Produktion ein. Nur die Frotteeweberei Vossen konnte sich noch am Markt behaupten, bevor auch für sie 1996 das endgültige „Aus" kam.[40]

Das andere traditionelle Standbein der ostwestfälischen Textilindustrie, die Wäscheindustrie, geriet ebenfalls ab Mitte der 1950er zusehends in eine Krise. Hierfür waren folgende Gründe ausschlaggebend: Zum einen war der große Nachholbedarf an Leib- und Haushaltswäsche nach dem Krieg gedeckt, zum anderen boten große Versandhäuser Wäsche bundesweit billiger an, als es die Hersteller aus Ostwestfalen konnten. Zudem machte sich die Konkurrenz ausländischer Hersteller immer mehr bemerkbar. Zwar versuchten viele Wäschefirmen, sich neuen Trends anzupassen, indem sie die Produktion von Wäsche aus Kunstfasern aufnahmen, doch gelang es nur wenigen, ihre Betriebe soweit zu modernisieren und zu rationalisieren, daß sie konkurrenzfähig bleiben konnten. Die beiden größten Firmen, Seidensticker und Dornbusch konnten auch deshalb überleben, weil sie große Teile ihrer Produktion in das weniger lohnintensive Ausland verlagerten. Ab Anfang der 1970er nahm die Krise in der Wäscheindustrie zu. Viele der kleineren Betriebe mußten ihre Produktion aufgeben. Von 57 Firmen, die in Bielefeld nach dem Zweiten Weltkrieg Wäsche herstellten, bestanden 1977 nur noch 12 Unternehmen, die auf hochwertige Erzeugnisse und eine Diversifikation ihrer Erzeugnisse setzten und zudem im Ausland billig produzieren konnten. Unternehmen wie Seidensticker oder Kaufmann + Sachs konnten sich im immer härter werdenden Wettbewerb behaupten, während die anderen Betriebe zum Untergang verurteilt waren.[41] Für die Wirtschaftsstruktur in Ostwestfalen hatte diese Entwicklung Konsequenzen. Zum einen bedeutete sie das definitive Ende der traditionellen Textilindustrie, vor allem der Leinenindustrie, als Führungssektor der ostwestfälischen Wirtschaft, zum anderen auch den Abschied vom „Leinenfaden", das heißt vom Spinnen und Weben von Leinen bis hin zur Fertigung von Leinenwäsche. Ein traditionsreicher Wirtschaftszweig im östlichen Westfalen war nach einer kurzen Blütephase Anfang der 1950er das Opfer billigerer Konkurrenz aus dem Ausland, neuer Textilfasern und veränderter Verbrauchergewohnheiten geworden.

Trotz dieser Entwicklung ist die Textilindustrie hier bis heute keineswegs in der Bedeutungslosigkeit versunken. Neue Produkte, neue Firmen und Herstellungsverfahren sind der Grund dafür, daß vor allem die Bekleidungsindustrie im harten Wettbewerb bestehen konnte. In diesem Zusammenhang sind vor allem die drei renommierten Herforder Bekleidungshersteller

Ahlers AG, Brax-Leineweber und die Brinkmann-Gruppe zu nennen, welche am 1. 1. 1947 von Friedrich W. Brinkmann in Löhne gegründet wurde. Das schnell expandierende Unternehmen zog 1953 bereits mit 250 Mitarbeitern nach Herford um, von wo aus es sich zu einem der bedeutendsten europäischen Hersteller von Herrenmode entwickelte.[42] Auf eine ähnlich erfolgreiche Nachkriegsgeschichte kann auch die bereits 1934 gegründete Hucke AG aus Lübbecke zurückblicken, die sich nach Kriegsende durch zielgerichtete Expansion rasch einen Spitzenplatz unter den europäischen Textilunternehmen erkämpfen konnte. Als der Firmengründer Erwin Hucke 1965 starb, zählte sein Unternehmen mit 1300 Mitarbeitern und einem Umsatz von 46 Millionen DM bereits zu den führenden Bekleidungsherstellern in Deutschland – eine Position, die in den folgenden Jahren systematisch ausgebaut wurde. Der Erfolg der ostwestfälischen Bekleidungsindustrie nach dem Zweiten Weltkrieg wird auch durch den Werdegang von Firmen wie Windsor oder den Aufstieg der Gerry Weber AG in der jüngsten Vergangenheit dokumentiert. Gerade der Haller Textilindustrielle Gerhard Weber lieferte den Beweis, daß Ostwestfalen auch heute noch ein guter Standort für die Bekleidungsindustrie ist. 1965 eröffnete er seine erste Boutique. Acht Jahre später gründete er mit seinem Partner Udo Hardieck das Konfektionsunternehmen Hatex. Durch die Anwendung neuer Vermarktungsstrategien gelang es Weber rasch, ein diversifiziertes und international operierendes Unternehmen aufzubauen.[43]

Der Strukturwandel in der ostwestfälischen Textilindustrie von 1949 bis 1973, dessen Resultat der Niedergang der traditionsreichen Spinnereien und Webereien, aber auch der Aufstieg einer international überaus konkurrenzfähigen Bekleidungsindustrie war, läßt sich auch anhand folgender Zahlen gut dokumentieren: Registrierte man in den traditionellen Sparten der Textilindustrie 1951 noch 103 Firmen, so war ihre Zahl 1973 auf 76 zurückgegangen. In der Bekleidungsindustrie läßt sich dagegen für den gleichen Zeitraum ein Anstieg von 260 auf 367 Betriebe feststellen. Daher überrascht es nicht, wenn sich auch die Zahl der Beschäftigten in diesem Segment der Textilindustrie von 23 395 1951 auf 28 889 Personen 1973 erhöhte, während in den anderen Bereichen dieser Branche die Beschäftigtenzahl von 17 602 auf 12 085 fiel. Auch ihre Spitzenposition als umsatzstärkster Industriezweig in Ostwestfalen im Jahre 1951 konnte der eher traditionelle Bereich der Textilwirtschaft nicht halten. Vielmehr fiel er bis 1973 auf den achten Platz der umsatzstärksten Branchen der Region zurück. Seine Rolle als Führungssektor hatte er endgültig verloren. Der Aufstieg der Bekleidungsindustrie konnte diesen Verlust nicht vollständig wettmachen, wenngleich er den erfolgreichen Strukturwandel und die Wettbewerbsfähigkeit der ostwestfälischen Textilindustrie dokumentiert.[44]

Carl Miele, bis zu seinem Tode 1986 Mitinhaber der Gütersloher Miele-Werke

4.2 Ein schlingerndes Flagschiff der ostwestfälischen Wirtschaft: Die metallverarbeitende Industrie und der Maschinenbau

Strukturelle Veränderungen und ein hohes Maß an Innovationsfähigkeit, aber auch Standortverschiebungen und erhebliche Veränderungen innnerhalb der Branche prägten die Entwicklung der metallverarbeitenden Industrie und des Maschinenbaus nach dem Zweiten Weltkrieg in Ostwestfalen.[45] Auch hier ließ sich, wenngleich nicht so stark wie in der Textilindustrie, beobachten, daß alte und traditionsreiche Segmente in eine Krise gerieten, während junge, innovative Unternehmen diesem Industriezweig neue Impulse vermittelten. Dies heißt jedoch nicht, daß alle Traditionsunternehmen der Branche von Krisensymptomen betroffen waren. Im Gegenteil: Eine der beeindruckendsten Erfolgsgeschichten im Bereich der metallverarbeitenden Industrie der Region kann die Firma Miele & Cie. vorweisen. Gleich nach Ende des Zweiten Weltkriegs begann man, die Kriegsschäden zu beseitigen und die Produktion wieder aufzunehmen. Bereits 1951 wurde ein Motorenwerk in Euskirchen errichtet, 1956 die ersten Waschvollautomaten und 1958 die ersten automatischen Wäschetrockner gefertigt. Begünstigt durch die rege Nachfrage nach Haushaltsprodukten während des Wirtschaftswunders und dank des hohen Qualitätsstandards der mit neuester Technologie ausgestatteten Geräte setzte bei Miele & Cie. ab den1960ern eine rasante Expansion ein. Microcomputergesteuerte Waschmaschinen, Wäschetrockner und Geschirrspülautomaten zählten ebenso zur Produktpalette von Miele wie Elektroherde, Staubsauger, Bügeleisen und Einbauküchen. Der frühere Konkurrent Cordes in Lette wurde im Zuge dieser Entwicklung 1986 übernommen.[46]

Die Anker-Werke am Stadtholz in Bielefeld in den sechziger Jahren

Auch der Harsewinkler Landmaschinenhersteller Claas konnte sich durch die Herstellung neuer Erzeugnisse – sie reichen heute von Großmähdreschern und Strohpressenbis zu Häckselmaschinen, Zuckerrohrvollerntern oder anderen landwirtschaftlichen Spezialmaschinen – am Markt behaupten und weist trotz einiger konjunktureller Krisen eine positive Unternehmensentwicklung vor. Das gleiche gilt dagegen nicht für die traditionsreichen Firmen aus der Nähmaschinen-, Fahrrad- und Bürogeräteherstellung. In den Nachkriegsjahren schien den großen Unter-nehmen dieser Branche aus Bielefeld mit ihrer diversifizierten Produktpalette noch eine positive Zukunft bevorzustehen. Bei allen Firmen stiegen Beschäftigtenzahlen und Umsatz, was nicht zuletzt durch neue Erzeugnisse wie der schlanken Haushaltsnähmaschine „adlerette“ der Koch's Adler AG oder der Herstellung neuer Produkte wie Schreibmaschinen oder Verpackungsmaschinen zu verdanken war. Ende der 1950er stieg jedoch der Konkurrenzdruck durch Produzenten aus dem Fernen Osten. Fusionen

Anker-Nähmaschine aus den fünfziger Jahren

schienen das Allheilmittel zu sein, um durch Synergieeffekte dieser Entwicklung trotzen zu können. Die Anker-Werke lösten ihren Nähmaschinenbereich von den anderen Unternehmenssparten und schlossen ihn 1957 mit den aus der Firma Baer & Rempel hervorgegangenen Phoenix AG zusammen. Das neue Unternehmen firmierte fortan unter Anker-Phoenix Nähmaschinen AG. Trotz größter Anstrenungen in einem immer schwieriger werdenden Markt bestand diese Firma jedoch nur zehn Jahre. Die Dürkopp-Werke dagegen mußten akzeptieren, daß bereits 1962 ihre Kapitalmehrheit von der Schweinfurter FAG Kugelfischer übernommen wurde, die von nun an die Geschäftspolitik bestimmte. Die Koch's Adler AG versuchte eine Zeitlang, mit neu entwickelten Industrienähmaschinen konkurrenzfähig zu bleiben, was in den 1970ern und in der ersten Hälfte der 1980er auch gelang. 1986 verkaufte der Mehrheitsaktionär Arend Oetker seine Beteiligung jedoch ebenfalls an die FAG Kugelfischer, die das Unternehmen 1990 mit den Dürkopp-Werken zur Dürkopp-Adler AG verschmolz.[47]

Kein Firmenzusammenbruch hat nach dem Zweiten Weltkrieg in der ostwestfälischen Öffentlichkeit für so viele Diskussionen gesorgt wie das Ende der Anker-Werke AG. Das Unternehmen schien sich lange Zeit auf Erfolgskurs zu befinden, stiegen doch Umsatz und Beschäftigtenzahl kontinuierlich an. Die Entscheidung, die Nähmaschinenproduktion auszugliedern und die Fahrradherstellung aufzugeben, sich statt dessen auf die Produktion von Registrierkassen, Büromaschinen und elektronischen Buchungsmaschinen zu konzentrieren, wurde allseits als richtig begrüßt. Umso überraschender kam der Konkurs des Unternehmens im April 1976. Waren Anker-Kassen angesichts des Siegeszugs der EDV auch in diesem Bereich nicht mehr konkurrenzfähig? Hat Anker die Neuentwicklungen im Bereich der computergestützten Büromaschinen „verschlafen“? Wurde zu viel Geld in unrentable Neuentwicklungen investiert? An dieser Stelle kann über die wahren Gründe des Zusammenbruchs nur spekuliert werden. Fest steht dagegen, daß der Konkurs sowohl für die insgesamt rund 9 000 Beschäftigten, davon 5 000 allein in Bielefeld, als auch für die gesamte metallverarbeitende Industrie in Ostwestfalen einen schwerer Schlag bedeutete, schloß damit doch der damals größte Arbeitgeber der Stadt Bielefeld und der Branche in Ostwestfalen seine Tore.[48]

Ein ähnliches Schicksal widerfuhr auch einem Teil der traditionsreichen Unternehmen der Bielefelder metallverarbeitenden Industrie und der Fahrradherstellung. Dabei schien die Entwicklung der Firmen aus diesen Branchen in den 1950ern durchaus positiv zu verlaufen. Die stete Nachfrage nach Fahrrädern und Motorrollern führte neben dem allgemeinen Trend zur „Mobilisierung der Gesellschaft“ bei den meisten Herstellern zu vollen Auftragsbüchern und zu einer Ausweitung der Produktion. Außer Fahrrädern boten Unternehmen wie Göricke, Mammut, Rixe und Rabeneick Mopeds, Motorroller und sogar Motorräder an – von ausgesucht solider Qualität, aber auch zu relativ hohen Preisen. Schnell zeigte sich, daß die Fortbewegungsmittel aus heimischer Produktion gegenüber billigeren ausländischen Wettbewerbern, aber auch gegenüber der Konkurrenz des immer beliebter werdenden Kleinwagens, zunehmend ins Hintertreffen gerieten. Bei Dürkopp fiel bereits Anfang der 1960er der Entschluß, die Fahrrad- und Motorollerproduktion wieder einzustellen. Für viele andere Fahrradhersteller der Region kam in den 1970ern und 1980ern das Aus. Von ehemals 120 Firmen, die allein in Bielefeld in den 1920ern Fahrräder produzierten, waren Anfang der 1990er gerade noch zehn übriggeblieben. Die Fahrradproduktion hatte sich nicht als Standbein der ostwestfälischen Wirtschaft etablieren können.[49]

Die Wirtschaftskrise von 1966 bedeutete auch für den Maschinenbau der Region eine erste harte Bewährungsprobe, der sich nicht alle Unternehmen gewachsen zeigten. Auch in den 1970ern hatten viele traditionsreiche Firmen mit wachsender Konkurrenz aus dem Ausland und zunehmenden Absatzproblemen zu kämpfen. Daß sich der Maschinen- und Anlagebau bis heute als einer der wichtigsten Industriezweige Ostwestfalens halten konnte, ist neben einer erfolgreichen Umstrukturierung der Produktion bei älteren Firmen auch dem Markterfolg mittelständischer und innovationsfreudiger Betriebe zuzuschreiben. Unternehmen wie zum Beispiel die Kolbus GmbH aus Rhaden, die Bielefelder Firmen Krause-Biagosch und Hillenkötter & Ronsiek oder die Paderborner Benteler-Werke sorgten mit neuen Erzeugnissen und Produktionsverfahren dafür, daß der Maschinenbau trotz aller Krisen bis heute einer der umsatzstärksten Wirtschaftszweige in Ostwestfalen geblieben ist.[50]

4.3 Zwischen „Freßwelle“ und „Fast food“: Die Nahrungs- und Genußmittelindustrie nach dem Zweiten Weltkrieg

Nach dem Zweiten Weltkrieg setzte sich allmählich die Massenkonsumgesellschaft durch. Der Beginn der „Freßwelle“, eine kontinuierlich steigende Kaufkraft , die wachsende Individualisierung der Gesellschaft mit dem Trend zum Singlehaushalt sowie sich international angleichende neue Konsumgewohnheiten mit einer Zunahme von „Fast food“ und Fertigprodukten gaben der Entwicklung der ostwestfälischen Nahrungs- und Genußmittelindustrie neue und starke Impulse, von denen der Marktführer der Branche in Ostwestfalen, die Dr. August Oetker KG, besonders profititerte. Bereits 1946 begann Rudolf August Oetker mit dem Wiederaufbau des Unternehmens. Der Enkel des Firmengründers, der 1941 als geschäftsführender Gesellschafter in die Firma eingetreten war und nach dem Tod eines Teils seiner Familie infolge eines Bombenangriffs die alleinige Verantwortung übernehmen mußte, begann schnell, die Oetker-Firmen neu zu strukturieren. Dabei setzte er weiterhin auf das bewährte Konzept, mit qualitativ hochwertigen Markenartikeln die Arbeit der Hausfrauen zu erleichtern. Gleichzeitig dachte Oetker weit über den bisherigen Lebensmittelbereich hinaus. Die Unternehmensstrategie, das Risiko durch Diversifikation zu begrenzen und gleichzeitig Chancen in anderen Märkten als in der Nahrungsmittelindustrie zu nutzen, wurde auch in den Jahren nach dem Zweiten Weltkrieg konsequent angewandt. Zu diesem Zweck gliederte man stille Beteiligungen in den Oetker-Konzern ein. Die heutige Oetker-Gruppe mit ihren Geschäftsfeldern Nahrungsmittel, Bier und alkoholfreie Getränke, Sekt/Wein/Spirituosen, Schifffahrt, Finanzdienstleistungen und anderen Interessen nahm damit Gestalt an. Bei dem Kernunternehmen,

Die Oetker Hauptverwaltung in Bielefeld

August Oetker, Leiter des Bielefelder Oetker-Konzerns

der Dr. August Oetker Nahrungsmittel KG, wurde die Anzahl der Erzeugnisse stets erweitert, zum Beispiel durch Müslis, Pizzas oder Eiscremes. Heute zählt das Sortiment im Nahrungsmittelbereich allein über 400 Produkte, die mittels effizienter Verkaufsorganisationen im In- und Ausland erfolgreich abgesetzt werden. Der Oetker-Konzern ist heute nicht nur auf allen wichtigen Auslandsmärkten präsent, sondern zählt unbestritten zu den führenden Nahrungsmittelproduzenten Europas und zu den am meisten diversifizierten Unternehmen in Ostwestfalen.[51]

Aber nicht nur der Oetker-Konzern profitierte vom Trend zum Massenkonsum, sondern auch die Mindener Melitta-Gruppe. Während sich das Unternehmen vor dem Zweiten Weltkrieg praktisch nur auf die Herstellung von Kaffeefiltern konzentrierte, erweiterte es nach Kriegsende seine Produktpalette und konnte auf dieser Grundlage einen stetigen Expansionskurs einschlagen. 1962 wurde der erste vakuumverpackte gemahlene Kaffee in den Handel gebracht, wodurch sich Melitta einen führenden Platz unter den deutschen Kaffeeröstern sicherte. Auch in den folgenden Jahren wurden nicht nur weitere Fertignahrungsmittel angeboten, sondern die traditionellen Melitta-Erzeugnisse durch neue Haushaltshilfen wie Frischhaltefolien, Staubsaugerbeutel und Haushaltstücher erweitert. Die Errichtung von Auslandstochergesellschaften und der Erwerb eigener Papierfabriken rundeten den Konzernaufbau ab.[52]

Prägend für die Entwicklung der Branche nach dem Zweiten Weltkrieg waren jedoch weniger Großunternehmen, sondern eine Vielzahl mittelständischer Firmen aus einzelnen Segmenten des Industriezweigs, die ihm nicht nur ein hohes Maß an Vielseitigkeit, sondern auch an Krisenfestigkeit verliehen. Dies gilt sowohl für die zahlreichen Fleischwarenfabriken, wie J. F. Marten, J. Sewerin oder Vogt & Wolf aus Gütersloh sowie die Firmen Nölke, Reinert und Stockmeyer aus Versmold, als auch für die Brauereien und Brennereien. Vor allem die Herforder Brauerei „Felsenkeller" und die Lübbecker Privatbrauerei Ernst Barre entwickelten sich zu den erfolgreichsten Firmen der Branche mit einem hohen Bekanntheitsgrad im In- und Ausland. Aber auch zahlreiche ostwestfälische Brennereien mit ihren Markenprodukten wie Steinhäger oder Wacholder konnten sich im Wettbewerb behaupten, so daß sie bis heute ein wichtiges Segment der ostwestfälischen Nahrungs- und Genußmittelindustrie bilden.

Vom steigenden Wohlstand breiter Bevölkerungsteile und den daraus resultierenden neuen Konsumgewohnheiten profitierten auch Firmen, die zwar schon länger existierten, aber erst in der Nachkriegszeit dank einer Vielzahl neuer Erzeugnisse auf eine steigende Nachfrage stießen. In erster Linie ist in diesem Zusammenhang die August Storck KG in Halle zu nen-

Die Melitta-Werke in den fünfziger Jahren

nen, die sich durch die beständige Einführung neuer Produkte, aber auch den Zukauf diverser Unternehmen zu einem der führenden deutschen Süßwarenhersteller entwickelte. Dem bereits 1903 gegründeten Molkereibetrieb Strothmann aus Gütersloh gelang es dagegen als einem der ersten in Deutschland, Joghurt auf den Markt zu bringen und hier zu etablieren. Damit war die Grundlage sowohl für die weitere Unternehmensexpansion als auch für eine kontinuierliche Ausweitung der Produktpalette an Joghurts, Desserts und anderen Milcherzeugnissen geschaffen. Ähnliche Erfolge konnten auch die Herforder Milchwerke Westfalen erzielen, indem sie nicht nur traditionelle Molkereiprodukte anboten, sondern Babynahrung unter dem Markennamen Humana in fast alle europäischen Länder verkauften. Die Vielfalt der Sektoren der heimischen Nahrungs- und Genußmittelindustrie wird durch Firmen belegt, die entweder wie Gehring-Bunte in Gütersloh oder die Bad Driburger Heil- und Mineralbrunnen GmbH durch die Herstellung und den Vertrieb von Mineralwasser und Fruchtsäften die Grundlage für eine kontinuierliche Unternehmensexpansion legten, oder sich – wie die Bielefelder Firma Alba Gehring & Neiweiser – durch den Verkauf von Gewürzen oder Aromen erfolgreich

Die Humana Milchwerke in Herford

im Wettbewerb behaupten konnten. Diese Erfolgsgeschichten dürfen jedoch nicht vergessen lassen, daß andere traditionsreiche Firmen dieses Industriezweigs wie die Likörfabrik J. Bansi oder die Keksfabrik Stratmann & Meyer dem wirtschaftlichen Strukturwandel zum Opfer fielen und ihre Produktion einstellen mußten.[53]

An der Bedeutung der Nahrungs- und Genußmittelindustrie für die ostwestfälische Wirtschaft nach dem Zweiten Weltkrieg kann jedoch kein Zweifel bestehen. Von 1951 bis 1973 sank zwar die Zahl der Betriebe, während die Zahl der Beschäftigten nahezu konstant blieb, doch konnte die Branche 1973 – ohne die Fleischwarenindustrie – den höchsten Umsatz aller ostwestfälischen Wirtschaftszweige erzielen. Rechnet man die Fleischwarenindustrie hinzu, die von 1951 bis 1973 mehr als eine Verdreifachung der Beschäftigtenzahl und eine Verzehnfachung des Umsatzes vorweisen konnte, wird diese Spitzenstellung noch deutlicher.[54]

4.4 Im Sog des wirtschaftlichen Strukturwandels: Die Entwicklung in anderen Industriebranchen nach dem Zweiten Weltkrieg

Blickt man auf die Entwicklung anderer wichtiger Wirtschaftszweige im östlichen Westfalen nach dem Zweiten Weltkrieg, so lassen sich schnell Gewinner und Verlierer feststellen. Zu den Gewinnern zählten ohne Frage die Computerindustrie und das Medien- und Verlagswesen, zu den Verlierern dagegen die Tabak- und Zigarrenindustrie. Der wirtschaftliche Strukturwandel und die veränderten Käufer- und Konsumgewohnheiten führten dazu, daß diese Branche für die wirtschaftliche Entwicklung Ostwestfalens an Bedeutung verlor. Man darf nicht vergessen, daß die Unternehmen dieses Industriezweigs nach Kriegsende einen schlechten Start hatten. Der Mangel an geeigneten Rohtabaken sowie hohe steuerliche Belastungen lähmten den Absatz von Zigarren erheblich. Unter dem Treibhausklima von Bewirtschaftungsmaßnahmen und einer großen Nachfrage nach Tabakprodukten konnte die Branche aber noch leidlich existieren.[55]

Nach dem Ende der Bewirtschaftung und unter dem Vorzeichen der marktwirtschaftlichen Verhältnisse begann nach 1949 in der ostwestfälischen Zigarrenindustrie ein anhaltender Schrumpfungsprozeß. Hierfür waren vor allem der Siegeszug der Zigarette sowie veränderte Verbrauchergewohnheiten maßgeblich, die nun Zigarillos und nicht mehr die dicken Zigarren bevorzugten, obwohl diese geradezu zu einem Sinnbild des Wirtschaftswunders geworden waren. 1950 standen einem Pro-Kopf-Verbrauch von 85 Zigarren der von 494 Zigarretten gegenüber. Darüber hinaus entpuppte sich der Verlust der Märkte im Osten Deutschlands als Bürde, da diese nicht durch die Eroberung neuer Absatzgebiete kompensiert werden konnten. Gestiegene Betriebskosten und Lohnerhöhungen taten das ihre, um die Ertragslage der ostwestfälischen Zigarrenindustrie weiter zu schwächen. Die großen Betriebe versuchten durch harte Rationalisierungsmaßnahmen, die gestiegenen Kosten aufzufangen. Anfang der 1950er wurden dort Wickel- und Überrollmaschinen installiert, was die Produktivität in den Großbetrieben erheblich steigerte. Vor dem Hintergrund dieser Entwicklung blieben die kleineren Firmen auf der Strecke, die in den Jahren 1950 bis 1957 4/5 ihres Marktanteils an die 10 größten deutschen Tabakunternehmen verloren. Im Bereich des Hauptzollamtes Minden sank die Zahl der Zigarrenfabriken von 371 im Jahre 1955 auf 147 im Jahre 1957. Der Anteil der Kleinbetriebe in der ostwestfälischen Zigarrenindustrie ging im selben Zeitraum von 80 % auf 55 % zurück.[56]

Auch Steuerermäßigungen und Betriebsbeihilfen konnten den Schrumpfungsprozeß in der Tabak- und Zigarrenindustrie nicht aufhalten. 1956 arbeiteten 3/4 aller Zigarrenfabriken in Nordrhein-Westfalen mit Verlust. Dieser Prozeß wurde noch durch eine 1956 einsetzende Mechanisierungswelle der großen Firmen noch verstärkt. Die beiden führenden deutschen Zigarrenhersteller André (1954: 4 186 Beschäftigte) und Blase (1954: 4 000 Beschäftigte) rüsteten mit Maschinen auf, die 650 Zigarren in der Stunde produzieren konnten. Hinzu kamen Spezialmaschinen für die Herstellung von Zigarillos. Die Zigarrenproduktion wurde zunehmend die Sache von wenigen Großunternehmen in den städtischen Zentren, während die Zahl der Heimarbeiter drastisch sank. 1978 wurden in Minden-Ravensberg nur noch 418 ländliche Heimarbeiter gegenüber 6 469 im Jahre 1963 gezählt.[57] Aber auch in den Städten Ostwestfalens spielte die Zigarrenindustrie in 1960ern als Wirtschaftsfaktor eine immer geringere Rolle. In der „Tabakstadt“ Bünde reduzierten sich die Zahl der in der Zigarrenproduktion tätigen Personen von 8 502 im Jahre 1958 auf 1 789 im Jahre 1976. Daß dieser Verlust an Arbeitsplätzen ohne größere soziale Spannungen vollzogen werden konnte, ist vor allem ein Verdienst des wirtschaftlichen Strukturwandels in der Region. 1951 arbeiteten im Kammerbezirk noch 154 Betriebe mit 12 281 Beschäftigten, 1973 dagegen nur noch 34 mit 3 248 Beschäftigten. In den siebziger und achtziger Jahren intensivierte sich der Niedergang. 1991 zählte die Zigarrenindustrie in den Kreisen Minden-Lübbecke und Herford nur noch elf Betriebe, davon allein sieben in Bünde. Der ehemals blühende Wirtschaftszweig hatte nun viel von seiner früheren Bedeutung verloren. Das Resultat war, daß die wirtschaftliche Entwicklung der Region heute kaum noch von der Zigarrenindustrie geprägt wird.[58]

Dr. Mark Wössner, bis 1998 Vorstandsvorsitzender der Bertelsmann AG

Reinhard Mohn, bis 1981 Vorstandsvorsitzender der Bertelsmann AG, dann Aufsichtsratsvorsitzender und Vorsitzender der Bertelsmann-Stiftung

Im Gegensatz zur Zigarrenindustrie zählt das Verlags- und Medienwesen zu den eindeutigen Gewinnern der ostwestfälischen Wirtschaft seit dem Ende des Zweiten Weltkriegs – Ausdruck des wirtschaftlichen Strukturwandels in der Region aber auch einer bundesweiten Entwicklung, als deren Folge die alten Industriezweige immer mehr an Bedeutung verloren und neue Branchen aus dem Dienstleistungs- oder Kommunikationsbereich zu den Antriebskräften in der modernen Wirtschaft wurden. Wer heute vom ostwestfälischen Medienwesen spricht, denkt zuerst an den Bertelsmann-Konzern in Gütersloh. Der langjährige Konzernchef Reinhard Mohn kann dabei fraglos eine der atemberaubendsten Unternehmerkarrieren der Nachkriegszeit vorweisen, da er es innerhalb von gut 30 Jahren schaffte, aus einem kleinen Verlag, dessen Betriebsanlagen durch Bombenschäden zerstört worden waren, einen der größten Medien-Konzerne der Welt zu „zimmern“. Einige der wichtigsten Stationen des rasanten Aufstiegs der Bertelsmann AG, wie das Verlagshaus seit seiner Umwandlung in eine

Der Bertelsmann-Konzern in Gütersloh

Aktiengesellschaft im Jahre 1971 firmiert, seien hier kurz genannt: Der eigentliche Aufschwung im Buchgeschäft begann mit der Gründung des Bertelsmann-Leserings 1950, durch den nicht nur die Zahl der Bezieher von Bertelsmann-Büchern rapide emporschnellte, sondern auch die Grundlage der folgenden weltweiten Expansion des Verlages gelegt wurde. 1957 wurde mit der Grundsteinlegung der Schallplattenfabrik Sonopress und 1958 mit der Gründung der Schallplattenfirma Ariola der Einstieg in das boomende Schallplattengeschäft vollzogen. Mit dem Erwerb zunächst einer Beteiligung, später der Kapitalmehrheit des Hamburger Druck- und Verlagshauses Gruner + Jahr wurde Bertelsmann einer der größten Anbieter von Fachmagazinen, Zeitschriften und Tageszeitungen. Die Beteiligung am Luxemburger Sender RTL 1984 und der Aufbau der Fernsehsender Vox und Premiere leiteten die Fernsehzukunft des Gütersloher Medien-Konzerns ein, nachdem bereits 1963 mit dem Kauf der UFA die Sparte Film in das Programm von Bertelsmann aufgenommen worden war. Durch weitere Akquisitionen von Verlagen und Plattengesellschaften in Europa und Übersee sowie die Errichtung einer eigenen leistungsfähigen Infrastruktur zum Zweck einer effizienten Konzern-Organisation wurde der „Weg zum globalen Medienhaus“ konsequent beschritten.[59]

Aber nicht nur in Gütersloh, sondern auch in anderen Städten Ostwestfalens florierte nach dem Zweiten Weltkrieg das Verlags- und Medienwesen. In Bielefeld gruppierte sich um die Gundlach-Gruppe eine Reihe von Verlagsanstalten und Produktionsbetrieben, deren Erzeugnisse von Büchern, Zeitschriften, Fachmagazinen, Broschüren und Werbemedien bis hin zu Kalendern und Verpackungsmaterial reichte. 1972/73 galt Gundlach mit 20 Millionen produzierten Kalendern und einem Marktanteil von 19,3 % als Branchenführer in dieser Sparte des graphischen Gewerbes.[60] Aber auch der Herforder Maximilians-Verlag, der ebenfalls dort ansässige Verlag Busse-Seewald, der Gütersloher Flöttmann-Verlag oder zahlreiche Kleinverlage in Bielefeld und Umgebung konnten sich mit spezifischen Programmen eine Marktnische erkämpfen und bis heute im harten Wettbewerb behaupten. Nicht übersehen werden sollte, daß der ehemals renommierte, nach Kriegsende aber in finanzielle Schwierigkeiten geratene Verlag Velhagen & Klasing nach der Übernahme durch den Cornelsen-Verlag 1954 heute unter dem Namen Cornelsen Verlagskontor zu den führenden Schulbuchanbietern in Deutschland zählt. Verlags- und Medienwesen sowie graphisches Gewerbe bilden bis heute ein wichtiges Standbein der ostwestfälischen Wirtschaft.[61]

Daß auch in Ostwestfalen nach dem Zweiten Weltkrieg das „Zeitalter des Computers“ begann, ist vor allem dem Lebenswerk von Heinz Nixdorf zuzuschreiben. 1952 gründete Nixdorf in Essen sein erstes eigenes Forschungslabor, in dem er in den nächsten Jahren an der Weiterentwicklung von elektronischen Rechnern arbeitete. Schwierigkeiten in der Zusammenarbeit mit Firmen aus der Büromaschinenbranche ließen den Entschluß reifen, ein eigenes Unternehmen zur Herstellung von elektronischen Rechnern zu gründen. Mitte der sechziger Jahre entstand zunächst

Heinz Nixdorf, bis 1986 Vorstandsvorsitzender der Nixdorf AG

Die Nixdorf AG in Paderborn
Luftbild Heye, 31863 Coppenbrügge. Freigegeben durch die Bezirksregierung Braunschweig, Freigabe Nr. 71/01389

eine Personengesellschaft, 1968 die Nixdorf AG. Den Durchbruch brachte die Produktion von kleinen elektronischen Rechnern, den sogenannten Personal Computern. Mit diesem Schritt wurden die bis dahin großen und unhandlichen elektronischen Rechner zu einem langlebigen Massenkonsumgut, das heute aus der Bürowelt nicht mehr wegzudenken ist. Die Revolutionierung der Büroarbeit ist damit ebenso ein Produkt der unternehmerischen Leistung von Heinz Nixdorf wie die Möglichkeit der komplexen Datenerfassung und globalen Kommunikation im heutigen „internet". Die Aufwärtsentwicklung der Nixdorf AG wurde leider durch den frühen Tod des Firmeninhabers im März 1986 beeinträchtigt. Auch wenn Ostwestfalen kein zweites „Silicon Valley" geworden ist, profitiert es dennoch von Nixdorfs Lebenswerk, da durch die Ansiedlung eines international operierenden Computerherstellers der technologisch-ökonomische Strukturwandel forciert wurde. Gerade Paderborn und sein Umland scheinen ein guter Standort für die Computerbranche zu sein, siedelte sich doch mit der Peacock AG in den letzten Jahren ein weiteres renommiertes Unternehmen dieser Branche hier an.[62]

Wenn sie auch nicht die Bedeutung wie in anderen Wirtschaftsregionen Deutschlands erlangen konnte, so gehörte die chemische und pharmazeutische Industrie doch zu den Gewinnern des wirtschaftlichen Strukturwandels in Ostwestfalen nach dem Zweiten Weltkrieg. Nicht die Großchemie, sondern mittelständische Betriebe, die an ihre alten Traditionen anknüpften und auf dieser Grundlage neue Produkte und Herstellungsverfahren entwickelten, prägten das Bild der Branche in Ostwestfalen. Die Bielefelder Wolff GmbH und die Alcina Cosmetic verlegten sich vor allem auf die Herstellung von Pharmazeutika und Kosmetika, die Brackweder Asta-Werke konzentrierten sich dagegen weiter auf Arzneimittel. Aber auch die Arnold Holste Witwe konnte sich mit Spezialreinigungs- und Wachsmitteln im Wettbewerb behaupten; das gleiche gilt für die Mindener Chemiefirma Knoll AG, die zu einem führenden Produzenten von Pharmazeutika wurde.[63]

Zu den Gewinnern der wirtschaftlichen Entwicklung in Ostwestfalen nach dem Zweiten Weltkrieg zählte aber auch die Möbel- und holzverarbeitende Industrie. Die Branche konnte von 1951 bis 1973 einen moderaten Zuwachs der Betriebe (1951: 331; 1973: 373), einen deutlichen Anstieg der Beschäftigten (1951: 21 371; 1973: 33 538) und eine Verzehnfachung des Umsatzes von 295 Millionen DM 1951 auf 2,965 Milliarden DM 1973 verzeichnen. Neben den mittelständischen Möbelherstellern, die vor allem in den 1950ern und 1960ern von der „Einrichtungswelle" profitierten, konnten sich die Produzenten von Küchenmöbeln und Kücheneinrichtungen auf dem nationalen, aber auch auf internationalen Markt behaupten. Die 1953 gegründete Firma Wellmann in Enger, die nach dem Ende des Zweiten Weltkriegs nach verheerenden Bombenschäden wiederaufgebaute Firma Siematic, das 1947 in Avenwedde gegründete Unternehmen Nobilia sowie das 1953 in Löhne entstandene, heute in der Nähe von Kirchlengern domizilierende Unternehmen Kruse & Meinert AG konnten sich auf dem Küchenmöbelmarkt ebenso einen Namen machen wie der ostwestfälische Marktführer Poggenpohl. Schließlich etablierte sich auch der führende Haushaltsgerätehersteller Miele im Küchenmöbelbereich. Die Spezialisierung auf hochwertige Wohnmöbel garantierten Firmen wie COR und interlübke – beide aus Rheda-Wiedenbrück – einen langanhaltenden Markterfolg, während sich die Gütersloher Firma Flötotto auf die Produktion von Büro-, Schul- und Kindermöbel konzentrierte. Zu einem der größten Unternehmen der Branche entwickelte sich die Paderborner Welle AG, die heute mit weltweit 7 700 Mitarbeitern und einem Jahresumsatz von 1,7 Milliarden DM zu den deutschen Marktführern dieses Industriezweigs zählt. Nicht nur die hier aufgeführten, sondern auch die große Zahl mittelständischer Unternehmen sorgten dafür, daß die Branche lange Zeit prosperierte, bis sie nach dem Abebben der Einrichtungswelle Ende der 1980er und Anfang der 1990er in eine Strukturkrise geriet. Neue Produkte und unternehmerische Konzepte wurden jedoch entwickelt, um diese erfolgreich zu meistern. In den 1970ern war dieser Industriezweig mit gut 33 000 Beschäftigten noch vor der Textilindustrie und dem Maschinenbau eine der Hauptstützen der Wirtschaft dieser Region. Seine Bedeutung wurde vielleicht etwas verkannt, da viele der mittelständischen Betriebe nicht so sehr im Rampenlicht der Öffentlichkeit standen wie die Großunternehmen anderer Branchen.

An der überaus wichtigen Bedeutung der Möbelindustrie für die Wirtschaft der Region besteht jedoch kein Zweifel.[64] Dieser Sektor und in dessen Gefolge Unternehmen der Möbelzulieferindustrie wie die Firmen Hettich oder die Rietberger Berg KG versorgten nach dem Zweiten Weltkrieg einen großen Teil der bundesdeutschen Bevölkerung mit neuem Mobiliar und erweiterten auch lange Zeit die Palette der leistungsstarken Wirtschaftszweige in Ostwestfalen. Dadurch erlangte die Region einen Teil ihrer wirtschaftlichen Vielseitigkeit zurück.

Blickt man auf den Dienstleistungssektor, so spielten auch nach dem Zweiten Weltkrieg die zahlreichen Kur- und Heilbäder für Ostwestfalen eine wichtige Rolle. Fast die Hälfte aller Bewohner lebte in Städten wie Bad Oeynhausen während der fünfziger Jahre vom Kurbetrieb. Durch die Ansiedlung von Spezialkliniken konnten viele Heilbäder ihre Position gegenüber der deutschen und ausländischen Konkurrenz lange Zeit verteidigen, bis sie in den achtziger und neunziger Jahren als Opfer von Sparbeschlüssen der Bundesregierung und eines erhöhten Konkurrenzdruckes in die Krise gerieten.[65]

An dem allgemeinen wirtschaftlichen Aufschwung im Kammerbezirk nach 1949 partizipierten auch der Groß- und Einzelhandel sowie andere Sparten des Dienstleistungssektors. Besonders begünstigt waren dabei lange Zeit die Handelsgeschäfte in der sogenannten „City" der größeren Städte der Region. Sie wurden durch die Schaffung von Fußgängerzonen zunehmend zum Magnet für die Ansiedlung von Kaufhäusern und Filialisten. Diese Entwicklung ging allerdings zu Lasten der kleineren Einzelhandelsgeschäfte in den Stadtquartieren, die angesichts der umsatz- und ertragsstarken Konkurrenz im Innenstadtbereich vielfach aufgeben mußten. Seit Ende der siebziger Jahre erwuchs der „City" eine Konkurrenz in Gestalt von Verbrauchermärkten auf der „grünen Wiese", die durch spezifische Warensegmente und infolge günstiger Parkmöglichkeiten von den Kunden gut angenommen wurden. Beispiele aus Bielefeld, Gütersloh, Paderborn oder in jüngster Zeit aus Bad Oeynhausen bestätigen diesen Sachverhalt. Dieser Prozeß dauert bis heute an, so daß die Sorge um die Verödung der Innenstädte wohl begründet zu sein scheint. Gleichwohl ist nicht zu verkennen, daß der Handel ebenso wie der Dienstleistungsbereich von 1950 bis 1970 eine erhebliche Steigerung bei der Zahl der Arbeitsstätten und der Beschäftigten sowie beim Umsatz vorweisen konnten. Dadurch leistete dieser Sektor fraglos einen wichtigen Beitrag zum wirtschaftlichen Strukturwandel der Region und ebnete damit den Weg für den Beginn der „Dienstleistungsgesellschaft".[66]

5. Der Korporatismus kehrt zurück: Die Rolle und Entwicklung der Industrie- und Handelskammer in den ersten Jahrzehnten der Bundesrepublik

Im Frühjahr 1949 blickte die Bielefelder Handelskammer voll Zuversicht auf die bevorstehenden Herausforderungen und Aufgaben, wenn auch noch keinesfalls abzusehen war, in welche Richtung die politische und wirtschaftliche Entwicklung in den nächsten Jahren verlaufen würde. In diesem Zusammenhang definierte sie nochmals ihre Funktion und betonte ihre Notwendigkeit für die Wirtschaft der Region: „... Die Kammer war die Verbindungsstelle zwischen Wirtschaft und Regierung, war das Sprachrohr und der Anwalt des Gewerbes, wo immer sie Kritik an Verhältnissen und Maßnahmen üben mußte und wo immer sie Anregungen, Wünsche und Anträge unterbreitete. Eine solche Aufgabe und eine solche Stellung verlangte stärkstes Verantwortungsgefühl und verpflichtete zu großer Sachlichkeit in ihrer Arbeit. Dieses Gebot hat die Bielefelder Kammer stets befolgt, und einzig und allein darauf beruht das Gewicht ihrer Äußerungen, ihr Einfluß und ihre Bedeutung im öffentlichen Leben ... Die Kammer muß für alle da sein, gleichermaßen für Handel und Industrie, für Groß- und Kleinbetriebe. Sie verkörpert und vertritt die Einheit der Wirtschaft ihres Bezirkes ..."[67] Ob und inwieweit die Bielefelder Kammer dieser Selbsteinschätzung auch in den ersten Jahrzehnten nach dem Ende des Zweiten Weltkriegs gerecht wurde, soll der folgende Abriß zeigen, in dem ihre zentralen Aufgabenbereiche und Tätigkeitsfelder näher beleuchtet werden.

5.1 Fragen der Wirtschaftsordnung

Angesichts der in der Nachkriegszeit vollzogenen ordnungspolitischen Weichenstellung hin zur Sozialen Marktwirtschaft, aber auch der Kritik an diesem wirtschaftspolitischen Konzept und der in den Jahren nach 1949 zutagegetretenen wirtschaftlichen Schwierigkeiten bildete die Auseinandersetzung über Fragen der Wirtschaftsordnung einen wesentlichen Bestandteil der Kammertätigkeit. Dabei bemühte man sich, eigene wirtschaftspolitische Grundanschauungen darzulegen und gegen Fehlentwicklungen anzugehen, die nach Meinung der Kammer entweder aus überzogenen Forderungen der Gewerkschaften oder einem zu großen staatlichen Dirigismus resultierten. Bereits im Frühjahr 1949 machte sie anläßlich ihrer 100-Jahrfeier unmißverständlich deutlich, daß sie wieder bereit sei, kämpferisch für ihre alten wirtschaftspolitischen Grundsätze – eine liberale Wettbewerbswirtschaft, freies Unternehmertum und freie Verfügungsgewalt über das Eigentum – einzutreten. Der IHK-Präsident Wolf faßte dies wie folgt zusammen: „... Unsere Bielefelder Kammer war und ist Gegnerin jeder Zwangswirtschaft und aller staatlichen Eingriffe, soweit sie nicht im Volksinteresse geboten sind. Wir sind stets für die freie Wirtschaft eingetreten, weil wir der Überzeugung waren, daß wir mit Reglementierungen und Kontingentierungen und mit sonstigen Zwangsmaßnahmen nicht vorwärts, sondern rückwärts gehen, und weil wir wissen, daß jede Zwangswirtschaft trotz allem guten Willen in eine Diktatur ausartet...“[68] Dieses Credo bildete in den folgenden Jahren die Richtschnur für das wirtschaftspolitische Engagement der Kammer. Daher überrascht es nicht, daß sie den 1949 diskutierten Plan, paritätisch besetzte Wirtschaftskammern anstelle der IHKs zu errichten, als Angriff auf die Selbstverwaltung des Unternehmertums in aller Schärfe ablehnte. Die Kammer kannte zwar die Notwendigkeit an, mit Vertretern der Arbeiterschaft konstruktive Regelungen zur Lösung von wirtschaftspolitischen Problemen zu treffen, verwahrte sich aber gegen die Bildung von Korporationen, die als gemeinsame Interessenvertretung von Unternehmern und Arbeitnehmern fungieren sollten. Ebenso stemmte sich die Kammer gegen die in den Jahren nach 1949 diskutierten Überlegungen, die Mitbestimmung zu einem betriebsübergreifenden Instrument der Wirtschaftslenkung zu gestalten. Das Mitbestimmungsrecht der Arbeitnehmer in allen Fragen der sozialen Betreuung und der sozialen Belange am Arbeitsplatz wurde akzeptiert, alle weitergehenden Regelungen wurden dagegen scharf abgelehnt.[69]

Liberalisierung der Märkte, Abbau von Reglementierungen und Wettbewerbsschranken, Stärkung des Unternehmertums als Träger von wirtschaftlicher Verantwortung sowie Reduzierung aller überflüssigen und kostspieligen Bürokratie blieben dagegen die Forderungen der Kammer auch Anfang der 1950er. Die Bundesregierung wurde ermuntert, an ihrem wirtschaftspolitischen Kurs und am Konzept der sozialen Marktwirtschaft festzuhalten – trotz aller Schwierigkeiten, die durch eine passive Handelsbilanz und Devisenprobleme, aber auch durch die internationale politische Instabilität infolge der Korea-Krise hervorgerufen worden waren. Steuererhöhungsplänen oder Maßnahmen der Bundesregierung zur Kreditkontingentierung wurde eine Absage erteilt. Die Marktwirtschaft müsse eine solche Belastungsprobe bestehen, hieß es immer wieder in Publikationen der Kammer.[70] Argwöhnisch wurden auch die Forderungen der Gewerkschaften oder anderer Berufsverbände nach mehr politischem Einfluß beäugt. Ersteren wurde bald ein unverhohlenes Machtstreben attestiert, als sie damit drohten, in einigen Organisationen aufgrund einer ihrer Meinung nach „reaktionären“ Wirtschaftspolitik nicht mehr mitzuarbeiten. Hierin sah die Kammer eine Gefahr für die Existenz von Parteien, Parlament, Demokratie und sozialer Marktwirtschaft. Aber auch die zunehmende Einmischung von Berufsverbänden in wirtschaftspolitische Entscheidungsprozesse bildete in den 1950ern einen ständigen Anlaß zu Kritik von seiten der Bielefelder Kammer.[71] Generell blieb die Sorge um die Freiheit und Dispositionsgewalt des Unternehmertums über Kapital und Arbeit ein beständiges Thema in den IHK-Publikationen. Interessanterweise wurde der Unternehmer in den fünfziger Jahren als permanent gestreßter, rastloser und in seiner Gesundheit bedrohter Mensch ohne Zeit für die Familie und ohne Muße geschildert, der nur aufgrund seiner großen Verantwortung gegenüber Wirtschaft und Gesellschaft bestrebt ist, abgesehen vom Profitstreben den wirtschaftlichen Fortschritt und die Wiedereingliederung Deutschlands in die Weltwirtschaft zu forcieren. Für die IHK war der Unternehmer einer der wahren Helden der Wiederaufbaujahre und des „Wirtschaftswunders“. Um dessen Position in der ostwestfälischen Wirtschaft weiter zu stärken, aber auch um den Nachwuchs zu fördern, wurde auf Anregung der IHK 1953 ein Juniorenkreis gegründet, der junge Unternehmer bei ihrer Tätigkeit unterstützen sollte. Wie der Vorstandsvorsitzende der Anker-Werke, zur Nieden, Mitte der fünfziger Jahre betonte, müsse die Bewährungsprobe des Unternehmertums auf alle Fälle bestanden werden.[72]

Die sich in den fünfziger Jahren rasch verändernde Wirtschaftsstruktur in Deutschland mit dem Trend hin zum bürokratisierten Großbetrieb, dem wachsenden Einfluß ihrer Verbände, aber auch der Notwendigkeit umfassender Modernisierungs- und Rationalisierungsmaßnahmen schuf für die Kammer einen Sachverhalt, zu dem sie wiederholt dezidiert Stellung bezog. Rationalisierungsmaßnahmen als „Peitsche für den wirtschaftlichen Fortschritt“, so der IHK-Präsident Wolf 1953, wurden anerkannt, da nur so die Konkurrenzfähigkeit der deutschen und damit auch der ostwestfälischen Wirtschaft gesichert werden könne. Die zunehmende Bürokratisierung der Großunternehmen und deren Verlust an Menschlichkeit wurden jedoch häufig von der Kammer beklagt.[73]

Diese Kritik hielt auch in den sechziger Jahren an. Als während der Rezession 1965/66 in weiten Teilen der Wirtschaft der Ruf nach umfassender Rationalisierung und Abbau von verkrusteten Strukturen immer lauter wurde, warnte die Kammer die Unternehmen davor, bei allem berechtigten Profitstreben die Belange der Beschäftigten zu vernachlässigen. Allerdings vertrat sie deutlich die Überzeugung, daß überbürokratisierte Strukturen sowohl in Großunternehmen als auch in der öffentlichen Verwaltung beseitigt werden müßten. Größere Sorgen bereitete der Kammer jedoch Anfang der sechziger Jahre ein anderer Sachverhalt. Ihrer Meinung nach drehte sich die Spirale von steigenden Löhnen und Preisen immer schneller, was durch den Glauben an ein schier unbegrenztes Wirtschaftswunder genährt wurde. Die Appelle von Bundeswirtschaftsminister Erhard zum „Maßhalten" wurden von ihr daher rückhaltlos begrüßt. Als Ende 1962 die Wachstumsdynamik in Westdeutschland zum ersten Mal etwas nachließ, sah die Kammer dann auch das Ende des „Wirtschaftswunders" gekommen. Eine der Ursachen für diese Entwicklung sah die Kammer auch in der nachlassenden Arbeitsbereitschaft vieler Deutscher und in einem überzogenen Konsum. Als wirtschaftspolitisches Rezept für die nächsten Jahre hielt sie daher einen Anstieg der Arbeitsleistung und den Verzicht auf höhere Löhne für unabdingbar.[74]

Aufgrund ihres wirtschaftsliberalen Credos war die Skepsis der Kammer gegenüber der Politik der Bundesregierung, wie sie ab 1967 von Minister Karl Schiller praktiziert wurde, relativ groß. Globalsteuerung, konzertierte Aktion und Sachverständigenrat hielt sie für Instrumente, die für eine vernünftige Wirtschaftspolitik überflüssig seien, da sie nur eine weitere Bürokratisierung begünstigten. Die zunächst harte Kritik an der vom Bonner Ministerium durchgeführten Variante der neo-keynesianischen Wirtschaftspolitik schwächte sich jedoch ab, als die Rezession überwunden war und ab Ende der sechziger Jahre wieder hohe Wachstumsraten erreicht wurden. Die Kammer konnte vor diesem Hintergrund sogar Frieden mit der Politik des „Superministers" Schiller in der ab 1969 in der Regierungsverantwortung stehenden sozialliberalen Koalition machen.[75]

In einem Punkt zeigte die Kammer auch politisch Flagge, indem sie mehrfach vehement für ein ungeteiltes Deutschland und eine Wiedervereinigung eintrat. Ihre durchaus national zu nennende Gesinnung, die schon in der Weimarer Republik und während des Nationalsozialismus zu erkennen gewesen war, zeigte sie auch wieder in der Bundesrepublik. Ihr Eintreten für eine europäische Zusammenarbeit, einen freien Welthandel und eine internationale Kooperation stand dazu in keinerlei Gegensatz.[76]

5.2 Fragen der Steuerpolitik

Wie schon in der Weimarer Republik bildeten die Steuerpolitik, die staatliche Intervention und der wachsende Anteil der öffentlichen Hand am Bruttosozialprodukt einen Komplex, dem die IHK nicht nur massiv ihre Aufmerksamkeit schenkte, sondern der auch wiederholt Anlaß zu Kritik und Stellungnahmen bot. Waren es Anfang der fünfziger Jahre vor allem die zu hohen Gewerbesteuern in den Kommunen, die sich kontraproduktiv für einen wirtschaftlichen Aufschwung und die freien Entfaltungsmöglichkeiten des Unternehmertums auswirkten, so wuchs ab Mitte der fünfziger Jahre auch die Kritik an der Steuerpolitik der Bundesregierung. Dieses überrascht, betrieb die CDU-geführte Regierung doch eigentlich eine durchaus „besitzstandsfreundliche" Einkommens- und Steuerpolitik, mit der die IHK dennoch 1953 hart ins Gericht ging: „Betrachtet man ... unser heutiges Steuersystem, betrachtet man insbesondere Form und Maß der einkommenssteuerlichen Progression, so wird kein objektiver Beurteiler in Abrede stellen wollen, daß dieses System, indem es die private Kapitalbildung geradezu bekämpft, eine eigentumsfeindliche Note hat ..."[77]

Auch in den folgenden Jahren wurde immer wieder die Einkommenssteuerprogression als großes Hindernis für die notwendige Kapitalbildung in der deutschen Wirtschaft scharf kritisiert. Die IHK wiederholte dabei den Verdacht, die öffentliche Hand benötige ein derart hohes Steueraufkommen, um steigende Soziallasten und den Aufbau eines Wohlfahrtsstaates finanzieren zu können – eine Kritik, die schon in der Weimarer Republik geäußert wurde und die bis heute in der öffentlichen Debatte über mögliche Steuerreformen nichts an Aktualität eingebüßt hat. Einsparungen in der öffentlichen Verwaltung und Abbau der nach Meinung der Kammer übertriebenen Investitionen der öffentlichen Hand wurden zur Voraussetzung für eine solide Finanzpolitik und damit auch für eine von der Wirtschaft ab 1953 immer massiver geforderte Steuerreform. Anfang 1954 gingen Organe der Wirtschaft wie der Deutsche Industrie- und Handelstag, aber auch die Bielefelder Kammer in die Offensive und veröffentlichten eine gemeinsame Erklärung zu „den vordringlichsten Fragen der organischen Finanz- und Steuerreform", in der sie nachhaltig auf einer Senkung der Einkommens- und Körperschaftssteuer bestanden. Der erste Regierungsentwurf der Bundesregierung für eine Steuerreform vom Frühjahr 1954 erfüllte bei weitem nicht die Erwartungen, die von den Interessenvertretungen der Wirtschaft in ihn gesetzt worden waren. Bemängelt wurde vor allem, daß konkrete Vorschläge für eine sparsamere Haushaltsführung der öffentlichen Hand und für eine Eindämmung des überhöhten Verwaltungsapparats völlig fehlten – eine Kritik aus der Wirtschaft an der Steuerpolitik der Bundesregierung aus dem Jahr 1954 und nicht etwa aus den Jahren 1997 oder 1998![78]

Daher überrascht es nicht, daß wirtschaftliche Interessenverbände, unter ihnen die Bielefelder Kammer, im Herbst 1954 erneut eine „wirksame" Steuerreform zum 1. Oktober des Jahres forderten. Die schließlich vom Bundestag im Dezember 1954 verabschiedete und am 1. Januar 1955 in Kraft getretene Reform entsprach den Erwartungen der Wirtschaft jedoch nur in Ansätzen, da die angemahnte umfassende Tarifsenkung nicht verwirklicht worden war. Forderungen nach weiteren Steuersenkungen durch die Bielefelder Kammer blieben daher an der Tagesordnung. Erst die Reform des Einkommenssteuergesetzes von 1958 mit einer Reduzierung der Steuertarife fand ihre Zustimmung. Eine grundlegende Reform der Gewerbesteuer wurde von ihr aber auch bis Mitte der sechziger Jahre angemahnt.[79]

Angesichts ihres Insistierens auf Steuersenkungen wurde die Einführung der Mehrwertsteuer am 1. Januar 1968 von seiten der Kammer natürlich ebenfalls kritisiert und als Schritt in die falsche Richtung bezeichnet. Diese wurde jedoch nicht zurückgenommen. Der Kammer blieb daher nur noch, bei allem Protest ihre Mitgliedsfirmen, über Möglichkeiten und Gefahren dieser neuen Steuer zu informieren.

5.3 Fragen der Außenwirtschaft

Ein altes, nahezu „klassisches" Betätigungsfeld der Industrie- und Handelskammer, Außenwirtschaft und Außenhandel, besaß in den ersten fünf Jahren nach Ende des Ersten Weltkriegs nicht den Stellenwert, der ihm früher zugekommen war. Das lag vor allem daran, daß sich die Reintegration der Bundesrepublik in die Weltwirtschaft nur langsam und in kleinen Schritten vollzog. Lange Zeit unterlagen Handelsgeschäfte mit dem Ausland starren Bestimmungen, welche die Alliierten erlassen und nach denen sich die Unternehmen zu richten hatten. Die Alliierten hatten sich quasi ein Monopol für Geschäfte aller Art mit dem Ausland vorbehalten. In den ersten Verhandlungen über die Reaktivierung des Welthandels nach Kriegsende, wie zum Beispiel bei der ersten Runde des GATT 1947 (General Agreement on Tariffs and Trade) sah sich die deutsche und damit auch ostwestfälische Wirtschaft in der Rolle des Zuschauers. Erst 1948 wurde die Bundesrepublik in den Marshall-Plan einbezogen und 1951 im GATT aufgenommen.[80]

Das Umdenken der Alliierten in ihrer Deutschlandpolitik, das nun auf die Integration Westdeutschlands in internationale Organisationen wie die OEEC oder die EGKS abzielte, führte auch zu einer Wiederbelebung des deutschen Außenhandels. Für die Bielefelder Kammer bedeutete dies, daß sie sich ab Anfang der 1950er wieder intensiver mit Fragen der Außenwirtschaft beschäftigen mußte. Nachdem sich bereits im April 1949 wieder ein Außenhandelsausschuß bei der Kammer konstituiert und im selben Jahr der erste „Außenhandelskursus für junge Kaufleute" stattgefunden hatte, der in der Folgezeit achtmal wiederholt wurde, konnte sich die Kammer erneut um die Wünsche und Probleme der Mitgliedsfirmen kümmern, die sich auf alle Aspekte der Außenwirtschaft erstreckten, von der Anknüpfung neuer Geschäftsverbindungen mit ausländischen Firmen, der Schlichtung von Meinungsverschiedenheiten zwischen in- und ausländischen Unternehmen bis hin zur Eintreibung ausstehender Forderungen. Den größten Teil der Kammeraktivität im Bereich der Außenwirtschaft umfaßte jedoch die Ausstellung von Bescheinigungen und Formularen, die für die Abwicklung von Außenhandelsgeschäften notwendig waren. Darüber hinaus unterrichtete sie auch die Firmen des Bezirks über die Marktsituation im Ausland, über Termine von Messen und Ausstellungen, über ausländische Rechtsverhältnisse sowie über Zolltarife und ausländische Devisengesetzgebung.[81]

Seit Anfang der fünfziger Jahre artikulierte die Kammer die außenhandelspolitischen Wünsche und Forderungen der ostwestfälischen Wirtschaft bei Regierungsstellen. Dabei vertrat sie den Standpunkt, daß ein intensiver Außenhandel sowohl für die deutsche als auch die ostwestfälische Wirtschaft unentbehrlich sei. Die Integration Europas und die friedliche Zusammenarbeit zwischen den europäischen Staaten seien nur durch intensiven Handel möglich. Folgerichtig wurden sowohl die Gründung der EKGS als auch die der EWG von der Bielefelder Kammer freudig begrüßt. Der gemeinsame europäische Markt wurde als entscheidender Weg zum sozialen Wohlstand für alle europäischen Länder bezeichnet. Chancen und Risiken des gemeinsamen Marktes waren vielfach Gegenstand von Abhandlungen und Stellungnahmen, mit denen die Kammer die Mitgliedsfirmen über Entwicklungsmöglichkeiten der wirtschaftlichen Integration Europas unterrichtete.[82]

Die erfolgreiche Tätigkeit der Kammer spiegelt sich auch in dem zwischen 1950 und 1973 rasant angestiegenen Exportvolumen der ostwestfälischen Wirtschaft wider. 1949 betrug der gesamte Export von Firmen aus dem Kammerbezirk 25 Millionen DM, 1951 bereits 156 Millionen DM. Für 1960 weist die Statistik ein Exportvolumen von 527 Millionen DM aus. 1970 wurde ein Volumen von 1,7 Milliarden DM erreicht und für 1973 sogar von 2,5 Milliarden DM. Das heißt, in der Zeitspanne von 1949 bis 1973 hat sich die Ausfuhr aus dem Kammerbezirk verhundertfacht – eine wahrlich beeindruckende Leistung. Ohne die konstruktive und kenntnisreiche Tätigkeit der Industrie- und Handelskammer wäre sie wohl kaum zu erreichen gewesen.[83]

5.4 Fragen der Infrastrukturpolitik

Trotz der erheblichen Zerstörungen und des immensen Wiederaufbaubedarfs spielten Fragen der Verkehrsinfrastruktur in der Kammerarbeit in den Jahren nach dem Zweiten Weltkrieg zwar eine wichtige, nicht aber die absolut vorrangige Rolle. Auch hier war der zunächst nur sehr begrenzt vorhandene Gestaltungsspielraum der Grund dafür, daß sich die Kammer eher mit für die Wiederingangsetzung des Wirtschaftslebens bedeutsamen Fragen der Infrastrukturpolitik beschäftigen mußte. Zu diesen Fragen gehörte die Verteilung der absolut notwendigen, aber nur in begrenzter Zahl zur Verfügung stehenden Telefonanschlüsse, die von der Kammer vorgenommen werden mußte. Ein normaler Fernsprechverkehr war auch in der Region lange Zeit nicht möglich, so daß die Behörden die Kammer einschalteten, um nach ihrer Empfehlung Handel und Industrie mit Anschlüssen zu versorgen. In der Stadt Bielefeld waren am 1. April 1950 bereits wieder 4 600 Anschlüsse geschaltet. Auch der Straßenverkehr normalisierte sich allmählich wieder. 1949 waren die Hälfte aller Autobahnbrücken, 1951 40 % aller zerstörten Straßenbrücken wieder verkehrssicher.[84]

Sowohl die ostwestfälische Wirtschaft als auch die IHK hatten nach Kriegsende die Bedeutung des Luftverkehrs als zukunftsträchtige Beförderungsmöglichkeit richtig eingeschätzt. Daher forderten sie immer wieder die Anbindung Ostwestfalens an das internationale Flugliniennetz. Die Voraussetzung dafür war der Bau eines Flughafens, der von der Bielefelder Kammer wiederholt angemahnt wurde. Die Gründung einer Fördergesellschaft für einen Flugplatzbau, an der sich auch die IHK beteiligte, sah sie als erstes hoffnungsvolles Zeichen zur Realisierung des Vorhabens. Umso schmerzlicher war die Erfahrung, daß das Projekt eines Flughafenneubaus in Nagelsholz vor den Toren Bielefelds im Interessengewirr von Verbänden, Kommunalpolitik und Bürgerbewegungen auf der Strecke blieb.[85]

Dem Plan, eine neue Stadt in der Senne – die Sennestadt – zu bauen, stand die Bielefelder Kammer kritisch gegenüber. Zwar erkannte auch sie in der Mitte der fünfziger Jahre die Notwendigkeit, Wohnungen zu bauen, doch versprach sie sich nichts von einer neuen Industrieansiedlung in der Senne neben dem bereits existierenden industriellen Ballungsraum in der Stadt Bielefeld. Die schönen Pläne von Städtebauern und Landschaftsarchitekten hielt sie eher für ökonomisch unsinnig, so daß sie sich sowohl gegen die Gewährung von Landeszuschüssen für das Sennestadtprojekt als auch gegen Industrieansiedlungen in diesem Teil des Kammerbezirks aussprach.[86]

Zwei andere Projekte, welche Fragen der Infrastruktur und der Gewerbeansiedlung berührten, wurden von der Bielefelder Kammer jedoch begrüßt. Zum einen befürwortete sie vehement den ab 1958 zur Debatte stehenden Ostwestfalenplan, mit dessen Hilfe die strukturschwachen Gebiete des ehemaligen Hochstifts Paderborn durch eine zielgerichtete Gewerbeansiedlung, durch Stärkung des Fremdenverkehrs, umfangreiche Straßenbaumaßnahmen und wasserwirtschaftliche Verbesserungen bewußt gefördert werden sollten. Die hierfür von der Landesregierung zur Verfügung gestellten Kredite hielt die Kammer ebenso wie die Förderungsmaßnahmen für sinnvoll, um dieses Gebiet mit seiner bis dahin noch überwiegend landwirtschaftlich geprägten Wirtschaftsstruktur zu entwickeln und für Gewerbeansiedlungen vorzubereiten. Ein zweites Projekt einer Neusiedlung wurde von der Kammer ebenfalls positiv bewertet. Im Oktober 1949 wurde die Siedlung Espelkamp im Kreis Lübbecke ins Leben gerufen, in die in den folgenden Jahren Heimatvertriebene aus den ehemaligen deutschen Ostgebieten oder Flüchtlinge aus osteuropäischen Staaten zogen. Sowohl die Zusammensetzung der Bevölkerung in Espelkamp als auch die Mischung in der Wirtschaftsstruktur der Stadt mit ihrem hohen Anteil an mittelständischen Betrieben fand bei der Kammer Zustimmung. Sie unterstützte daher dieses Projekt, zumal sie darin eine Möglichkeit sah, die Wirtschaft im Kreis Lübbecke zu fördern.[87]

Auch eine andere Infrastrukturmaßnahme wurde von der Kammer seit Anfang der 1950er vehement gefordert: die Kanalisierung der Mittelweser. Durch die Errichtung von Staustufen sollte die Mittelweser von Minden bis Bremen zu einem europäischen Großschiffahrtsweg werden. Für die Städte an der Weser würde dies eine Zunahme der Weserfrachten um 25 % und damit einen erheblichen Impuls für ihre Wirtschaftsstruktur bedeuten. Parallel dazu, so die Kammer, müsse auch der Mittellandkanal weitergeführt und zu einer europäischen Großschiffahrtsstraße ausgebaut werden. Die Forderungen, die von der Kammer zusammen mit anderen wirtschaftlichen Interessenverbänden erhoben wurden, gingen 1960 in Erfüllung, als mit der Fertigstellung der letzten Staustufe die Mittelweserkanalisierung vollendet wurde. Die Kammer bemerkte dazu: „Die Mittelweser ist damit auch für den ostwestfälischen Raum eine echte Lebensader geworden, und das wird zweifellos die Ansiedlung von Industriebetrieben günstig beeinflussen ..." Diese Überzeugung mag auch der Grund dafür gewesen sein, daß die Kammer sich in den 1960ern für einen Ausbau der Oberweser und der Fulda verstärkt einsetzte.[88]

Mit dem Beginn der massiven „Automobilisierung" seit dem Ende der 1950er/Anfang der 1960er und der Verdichtung der Autoverkehrsströme stand auch der bessere Anschluß an das Autobahnnetz auf der Tagesordnung der Kammer. Vor allem der Bau einer Autobahn von Kassel in das Ruhrgebiet wurde von ihr gefordert, um dadurch den strukturschwachen Paderborner Raum besser an das Verkehrsnetz anschließen zu können. Aber auch bei anderen Straßenbauprojekten wie zum Beispiel einer geplanten Autobahn von Bremen nach Gießen durch Ostwestfalen (der sogenanten Nord-Süd-Autobahn) oder der Trassenfeststellung der Autobahn von Holland nach Bad

Oeynhausen (A 30) vertrat die Kammer nachhaltig die Interessen der Region. Weitere Projekte wie der Neubau der B 68 von Paderborn nach Osnabrück oder der Bau einer Ostwestfalenstraße von der A 2 bis hin nach Warburg verfolgten vor allem das Ziel, den Straßenverkehr innerhalb Ostwestfalens nachhaltig zu verbessern. Von der Kammer wurden diese Planungen ebenfalls nachdrücklich unterstützt.[89]

Andere Fragen der Infrastruktur im Kammerbezirk wie zum Beispiel die Aufstellung von Flächennutzungsplänen oder die Standortverschiebungen in der Wirtschaftsstruktur der Stadt Bielefeld wurden vor allem seit Anfang der 1960er von der Kammer kritisch geprüft und behandelt. Zum Beispiel forderte sie zu letzterem Punkt, die Divergenzen zwischen Stadt und Landkreis Bielefeld endlich zu beseitigen und eine gemeinsame Strategie zur Entwicklung des Bielefelder Umlands zu verfolgen. Die alten Verwaltungsgrenzen müßten endlich aufgegeben werden, damit den Bielefelder Unternehmen genügend Platz für Erweiterungsbauten und Expansionsschritte zur Verfügung stünden. Hier ist unschwer zu erkennen, daß die kommunale Neuordnung von 1973 bereits Anfang der sechziger Jahre ihre Schatten vorauswarf.[90]

In den Bereich der regionalen Strukturpolitik fällt auch die wiederholte Forderung der Kammer nach Ausbau der bestehenden oder Errichtung neuer Bildungsanstalten. So setzte sie sich zum Beispiel mit Nachdruck für die Gründung einer, wie sie es nannte, „höheren wirtschaftlichen Lehranstalt" (Fachhochschule für Wirtschaft) in Bielefeld und die Schaffung einer Universität in Ostwestfalen ein. Diese Forderung spiegelt aber auch die große Bedeutung wider, die seitens der Kammer Fragen der Berufs- und Schulausbildung beigemessen wurde. Mit der Eröffnung einer höheren Wirtschaftsfachhochschule in Bielefeld am 5. Mai 1962 wurde diese langjährige Forderung der IHK und der ostwestfälischen Wirtschaft realisiert. Bedeutsamer war jedoch noch die 1966 von der Landesregierung gefällte Entscheidung, in Bielefeld eine ostwestfälische Universität zu errichten. Mit der Grundsteinlegung vom Juni 1968 wurden die Bauarbeiten für die neue Campus-Universität begonnen, die ab 1973 ihren Lehr- und Studienbetrieb aufnahm. Mit diesem Schritt erhielt Ostwestfalen eine bis heute international anerkannte Lehr- und Forschungsstätte. Darüber hinaus wurde die Infrastruktur der Region durch die Universitätsgründung erheblich aufgewertet.[91]

III. Resümee

Auch in Ostwestfalen begann unter denkbar schweren Ausgangsbedingungen nach Ende des Zweiten Weltkriegs der Wiederaufbau. Nach zögerndem Beginn gewann der Prozeß der wirtschaftlichen Rekonstruktion jedoch vor allem in den fünfziger und sechziger Jahren an Dynamik. Nicht zuletzt durch die Währungsreform vom Juni 1948 und die ordnungspolitische Weichenstellung hin zur sozialen Marktwirtschaft wurden bis dahin gültige administrative Reglementierungen und Beschränkungen des Wirtschaftslebens aufgehoben. Auch die ostwestfälische Wirtschaft profitierte von diesen Maßnahmen. Auf der Grundlage der neuen Ordnung wurde ihre Entwicklung auch erheblich von der lange Zeit zurückgestauten Nachfrage begünstigt. Nicht zu verkennen ist darüber hinaus, daß es ihr relativ schnell gelang, sich wieder in das Netz nationaler und internationaler Marktbeziehungen zu integrieren und eine führende Position unter den deutschen Wirtschaftsregionen zu erkämpfen.

Dieser Prozeß vollzog sich jedoch keineswegs einheitlich und ohne Brüche. Vergleicht man die ostwestfälische Wirtschaft Anfang der fünfziger Jahre und zum Zeitpunkt der Ölkrise, so lassen sich deutliche Verschiebungen und Veränderungen unter den einzelnen Branchen, aber auch innerhalb der Wirtschaftszweige erkennen. Die Textilindustrie mußte ihre Rolle als Führungssektor der ostwestfälischen Wirtschaft abgeben, die sie ungefähr hundert Jahre für sich in Anspruch nehmen durfte. Die alten traditionsreichen Firmen der Leinenspinnereien und -webereien erwiesen sich nicht mehr als konkurrenzfähig und mußten ihre Produktion einstellen. Daß die Textilindustrie bis heute dennoch ein wichtiger Industriezweig der ostwestfälischen Wirtschaft geblieben ist, verdankt sie vor allem dem Verfeinerungs- und Verarbeitungssektor, hier insbesondere den Firmen der Bekleidungsindustrie, die sich mit Qualitätsprodukten und modernen Vermarktungsmethoden gegen in- und ausländische Konkurrenz behaupten. Eine ähnliche Entwicklung zeigte sich auch in der metallverarbeitenden Industrie und im Maschinenbau. Den deutlichsten Schrumpfungsprozeß durchlief jedoch die Zigarren- und Tabakindustrie, die heute kaum noch Bedeutung für die ostwestfälische Wirtschaft besitzt.

Neben Verlierern gab es aber auch zahlreiche Gewinner der wirtschaftlichen Entwicklung in Ostwestfalen. Sie waren der Garant dafür, daß der Strukturwandel in der Region ohne größere Probleme – im Gegensatz zu anderen Gebieten in Deutschland – vollzogen werden konnte. In diesem Zusammenhang sind vor allem die Nahrungs- und Genußmittelindustrie, das Verlags- und Medienwesen, die Computerindustrie und die Möbel- und Holz verarbeitende Industrie zu nennen.

Einen nicht zu unterschätzenden Beitrag für den geglückten wirtschaftlichen Strukturwandel leistete auch die ostwestfälische Industrie- und Handelskammer. Von den Fesseln einer irregeleiteten Ideologie befreit, konnte sie nach Kriegsende zu ihrer früheren Rolle als Sprachrohr der ostwestfälischen Wirtschaft zurückfinden. Bald nach ihrer Wiedergründung setzte sie sich erneut für eine möglichst wenig staatlich und kommunal reglementierte Wettbewerbswirtschaft ein, für die freie Dispositionsgewalt über das Eigentum und für ein Minimum an staatlicher Intervention in der Wirtschaft. Aber auch auf anderen Gebieten, wie der Außenwirtschaft oder der Infrastrukturpolitik, bereitete sie durch ihr Engagement den Boden, auf dem sich viele ostwestfälische Unternehmen zu erneuter Blüte entwickeln konnten. Ohne ihr Eintreten wären manche Projekte der Infrastruktur nicht realisiert und der wirtschaftliche Strukturwandel in der Region kaum vollzogen worden. Die Tatsache, daß nicht alle Hoffnungen der Kammer in Erfüllung gingen, kann deren Erfolg jedoch nicht schmälern. Bis heute wurde Ostwestfalen vergleichsweise wenig von wirtschaftlichen Strukturkrisen betroffen und ist nach wie vor eine Region mit einer leistungsfähigen und vielseitigen Wirtschaft. Dies ist zu einem nicht geringen Teil auch das Verdienst der ostwestfälischen Industrie- und Handelskammer zu Bielefeld.

---

[1] Ein Überblick über die wirtschaftliche Entwicklung der Bundesrepublik Deutschland bietet W. Glastetter u. a., Die wirtschaftliche Entwicklung der Bundesrepublik Deutschland 1949-1989, Frankfurt 1991; W. Abelshauser, Wirtschaftsgeschichte der Bundesrepublik Deutschland, Frankfurt 1984; A. Kramer, The West German Economy 1945-1955, New York/Oxford 1991; H. Giersch, K.-H. Paqué u. H. Schmieding, The Fading Miracle. Four decades of market economy in Germany, Cambridge 1992. Interessant auch in der Interpretation des Wirtschaftswunders: V. Wellhöner, Wirtschaftswunder-Weltmarkt-Westdeutscher Fordismus, Münster 1996. u. L. Lindlar, Das mißverstandene Wirtschaftswunder, Tübingen 1997. Zur Interpretation der wirtschaftlichen Entwicklung und des wirtschaftlichen Strukturwandels siehe u. a. S. Marglin u. J. Schor (Hg.), The Golden Age of Capitalism, Oxford 1992; B. van Ark u. N. Crafts (Hg.), Quantitative Aspects of Post-War European Economic Growth, Cambridge 1996.

[2] M. Brackmann, Vom totalen Krieg zum Wirtschaftswunder. Die Vorgeschichte der westdeutschen Währungsreform 1948, Essen 1993, S. 189-227; C. Buchheim, Die Errichtung der Bank deutscher Länder und die Währungsreform in Westdeutschland, in: Deutsche Bundesbank (Hg.), Fünfzig Jahre Deutsche Mark. Notenbank und Währung in Deutschland seit 1948, München 1998, S. 91-140; H. Möller, Die westdeutsche Währungsreform von 1948, in: Deutsche Bundesbank (Hg.), Währung und Wirtschaft in Deutschland 1876-1975, Frankfurt 1976, S. 433-483; M. Dickhaus, Die Bundesbank im westeuropäischen Wiederaufbau, München 1996, S. 49-53.

[3] Wellhöner, Wirtschaftswunder, S. 305-11. Andere Positionen vertreten: W. Abelshauser, Wirtschaft in Westdeutschland 1945-1948, München 1975, S. 167-171; R. Klump, Wirtschaftsgeschichte der Bundesrepublik Deutschland. Zur Kritik neuerer wirtschaftshistorischer Interpretationen aus ordnungspolitischer Sicht, Wiesbaden 1985.

[4] C. Buchheim, Die Währungsreform 1948 in Westdeutschland, in: Vierteljahreshefte für Zeitgeschichte, Jg. 36, 1988, S. 190-204; Möller Währungsreform, S. 438-454.

[5] Abelshauser Wirtschaftsgeschichte, S. 64; C. Buchheim, Die Wiedereingliederung Westdeutschlands in die Weltwirtschaft 1945-1958, München 1990, S. 109-26.

[6] Vgl. hierzu: K. Megerle, Die Radikalisierung blieb aus. Zur Integration gesellschaftlicher Gruppen in der Bundesrepublik Deutschland während des Nachkriegsbooms, in: H. Kaelble (Hg.), Der Boom 1948-1973. Gesellschaftliche und wirtschaftliche Folgen in der Bundesrepublik Deutschland und in Europa, Opladen 1992, S. 112-14; H. Mommsen, Von Weimar nach Bonn. Zum Demokratieverständnis der Deutschen, in: A. Schildt u. A. Sywottek (Hg.), Modernisierung im Wiederaufbau. Die westdeutsche Gesellschaft der 50er Jahre, Bonn 1993, S. 747.

[7] W. Abelshauser, Der Ruhrkohlenbergbau seit 1945, München 1984, S. 101-08; N. Ranft, Vom Objekt zum Subjekt. Montanmitbestimmung, Sozialklima und Strukturwandel im Bergbau seit 1945, S. 345-50; K. Lauschke, Schwarze Fahnen an der Ruhr. Die Politik der IG Bergbau und Energie während der Kohlenkrise 1958-1968, Marburg 1984, S. 102-123.

[8] W. Abelshauser, Die langen Fünfziger. Wirtschaft und Gesellschaft der Bundesrepublik Deutschland 1949-1966, Düsseldorf 1987; G. Ambrosius und H. Kaelble, Einleitung: Gesellschaftliche und wirtschaftliche Folgen des Booms der 1950er und 1960er, in: H. Kaelble (Hg.), Der Boom 1948-1973. Gesellschaftliche und wirtschaftliche Folgen in der Bundesrepublik Deutschland und in Europa, Opladen 1992, S. 7-34.

[9] Zur Konzeption der Wirtschaftspolitik Karl Schillers und der wirtschaftspolitischen Trendwende des Jahres 1967 in der deutschen Politik siehe vor allem: K. Schiller, Preisstabilität durch globale Steuerung der Marktwirtschaft, Tübingen 1966; D. Ehrig, Keynes, die Globalsteuerung und die Stabilisierungspolitik in der Bundesrepublik Deutschland, Frankfurt a.M., 1989.

[10] Glastetter u. a., Wirtschaftliche Entwicklung, S. 37-42.

[11] J. Hohensee, Der erste Ölpreisschock 1973/74, Stuttgart 1996, S. 304-322.

[12] Der amerikanische Oberbefehlshaber General Dwigth D. Eisenhower erließ Ende April 1945 folgende Bekanntmachung: „An das deutsche Volk! Der General Dwigth D. Eisenhower gibt bekannt, dass Deutschland von den Alliierten Truppen besetzt ist und die höchste gesetzgebende und vollziehende Gewalt auf die Befehlshaber der Alliierten Streitkräfte übergegangen ist... So sind die Beamten gehalten, wieder unter einer neuen Regierung ihre Pflicht zu tun und dem Institut, in dem sie angestellt sind, weiter zu dienen unter den Gesetzen der jetzigen Regierung..." Stadtarchiv Bielefeld, Verkündung des Gesetzes Nr. 51, 52 und 53. Proklamation Nr. 1.

[13] R. Pape, Notzeit. Herford zwischen Kapitulation und Währungsreform 1945-1948, Herford u. Leopoldshöhe 1996, S. 127-31; W. Seppmann, Zu neuen Ufern. Heeper Jahre '45-'55; Bielefeld 1997, S. 20-34; Sartorius, 100 Jahre Handelskammer Bielefeld, S. 59.

[14] C. Gebauer, Entwicklung und strukturelle Veränderungen von Industrie, Handel und Dienstleistungsgewerbe von 1949 bis 1974, in: Industrie- und Handelskammer Ostwestfalen zu Bielefeld (Hg.), 125 Jahre Industrie- und Handelskammer Ostwestfalen zu Bielefeld. Geburt und Wiedergeburt, Bielefeld 1974, S. 42; Mitteilungen der Industrie- und Handelskammer zu Bielefeld, 1. Jg., Nr. 1 vom 1. April 1946, S. 2. Zur Demontage siehe den Bericht des IHK-Präsidenten Eduard Wolf: „Für die Erhaltung unserer wirtschaftlichen Grundlagen", abgedruckt in: Mitteilungen der Industrie- und Handelskammer zu Bielefeld, 2. Jg., Nr. 9 vom 1. November 1947, S. 51 und „Gegen die Demontage im Kraftfahrzeugverkehr, in: Mitteilungen der Industrie- und Handelskammer zu Bielefeld, 2. Jg., Nr. 10 vom 20. November 1947, S. 61. „Die wirtschaftliche Lage im Bezirk der Industrie- und Handelskammer zu Bielefeld während des letzten Vierteljahres 1947", in: Mitteilungen der Industrie- und Handelskammer zu Bielefeld, 3. Jg., Nr. 2 vom 20. Februar 1948 o. S.

[15] WWA, K 3 Nr. 1347, Bericht über die wirtschaftliche Lage im Bezirk der Industrie- und Handelskammer zu Bielefeld während der Monate September und Oktober 1946.

[16] WWA, K 3 Nr. 1347, ebd.

[17] Siehe hierzu: Die wirtschaftliche Lage im Bezirk der Industrie- und Handelskammer zu Bielefeld. Aber auch WWA, K 3 Nr. 1347: Bericht über die wirtschaftliche Lage im Bezirk der Industrie- und Handelskammer zu Bielefeld während der Monate Januar, Februar, März 1947; Bericht über die wirtschaftliche Lage im Bezirk der Industrie- und Handelskammer zu Bielefeld während der Monate Oktober, November und Dezember 1947; Bericht über die wirtschaftliche Lage im Bezirk der Industrie- und Handelskammer zu Bielefeld während der Monate Januar, Februar und März 1948.

[18] Mitteilungen der Industrie- und Handelskammer zu Bielefeld, 3. Jg., Nr. 2 vom 20. Februar 1948, S. V.

[19] M. Dickhaus u. S. Grimm, 50 Jahre Deutsche Mark. Die Währungsreform in Bielefeld und Gütersloh, in: Der Minden-Ravensberger, 70. Jg., 1998, S. 28/29. Siehe auch Schreiben der Industrie- und Handelskammer an alle Firmen des Bezirks vom 3. Juni 1948, in: WWA, K 3 Nr. 1302. Auf die umfangreiche Literatur zur Währungsreform kann hier nicht im einzelnen hingewiesen werden.

[20] Dickhaus u. Grimm, 50 Jahre Deutsche Mark, S. 29.

[21] Dickhaus u. Grimm, 50 Jahre Deutsche Mark, S. 29. Siehe auch: Die Preise, in: Mitteilungen der Industrie- und Handelskammer zu Bielefeld, 3. Jg., Nr. 10, S. 73.

[22] Dickhaus u. Grimm, 50 Jahre Deutsche Mark, S. 29.

[23] Stadtsparkasse Bielefed (Hg.), 125 Jahre im Dienste der Wirtschaft. Stadtsparkasse Bielefeld, Bielefeld 1950, S. 34-36.

[24] Sartorius, 100 Jahre Handelskammer Bielefeld, S. 60.

[25] Sartorius, 100 Jahre Handelskammer Bielefeld, S. 63.

[26] Zu Vizepräsidenten wurden gewählt: Walter Samm aus der Bielefelder Tuchgroßhandlung F. W. Knepper, Ferdinand Haake aus der Paderborner Mützenfabrik, Louis Püttmann, Wilhelm Landmann von der Herforder Eisenwarenhandlung Gebr. Landmann und Eduard Drabert von der Mindener Maschinenfabrik Drabert und Söhne. Siehe hierzu: Mitteilungen der Industrie- und Handelskammer zu Bielefeld, 2. Jg., Nr. 6 vom 28. Juli 1947, S. 30.

[27] Sartorius, 100 Jahre Handelskammer Bielefeld, S. 66/67.

[28] Siehe hierzu: WWA, K 3 Nr. 1347, Bericht über die wirtschaftliche Lage im Bezirk der Industrie- und Handelskammer Bielefeld während der Monate Oktober, November und Dezember 1947.

[29] W. Wilms, Um Freiheit, Wettbewerb und Marktwirtschaft, in: Mitteilungen der Industrie- und Handelskammer zu Bielefeld, 3. Jg., Nr. 5 vom 20. Mai 1948, S. 30. Siehe auch: Kräftebedarf und Kräfteeinsatz nach der Geldreform, in: Mitteilungen der Industrie- und Handelskammer zu Bielefeld, 3. Jg., Nr. 3 vom 20. März 1948, S. 11.

[30] E. Wolf, Die nächste Aufgabe, in: Mitteilungen der Industrie- und Handelskammer zu Bielefeld, 3. Jg., Nr. 6 vom 22. Juni 1948, S. 37. Siehe auch: Die Vollversammlung zur Währungsreform, in: Mitteilungen der Industrie- und Handelskammer zu Bielefeld, 3. Jg., Nr. 8 vom 24. Juli 1948, S. 49.

[31] WWA, K 3 Nr. 1302, Bericht über die Wirtschaftslage im Kammerbezirk im Oktober 1948.

[32] Vertrauen zur D-Mark. Rohstoffnachschub – Verwaltungsabbau – Besatzungskosten, in: Mitteilungen der Industrie- und Handelskammer zu Bielefeld, 3. Jg., Nr. 12 vom 25. 11. 1948, o. S.

[33] Mitteilungen der Industrie- und Handelskammer zu Bielefeld, 4. Jg., Nr. 1 vom 15. 1. 1949, S. 1.

[34] Bereits im November 1949 äußerte die IHK Bielefeld in ihren Mitteilungen: „... Unter den 20 Kammerbezirken im Lande Nordrhein-Westfalen gibt es keinen, der eine wirtschaftliche Struktur von solcher Manigfaltigkeit aufweist wie der der Bielefelder Kammer. Der Bezirk erhält sein charakteristisches Gepräge durch eine vielseitige Verbrauchsgüterindustrie, die größtenteils auf das alte Leinengewerbe zurückgeht. Diese Struktur verleiht ihm eine starke Krisenfestigkeit ...“ Mitteilungen der Industrie- und Handelskammer zu Bielefeld, 4. Jg., Nr. 10 vom 25. Oktober 1949, S. 183.

[35] Außer kleineren Spezialbetrieben waren 1950 die wichtigsten Unternehmen der Leinenindustrie, die weiterhin ihr Zentrum in Bielefeld und Umgebung hatte, folgende: Die Spinnerei Vorwärts, die Ravensberger Spinnerei, die Mechanische Weberei, die Mechanische Weberei Ravensberg, die Flachsspinnerei Carl Weber & Co. in Oerlinghausen, die Leinen- und Tischzeugweberei A. W. Kisker, die Weberei Gebr. Kobusch, die Damastweberei Nordmeyer & Kortmann, die Drell- und Inlettweberei Delius & Sohn, die Damast- und Leinenweberei Strunkmann & Meister in Steinhagen. Das wichtigste Unternehmen der Plüschweberei war weiterhin Bertelsmann & Niemann, während der bedeutendste Textilveredelungsbetrieb die Windel Textil GmbH war. In Gütersloh, einem weiteren Zentrum der Textilindustrie im östlichen Westfalen, spielten nach dem Ende des Zweiten Weltkriegs die Baumwollwebereien Greve & Güth, Niemöller & Abel, Niemöller & Lütgert, Wilhelm Bartels, die Seidenweberei Gebrüder Bartels und die Bandweberei Güth & Wolf eine wichtige Rolle.

[36] R. Schumacher u. C. Stiesch, Das Ende des Leinenfadens, in: A. Beaugrand (Hg.), Stadtbuch Bielefeld. Tradition und Fortschritt in der ostwestfälischen Metropole, Bielefeld 1996, S. 517/518.

[37] Schumacher u. Stiesch, Leinenfaden, S. 518.

[38] Schumacher u. Stiesch, Leinenfaden, S. 517-19.

[39] Schumacher u. Stiesch, Leinenfaden, S. 521-23.

[40] Schumacher u. Stiesch, Leinenfaden, S. 522/23.

[41] Wille, Sinfonie der Unschuld, S. 549.

[42] 1947-1997: 50 Jahre Brinkmann-Gruppe, Herford, o. J. S. 8-11. Zur Brinkmann-Gruppe gehörten 1997 folgende Firmen: Bugatti, Doris Hartwich, Pefri, Odermark, Blicker, Wilvorst, Pikeur/Eskradon und Roland.

[43] NW vom 6. 11. 1997; NW vom 4. 11. 1997.

[44] Die umsatzstärkste Branche in Ostwestfalen waren 1951 die traditionellen Bereiche der Textilindustrie mit 386 Millionen DM, vor der Bekleidungsindustrie mit 368 Millionen DM und dem Maschinenbau mit 277 Millionen DM. 1973 lag die Bekleidungsindustrie mit 1641 Millionen DM auf Platz vier und die eigentliche Textilindustrie mit 845 Millionen DM auf Platz acht der Rangliste der umsatzstärksten Branchen. Gebauer, Entwicklung und strukturelle Veränderung, S. 44/45.

[45] Im Jahre 1950 war die metallverarbeitende Industrie die bedeutendste Branche in Ostwestfalen. Von den 6 700 eingetragenen Firmen des Bielefelder Kammerbezirks entfielen allein 2 500 auf diesen Industriezweig, in dem in diesem Jahr 40 000 Menschen beschäftigt waren. Siehe hierzu: Mitteilungen der Industrie- und Handelskammer zu Bielefeld, 5. Jg., Nr. 7 vom 1. Juli 1950, S. 137/38.

[46] Miele & Cie. (Hg.), Miele: Immer besser, S. 26/27. Carl Miele jun., in: Renk u. Ruhe, Männer der Wirtschaft, S. 169-74; Kurt Christian Zinkann, in: ebd., S. 241-46.

[47] Tönnishoff, Sticheleien, S. 560; Kettermann, Bielefelder Wirtschaft, S. 264/65.

[48] Kettermann, Bielefelder Wirtschaft, S. 260/61.

[49] Matthies, Veloziped, S. 567.

50 1951 betrug die Zahl der statistisch erfaßten Betriebe im Maschinenbau – ohne Büromaschinenhersteller – des Kammerbezirks 108, 1973 190. 1951 arbeiteten in dieser Branche 21 893, 1973 32 246 Personen. Mit einem Umsatz von 1 821 Millionen DM war der Maschinenbau 1973 der drittwichtigste Wirtschaftszweig in Ostwestfalen. Siehe Gebauer, Entwicklung und strukturelle Veränderung, S. 44.

51 Dr. August Oetker Nahrungsmittel KG (Hg.), Kurze Unternehmensgeschichte, Bielefeld, o. J., S. 7/8. Konzern-Geschäftsbericht der Oetker-Gruppe für 1996, S. 3. Weitere Informationen wurden freundlicherweise von der Abteilung Öffentlichkeitsarbeit zur Verfügung gestellt.

52 Siehe hierzu den Geschäftsbericht der Melitta-Unternehmensgruppe für 1996.

53 Grebe, Pulver, S. 641; Die Nahrungs- und Genußmittelindustrie, in: Mitteilungen der Industrie- und Handelskammer zu Bielefeld, 10. Jg., Nr. 10 vom 1. Oktober 1955, S. 206.

54 Gebauer, Entwicklung und strukturelle Veränderungen, S. 44.

55 WWA, K 3 Nr. 1347. Bericht über die wirtschaftliche Lage im Bezirk der Industrie- und Handelskammer zu Bielefeld während der Monate Januar, Februar, März 1947; Bericht über die wirtschaftliche Lage im Bezirk der Industrie- und Handelskammer zu Bielefeld während der Monate Oktober, November und Dezember 1947.

56 Mitteilungen der Industrie- und Handelskammer zu Bielefeld, 5. Jg., Nr. 3 vom 1. März 1950, S. 38; Nr. 5 vom 1. Mai 1950, S. 83/84; Pankoke, 500 Jahre Zigarren, S. 11.

57 Mitteilungen der Industrie- und Handelskammer zu Bielefeld, 5. Jg., Nr. 10 vom 1. Oktober 1950, S. 201; 6. Jg., Nr. 2 vom 12. 2. 1951, S. 55; Gedanken um die Zukunft der Zigarrenwirtschaft, in: Mitteilungen der ostwestfälischen Industrie- und Handelskammer zu Bielefeld, 16. Jg., Nr. 9 vom 1. September 1960, S. 240; Pankoke, 500 Jahre Zigarren, S. 12.

58 Pankoke, 500 Jahre Zigarren, S. 12; Gebauer, Entwicklung und strukturelle Veränderungen, S. 43/44.

59 Reinhard Mohn, in: Renk u. Ruhe, Männer der Wirtschaft, S. 182-187; Geschäftsbericht der Bertelsmann AG für das Geschäftsjahr 1992/93, für das Geschäftsjahr 1993/94; für das Geschäftsjahr 1994/95.

60 Siehe hierzu: 150 Jahre Firma E. Gundlach: Mit Gutenberg ins Internet, NW vom 24. Oktober 1997.

61 Sundermeier, Das kleine Leipzig, S. 671.

62 Siehe hierzu: Die Geschichte der Nixdorf-Computer AG. Materialien, die freundlicherweise vom Heinz Nixdorf-Museum in Paderborn überlassen wurden.

63 Kuhn, Schwefelsäure und Insulin, S. 625.

64 Mitteilungen der Industrie- und Handelskammer, 5. Jg., Nr. 3 vom 1. März 1950; NW vom 17. 9. 1997; Gebauer, Entwicklung und strukturelle Veränderung, S. 44; Mitteilungen der Industrie- und Handelskammer, 10. Jg., Nr. 7 vom 1. Juli 1955, S. 146.

65 Deutschlands Heilgarten – ein Wirtschaftsfaktor, in: Mitteilungen der Industrie- und Handelskammer zu Bielefeld, 11. Jg., Nr. 4 vom 1. April 1956, S. 70.

66 Gebauer, Entwicklung und strukturelle Veränderungen, S. 49.

67 100 Jahre Handelskammer Bielefeld, in: Mitteilungen der Industrie- und Handelskammer zu Bielefeld, 4. Jg., Nr. 5, vom 16. Mai 1949, S. 67.

68 Im Dienste der Wirtschaft und des Gemeinwohls. 100-Jahrfeier der Industrie- und Handelskammer, in: Mitteilungen der Industrie- und Handelskammer zu Bielefeld, 4. Jg., Nr. 6 vom 28. Juni 1949, S. 82.

69 Mitteilungen der Industrie- und Handelskammer zu Bielefeld, 4. Jg., Nr. 5 vom 16. Mai 1949, S. 66; Mitteilungen der Industrie- und Handelskammer zu Bielefeld, 5. Jg., Nr. 1 vom 2. 1. 1950, S. 3; desgl., 5. Jg., Nr. 5 vom 1. Mai 1950, S. 81/82; Nr. 6 vom 1. Juni 1950, S. 112.

70 Handelstag für Fortsetzung des wirtschaftspolitischen Kurses, in: Mitteilungen der Industrie- und Handelskammer zu Bielefeld, 5. Jg. vom 1. 12. 1950, S. 247; Mitteilungen der Industrie- und Handelskammer zu Bielefeld, 6. Jg., Nr. 1 vom 1. 1. 1951, S. 1; Nr. 3 vom 1. März 1951, S. 67.

71 Berufsverbände, Parlamente und Bürokratie, in: Mitteilungen der Industrie- und Handelskammer zu Bielefeld, 6. Jg., Nr. 9 vom 1. September 1951, S. 209.

72 W. Wilms, Unternehmer in den Fangarmen des Zuviels, in: Mitteilungen der Industrie- und Handelskammer zu Bielefeld, 7. Jg., Nr. 1 vom 1. 1. 1953; ders., Vermassung, Bürokratie und Unternehmertum, in: Mitteilungen der Industrie- und Handelskammer zu Bielefeld, 7. Jg., Nr. 6 vom 1. Juni 1952, S. 114; Um die unternehmerische Idee, in: Mitteilungen der Industrie- und Handelskammer zu Bielefeld, 7. Jg., Nr. 5 vom 1. Mai 1952, S. 91; H. zur Nieden, Unternehmertum in der Bewährungsprobe, in: Mitteilungen der Industrie- und Handelskammer zu Bielefeld, Sonderbeilage vom 1. 2. 1953.

73 Immer wieder Rationalisierung, in: Mitteilungen der Industrie- und Handelskammer zu Bielefeld, 6. Jg., Nr. 1 vom 1. Januar 1950, S. 3; W. Wilms, Spezialisten links, Spezialisten rechts. Probleme fortschreitender Arbeitsteilung in der Wirtschaft, in: Mitteilungen der Industrie- und Handelskammer zu Bielefeld, 6. Jg., Nr. 6 vom 1. Juni 1951, S. 137/38; Berufsverbände, Parlamente und Demokratie, in: ebd., Nr. 7 vom 1. September 1951, S. 210; E. Wolf, Zum Sehen geboren, zum Schauen bestellt, in: Mitteilungen der Industrie- und Handelskammer zu Bielefeld, 7. Jg., Nr. 1 vom 1. 1. 1952, S. 2; ders., Es weht ein scharfer Wind, in: Mitteilungen der Industrie- und Handelskammer zu Bielefeld, 8. Jg., Nr. 1 vom 1. 1. 1953, S. 1.

74 Wird das Steuer herumgeworfen? u. Zum Thema Wirtschaftswunder in Westdeutschland: Das Ende eines Märchens, in: Mitteilungen der ostwestfälischen Industrie- und Handelskammer zu Bielefeld, 17. Jg., Nr. 10 vom 1. Oktober 1962, S. 271-273; Was verlangt die wirtschaftspolitische Lage?, in: ebd., Nr. 11, vom 1. November 1962, S. 297-99;

75 Schiller und die Marktwirtschaft. Der Standort des neuen Wirtschaftsministers, und: Wirtschaftspolitische Zielprojektionen des Bundeswirtschaftsministeriums für 1967, in: Ostwestfälische Wirtschaft. Mitteilungen der Industrie- und Handelskammer Ostwestfalen zu Bielefeld, 25. Jg., Nr. 4 vom April 1967, S. 123-126.

76 Unteilbares Deutschland, in: Mitteilungen der Industrie- und Handelskammer zu Bielefeld, 9. Jg., Nr. 8 vom 1. August 1954, S. 157; Probleme und Aufgaben der Wiedervereinigung, in: Mitteilungen der Industrie- und Handelskammer zu Bielefeld, 9. Jg., Nr. 10 vom 1. Oktober, S. 194; Der Wille zur Wiedervereinigung, in: Mitteilungen der Industrie- und Handelskammer zu Bielefeld, 10. Jg., Nr. 7 vom 1. Juli 1955, S. 147.

77 Eigentums-Feindschaft ist unsozial, in: Mitteilungen der Industrie- und Handelskammer zu Bielefeld, 8. Jg., Nr. 5 vom 1. Mai 1953, S. 93; Steuerpolitik und Marktwirtschaft, in: Mitteilungen der Industrie- und Handelskammer zu Bielefeld, 8. Jg., Nr. 8 vom 1. August 1953, S. 161.

78 E. Wolf, Verpflichtende Tradition, in: Mitteilungen der Industrie- und Handelskammer zu Bielefeld, 9. Jg., Nr. 1 vom 1. Januar 1954, S. 1; W. Wilms, Schach der Apparatur, in: ebd., S. 2; Zur Finanz- und Steuerreform, in: Mitteilungen der Industrie- und Handelskammer zu Bielefeld, 9. Jg., Nr. 3 vom 1. März 1954, S. 49; Finanz- und Steuerreform, in: Mitteilungen der Industrie- und Handelskammer zu Bielefeld, 9. Jg., Nr. 4 vom 1. April, S. 69.

[79] Die Steuerreform, in: Mitteilungen der Industrie- und Handelskammer zu Bielefeld, 10. Jg. Nr. 1 vom 1. Januar 1955, S. 5; Die Kammern fordern Reform der Gewerbesteuer, in: Mitteilungen der Industrie- und Handelskammer zu Bielefeld, 10. Jg. Nr. 12 vom 1. Dezember 1955, S. 255; Die Steuergesetzgebung, in: Mitteilungen der ostwestfälischen Industrie- und Handelskammer zu Bielefeld, 16. Jg., Nr. 3 vom 1. März 1961, S. 73.

[80] Siehe hierzu: C. Buchheim, Die Wiedereingliederung Westdeutschlands in die Weltwirtschaft 1945-1958, München 1990; aber auch: M. Dickhaus, Die Bundesbank im westeuropäischen Wiederaufbau. Die internationale Währungspolitik der Bundesrepublik Deutschland 1948 bis 1958, München 1996; H. James, The IMF and the creation of the Bretton Woods system 1944-58, in: B. Eichengreen (Hg.), European's Post-War Recovery, Cambridge 1995, S. 83-126; D. Irwin, The GATT's contribution to economic recovery in post-war Western Europe, in: ebd., S. 127-150.

[81] Mitteilungen der Industrie- und Handelskammer zu Bielefeld, 4. Jg., Nr. 4 vom 12. April 1949, S. 5; ebd., Nr. 5 vom 1. April 1950, S. 63; Nr. 8 vom 1. August 1950, S. 157-59; W. Wilhelms, Ein Vierteljahrhundert Außenwirtschaft, in: Industrie- und Handelskammer Ostwestfalen zu Bielefeld (Hg.), 125 Jahre Industrie- und Handelskammer Ostwestfalen zu Bielefeld. Geburt und Wiedergeburt, Bielefeld 1974, S. 65.

[82] Die künftige deutsche Außenhandelspolitik, in: Mitteilungen der Industrie- und Handelskammer zu Bielefeld, 11. Jg., Nr. 6 vom 1. Juni 1956, S. 122; Gemeinsamer europäischer Markt als Weg zum sozialen Wohlstand, in: ebd., Nr. 9 vom 1. September 1956, S. 195; W. Wilhelms, Die Zölle in der Europäischen Wirtschaftsgemeinschaft, in: Mitteilungen der Industrie- und Handelskammer zu Bielefeld, 12. Jg., Nr. 5 vom 1. Mai 1957, S. 103; Der Gemeinsame Markt – Gefahr und Chance, in: Mitteilungen der ostwestfälischen Industrie- und Handelskammer zu Bielefeld, 18. Jg., Nr. 9 vom 1. September 1963, S. 229/30.

[83] Wilhelms, Außenwirtschaft, S. 63/64.

[84] W. Wilhelms, 25 Jahre Verkehr in Ostwestfalen, in: Industrie- und Handelskammer Ostwestfalen zu Bielefeld (Hg.), 125 Jahre Industrie- und Handelskammer Ostwestfalen zu Bielefeld. Geburt und Wiedergeburt, Bielefeld 1974, S. 56.

[85] F. Voß, Warum braucht Ostwestfalen einen Flughafen?, in: Mitteilungen der ostwestfälischen Industrie- und Handelskammer zu Bielefeld, 17. Jg., Nr. 3 vom 1. März 1962, S. 61/62; ders., Zum Nahverkehrsflughafen Ostwestfalen, in: Mitteilungen der ostwestfälischen Industrie- und Handelskammer zu Bielefeld, 20. Jg., Nr. 8 vom 1. August 1965, S. 280; D. Meyer, Im Gespräch: die Nord-Süd Autobahn durch Ostwestfalen, in: Ostwestfälische Wirtschaft. Mitteilungen der ostwestfälischen Industrie- und Handelskammer zu Bielefeld, 22. Jg., Nr. 4 vom 1. April 1967.

[86] W. Wilms, Kritische Bemerkungen zum Sennestadt-Projekt, in: Mitteilungen der Industrie- und Handelskammer zu Bielefeld, 10. Jg., Nr. 9 vom 1. September 1955, S. 185/86.

[87] Sitzung der Vollversammlung der Kammer in Paderborn, in: Mitteilungen der Industrie- und Handelskammer zu Bielefeld, 14. Jg., Nr. 7 vom 1. Juli 1959, S. 191; Espelkamp – 10 Jahre planmäßige Aufbauarbeit, in: ebd., Nr. 11 vom 1. November 1959, S. 318; F. Voß, Ballungsräume, Ostwestfalenplan, Pendlertum, in: Mitteilungen der Ostwestfälischen Handelskammer zu Bielefeld, 15. Jg., Nr. 5 vom 1. Mai 1960, S. 126.

[88] Mittelweser kanalisiert, in: Mitteilungen der ostwestfälischen Industrie- und Handelskammer zu Bielefeld, 16. Jg., Nr. 9 vom 1. September 1960, S. 355; Beschleunigte Mittelweserkanalisierung – Appell an das Land, in: Mitteilungen der Industrie- und Handelskammer zu Bielefeld, 7. Jg., Nr. 4 vom 1. April 1952, S. 66; F. Voß, Zum Ausbau der Wasserstraßen in Ostwestfalen, in: Mitteilungen der Ostwestfälischen Industrie- und Handelskammer zu Bielefeld, 17. Jg., Nr. 7 vom 1. Juli 1961, S. 198.

[89] Wilhelms, Verkehr in Ostwestfalen, S. 58.

[90] F. Voß, Zur Neuordnung im Wirtschaftsraum Bielefeld, in; Mitteilungen der Industrie- und Handelskammer zu Bielefeld, 14. Jg., Nr. 12 vom 1. Dezember 1959, S. 342.

[91] Eröffnung der staatlichen höheren Wirtschaftsfachhochschule in Bielefeld, in: Mitteilungen der ostwestfälischen Industrie- und Handelskammer zu Bielefeld, 17. Jg., Nr. 6 vom 1. Juni 1962, S. 155; Grundstein für Ostwestfalen-Universität gelegt, in: Ostwestfälische Wirtschaft. Mitteilungen der ostwestfälischen Industrie- und Handelskammer zu Bielefeld, 23. Jg., Nr. 8 vom August 1968, S. 319/20.

Gerüstet für die Zukunft – Ostwestfalen auf dem Weg in das nächste Jahrtausend

Blickt man auf die wirtschaftliche Entwicklung Ostwestfalens, mit der die 150jährige Geschichte der Industrie- und Handelskammer eng verbunden ist, so lassen sich vor allem zwei wichtige Merkmale festhalten: Zum einen gelang es immer wieder, wirtschaftliche Krisensituationen zu meistern und damit den Grundstein für einen nachfolgenden Wirtschaftsaufschwung und erfolgreichen wirtschaftlichen Strukturwandel zu legen. Der Garant dafür – und damit das zweite hervorstechende Merkmal – ist die enorme Vielseitigkeit der ostwestfälischen Wirtschaftsstruktur sowie die ausgeprägte Innovations- und Investitionsbereitschaft vieler Unternehmen. Auf dieser Grundlage konnte die Krise des traditionellen Leinengewerbes Mitte des vorherigen Jahrhunderts und der Zusammenbruch traditionsreicher Firmen der Textilindustrie, der metallverarbeitenden Industrie und des Maschinenbaus in den sechziger und siebziger Jahren dieses Jahrhunderts überstanden werden. Gleiches gilt für die großen konjunkturellen wirtschaftlichen Talfahrten der letzten 150 Jahre wie der Gründerkrise 1873 bis 1879 oder der Weltwirtschaftskrise von 1929 bis 1933. Immer wieder gelang es bereits bestehenden oder neu gegründeten Firmen, durch innovative Produkte oder neu entwickelte Herstellungsverfahren Marktanteile zu erobern, anderen Unternehmen oder einer ganzen Branche neue Anstöße zu vermitteln und dadurch die wirtschaftliche Entwicklung in Ostwestfalen voranzutreiben. Zeiten der Stagnation gab es während dieser Periode in Ostwestfalen nur wenige. Vielmehr wurden Stockungsphasen durch den Aufstieg neuer Industriesektoren mit anderen Produkten schnell überwunden. Ostwestfalen kann daher in den letzten 150 Jahren auf eine erfolgreiche wirtschaftliche Entwicklung und einen immer wieder geglückten wirtschaftlichen Strukturwandel zurückblicken.

Dieser Befund gilt ebenso für die Zeit nach der Ölkrise von 1973 bis heute, die in Deutschland trotz einiger kurzfristiger konjunktureller Aufschwungsphasen im wesentlichen durch eher niedrige Wachstumsraten und wirtschaftliche Stagnation gekennzeichnet war. Auch die Wirtschaft Ostwestfalens wurde durch die Ölkrise und die nachfolgende Rezession in Mitleidenschaft gezogen. Wie bereits aufgezeigt, verursachte diese Phase für viele traditionsreiche Firmen das endgültige „Aus". Für die Betroffenen war das sicherlich schmerzlich, doch der wirtschaftliche Strukturwandel wurde hierdurch keineswegs beeinträchtigt, sondern eher noch beschleunigt. Heute sind auch in Ostwestfalen moderne und zukunftsweisende Bereiche wie das Verlags- und Medienwesen, die Computerindustrie oder der hochtechnologische Maschinen- und Apparatebau die eigentlichen Triebkräfte der industriellen Entwicklung. Die Region gilt außerdem als das „Möbelzentrum" Deutschlands. Darüber hinaus hat der Dienstleistungssektor immer mehr an Bedeutung gewonnen. Handel, Banken und Versicherungen, aber auch Serviceeinrichtungen wie Schulen, Fachhochschulen oder die Universität in Bielefeld haben sich zu großen Arbeitgebern und damit zu wichtigen Wirtschaftsfaktoren entwickelt. Moderne Krankenhäuser und spezielle Heilstätten wie die Sarepta-Krankenanstalten in Bethel oder das Herzzentrum in Bad Oeynhausen haben der Region auch den Ruf eines Gesundheitszentrums verschafft. Die leistungsfähige Infrastruktur wird durch das gut ausgebaute Eisenbahn- und Straßennetz komplettiert, so daß Ostwestfalen mit allen wichtigen europäischen Wirtschaftsregionen verbunden ist, selbst wenn einige der seit langem geforderten Infrastrukturmaßnahmen – der Bau des Flughafens Bielefeld und des einen oder anderen Autobahnteilstückes – bis heute nicht verwirklicht wurden.

Wichtig für die positive wirtschaftliche Entwicklung in Ostwestfalen während der letzten 150 Jahre war aber auch die hohe Effizienz wirtschaftlicher und politischer Institutionen. Zu diesen zählt gewiß die Industrie- und Handelskammer. Seit ihrer Gründung 1849 hat sie es immer wieder verstanden, sich nicht nur zum Sprachrohr und Anwalt der ostwestfälischen Industrie und ihrer Interessen zu machen, sondern auch selbst die Initiative zu ergreifen, um wirtschaftliche Mißstände zu beseitigen und neue Ideen in Industrie und Handel zu fördern. Ohne ihr Engagement besäße Ostwestfalen heute kein so leistungsfähiges Straßen- und Eisenbahnnetz. Ohne ihr Eintreten für die Prinzipien einer liberalen Wettbewerbswirtschaft wäre manches Unternehmen und mancher Industriezweig noch massiver vom Würgegriff staatlicher Reglementierungen bedroht gewesen. Ohne ihre Tätigkeit hätten sich Schul- und Ausbildungswesen in Ostwestfalen nicht so gut entwickeln können. Und ohne die Kenntnisse und Beziehungen der IHK hätte manches ostwestfälische Unternehmen keine so guten Wirtschaftskontakte ins europäische Ausland oder nach Übersee knüpfen können. Die Industrie- und Handelskammer kann daher mit Recht für sich in Anspruch nehmen, einen wesentlichen Beitrag zur Wirtschaftsentwicklung Ostwestfalens während der letzten 150 Jahre geleistet zu haben. Selbst problematische Phasen wie unter dem Nationalsozialismus können dieses Bild nicht trüben.

Eine vielseitige, innovative und leistungsfähige Wirtschaft sowie tatkräftige und effiziente Institutionen scheinen der Garant dafür zu sein, daß Ostwestfalen auch nach der Jahrtausendwende einer positiven Entwicklung entgegensehen kann – stabile und wenig krisenträchtige allgemeinpolitische und wirtschaftliche Rahmenbedingungen vorausgesetzt. Das Fundament dafür ist gelegt, wie auch die Erfahrungen der Vergangenheit gezeigt haben. Gerade sie berechtigen zu der Hoffnung, daß die ostwestfälische Wirtschaft und ihre Interessenvertretung – die Industrie- und Handelskammer zu Bielefeld – auch nach der Jahrtausendwende wirtschaftliche Schwierigkeiten und politische Turbulenzen werden meistern können. Ostwestfalen und seine Wirtschaft sind gut gerüstet für den Sprung ins nächste Jahrtausend. Die ostwestfälische Industrie- und Handelskammer zu Bielefeld wird dabei entscheidend mithelfen können.

Präsidenten der Kammer

Kein Bild vorhanden

1. M. H. Bolenius zu Bielefeld, 10. Mai 1849 bis Sommer 1850

2. Kaufmann Rudolf Delius zu Bielefeld, Juli 1850 bis Herbst 1856

3. Friedrich Wilhelm Möller zu Kupferhammer bei Bielefeld, Herbst 1856 bis Ende 1859

4. Kaufmann (Geh. Kommerzienrat) Hermann Delius zu Bielefeld, Anfang 1860 bis Ende 1874

5. Direktor Conrad Bertelsmann zu Bielefeld, Anfang 1875 bis zu seinem Tod am 20. Juni 1901

6. Gustav Bertelsmann zu Bielefeld, Juli 1901 bis zu seinem Tod am 8. Januar 1909

7. Fabrikant (Kommerzienrat) Hugo Rempel zu Bielefeld, Januar 1908 bis zu seinem Tod am 30. April 1914

8. Kommerzienrat Paul Delius zu Bielefeld, 3. Juni 1914 bis 21. Januar 1926.
Paul Delius wurde bei seinem Ausscheiden zum Ehrenpräsidenten gewählt.

9. Fabrikant Karl Baumhöfener zu Bielefeld, 15. März 1926 bis zu seinem Tod am 4. Februar 1929

10. Fabrikant Wilhelm Bitter zu Bielefeld, 1. März 1929 bis 20. Juni 1933

Kein Bild vorhanden

11. Fabrikant Heinrich Oberschelp i. Fa. Rixe & Co., Brake, 20. Juni 1933 bis 17. Juni 1942

12. Dr. Richard Kaselowsky i. Fa. Dr. August Oetker, Bielefeld, 18. Juli 1942 bis 15. Mai 1943

13. Dr. Theo Kaselowsky i. Fa. Wittkop & Co., Bielefeld, 15. Mai 1943 bis April 1945

14. Von April 1945 bis zum 7. November 1945 waren die Geschäftsführer der Kammer, Otto Sartorius und Dr. Wilhelm Wilms (Bild), mit der Wahrnehmung der Aufgaben des Präsidiums beauftragt.

15. Oberingenieur Friedrich Wilhelm Spiekerkötter i. Fa. Wilhelm Bitter, Armaturenfabrik, Bielefeld, 7. November 1945 bis zu seinem Tod am 9. November 1947

16. Fabrikant Eduard Wolf i. Fa. Gustav Wolf, Seil- und Drahtwerke, Gütersloh, 21. März 1947 bis 6. März 1956

Eduard Wolf wurde bei seinem Ausscheiden zum Ehrenpräsidenten gewählt.

17. Fabrikant Carl Baumhöfener i. Fa. Deutsche Herrenwäschefabriken Dornbusch & Co., Bielefeld, 6. März 1956 bis 10. Juni 1962

Carl Baumhöfener wurde bei seinem Ausscheiden zum Ehrenpräsidenten gewählt.

18. Dr. Dr. h. c. Heinz zur Nieden, Vorsitzender des Vorstandes der Anker-Werke AG, Bielefeld, 10. Juli 1962 bis 28. Mai 1968

Dr. Heinz zur Nieden wurde bei seinem Ausscheiden zum Ehrenpräsidenten gewählt.

19. Verleger W. Ernst Bertelsmann i. Fa. W. Bertelsmann Verlag KG, Bielefeld, 28. Mai 1968 bis Juli 1974

20. Richard Dohse i. Fa. Richard Dohse & Sohn, Bielefeld, Juli 1974 bis Juni 1986

Richard Dohse wurde bei seinem Ausscheiden zum Ehrenpräsidenten gewählt.

21. Dr. Peter von Möller, Geschäftsführender Gesellschafter Möller Werke GmbH, Bielefeld, Oktober 1986 bis September 1994

Dr. Peter von Möller wurde bei seinem Ausscheiden zum Ehrenpräsidenten gewählt.

22. Fritz-Wilhelm Pahl, Geschäftsführender Gesellschafter Bette GmbH & Co. K.G., Delbrück, seit September 1994

Die Geschäftsführer/Hauptgeschäftsführer der Kammer

1. A. Friedhoff
   1851 bis Ende September 1868

2. Dr. Wolfgang Eras
   1. Oktober 1868 bis 31. April 1871

3. A. Könemann
   1. Mai 1871 bis Ende 1877

4. Theodor Droop (Mitbegründer der Firma Droop & Rein, Maschinenfabrik in Bielefeld)
   1. Januar 1878 bis Ende 1889

5. Dr. Fischbeck (späterer preußischer Handelsminister)
   1. Januar 1890 bis 30. September 1895

6. Dr. Kandt
   1. Oktober 1895 bis 31. Januar 1899

7. Dr. Max Freiherr Schoultz von Ascheraden, genannt de Terra
   1. Februar 1899 bis 14. Februar 1922

8. Otto Sartorius
   15. Februar 1922 bis 30. Juni 1946

9a Dr. Wilhelm Wilms
   1. Juli 1946 bis 31. März 1957 (gest. 28. Juni 1970)

9b Dipl.-Kfm. Johannes Lange
   1. Juli 1946 bis 31. Dezember 1970 (gest. 29. April 1971)

10. Dr. Ernst Jäkel
    1. April 1957 bis 31. August 1979

11. Dr. Ingo Lüring
    1. September 1979 bis 31. Dezember 1992

12. Dipl.-Volksw. Karl-Peter Abt
    seit 1. April 1993

Ostwestfälische Unternehmen 150 Jahre und älter

1575
Löwen Apotheke
Inh. Jochen Koch
Kamp 25
33098 Paderborn

1607
Joh. Schmidt KG
Kartonfabrik Ottbergen
Brakeler Str. 35 – 37
37671 Höxter

1630
Carl Tecklenborg
Modehaus
Lange Str. 25
33378 Rheda-Wiedenbrück

1646
Apotheke am
Alten Markt
Inh. Jürgen Blume
Alter Markt 2
33602 Bielefeld

1677
Historische Gaststätte
Restaurant „Zur Linde“
Inh. Rolf Ortmeyer
Isselhorster Kirchplatz 5
33334 Gütersloh

1689
Friedrich Elmendorf
Kornbrennerei
Haller Str. 111
33334 Gütersloh

1698
Adler Apotheke
vormals Cramer's Apotheke
Inh.
Dr. Ralph Günter Brachvogel
Imadstr. 1
33102 Paderborn

1705
Gebr. Crüwell
Tabakhaus
Obernstr. 1
33602 Bielefeld

1721
Warburger Brauerei
Kohlschein OHG
Kuhlemühle 52
34414 Warburg

1722
C. A. Delius & Söhne
GmbH & Co. KG
Seidenwebereien
Goldstr. 16 – 18
33602 Bielefeld

1730
Möller Group KG
Zulieferer KFZ, Maschinenbau,
Möbel
Kupferhammer
22649 Bielefeld

1732
Baum-Kisker
Zum Fürstenhof
Wilhelm Kisker GmbH
33778 Halle in Westf.

1751
Raths-Apotheke Vlotho
Inh. Karin Volkmann
Lange Str. 69
32602 Vlotho

1754
Rotgerische Apotheke
Inh.
Helmut Rotgeri-Nunnemann
Rathausstr. 16
33397 Rietberg

1767
Ziegler'sche Apotheke
Inh. Jochen Zinnel
Freistr. 7
33829 Borgholzhausen

1770
Adler-Apotheke
Inh. Hartwig Witter
Ravensberger Str. 27
33819 Werther

1775
Kolbus GmbH & Co. KG
Herstellung von Maschinen
Osnabrücker Str. 77
32369 Rahden

1782
Brunnen-Apotheke
Inh.
Dr. rer. Nat. Ulrich Niewöhner
Lange Str. 119
33014 Bad Driburg

1782
Alte Apotheke
Inh. Gernot Eicker
Eschstr. 16
32257 Bünde

1789
Sonnen-Apotheke Ernst Hart-
mann
Inh. Bernd Hartmann
Spiegelstr. 15
32361 Preußisch-Oldendorf

1792
Juwelier Viemann
Inh. Fritz Weidler
Goldschmiede
Berliner Str. 56
33330 Gütersloh

1794
Heinrich Klingemann
Besitzgesellschaft
Marktstr. 26
37671 Höxter

1794
Mode- u. Sporthaus
Klingmann GmbH
Vertriebsgesellschaft
Marktstr. 26
37671 Höxter

1798
Textilhaus Leewe
Mode-Betten-Gardinen
Marienfelder Str. 50
33442 Herzebrock-Clarholz

1799
Mestemacher
Mode & Textil GmbH
Damen- und Herrenmoden
Haus-, Tisch- und Bettwäsche
Münsterstr. 14
33775 Versmold

1799
Stora Carbonless Paper GmbH
Papiererzeuger
Niederholz 23
33699 Bielefeld

1800
Joh. Wigand
GmbH & Co. KG
Elektrotechnik
Einzelhandel für Porzellan,
Glas, Hausrat
Marktstr. 8
34414 Warburg

1806
Ullner und Ullner
GmbH
Großhandel mit Stahl,
Werkzeugen und
Sanitärbedarf
Grüner Weg
33098 Paderborn

1809
Adler-Apotheke
Inh. Dietmar Müller
Johannisstr. 41
33611 Bielefeld

1810
Ritzenhoff & Breker
GmbH & Co
Glas, Porzellan, Keramik,
Geschenkartikel
Industriegebiet Herste
33014 Bad Driburg

1810
Vogt & Wolf GmbH
Westfälische
Fleischwarenfabrik
Herzebrocker Str. 43
33330 Gütersloh

1810
H. W. Schlömann
Inh. Wilhelm Nolte
Textil- und Bettenhaus
Kaiserstr. 6
33829 Borgholzhausen

1811
Engel-Apotheke
Inh. Klaus Myschik
Marktstr. 1
32839 Steinheim

1811
Neue Westfälische
GmbH & Co. KG
33502 Bielefeld

1811
Carl Schaefer
Hausrat, Glas, Porzellan,
Geschenkartikel, Spielwaren
Marktstr. 18 – 20
37671 Höxter

1813
Marien-Apotheke
Inh. Dr. Kurt Kröncke
Scharn 19 – 21
32423 Minden

1814
H. Schnieder GmbH
Fertigung von Fenstern, Türen,
Bauelementen aus Holz und
Kunststoff
Kiefernweg 39
33397 Rietberg-Mastholte

1816
E. Schröder
Juwelier
Westernstr. 3
33098 Paderborn

1817
Arnold André
GmbH & Co. KG
Zigarrenfabrik
Moltkestr. 10 – 18
32257 Bünde

1818
Juwelier Schlüter
Obernstr. 15
33602 Bielefeld

1818
August Brehop
Kraftfutter-Landhandel-
Brennstoffe
Molkenstr. 12
32351 Stemwede-Wehdem

1820
Hermann Uekmann
GmbH & Co. KG
Schlosserei / Metallbau
Hans-Böckler-Str. 47
33334 Gütersloh

1824
F. W. Burmann
Seilerwaren
Fritz-Burmann-Str. 6
33378 Rheda Wiedenbrück

1825
Sparkasse Bielefeld
Schweriner Str. 5
33602 Bielefeld

1827
H. Gläntzer
Fachgeschäft
für Aussteuerwäsche
Gehrenberg 17
33602 Bielefeld

1827
August Kahlert KG
Inh. Karlheinrich Osthus
Heimtextilien Großhandel
Kahlertstr. 12
33330 Gütersloh

1828
Kolbe-Druck
GmbH & Co. KG
Im Industriegelände 50
33775 Versmold

1830
Apotheke A. Maus
Inh. Gerh. Maus
Hauptstr. 31
33415 Verl

1830
Fritz Böckelmann Wwe.
Uhren und Optik
Einzelhandel und Werkstätten
GmbH & Co.
Rathausstr. 2
33602 Bielefeld

1832
Strunkmann & Meister
GmbH & Co.
Herstellung von Haus-,
Bett- und Tischwäsche
Herforder Str. 153
33609 Bielefeld

1832
Kampwerth
GmbH & Co. KG
Bauunternehmen
Gartenstr. 17
33775 Versmold

1832
Karl W. Niemann
GmbH & Co. KG
Holzverarbeitung
Hedemer Str. 4
32361 Preußisch-Oldendorf

1834
J.C.C. Bruns Betriebs GmbH
Druckerei / Zeitungs- und
Telefonbuchverlag /
Bürozentrum
Obermarktstr. 26 – 30
32423 Minden

1836
H. Seidelmayer KG
Zwirnerei und
Verpackungsbedarf
Westheider Weg 50
33775 Versmold

1836
Julius Müller GmbH
Brillen, Uhren, Schmuck
Hanekamp 5
33034 Brakel

1836
L. Püttmann
GmbH & Co. KG
Kinderbekleidung und
Accessoires
Greifswalder Str. 5
33106 Paderborn

1837
A. W. Kisker
GmbH & Co. KG
Vermögensverwaltung
ehemalige
Leinenweberei
Ritterstr. 19
33602 Bielefeld

1837
H.-W. Todt
GmbH & Co. KG
Holzimport
Frankfurter Weg 27
33106 Paderborn

1841
Arminius-Apotheke
Inh.
Reinhold Romswinkel
Detmolder Str. 163
33175 Bad Lippspringe

1842
Ernst Barre GmbH
Privatbrauerei
Berliner Str. 122 – 124
32312 Lübbecke

1842
H.Nolte
Vollwertbackstube/
EDEKA Aktivmarkt
Berliner Str. 30
32361 Preußisch-Oldendorf

1844
Westfalia-Werke
GmbH & Co.
Fahrzeugbau und Auto-
mobilzulieferindustrie
Am Sandberg 45
33378 Rheda-Wiedenbrück

1844
Porzellanhaus Frieling Nachf.
Inh. E. Kolkmann
Rennstr. 13
32052 Herford

1845
Franz Schöning
Herstellung von Spirituosen
und Getränke-Vertrieb
Letter Str. 45
33442 Herzebrock-Clarholz

1846
Sparkasse Herford
Auf der Freiheit 20
32052 Herford

1847
Friedrich Riemeier KG
Zoo-Samen-Kräuter
Jahnplatz 4
33602 Bielefeld

1847
J. H. Jäger
Foto Büro Schule
Kirchplatz 9
33428 Harsewinkel

1847
Ferdinand Schöningh KG
Verlag
33055 Paderborn

1847
E. Gundlach GmbH & Co. KG
Großdruckerei
Niederwall 53
33602 Bielefeld

1848
Sparkasse Paderborn
Zweckverbandssparkasse
des Kreises und der Stadt
Paderborn
Harthumarstr. 15 – 19
33098 Paderborn

1848
Gebr. Ruberg GmbH & Co. KG
Maschinenfabrik
Fr.-Wilh.-Weber-Str. 31
33039 Nieheim

1848
Sparkasse Höxter
Nieheimerstr. 2
33034 Brakel

1848
C. Hahne Mühlenwerke
GmbH & Co. KG
Getreidenährmittel
Mühlenstr. 37
32584 Löhne

1849
F. W. Sudfeld
Inh. Liselotte Böhme
Textil und Mode
Ravensberger Str. 32
33824 Werther

1849
Adler-Apotheke Jöllenbeck
Inh. Michael Monschau
Vilsendorfer Str. 4
33739 Bielefeld

Bildnachweis

Archiv Bertelsmann, Gütersloh
Seite 147 links oben, rechts unten

Dt. Tabakmuseum, Bünde
Seite 21, 55, 103

Luftbild Heye, Coppenbrügge
Seite 148 rechts

Kommunal-Archiv, Herford
Seite 48 links, S. 49 unten, S. 53 rechts, S. 54 links, S. 57 links, S. 145 rechts

Kommunalarchiv Minden, Minden
Seite 32 rechts, S. 74, S. 113

Hagen Kraak, Gütersloh
Seite 58

Melitta Beratungs- und Verw. GmbH, Minden
Seite 145 links

Miele Archiv
Seite 51, S. 100 rechts, S. 101 oben

Heinz Nixdorf MuseumsForum
Seite 148 links und rechts

Dr. Oetker, Bielefeld
Seite 52, S. 144 links und rechts

Stadt-Archiv, Bielefeld
Seite 7 links, S. 8 links, S. 11 rechts, S. 12 rechts, S. 13 rechts oben und unten, S. 16 rechts, S. 17 rechts und links, S. 18 links, S. 19 rechts, S. 34 rechts, S. 50 links, S. 77 links, S. 78 rechts, S. 89 rechts, S. 90 rechts, S. 100 links, S. 123 links und rechts, S. 125 links, S. 127 rechts, S. 135 rechts, S. 140 rechts, S. 142 rechts, S. 149 links und rechts